Peter Köster SJ

Das Lukas-Evangelium

Orientierung am Weg Jesu

Peter Köster SJ

Das Lukas-Evangelium

Orientierung am Weg Jesu

Eine geistliche Auslegung auf fachexegetischer Grundlage

Titelmotiv: Eberhard Münch, ohne Titel, Mischtechnik, 125 x 125 cm, Ausschnitt

1. Auflage 2004
2. überarbeitete Auflage 2017

mail@eos-verlag.de
www.eos-verlag.de

ISBN 978-3-8306-7863-2

Bibliografische Information der Deutschen Bibliothek
Die Deutsche Bibliothek verzeichnet diese Publikation
in der Deutschen Nationalbibliografie;
detaillierte bibliografische Angaben sind im Internet
unter http://dnb.ddb.de abrufbar.

Druck und Bindung:
Pustet Verlag und Druck, Regensburg

Die Worte der Bibel
sind wie ein Samenkorn:
Den Sinn,
den sie für uns haben,
offenbaren sie nur,
wenn sie in den Boden des Lebens
gesät worden sind.
Dort verwandelt sie das Leben.

Carlos Mesters

Inhaltsverzeichnis

Vorwort

Ein bekannter Theologe unserer Zeit sagte einmal: „Wer einen religiösen Text liest oder auslegt, darf nicht die ausgeglühten Kohlenreste untersuchen. Er muss das Kunststück fertig bringen, unter dem rußigen Staub die Funken zu sammeln, um das gleiche Feuer zu entfachen, aus dem die „Asche" stammt; und als Brennstoff dieses neuen Feuers besitzt er nur die eigene Existenz."

Ich verstehe diese Auslegung als einen Versuch, die Leser und Leserinnen an die im Text verborgenen Funken heranzuführen – in der Hoffnung, dass sie Feuer fangen.

Kein Evangelium hat die Liturgie des Kirchenjahres und das Gottes- und Jesus-„Bild" so geprägt wie das Lukasevangelium. Die eindrucksvoll „gemalten Textbilder" von der Verkündigung in Nazareth, dem Besuch Marias bei Elisabeth („Heimsuchung"), der Geburt Jesu im Stall, der Engel über den Hirtenfeldern von Bethlehem, des stärkenden Engels in der Todesangst Jesu am Ölberg, der Begegnung des Auferstandenen mit den beiden Jüngern auf dem Weg nach Emmaus, der „Himmelfahrt" und der Geistsendung am Pfingsttag in Jerusalem – sie alle verdanken wir ausschließlich dem Evangelisten Lukas. Hierher gehört auch das Gleichnis vom barmherzigen Vater und seinen beiden ungleichen Söhnen als „Evangelium im Evangelium".

Die Auslegung des Lukasevangeliums ist im Verlauf von vielen Jahren entstanden. Die Texte wurden inhaltlich und sprachlich immer wieder überarbeitet oder neu gestaltet. In diesem jahrzehntelangen Entstehungsprozess kann die eine oder andere Anregung und Formulierung von woanders her eingeflossen sein, ohne dass ich dies jetzt noch wiedergeben kann.

Das erzählerische Talent des Evangelisten wird am eindrücklichsten, wenn man den Schrifttext *laut* liest. Die Übersetzung versucht, möglichst nah am griechischen Urtext zu bleiben und zugleich sprachliche Härten zu vermeiden.

Für die kritische Durchsicht des Manuskripts gilt mein besonderer Dank meinem Mitbruder, dem Neutestamentler Johannes Beutler SJ.

Die erste Auflage dieses Kommentars ist vergriffen. Ich danke dem EOS-Verlag, dass er das Buch in einer gründlich überarbeiteten Auflage neu herausbringt.

Ich widme dieses Buch allen, die sich danach sehnen, vom *Wort des Lebens* ergriffen zu werden.

Peter Köster SJ

Einleitung in das Lukasevangelium

1. Der Text

Das Lukasevangelium ist außergewöhnlich gut bezeugt. Der griechische Text liegt uns vollständig in den Codices Sinaiticus, Alexandrinus und Vaticanus aus dem 4. Jahrhundert, in großen Teilen aber schon in einigen Papyri (P[4] und [45]) aus dem 3. Jahrhundert vor. Die älteste uns bekannte Lukashandschrift (P[75]) ist möglicherweise bereits um das Jahr 200 entstanden. Da sie eine auffallend große Übereinstimmung mit dem Codex Vaticanus hat, kann man davon ausgehen, dass beide Texte von einer noch früheren Handschrift abstammen. Auch wenn es bei den uns vorliegenden Abschriften viele kleinere Textvarianten gibt, stimmen sie alle in den wesentlichen Aussagen überein.

2. Der Verfasser

Nach der altkirchlichen Tradition war der Evangelist *Lukas* identisch mit einem Mitarbeiter und Begleiter des hl. Paulus auf seinen Missionsreisen. Diese traditionelle Zuschreibung wird heute von vielen Exegeten nicht mehr geteilt. Aufs Ganze gesehen gibt es inbezug auf den Verfasser des dritten Evangeliums mehr Fragen als Antworten.

Vom Evangelium her lässt sich schließen, dass der Verfasser in einzigartiger Weise griechische Bildung und jüdische Frömmigkeit, hellenistische Kultur und biblische Tradition in seiner Person vereinigt hat (W. Radl). Dabei bleibt es offen, ob er Juden- oder Heidenchrist war. Viele Beobachtungen deuten darauf hin, dass wir es bei dem Verfasser des dritten Evangeliums mit einem judenchristlichen Theologen zu tun haben, so vor allem seine Vertrautheit mit dem Alten Testament in der Sprache der Septuaginta (LXX), seine jüdisch geprägten Milieuschilderungen in den Vorgeschichten (Lk 1,5–2,52), in der Nazarethperikope und in manchen Erzählungen seines Sondergutes (z. B. Lk 17,11–19; 18,9–14; 19,1–10) sowie die zentrale Bedeutung Jerusalems und des Tempels. Das Motiv des Tempels rahmt das ganze Evangelium. Diese Momente sind aber auch bei einem Heidenchristen denkbar, der längere Zeit dem Judentum in der Diaspora nahestand und nach seiner Bekehrung zum Christentum an judenchristlichen Traditionen festgehalten hat.

Er selbst war, wie auch sein Prolog zu erkennen gibt, kein Augenzeuge Jesu und kannte Palästina kaum aus eigener Anschauung, wie manche ungenaue Ortsangaben vermuten lassen. Vieles spricht dafür, dass Lukas als hellenistisch gebildeter Christ im städtischen Milieu des frühen paulinischen Missionsgebietes lebte und wirkte. Sichere Angaben über den Abfassungsort des Evangeliums lassen sich nicht machen.

Seine Adressaten sind vor allem zum Christentum konvertierte Heiden und Diasporajuden in hellenistisch geprägten Stadtgemeinden. Sein literarischer Anspruch (Lk 1,1–4) und die große Bedeutung, die das Problem des Reichtums in seinem Werk hat, scheinen darauf hinzudeuten, dass Lukas primär die Gebildeten im Blick hat und mit seiner sozialen Botschaft die Einflussreichen und Mächtigen erreichen will. Darüber hinaus ist es wohl sein Bestreben, auch Nichtchristen des hellenistisch-römischen Kulturraumes zu gewinnen.

Die Epoche der flavischen Kaiser hatte den hellenistischen Städten im römischen Reich wirtschaftlichen Wohlstand ohne äußere Bedrohung gebracht. In diesem Milieu versucht er also die christliche Botschaft neu zu formulieren und so darzustellen, dass sie die einen bestärkt und ermutigt und die anderen sich davon angezogen fühlen. Dabei bewahrt er die radikalen Forderungen Jesu, versucht aber, sie unter den konkreten gesellschaftlichen Gegebenheiten in den bestehenden Gemeinden so gut wie möglich umzusetzen.

Lukas widmet sein Evangelium einem gewissen „Theophilus". Der Adressat ist wohl eine historische Persönlichkeit, vermutlich ein hochgestellter, vermögender Christ oder Katechumene, der mehr Sicherheit in der Jesusüberlieferung und seiner Botschaft gewinnen wollte. Da Lukas sein Werk für die kirchliche Öffentlichkeit und für das Christentum offene und interessierte Kreise geschrieben hat, kann „Theophilus" auch als persönliche Anrede für alle gelten, die nach zuverlässiger kirchlicher Unterweisung in der Jesustradition suchen.

3. Die Quellen und ihre Verarbeitung

Als Quellen für seinen „Bericht" (Lk 1,1) hat Lukas das *Markusevangelium* und die sog. *Logien- oder Redenquelle (Q)* benutzt. Im Vergleich mit dem Markusevangelium kann man sehen, welche Akzente Lukas für die Adressaten seiner Zeit und seines kulturellen Umfeldes neu setzt. Die Logienquelle (Q) – so genannt, weil sie vor allem Redestoff der Jesustradition enthält – lässt sich aus den Texten rekonstruieren, die Lukas mit dem Matthäusevangelium gemeinsam hat und die nicht aus dem Markusevangelium stammen. Die Ergebnisse der Rekonstruktionsversuche sind z. T. hypothetischer Natur. Dabei muss man berücksichtigen, dass Q den beiden Evangelisten in verschiedenen Versionen vorlag. Die Beschäftigung mit der Logienquelle gibt einen Einblick in den weiteren Entstehungsprozess der Evangelien.

Hinter der Vorgeschichte (Lk 1,5–2,52) vermuten manche auch eine schriftliche Vorlage. Darüber hinaus standen ihm verschiedene schriftliche Quellen und mündliche Überlieferungen, das sog. *Sondergut* zur Verfügung. Es ist durchaus möglich, dass manche Stoffe des Sondergutes schon in kleineren zusammenhängenden Einheiten tradiert wurden.

Lukas hat das älteste Evangelium als Grundriss und Leitfaden seiner eigenen Komposition verwendet und den größeren Teil des Markus-Stoffes in seine Schrift eingearbeitet. Der größte Teil des übrigen Stoffes ist in zwei zusammenhängenden Abschnitten, sog. „Einschaltungen" (Lk 6,20–8,3 zwischen Mk 3,19 und V. 20 und Lk 9,51–18,14 zwischen Mk 9,50 und 10,10), in den Markus-Aufbau eingefügt. Für die Vorgeschichte und die Ostererzählungen war ja der Platz vom Inhalt her schon vorgegeben. Auffällig ist allerdings, dass er einen längeren Markusabschnitt (Mk 6,45–8,26) ganz weglässt. Hier und bei anderen kleineren Auslassungen dürften vor allem unterschiedliche theologische Auffassungen und die Vermeidung spezieller jüdischer Streitfragen eine Rolle gespielt haben.

Lukas stellt seine Quellen blockweise zusammen, und zwar so, dass innerhalb dieser Blöcke dem Markus-Stoff hauptsächlich Material aus der Logienquelle und am Schluss das Sondergut folgt:

Lk 1,5–2,52	Sondergut (Vorgeschichte)
Lk 3,1–6,19	Markus-Stoff
Lk 6,20–8,3	Material der Logienquelle und Sondergut („kleine Einschaltung")
Lk 8,4–9,50	Markus-Stoff (ohne Mk 6,45–8,26)
Lk 9,51–18,14	Material der Logienquelle und Sondergut („große Einschaltung")
Lk 18,15–24,10	Markus-Stoff
Lk 24,1–53	Sondergut (Ostererzählungen)

Innerhalb dieser blockweisen Zusammenstellung können aber auch einzelne Abschnitte aus dem jeweils anderen Quellenzusammenhang stehen (z. B. Lk 19,1–10.11–27 zwischen Mk 10,46–52 und 11,1–11). Innerhalb der Quellenzusammenhänge vermeidet er Dubletten und stellt Perikopen in der Absicht um, „alles in der rechten Reihenfolge aufzuschreiben" (Lk 1,3).

Lukas hat seine Quellen mit eigener Zielsetzung bearbeitet und den gesamten Stoff literarisch so meisterhaft redigiert und in freier Komposition erweitert, dass der Eindruck eines groß angelegten fortlaufenden Berichts entsteht.

Bei der Auslegung habe ich die Quellen des Lukas im einzelnen nicht aufgeführt, weil das auf eine andere Ebene führt und den Prozess der Begegnung unterbrechen würde. Zudem bleiben manche Antworten auf das Redaktionsverfahren im Detail hypothetisch.

Lukas ist der einzige Evangelist, der noch eine zweite umfangreiche Schrift, die Apostelgeschichte, verfasst hat. Da beide Schriften als Teile *eines Gesamtwerkes* zu betrachten sind, kann man zum besseren Verstehen mancher Aussagen des Lukas-Evangeliums die Apostelgeschichte heranziehen und umgekehrt.

4. Absicht und Anlass

Lukas hat seine Absicht und sein methodisches Vorgehen in einem auch literarisch anspruchsvollem Vorwort (Lk 1,1–4) beschrieben und in den Versen 2 und 3 ein inhaltlich-theologisches Gesamtprogramm skizziert, das auch für die Apostelgeschichte gelten kann. Demnach geht es ihm vor allem um die Zuverlässigkeit (*aspháleia*) der Lehre, um die Sicherung und Gewissheit des Glaubens. Er will also das Vertrauen in die Überlieferung festigen, indem er ihre ununterbrochene Kontinuität von den Aposteln zu den „Dienern des Wortes" „sorgfältig der Reihe nach" dokumentiert. Zugleich begründen die im Leben Jesu bereits erfüllten Verheißungen die Gewissheit, dass Gott in der Zukunft auch die noch ausstehenden Verheißungen erfüllen wird.

Gegen Ende des ersten Jahrhunderts war der zeitliche Abstand von Jesus und den Augenzeugen inzwischen so groß geworden, dass Fragen und Schwierigkeiten aufkamen und Irrlehrer die apostolische Tradition zu unterlaufen drohten. Zudem war die angekündigte und als nahe bevorstehend erwartete Wiederkunft (Parusie) des Herrn ausgeblieben. Lukas versteht die neuen Zeit- und Lebensverhältnisse als Herausforderung und will das apostolische Christuszeugnis als Orientierung vollständig und unverfälscht festhalten und weitergeben.

Für das Verständnis des ganzen Evangeliums spielt die Nazarethperikope (Lk 4,16–30) eine Schlüsselrolle. Sie steht programmatisch am Beginn des öffentlichen Wirkens Jesu und erzählt von der Ablehnung seiner Botschaft und ihrer Hinwendung zu den Heiden. Seine vom Geist geleitete Verkündigung gilt den Armen, den Gefangenen, den Kranken und Behinderten – allen, die bereit sind, „heute" Gott an sich handeln zu lassen. Lukas will mit dieser dramatischen Episode seine Leser für Jesus und seinen Weg gewinnen, damit das mit ihm begonnene neue Handeln Gottes sich weiter durchsetzt und zur Vollendung kommt.

Die weiteren Schwerpunkte und Grundlinien lukanischer Theologie werden sich beim aufmerksamen Betrachten des Evangeliums und beim Lesen dieses Kommentars erschließen. Besondere Beachtung verdienen die Menschlichkeit Jesu, die Jüngerunterweisungen auf dem langen Weg nach Jerusalem, die Rolle der Frauen im Umkreis Jesu und seine tiefe Verbundenheit mit dem Vater. Letzteres zeigt sich auch daran, dass im Lukasevangelium das erste und das letzte Wort Jesu vom Vater spricht (Lk 2,49 und Lk 23,46).

5. Zeit der Abfassung

Da Lukas das Markusevangelium, dessen Entstehung um das Jahr 70 n. Chr. anzusetzen ist, als Quelle benutzt hat und auf die Zerstörung Jerusalems im Jahre 70 n. Chr. zurückschaut, kann er sein Evangelium kaum vor diesem Datum geschrieben haben. Für den spätesten Termin gibt die Abfassung der Apostelgeschichte gewisse Anhaltspunkte. Ihr Verfasser scheint die um 100 n. Chr. vorliegende Sammlung der Paulusbriefe weder benutzt noch gekannt zu haben. Zudem ist hier noch nichts von der Verfolgung unter Kaiser Domitian (81–96 n. Chr.) zu spüren. So ist die Apostelgeschichte wahrscheinlich spätestens Anfang der neunziger Jahre entstanden. Die Abfassung des Lukasevangeliums ist demnach etwa zwischen 80 und 90 n. Chr. anzusetzen.

Gliederung des Lukas-Evangeliums

Erster Hauptteil: Vorbereitung des Auftretens Jesu: Lk 1,5–4,13

Das Vorwort des Evangelisten: Lk 1,1–4

Zacharias und Elisabeth und die Ankündigung der Geburt des Johannes: Lk 1,5–25

Die Ankündigung der Geburt Jesu: Lk 1,26–38

Der Besuch Marias bei Elisabeth und das Magnifikat: Lk 1,39–56

Die Geburt des Johannes und das Benediktus: Lk 1,57–80

Die Geburt Jesu und die Hirten an der Krippe: Lk 2,1–20

Beschneidung und Darstellung Jesu im Tempel: Lk 2,21–40

Der zwölfjährige Jesus im Tempel: Lk 2,41–52

Das Wirken Johannes des Täufers: Lk 3,1–20

Taufe und Stammbaum Jesu: Lk 3,21–38

Die Versuchung Jesu: Lk 4,1 –13

Zweiter Hauptteil: Jesu Wirken in Galiläa: Lk 4,14–9,50

Jesu erstes Auftreten in Galiläa und in seiner Heimatstadt Nazareth: Lk 4,14–30

Jesus in der Synagoge von Kafarnaum: Lk 4,31–37

Heilungen in Kafarnaum und der Aufbruch Jesu zu den anderen Städten im Judenland: Lk 4,38–44

Der Ruf Jesu an Simon und seine Gefährten: Lk 5,1–11

Die Heilung eines Aussätzigen: Lk 5,12–16

Die Heilung eines Gelähmten: Lk 5,17–26

Die Berufung des Levi und das Mahl mit den Zöllnern: Lk 5,27–32

Die Frage nach dem Fasten und die Unvereinbarkeit des Neuen mit dem Alten: Lk 5,33 -39

Der erste offene Sabbatkonflikt: Lk 6,1–5

Die Heilung der verdorrten Hand am Sabbat:Lk 6,6 –11

Die Auswahl der Apostel und der Andrang des Volkes: Lk 6,12–19

Die Rede Jesu am Fuße des Berges („Feldrede"): Lk 6,20–49

Der Hauptmann von Kafarnaum: Lk 7,1 -10

Die Totenerweckung in Nain: Lk, 7,11–17

Die Frage des Täufers und Jesu Zeugnis über ihn und sein Wirken: Lk 7,18–35

Die Begegnung Jesu mit der Frau im Hause Simons, des Pharisäers: Lk 7,36–50

Frauen im Gefolge Jesu: Lk 8,1–3

Das Gleichnis von der Saat: Lk 8,4–18

Die wahren Verwandten Jesu: Lk 8,19–21

Jesu Macht über Sturm und Wellen: Lk 8,22–25

Die Heilung des Besessenen von Gerasa: Lk 8,26–39

Die Heilung einer kranken Frau: Lk 8,40–48

Die Tochter des Jairus: Lk 8,49–56

Die Aussendung der Zwölf und die Reaktion des Herodes: Lk 9,1–9

Die Rückkehr der Zwölf und die Speisung der Fünftausend: Lk 9,10–17

Das Messiasbekenntnis des Petrus und die erste Ankündigung von Passion, Tod und Auferstehung: Lk 9,18–22

Nachfolgebedingungen (1): Lk 9,23–27

Die Verklärung Jesu: Lk 9,28–36

Die Heilung des besessenen Jungen und die zweite Ankündigung von Jesu Ende: Lk 9,37–45

Vom Unverständnis der Jünger: Lk 9,46–50

Dritter Hauptteil: Jesu Wirken auf dem Weg nach Jerusalem („Reisebericht"): Lk 9,51–18,34 bzw. 19,45

Erster Abschnitt: Lk 9,51–13,21

Die verweigerte Herberge in Samaria: Lk 9,51–56

Nachfolgebedingungen (2): Lk 9,57–62

Die Aussendung der zweiundsiebzig Jünger: Lk 10,1–16

Die Rückkehr der zweiundsiebzig Jünger und Jesu jubelndes Dankgebet: Lk 10,17–24

Die Frage des Schriftgelehrten und die Geschichte vom barmherzigen Samariter: Lk 10,25–37

Vom Hören auf Jesu Wort als das eine Notwendige: Lk 10,38–42

Jesus lehrt seine Jünger beten: Lk 11,1–13

Die Auseinandersetzung Jesu mit seinen Gegnern und die Seligpreisung seiner Mutter: Lk 11,14–28

Die Verweigerung eines Zeichens und die Bildworte vom Licht: Lk 11,29–36

Außen und Innen: Lk 11,37–54

Mahnungen an die Jünger: Lk 12,1–12

Das Gleichnis vom reichen Landbesitzer: Lk 12,13–21

Zweiter Abschnitt: Lk 12,22–17,10

Von der Suche nach einem Leben, das bleibt: Lk 12,22–34

Aufforderung zur Wachsamkeit und Verantwortung: Lk 12,35–48

Die Zeit der Entscheidung und ihre Konsequenzen: Lk 12,49–59

Der Ruf zur Umkehr: Lk 13,1–9

Die Heilung der gekrümmten Frau am Sabbat: Lk 13,10–17

Die Gleichnisse vom Senfkorn und vom Sauerteig: Lk 13,18–21

Von der Tür zur Gottesherrschaft und Jesu Klage über Jerusalem: Lk 13,22–35

Die Heilung eines Wassersüchtigen beim Sabbatmahl und

das Gleichnis vom Festmahl: Lk 14,1–24

Nachfolgebedingungen (3): Lk 14,25–35

Das Gleichnis vom verlorenen Schaf: Lk 15,1–7

Das Gleichnis von der verlorenen Drachme: Lk 15,8–10

Das Gleichnis vom barmherzigen Vater und seinen beiden Söhnen: Lk 15,11–32

Das Gleichnis vom klugen Verwalter: Lk 16,1–8

Vom rechten Umgang mit dem Reichtum und

Jesu Antwort auf den Spott der Pharisäer: Lk 16,9–18

Das Gleichnis vom reichen Prasser und vom armen Lazarus: Lk 16,19–31

Regeln für das Zusammenleben der Jünger Jesu: Lk 17,1–10

Dritter Abschnitt: Lk 17,11–19,28

Die Heilung der zehn Aussätzigen: Lk 17,11–19

Von der Gegenwart der Gottesherrschaft und dem Kommen des Menschensohnes: Lk 17,20–37

Das Gleichnis vom gottlosen Richter und von der Witwe: Lk 18,1–8

Das Gleichnis vom Pharisäer und Zöllner: Lk 18,9–14

Nachfolge als Orientierung am Kind: Lk 18,15–17

Reichtum und Nachfolge: Lk 18,18–30

Erneute Ankündigung von Passion, Tod und Auferstehung: Lk 18,31- 34

Die Heilung des Blinden bei Jericho: Lk 18,35–43

Jesus und Zachäus: Lk 19,1–10

Das Gleichnis vom Thronanwärter und dem anvertrauten Geld: Lk 19,11–28

Vierter Hauptteil: Jesus am Ziel in Jerusalem; Passion, Tod und Auferstehung; Entrückung: Lk 19,29 bzw. 45–24,53

Der Einzug in Jerusalem: Lk 19,29–48

Die Frage nach der Vollmacht Jesu: Lk 20,1–8

Das Gleichnis von den bösen Winzern: Lk 20,9–19

Die Frage nach der kaiserlichen Steuer: Lk 20,20–26

Die Frage nach der Auferstehung der Toten: Lk 20,27–40

Die Frage Jesu nach der Davidsohnschaft des Messias: Lk 20,41–44

Die Warnung vor den Schriftgelehrten und

das Lob der armen Witwe: Lk 20,45–21,4

Die große Rede Jesu über die Endzeit: Lk 21,5–38

Die Planung des Anschlags gegen Jesus und die Vorbereitung des Paschamahls: Lk 22,1–13

Das Abschiedsmahl Jesu mit den Aposteln: Lk 22,14–23

Herrschen und Dienen: Lk 22,24–30

Das Wort Jesu an Simon Petrus: Lk 22,31–34

Rückblick und Ausblick als Ermutigung für die kommende Bedrängnis: Lk 22,35–38

Jesus am Ölberg und seine Verhaftung: Lk 22,39–53

Jesu Verleugnung und Verspottung: Lk 22,54–65

Jesus vor dem Hohen Rat, vor Pilatus und Herodes: Lk 22,66–23,12

Das Urteil des Pilatus: Lk 23,13–25

Der Kreuzweg Jesu: Lk 23,26–32

Kreuzigung, Tod und Grablegung Jesu: Lk 23,33–56

Das leere Grab: Lk 24,1–12

Begegnung mit dem Auferstandenen: Lk 24,13–35

Die Erscheinung des Auferstandenen in Jerusalem: Lk 24,36–53

Das Vorwort des Evangelisten: Lk 1,1–4

[1] Da schon viele es unternommen haben, einen Bericht abzufassen über die Ereignisse, die unter uns in Erfüllung gegangen sind, [2] so wie sie uns die überliefert haben, die Augenzeugen von Anfang an und Diener des Wortes waren, [3] schien es auch mir (notwendig), nachdem ich von Anfang an allem genau nachgegangen bin, es der Reihe nach dir aufzuschreiben, hochverehrter Theophilos, [4] damit du die Zuverlässigkeit der Worte erkennst, über die du unterwiesen worden bist.

Lukas gibt in seinem Vorwort Auskunft über die Vorgehensweise, die er bei der Abfassung seines Werkes verfolgt hat. Er schreibt ein literarisch anspruchsvolles Griechisch und will mit der Botschaft von Jesus Christus auch gebildete, für das Christentum aufgeschlossene Heiden erreichen.

1. Lukas ist sich bewusst, dass er mit seinem Vorhaben nicht am Anfang steht. Es hat vor ihm schon andere gegeben, die über die mit Jesus zusammenhängenden Ereignisse einen Bericht (*diégesis)* verfasst haben. Lukas ist auf die bereits vorliegenden Versuche angewiesen. Er will sie nun vervollständigen und das Ganze in eine übergreifende theologische Gesamtkonzeption einbinden.

Die schriftlichen Vorgaben beziehen sich nicht nur auf die Ereignisse (*prágmata)* der Jesusgeschichte, sondern auch auf alles, was sich in der Folge davon „unter uns erfüllt hat". Lukas betrachtet also die Zeitspanne vom Anfang dieser heilsgeschichtlichen Phase, d. h. von der Menschwerdung und der Geburt Jesu bis in seine Gegenwart.

Seine Quellen sind die Augenzeugen von Anfang an (vgl. Apg 1,21f.) und die Diener des Wortes. Augenzeugen sind für die Glaubenssicherung von großer Bedeutung. Der Glaube braucht im Wechsel der Generationen ein verlässliches, nachprüfbares Fundament. Diener des Wortes sind Leute, die beauftragt waren, die überlieferten heilsgeschichtlichen Ereignisse aus ihrem geistgewirkten Glauben zu deuten und weiterzugeben. Es genügt nicht, das einmal Geschehene durch glaubwürdige Zeugen einfach so weiterzugeben. Das Glaubensgut muss auch als heilswirksames Wort aktuell zur Geltung gebracht werden, damit wir es als Einladung und Anspruch von Neuem erfahren können.

2. Lukas geht davon aus, dass in seiner Situation ein neuer literarischer und theologischer Ansatz geboten ist. Deshalb ist er den Ereignissen (*prágmata)* von Anfang nachgegangen, hat alles sorgfältig recherchiert, um es der Reihe nach aufzuschreiben – mit der gebotenen Genauigkeit und Zuverlässigkeit.

Der Evangelist widmet sein Werk dem „verehrten Theophilos“. Theophilos ist vermutlich eine bekannte Persönlichkeit, kann aber auch als Repräsentant der von ihm angezielten Leserschaft verstanden werden.

Lukas will an der Schwelle zur nachapostolischen Zeit, dass die ganze, unverkürzte und unverfälschte Wahrheit der Christusbotschaft verkündet wird. Er will der Kirche seiner Zeit in einem mehrheitlich heidnischen Umfeld auf überzeugende Weise vermitteln, woraus sie lebt und wie sie sich in der Welt zu bewähren hat – im Blick auf die Wiederkunft des Herrn, die auf sich warten lässt.

ERSTER HAUPTTEIL

Vorbereitung des Auftretens Jesu: Lk 1,5–4,13

Die Vorgeschichten (oder das sog. Kindheitsevangelium) nach Lukas: Lk 1,5–2,52

sind eine kunstvoll gestaltete Einheit, die aus mehreren Einzelerzählungen zusammengesetzt ist. Der Aufbau zeigt, dass Johannes- und Jesusüberlieferungen einander folgen und einander zugeordnet sind. Die Aussagen über Jesus sind denen über Johannes parallel gestaltet, die Aussage-Inhalte überbieten aber jeweils das, was über Johannes ausgesagt ist.

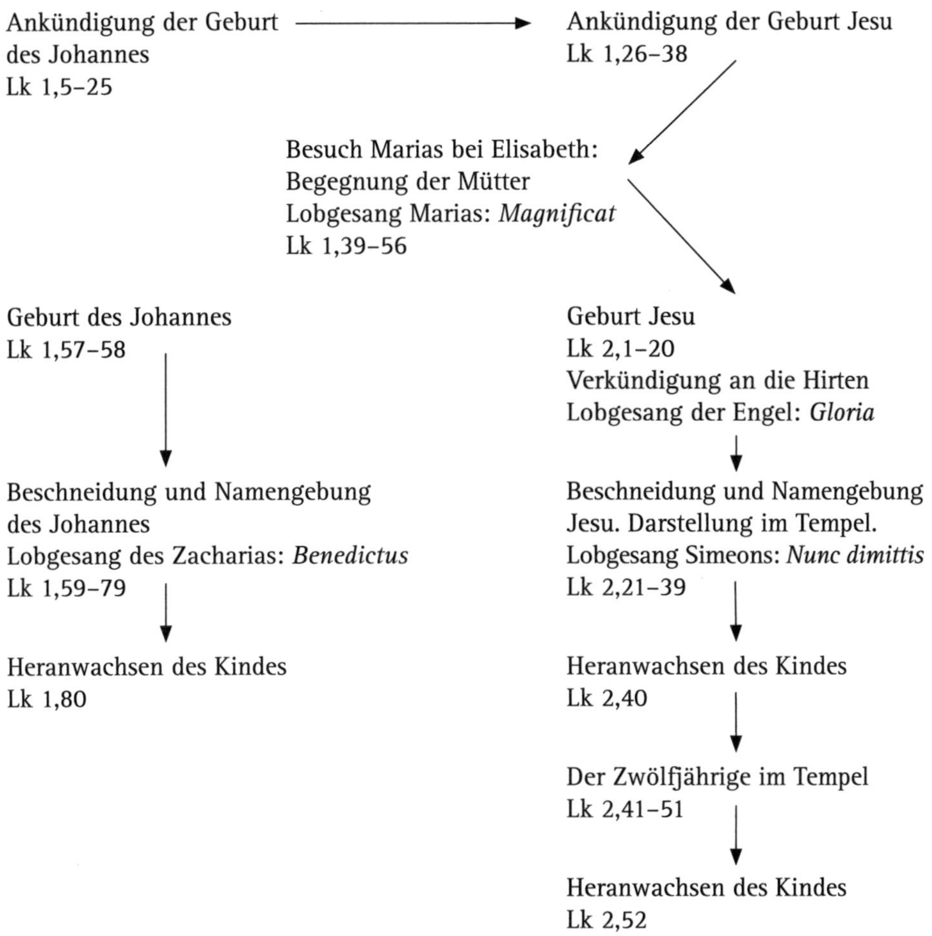

Zacharias und Elisabeth und die Ankündigung der Geburt des Johannes: Lk 1,5–25

[5] Es geschah in den Tagen des Herodes, des Königs von Judäa, (da war) ein Priester
mit Namen Zacharias aus der Dienstklasse des Abia, und er hatte eine Frau aus
den Töchtern Aarons, und ihr Name war Elisabeth. [6] Sie waren aber beide gerecht
vor Gott und wandelten in allen Geboten und Satzungen des Herrn untadelig. [7]
Und sie hatten kein Kind, weil Elisabeth unfruchtbar war, und beide waren schon
in vorgerücktem Alter.

[8] Es geschah aber, als er (den) Priesterdienst vor Gott in der Ordnung seiner
Dienstklasse versah, [9] da traf ihn nach der Sitte des Priesterdienstes das Los, das
Rauchopfer darzubringen, und er ging in den Tempel des Herrn, [10] und die ganze
Menge des Volkes betete draußen zur Stunde des Rauchopfers. [11] Es erschien ihm
aber ein Engel des Herrn, der stand zur Rechten des Rauchopferaltares. [12] Zacha-
rias erschrak, als er ihn sah, und Furcht fiel auf ihn. [13] Der Engel aber sprach zu
ihm: Fürchte dich nicht, Zacharias, denn erhört wurde deine Bitte, und deine Frau
Elisabeth wird dir einen Sohn gebären, und du sollst seinen Namen Johannes
nennen. [14] Und er wird dir Freude und Jubel bringen, und viele werden sich über
seine Geburt freuen. [15] Denn er wird groß sein vor dem Herrn, und Wein und
Rauschtrank wird er nicht trinken, und vom heiligen Geist wird er erfüllt sein vom
Mutterschoß an, [16] und viele der Söhne Israels wird er bekehren zum Herrn, ihrem
Gott. [17] Und er wird vor ihm hergehen im Geist und in der Kraft des Elija, um zu
wenden die Herzen der Väter zu den Kindern, und Ungehorsame zur Gesinnung
der Gerechten, bereit zu machen dem Herrn ein bereitetes Volk.

[18] Und Zacharias sprach zu dem Engel: Woran soll ich das erkennen? Denn ich
bin alt und meine Frau ist in vorgerücktem Alter. [19] Der Engel antwortete und
sprach zu ihm: Ich bin Gabriel, der vor Gott steht, und ich bin gesandt, zu dir zu
reden und dir diese frohe Botschaft zu bringen. [20] Und siehe, du wirst stumm sein
und nicht reden können bis zu dem Tag, an dem dieses geschieht, weil du meinen
Worten nicht geglaubt hast, die in Erfüllung gehen werden zu ihrer Zeit.

[21] Und das Volk wartete auf Zacharias, und sie wunderten sich über sein langes
Verweilen im Tempel. [22] Als er aber herauskam, konnte er nicht zu ihnen sprechen.

Und sie erkannten, dass er ein Gesicht geschaut hatte im Tempel. Und er wink-
te ihnen zu und blieb stumm. [23] Und es geschah: als die Tage seines Priesterdienstes erfüllt waren, ging er weg in sein Haus. [24] Nach diesen Tagen aber wurde
Elisabeth, seine Frau, schwanger, und sie verbarg sich fünf Monate und sprach: [25]
so hat mir der Herr getan in den Tagen, da er darauf sah, meine Schmach unter
den Menschen wegzunehmen.

Zusammenhang: Nach dem Vorwort (Lk 1,1–4) beginnt Lukas mit einer Erzählweise, die unverkennbar an das Alte Testament erinnert. Damit will er deutlich machen, dass sein Evangelium eine Fortsetzung der Geschichte Israels ist. Mit Zacharias und Elisabeth bringt er die ganze Spanne göttlichen Handelns von Abraham und Sara bis zu den jüngsten Zeiten in Erinnerung.

An diesen beiden alttestamentlichen Gestalten leuchtet auf, was Gott alles an Israel getan hat bis in die Gegenwart hinein. Das „Heute“ Gottes hört nicht auf ...

Die Zeit Jesu reicht von seiner Taufe im Jordan bis zu seiner „Hinaufnahme“ (Lk 24,51). So haben die beiden Anfangskapitel in der lukanischen Komposition eine Art Brückenfunktion zwischen den beiden Epochen. Einerseits begegnen uns in ihnen Gestalten und Motive aus den Schriften, die vorausgehen, andererseits nehmen sie die zentrale Botschaft des Evangeliums schon vorweg.

1. Lk 1,5–7: „Es geschah ...“ Gleich zu Beginn seines Evangeliums erzählt Lukas von einer unerträglichen Spannung, die sich in den Herzen zweier Menschen abspielt. Der Priester Zacharias und seine Frau Elisabeth aus hohepriesterlichem Geschlecht in einem kleinen Bergstädtchen bei Jerusalem haben ihr *ganzes* Leben auf Gott ausgerichtet und in *allem* so gelebt, wie es vor Gott recht ist (vgl. Gen 15,6). Und doch sind sie nicht glücklich. Sie haben keine Kinder und sind mittlerweile in einem Alter, wo man keine mehr erwarten kann. Wie ein Schatten liegt diese Zukunftslosigkeit über dem Abend ihres gemeinsamen Lebens (V. 25). Wie oft werden die beiden Gott angefleht haben, ihr Schicksal zu wenden (V. 13).

Wenn eine so tiefe Sehnsucht immer wieder enttäuscht worden ist und nach menschlichem Ermessen keine Hoffnung besteht, dass sie sich noch erfüllt, dann geschieht fast unmerklich eine tief greifende Veränderung im Innern der Betroffenen. Äußerlich geht alles so weiter wie bisher. Zacharias vollzieht seinen priesterlichen Dienst „vor Gott“ und geht sogar in den Raum vor dem Allerheiligsten, um das Rauchopfer darzubringen, als das Los ihn dazu bestimmt. Aber er glaubt nicht mehr, dass Gott sein Leben fruchtbar und glücklich machen wird (vgl. Gen 15,2 f.). Eigentlich kann nichts mehr „passieren“ (*gígnomai).*

2. Lk 1,8–23: Und dann „passiert“ es doch (*egéneto dè)*, dass Zacharias plötzlich von der Gegenwart Gottes überrascht wird. Mitten in seinem „frommen Tun“ überkommt ihn ein tiefes Erschrecken, und Furcht legt sich auf ihn. Er wird vom Geheimnis dessen berührt, der für seine Not nicht mehr erreichbar schien. Nun erfährt er, dass sein Flehen vor Gott sich in einer Weise erfüllen soll, die all seine Hoffnungen und Erwartungen weit übertrifft. Gott hört nicht auf, sich ein Volk zu bereiten (V. 17). Und daran soll Zacharias mitwirken. Gott handelt also in gleicher Weise, wie er es einst in der Geschichte des Gottesvolkes getan hat (vgl. Gen 18,10–14; 25,21; 30,22f.; 1Sam 1,9–20). Die Geburt des Johannes wird Zacharias und viele andere mit großer Freude erfüllen. Johannes wird in einer besonderen Nähe zu Gott stehen und zum

Mittler des Heils an seinem Volk werden. Die Verleihung des Heiligen Geistes schon vom Mutterleib an ist einzigartig und hebt ihn über alle bisherigen Propheten hinaus. Er wird seine Aufgabe „im Geist und in der Kraft des Elija" erfüllen und dafür sorgen, dass Gott bei seinem Kommen ein geläutertes und von Herzen bereites Volk antrifft. Die Erfüllung der prophetischen Heilsverheißungen an Israel hat begonnen.

Doch die Spannung zwischen dem „Heute" Gottes und der Wirklichkeit, wie Zacharias sie jetzt erlebt, ist zu groß als dass er von sich aus den Zweifel überwinden kann: *Woran soll ich erkennen, dass ...?* (vgl. Gen 15,8). Zacharias fragt mit denselben Worten nach einem Zeichen, mit denen Abraham auf die Landverheißung Jahwes reagiert hat (Gen 15,8). Wer einmal das Verglimmen seiner Hoffnung so schmerzlich erfahren und aufgehört hat, vom Leben noch etwas zu erwarten, braucht Zeit, bis die alte Hoffnung neu in ihm aufkeimen kann. Ein Zeichen wird ihm „von höchster Stelle" (V. 19) gegeben, an dem sein Glaube wachsen kann, bis das Verstummen sich löst und sein Schweigen einmündet in den Lobpreis Gottes (Lk 1,67–79). Er hat an sich die Macht und Eindeutigkeit des Wortes erfahren, das von Gott kommt und ihn persönlich meint. Gott lässt ihm Zeit, neun Monate – bis sein Wort in Erfüllung geht (V. 20). Damit deutet Lukas an, dass das von ihm erzählte Geschehen nach Gottes Plan sich erfüllen wird.

Das in den Vorhöfen des Tempels wartende Volk bemerkt etwas von der Veränderung, die im Innern des Tempels an Zacharias geschehen ist. Doch er ist nicht imstande, sich ihm mitzuteilen.

3. Lk 1,24f.: Zacharias kehrt nach seiner Dienstzeit im Tempel nach Haus zurück. Danach wird Elisabeth schwanger. Als sie es merkt, zieht sie sich zurück und hält sich so lange verborgen, bis man nicht mehr übersehen kann, dass sie ein Kind erwartet. Wenn es schon einen Menschen tief berührt und glücklich macht, von einem anderen ganz gemeint zu sein, um wie viel mehr, wenn er oder sie erfährt, von Gott selbst angesehen und gemeint zu sein. Ein so tief gehendes Erlebnis braucht Verweilen, damit es nicht zur Episode wird und im Gerede des Alltags untergeht. Gott hat Elisabeth sein Ansehen gegeben, das Menschen ihr verweigert haben (V. 25). Ihre Worte entsprechen den Worten, mit denen Rachel auf die Geburt Josephs reagiert hat (Gen 30,23).

Die Ankündigung der Geburt Jesu: Lk 1,26–38

[26] Im sechsten Monat aber wurde der Engel Gabriel von Gott gesandt in eine Stadt Galiläas mit Namen Nazareth [27] zu einer Jungfrau, die verlobt war mit einem Mann mit Namen Josef aus dem Hause David, und der Name der Jungfrau war

Maria. [28] Und er trat bei ihr ein und sprach: Sei gegrüßt, Begnadete, der Herr
ist mit dir. [29] Die aber wurde verwirrt durch das Wort und überlegte, was dieser
Gruß bedeute. [30] Und es sprach der Engel zu ihr: Fürchte dich nicht, Maria, denn
du hast Gnade gefunden bei Gott. [31] Und siehe, du wirst schwanger werden und
einen Sohn gebären, und du sollst seinen Namen Jesus nennen. [32] Dieser wird groß
sein und Sohn des Höchsten genannt werden, und es wird ihm der Herr, Gott, den
Thron Davids, seines Vaters, geben, [33] und er wird herrschen über das Haus Jakob
bis in Ewigkeit, und seiner Herrschaft wird kein Ende sein.

[34] Maria aber sprach zu dem Engel: Wie wird das geschehen, da ich keinen
Mann erkenne? [35] Der Engel antwortete und sprach zu ihr: Heiliger Geist wird über
dich kommen, und die Kraft des Höchsten wird dich überschatten. Deshalb wird
auch das (von dir) Geborene heilig genannt werden, Sohn Gottes. [36] Und siehe,
Elisabeth, deine Verwandte, auch sie wurde schwanger mit einem Sohn in ihrem
Alter, und dieser Monat ist der sechste für sie, die unfruchtbar genannt wird. [37]
Denn bei Gott ist kein Ding unmöglich.. [38] Maria aber sprach: Siehe, ich bin die
Magd des Herrn, es geschehe mir nach deinem Wort. Und es ging weg von ihr der
Engel.

Zusammenhang: Mit der Zeitangabe „im sechsten Monat“ (der Schwangerschaft Elisabeths) knüpft die Verkündigung der Geburt Jesu an die vorausgehende Erzählung an. Die Verkündigungsszene zeigt urbildhaft, wie ein Dialog zwischen Gott und Mensch beginnt, wie Gottes Wort und menschliche Antwort aufeinander eingehen und sich gegenseitig freigeben – Schritt für Schritt. Eine Atmosphäre von gegenseitiger Ehrfurcht und Freiheit, die das Tiefste im Menschen ansprechen kann, umgibt und durchdringt den Raum der Begegnung.

1. Lk 1,26–33: *Der Engel trat bei Maria ein*: Die Initiative geht von Gott aus. Einfühlend naht er sich dem Menschen und spricht ihn in der Tiefe seines Wesens an: „Sei gegrüßt, *Begnadete*. Der Herr ist mit dir!“ Wie bei Mose und Josua, wie bei David und allen, die Jahwe (als Einzelne) zum Heil seines Volkes berief, heißt es hier: Der Herr ist mir dir! Gott ist anwesend in seinem Wort. Er ist dem Menschen nahe in seiner verlässlichen und doch unverfügbaren Zuwendung.

Maria aber wurde verwirrt durch das Wort: Nach der Initiative Gottes ist der Mensch an der Reihe. Maria findet zunächst keine Worte. Sie ist verwirrt (*diatarátto*) und – so fährt Lukas fort: „Sie überlegte, was dieser Gruß bedeute.“ Überlegen dient dem Klären. Im Überlegen liegt das Mühen um Verständnis. Maria hält das überraschende Wort schweigend fest und nimmt es in sich hinein. Sie öffnet sich; sie liefert sich an das Gehörte aus. Das Wort kann so sein Ziel erreichen und im Hörenden wandelnd sich auswirken. Im Überlegen bleibt sie offen für den Fortgang des Dialogs. Dabei fällt auf, dass Maria nicht durch die plötzliche Gegenwart des Gottesboten außer Fassung gerät, sondern über das, was sein Gruß ihr sagt.

Der Engel sprach: Fürchte dich nicht, Maria: Maria wird bei ihrem Namen genannt. Gott meint jeden persönlich und will von jedem *seine* freie Antwort. „Fürchte dich nicht, Maria, denn du hast *Gnade* gefunden bei Gott." Das erste Wort kehrt wieder. Gott hält den Dialog in Gang, indem er sich wiederholt. Die Wiederholung vertieft das Nachsinnen und regt es neu an. Gottes Wort wird konkret: „Siehe, du wirst schwanger werden und einen Sohn gebären." Gott kündigt sich selbst an: Gott als Mensch. Von dieser Zumutung steckt etwas in jedem Gespräch, das Gott mit den Menschen führt.

„Dieser Sohn wird groß sein und Sohn des Höchsten genannt werden. Und der Herr, Gott, wird ihm den Thron Davids, seines Vaters, geben, und er wird herrschen über das Haus Jakob bis in Ewigkeit, und seiner Herrschaft wird kein Ende sein." Das Unglaubliche geschieht im Unscheinbaren. Die Verheißung Nathans (2Sam 7,13–16) wird in Jesus ihre endgültige und abschließende Erfüllung finden. Für ihn wird es keinen Nachfolger mehr geben. Denn seine Herrschaft wird ewig dauern. Gott verwirklicht seinen Heilsplan für Israel und die ganze Menschheit (vgl. Lk 3,38) auf überraschende und unerwartete Weise. Er weist auf Möglichkeiten hin, die für uns unfassbar sind (vgl. Ex 3 und 4).

2. Lk 1,34–38: *Maria sprach: Wie wird das geschehen?* Das erste Wort Marias ist eine Frage. Sie hat sich durch das Überlegen und Nachsinnen, durch das Meditieren des Wortes Gottes herauskristallisiert. Es ist eine Frage, die das Gespräch offen hält. Sie geht auf das Wort Gottes, auf seine Zumutung ein. Maria fragt nicht nach einem Beweis, sondern nach einer Möglichkeit, dem Anliegen Gottes zu entsprechen. Maria ist schon im Kraftfeld des Wortes Gottes und lässt sich von ihm bestimmen. Das erste Wort Marias ist kein Einwand und kein „Ja und Amen". Es ist vielmehr die glaubende Frage nach dem „Wie". Diese Frage gehört zum dialogischen Hin und Her zwischen Gott und Mensch. Ein zu früh gesprochenes „Ja und Amen" würde das Gespräch abbrechen. Mensch werden kann Gott nur mit dem Menschen, nur wenn der Mensch sich zur Verfügung stellt mit dem, was er ist, und mit seinen Möglichkeiten.

Was Gott dem Menschen verheißt, ist mehr als der Mensch von sich aus vermag. Deshalb die Spannung in der Frage: „Wie wird das geschehen, da ich keinen Mann erkenne?" Maria weiß um *ihre* Möglichkeiten. Ihre Frage kommt aus *ihrer* Sicht der Dinge, aber sie setzt ihre Sicht nicht absolut.

Der Engel sprach: Heiliger Geist wird über dich kommen und die Kraft des Höchsten wird dich überschatten (vgl. Ex 40,35; Num 9,18.20): Die Antwort Gottes bricht die Enge menschlicher Möglichkeiten auf. Sie ist kein Beweis. Sie bleibt Verheißung – bis sie ganz durch den Menschen hindurchgegangen und von ihm ausbuchstabiert ist. Mit dem Hinweis auf die späte Schwangerschaft Elisabeths spielt Lukas auf die späte Schwangerschaft Saras an (Gen 18,14). „Bei Gott ist kein Wort (*réma*) unmöglich." Maria ergreift diese Verheißung. Aus dem verweilenden Überlegen und Nachsinnen und der nach Verständnis suchenden Frage ist ihr Ja gewachsen:

Siehe, ich bin die Magd des Herrn. Mir geschehe nach deinem Wort: Maria hat das letzte Wort. Das klingt vielleicht überraschend. Von ihr hängt es ab, ob der Dialog gelingt. Das Wort Gottes und die Antwort des Menschen wachsen zusammen und werden fruchtbar: „Mir geschehe nach deinem Wort (*réma*)." Gott gibt dem Menschen das letzte Wort. Er wird nicht Mensch ohne den Menschen. Indem Maria dem Wort Gottes ohne Einschränkung Raum gibt, kann es in ihr Mensch werden. Für Lukas ist die Aussage wichtig, dass Marias Kind durch Gottes Geist und Kraft vom ersten Augenblick seiner Existenz an Sohn Gottes ist.

Die Heilige Schrift sieht in Maria das Urbild des glaubenden Menschen. „Selig, die geglaubt hat, dass sich erfüllt, was ihr vom Herrn gesagt wurde" (Lk 1,45) – durch alle menschlichen Enttäuschungen hindurch. So gleicht Maria dem guten Boden, der Gottes Wort bereitwillig aufnimmt, es festhält und in geduldigem Aushalten (*hypomoné*) Frucht bringt (Lk 8,15).

Lukas wollte mit dieser Verkündigungsszene bildhaft darstellen, wie die Wirklichkeit Gottes sich im Bereich menschlicher Erfahrung kundtut und der Mensch glaubend sich auf diese Erfahrung einlässt. Das greifbare Bild darf nicht mit der unbegreiflichen Wirklichkeit, auf die es hinweisen will, verwechselt werden. Als Glaubende(r) hat jede(r) schon etwas von dieser Wort-Wirklichkeit (*réma*) erfahren, die begegnet, die uns anspricht – meist im Vorübergehen, im Zufälligen und Banalen. Es kommt darauf an, die immer wiederkehrenden Impulse in meinem Alltag wahrzunehmen, die „Lebenszeichen" Gottes für mich zu entdecken, seiner Initiative schweigend nachzusinnen, sie zu meditieren, sie in mich hinein zu nehmen. Das verlangt ein Sich-öffnen, ein Verweilen, ein Sich-loslassen auf das Gehörte hin. Vielleicht mag ich dann auch darüber staunen und verwirrt sein, wenn ich entdecke, dass Gott ein Wort für mich hat, dass er mich ganz persönlich meint und anspricht ... „Selig, die das Wort Gottes hören und bewahren" Lk 11,28).

Der Besuch Marias bei Elisabeth und das Magnificat: Lk 1,39–56

[39] In diesen Tagen stand Maria auf und wanderte in das Bergland mit Eile in eine
Stadt Judas. [40] Und sie ging in das Haus des Zacharias und begrüßte Elisabeth. [41]
Und es geschah, als Elisabeth den Gruß Marias hörte, hüpfte das Kind in ihrem
Leib, und Elisabeth wurde vom heiligen Geist erfüllt, [42] und sie rief mit lauter
Stimme und sagte: Gesegnet bist du unter den Frauen und gesegnet (ist) die Frucht

deines Leibes. 43 Und woher kommt mir, dass die Mutter meines Herrn zu mir
kommt? 44 Denn siehe, als die Stimme deines Grußes in meine Ohren kam, hüpfte
mit Freude das Kind in meinem Leib. 45 Und selig, die geglaubt hat, dass es Erfüllung gibt für das, was ihr gesagt wurde vom Herrn.

46 Und es sprach Maria:
Es preist meine Seele den Herrn
47 Und es jubelt mein Geist über Gott, meinen Retter,
48 Denn er hat herabgeschaut auf die Niedrigkeit seiner Magd,
Denn siehe, von nun an werden mich seligpreisen alle Geschlechter,
49 Denn es hat mir Großes getan der Mächtige
und heilig ist sein Name.
50 Und sein Erbarmen auf Geschlechter und Geschlechter
für die, die ihn fürchten.
51 Er hat Macht geübt mit seinem Arm,
hat zerstreut die Hochmütigen in der Gesinnung ihres Herzens.
52 Er hat Mächtige vom Thron gestürzt
und erhoben Niedrige,
53 Hungernde hat er erfüllt mit Gütern
und Reiche leer weggeschickt.
54 Er hat sich angenommen Israels, seines Knechtes,
und erinnert seines Erbarmens,
55 wie er gesprochen hat zu unseren Vätern,
zu Abraham und seinem Samen bis in Ewigkeit.

56 Maria aber blieb mit ihr ungefähr drei Monate und kehrte in ihr Haus zurück.

Zusammenhang: Wie zur Bekräftigung seiner Botschaft hatte der Engel Gabriel am Ende der Verkündigungsszene Maria darauf aufmerksam gemacht, dass ihre Verwandte Elisabeth noch in ihrem Alter einen Sohn empfangen habe und sie, die als unfruchtbar galt, sei jetzt schon im sechsten Monat. Denn von Seiten Gottes ist nichts unmöglich. Diese Worte schaffen den Übergang zum Aufbruch Marias, um Elisabeth zu besuchen.

1. Lk 1,39–45: Maria macht sich auf den Weg ins Bergland von Judäa. Gott hat sie auf einzigartige Weise in seine Pläne mit den Menschen einbezogen. Sie ist nun dabei, das Wort, das sie gehört hat (Lk 1,36), zu befolgen. Von dem langen Weg zum Haus des Zacharias in der Nähe Jerusalems wird nichts berichtet, nur, dass Maria es eilig hat. Auch eine Begleitung wird nicht erwähnt. Es sieht so aus, als sei dies allein *ihr* Weg, den sie ohne Zögern und ohne Ablenkung zu gehen hat.

Als die beiden Frauen einander begegnen, kommt in Elisabeth etwas in Bewegung. Beim Gruß, beim Klang der Stimme Marias, bewegt sich das das Kind „vor Freude" in ihrem Leib. Im Heiligen Geist erkennt sie, wer Maria in Gottes Plan ist und mit lautem Jubel preist sie die Mutter ihres Herrn selig. Dann fährt sie fort: „Selig, die geglaubt hat, dass sich erfüllt, was ihr gesagt wurde vom Herrn". Auf diese zweite Seligpreisung legt Lukas besonderes Gewicht. Maria gehört von Anfang an zu denen, die durch ihren Glauben an das Wort Gottes die „Jüngerfamilie" Jesu bilden, ja sie ist gleichsam ihr Urbild.

Dass beim Gruß Marias das Kind im Leib Elisabeths vor Freude hüpft (V. 44), ist ein Hinweis auf das Zeugnis, das der Täufer selbst von dem geben wird, der nach ihm kommt.

2. Lk 1,46–56: Von der Schwingung, die beim Gruß Marias in Elisabeth ausgelöst wurde, wird nun Maria selbst ergriffen. Während Elisabeth Maria als „die Mutter meines *Herrn*" gepriesen hat, preist nun Maria den *Herrn* selbst. Die Aufmerksamkeit beider Frauen richtet sich ganz auf den Gott des *Erbarmens* (V. 50 und 54), wie sie ihn in seinem Handeln an sich erfahren haben. Im *Magnificat* klingen wieder alttestamentliche Parallelen an, besonders aus dem Gebet und dem Lobgesang der Hanna (1 Sam 1,9–12 und 2,1–10). In den knapp gefassten Antithesen (V. 51–53) wird aber auch schon die Botschaft des Evangeliums vorweg genommen, wie wir sie vor allem in den Seligpreisungen und Wehrufen Jesu (Lk 6,20–26) wiederfinden. Die Umkehrung der Verhältnisse zieht sich durch das ganze Evangelium (Lk 13,30; 14,11; 16,19–31; 18,9–14). Gott kehrt die Geschicke der Mächtigen und Ohnmächtigen, der Armen und Reichen um. Indem Maria das Erbarmen Gottes an Abraham und seinen Nachkommen „bis in Ewigkeit" besingt, interpretiert sie *authentisch* die lange Heilsgeschichte Israels und die Sendung ihres Sohnes (vgl. Lk 1,32f.). So ist Maria aus der Sicht des Lukas nicht nur ein Vorbild dafür, wie ein Jünger oder eine Jüngerin Jesu Gottes Wort aufnimmt und in ihrem Herzen Raum gibt, damit es „Fleisch" werden kann, sondern auch, wie sie dieses Wort so auslegt, dass wir es als Frohe Botschaft hören: das Erbarmen Gottes ist *die* zentrale Deutung seines Handelns (vgl. Lk 15).

„Und Maria blieb mit ihr (Elisabeth) ungefähr drei Monate ..." Die beiden schwangeren Frauen sind einander Unterstützung und Hilfe in der Deutung ihrer geistlichen Erfahrung wie in der Bewältigung des Alltags.

Die Geburt des Johannes und das Benedictus: Lk 1,57–80

57 Für Elisabeth aber erfüllte sich die Zeit, dass sie gebären sollte, und sie gebar
einen Sohn. 58 Und es hörten ihre Nachbarn und Verwandten, dass der Herr ihr
großes Erbarmen erwiesen hatte, und sie freuten sich mit ihr. 59 Und es geschah
am achten Tage, da kamen sie, um das Kind zu beschneiden, und sie riefen es
nach dem Namen seines Vaters Zacharias. 60 Und es antwortete seine Mutter und
sprach: Nein, vielmehr soll es gerufen werden Johannes. 61 Und sie sagten zu ihr:
niemand ist aus deiner Verwandtschaft, der mit diesem Namen gerufen wird. 62
Sie winkten aber seinem Vater, wie er es wohl genannt haben wolle. 63 Und er verlangte ein Schreibtäfelchen und schrieb: Johannes ist sein Name. Und es wunderten sich alle. 64 Es wurde aber aufgetan sein Mund sogleich und seine Zunge (löste
sich), und er redete Gott preisend. 65 Und es kam über alle ihre Nachbarn Furcht,
und in dem ganzen Bergland von Judäa wurden alle diese Worte weitererzählt. 66
Und es nahmen sie alle, die sie hörten, sich zu Herzen und sagten: Was wird wohl
dieses Kind werden? Denn die Hand des Herrn war mit ihm.

67 Und Zacharias, sein Vater, wurde erfüllt von heiligem Geist und weissagte:

68 Gepriesen sei der Herr, der Gott Israels,
denn er sein Volk besucht und es befreit hat
69 und ein Horn der Rettung uns erweckt hat
im Hause David, seines Knechtes,
70 wie er gesprochen durch den Mund seiner heiligen Propheten
von alters her,
71 Rettung vor unseren Feinden
und aus der Hand aller, die uns hassen,
72 Erbarmen zu üben mit unseren Vätern
und zu gedenken seines heiligen Bundes,
73 des Eides, den er geschworen hat vor Abraham,
unserem Vater,
74 uns zu geben, furchtlos, aus der Hand der Feinde befreit,
ihm zu dienen,
75 in Frömmigkeit und Gerechtigkeit vor ihm
alle unsere Tage.
76 Und du, Kind, Prophet des Höchsten
wirst du genannt werden,
denn du wirst vorausgehen vor dem Herrn,
seine Wege zu bereiten,
77 und Kenntnis zu geben von der Rettung für sein Volk
in der Vergebung ihrer Sünden
78 durch das herzliche Erbarmen unseres Gottes,
in dem uns heimsuchen wird
das aufgehende (Licht) aus der Höhe,
79 denen zu leuchten, die in Finsternis und Todesschatten sitzen,
und auszurichten unsere Füße auf den Weg des Friedens.

80 Das Kind aber wuchs heran und wurde stark im Geist, und war in der Wüste bis zum Tag seiner Einsetzung vor Israel.

Zusammenhang: Die Ereignisse um die Geburt des Täufers rufen Gottes Handeln an Zacharias und Elisabeth in Erinnerung, nicht zuletzt das tiefe Glück, das Elisabeth zuteil wurde und ihre Dankbarkeit gegenüber dem Herrn (Lk 1,5–25). Höhepunkt der ganzen Erzählung ist der Lobgesang des Zacharias.

1. Lk 1,57–66: Für Elisabeth erfüllt sich die Zeit, da sie gebären sollte. Die meiste Zeit ihrer Schwangerschaft hat sie zurückgezogen gelebt. Nach und nach hat das Kind ihren eigenen Lebensraum ausgefüllt. Wie ein offenes Gefäß ist sie nun ganz erfüllt von neuem Leben. Die Geburt des Johannes wird nur kurz berichtet. Die Freude der Nachbarn und Verwandten über Gottes Erbarmen mit Elisabeth ist wie ein Widerhall der Freude all derer, die von Sara hörten, dass sie dem Abraham noch in seinem Alter einen Sohn geboren hat (Gen 21,6f.). Erst im Folgenden wird die besondere Bedeutung dieses Kindes erkennbar.

Bei der Feier der Beschneidung am achten Tag nach der Geburt, als man dem Kind seinen Namen geben will, wird allen Beteiligten klar, dass Gott seine Hand bei diesem Kind im Spiel hat, und Furcht überkommt sie. Diesmal zieht das Ereignis weitere Kreise. Im ganzen Bergland von Judäa erzählt man davon.

Neun Monate war Zacharias verstummt. Kein Wort kam über seine Lippen. Diese Zeit war für ihn eine Schwangerschaft ganz eigener Art. Als die ihm gegebene Verheißung (Lk 1,13f.) sich erfüllt, sind seine ersten Worte ein Lobpreis Gottes. Seine Zweifel sind verstummt. „Alle, die davon hörten, nahmen es sich zu Herzen und sagten: Was wird wohl dieses Kind werden?“

2. Lk 1,67–80: In prophetischer, Geist erfüllter Rede deutet Zacharias mit seinem Lobpreis das vorher Erzählte und gibt eine Antwort auf die staunende Frage der Vielen, die von den Ereignissen in seinem Haus gehört haben. Er preist den Gott *Israels* für sein Heilshandeln an seinem Volk, für seine Treue bis zum heutigen Tag, mit der Jahwe alle aus der Abhängigkeit pharaonischer Mächte befreien will, um ihnen ein menschenwürdiges und Gott gemäßes Leben zu ermöglichen. Dies wird durch einen mächtigen Retter geschehen („Horn des Heils“), und die den Vätern und Müttern gegebene Verheißung wird sich erfüllen.

Dann wendet sich Zacharias direkt an Johannes und prophezeit dem Kind, dass er Prophet des Höchsten genannt sein wird. Als solcher wird er Vorläufer und Wegbereiter des verheißenen Retters sein. Er soll das Volk auf Gottes mitfühlendes Erbarmen (*splángchna eléous*) vorbereiten, damit ihm Umkehr und

Vergebung der Sünden geschenkt wird. Der kommende Retter will Licht in das Dunkel der wie „in Finsternis und Todesschatten" Eingeschlossenen bringen und sie „auf den Weg des Friedens" führen, d.h. die Verkündigung Jesu anzunehmen (vgl. Lk 19,42; Apg 10,36). Das Wirken des Johannes ist also von Anfang an auf den Messias Gottes ausgerichtet, der die Menschen aus ihrer Todesverfallenheit herausführt. Mit dem Täufer ist die Reihe der Propheten Israels abgeschlossen (Lk 16,16). Nach ihm kommt der Herr.

Der Lobpreis des Zacharias kann eine Einladung sein, unsere eigene Geschichte im Licht von Gottes Heilshandeln an uns zu betrachten und unsere Erfahrung mit Gott in einem persönlich formulierten Benedictus vor ihm zur Sprache zu bringen.

Der Hinweis auf das Heranwachsen des Kindes erinnert an Simson (Ri 13,24f.) und Samuel (1Sam 2,21.26). Danach hält sich Johannes in der Einsamkeit auf, bis der Kairos für seinen Auftrag an Israel kommt.

Die Geburt Jesu und die Hirten an der Krippe: Lk 2,1–20

[1] Es geschah aber in jenen Tagen, dass ein Erlass ausging vom Kaiser Augustus, es solle aufgezeichnet werden der ganze Erdkreis. [2] Diese Aufzeichnung war die erste, sie fand statt, als Quirinius Statthalter von Syrien war. [3] Und es gingen alle hin, sich aufzeichnen zu lassen, ein jeder in seine Stadt. [4] Es zog aber auch Josef von Galiläa, aus der Stadt Nazareth hinauf nach Judäa in die Stadt Davids, die Bethlehem heißt, weil er aus dem Hause und Geschlechte Davids war, [5] um sich aufzeichnen zu lassen mit Maria, seiner Verlobten, die schwanger war. [6] Es geschah aber, als sie dort waren, erfüllten sich die Tage, dass sie gebären sollte, [7] und sie gebar ihren erstgeborenen Sohn und wickelte ihn und legte ihn in eine Krippe, weil für sie kein Platz war in der Herberge.

[8] Und Hirten waren in dieser Gegend unter freiem Himmel und hielten Nachtwachen bei ihrer Herde. [9] Und ein Engel des Herrn trat zu ihnen und Herrlichkeit des Herrn umstrahlte sie; und sie fürchteten sich in großer Furcht. [10] Und es sprach zu ihnen der Engel: Fürchtet euch nicht, denn siehe, ich verkündige euch große Freude, die für das ganze Volk sein wird; [11] denn euch wurde heute der Retter geboren, welcher ist Christus, der Herr – in der Stadt Davids. [12] Und das ist euch zum Zeichen: ihr werdet einen Säugling finden, gewickelt und liegend in einer Krippe. [13] Und plötzlich war mit dem Engel eine Menge des himmlischen Heeres, die lobten Gott und sagten: [14] Herrlichkeit in den Höhen für Gott und auf Erden Friede unter den Menschen des Wohlgefallens.

[15] Und es geschah, als die Engel von ihnen weggingen in den Himmel, sprachen die Hirten zueinander: Wir wollen nun nach Bethlehem gehen und dieses geschehene Wort uns ansehen, das der Herr uns kundgetan hat. [16] Und ie gingen in Eile hin und fanden Maria und Josef und den Säugling, in der Krippe liegend. [17] Als sie es aber gesehen hatten, berichteten sie von dem Wort, das zu ihnen über

dieses Kind gesagt worden war. [18] Und alle, die es hörten, wunderten sich über das, was von den Hirten zu ihnen gesagt wurde. [19] Maria aber bewahrte alle diese Worte und bewegte sie in ihrem Herzen. [20] Und die Hirten kehrten zurück, priesen und lobten Gott für alles, was sie gehört und gesehen hatten, so wie es zu ihnen gesagt worden war.

Zusammenhang: Diese Erzählung knüpft an kein voraus berichtetes Ereignis an. Wenn Lukas die Geburt Jesu im Zusammenhang mit dem Zensus (Volkszählung) des Kaisers Augustus bringt, dann will er sie nicht nur in einen weltgeschichtlichen Kontext stellen, sondern sie zugleich von den Erinnerungen und Idealvorstellungen absetzen, die seine Leser mit der Ära des Augustus verbinden. Dieser hatte im Jahr 29 v. Chr. einen für das Römische Reich katastrophalen, nahezu hundert Jahre dauernden Bürgerkrieg beendet. Er wurde als „Retter der Welt" gepriesen und sein Geburtstag am 23. September mancherorts als „Beginn der Frohen Botschaft für die Welt" gefeiert. Nach Lukas bildet der Befehl des Augustus lediglich den szenischen Rahmen für die Geburt *Jesu*, und *sein* Geburtstag markiert in Wahrheit den Beginn einer neuen Zeit. Die Geschichte Israels bekommt universale Bedeutung, und der Herrscher über das damalige Weltreich wird zum Werkzeug in Gottes Heilsplan. Die Frohbotschaft ging nicht von Rom aus, sondern von den Fluren Bethlehems (Lk 2,10 f.).

Mit der Erwähnung des Zensus gibt Lukas möglicherweise auch *den* Lesern seines Evangeliums einen Hinweis, die mit der Geschichte Israels und mit jüdischen Verhältnissen vertraut waren. Frühere Volkszählungen waren die Ursache von Katastrophen und Aufständen. Nicht zuletzt hatte die jüdische Aufstandsbewegung mit der Zerstörung Jerusalems ein furchtbares Ende genommen. Während der Zensus unter Quirinius die Revolte Judas des Galiläers auslöste, folgen aus Galiläa Josef und Maria dem Befehl des Kaisers. Von Anfang an soll also Jesus nicht als politischer Rebell verstanden werden, sondern als der „starke Retter", der „unsere Füße ausrichtet auf den Weg des Friedens" (Lk 1,79).

1. Lk 2,1–7: Ein junges Paar aus Nazareth in Galiläa macht sich auf den Weg hinauf nach Judäa in die Stadt Davids, die *Bethlehem* heißt. Josef will sich dort für die Volkszählung registrieren lassen. Es überrascht, dass nicht Jerusalem, sondern der Herkunftsort der Davidsippe als „Stadt Davids" bezeichnet wird. Im Alten Testament gilt nur der Zion bzw. Jerusalem als „Stadt Davids". Aber auf dem kleinen Landstädtchen Bethlehem ruht die Verheißung von Mich 5,1–4. Maria, die Verlobte Josefs, ist hoch schwanger.

Während ihres Aufenthalts in Bethlehem endet für sie die Zeit der Schwangerschaft. Die Geburt Jesu wird nur kurz berichtet. Wichtiger scheint Lukas, was danach folgt: Maria wickelte ihren Sohn, den Erstgeborenen, und legte ihn in eine Futterkrippe (*phátne)*, weil für sie kein Platz in der Herberge war. Dreimal wird „das gewickelte Kind in der Futterkrippe" in diesem Abschnitt genannt (V. 7.12.16). Das ist hier wohl weniger als Zeichen von Armut zu verstehen. Vielmehr will Lukas deutlich machen, dass Jesus, der vom Geist Gottes gezeugt ist, doch als ein ganz normales Kind geboren wurde, das wie alle Neugeborenen in seiner Bedürftigkeit und Hilflosigkeit auf die Zuneigung und Fürsorge seiner Umgebung angewiesen ist.

Mit dem Wort „Futterkrippe" kann auch Gottes Klage aus Jes 1,3 anklingen: „Der Ochse kennt seinen Besitzer und der Esel die *Futterkrippe* seines Herrn; Israel aber hat keine Erkenntnis, mein Volk hat keine Einsicht." Das Jesaja-Wort hat nun seine Geltung verloren. Mit den Hirten, die zu dieser Krippe kommen, beginnt das Volk Gottes von neuem, die Krippe seines Herrn zu kennen. Wie es dazu kommt, wird im Folgenden geschildert.

2. Lk 2,8–17: Hirten sind in der Umgebung Bethlehems auf freiem Feld und halten Nachtwache bei ihrer Herde, als plötzlich ein unbeschreibliches Licht in ihrer Dunkelheit aufleuchtet und sie ganz umhüllt. Dieser Einbruch des Göttlichen in ihre Alltagswelt löst große Furcht bei ihnen aus. Was sie dann hören, klingt wie die Proklamation eines neuen Herrschers und der Anfang einer neuen Zeit: „*Heute* ist euch der Retter (*sotér*) geboren – er ist der Messias (*christós*), der Herr (*kýrios*) in der Stadt Davids!" Sie werden ein Neugeborenes finden, das gewickelt ist und in einer Futterkrippe liegt. In diesem Kind werden sie den neuen Herrscher erkennen. Von sich aus sind Menschen nicht fähig, in einem Ereignis ein Geheimnis Gottes zu entdecken. Das muss uns geoffenbart werden. Und wie zur Bekräftigung seiner Heilsbotschaft ist der Gottesbote plötzlich von einer Menge himmlischer Heerscharen umgeben, die Gott loben und den Menschen Frieden verheißen, die vor Gott recht sind (Gen 15,6). Lukas beschreibt hier etwas noch nie Dagewesenes und betont damit die die Bedeutung der Geburt Jesu: In dieser Nacht berühren sich Himmel und Erde.

Mit dem, was die Hirten in der Tiefe ihres Herzens gesehen und gehört haben, brechen sie – wie Maria (Lk 1,40) – ohne Zögern auf und eilen ... in eine Alltäglichkeit ohne Zeichen und Wunder. Es braucht Mut, sein „Hirtenfeld" zu verlassen und hinüber zu gehen nach „Bethlehem", dem Ort der Verheißung. Als die Hirten die Wirklichkeit mit denselben Augen betrachten, die eben noch die Engel sahen, entdecken sie in einem Neugeborenen seine königliche Würde, im Kind ihren Retter, Messias und Herrn.

Diese Erzählung erinnert an David, als er – noch ein Junge – auf den Fluren Bethlehems die Herden seines Vaters Isai hütete. In jenen Tagen war es, als der Seher Samuel von Gott nach Bethlehem geschickt wurde, um den jüngsten der Söhne Isais zum König zu salben. Samuel war es gegeben, in einem Hirtenjungen den kommenden König zu schauen (1 Sam 16). Wo immer ein Mensch einen anderen mit Gottes Augen anschaut, wird er das Göttliche in ihm entdecken und hervorlocken.

Die Hirten stehen für ein Israel, das heimgefunden hat zu seinem Gott. Ihre Freude darüber (V. 10) mündet ein in den Lobpreis dessen, der sich ihnen zu erkennen gab. Sie kehren zurück in ihren Alltag und sehen ihn mit anderen Augen. Das Kind in der Krippe hat ihre Sichtweise verändert.

3. Lk 2,18–20: Alle, die hören, was die Hirten ihnen erzählen, geraten ins *Staunen*. Lukas verwendet dieses Wort (*thaumádzo*) hier zum dritten Mal (Lk 1,21.63). Das Staunen führt nicht immer zu einer glaubenden Antwort. Vielleicht will der Evangelist damit andeuten, dass diese Leute denen gleichen, die – wie später im Sämannsgleichnis – das Wort freudig aufnehmen, ohne dass es in ihnen Wurzeln schlägt (Lk 8,13).

Maria aber bewahrte alle diese Worte und fügte sie in ihrem Herzen zusammen (*symbállo*). Sie versucht, den verborgenen Sinn hinter all dem zu entdecken, was sie erlebt hat. Sie gehört zu denen, „die das Wort mit gutem und aufrichtigem Herzen hören, es festhalten und Frucht bringen in Geduld" (Lk 8,15).

Mit diesen drei unterschiedlichen Reaktionen auf die Botschaft des Himmels beschließt Lukas den Abschnitt.

Wenn der Evangelist in den Hirten an der Krippe schon das Gottesvolk sieht, das heimgefunden hat zu seinem Gott, dann liegt es nahe, noch bei dem Kind zu verweilen, in dem ihnen das Geheimnis seiner Gegenwart aufgeleuchtet ist. Dieses Geheimnis kann offenbar nur weiter gesagt werden von Menschen, die sich wie die Hirten in den Bann des Kindes haben ziehen lassen. Anders als bei den römischen Kaisern und den gängigen Messiasvorstellungen kommt ihnen hier eine Macht in der Ohnmacht, eine Kraft in der Wehrlosigkeit, ein Glanz in der Armut entgegen, die auf eine entwaffnende Weise anziehend wirken. Vielleicht können wir erst dann zu Gott wirklich hinfinden, wenn er für uns wieder so „menschliche" Züge bekommt, dass wir selbst ohnmächtig und wehrlos sein können und seine Nähe suchen, ohne etwas vorweisen zu müssen.

Beschneidung und Darstellung Jesu im Tempel: Lk 2,21–40

21 Und als die acht Tage voll waren, um das Kind zu beschneiden, wurde sein Name Jesus genannt, der genannt worden war von dem Engel, ehe er empfangen wurde im Mutterleib.

22 Und als die Tage ihrer Reinigung voll geworden waren nach dem Gesetz des Mose, brachten sie ihn hinauf nach Jerusalem, ihn darzustellen dem Herrn, 23 wie

geschrieben steht im Gesetz des Herrn, dass alles Männliche, das den Mutterschoß öffnet, heilig dem Herrn genannt werden soll, [24] und um darzubringen ein Opfer nach dem, was gesagt ist im Gesetz des Herrn: ein paar Turteltauben oder zwei junge Tauben.

[25] Und siehe, da war ein Mensch in Jerusalem mit Namen Simeon, und dieser Mensch war gerecht und gottesfürchtig, er wartete auf den Trost Israels und heiliger Geist war auf ihm. [26] Und es war ihm verheißen worden vom heiligen Geist, er werde den Tod nicht schauen, bevor er gesehen habe den Messias des Herrn. [27] Und er kam im Geist in den Tempel. Und als die Eltern das Kind Jesus herein brachten, um an ihm zu handeln nach dem Brauch des Gesetzes, [28] da nahm er es in seine Arme und pries Gott und sprach:

[29] Nun entlässt du deinen Knecht, Herr,
nach deinem Wort in Frieden.
[30] Denn meine Augen haben geschaut dein Heil,
[31] das du bereitet hast im Angesicht aller Völker,
[32] Licht zur Offenbarung für die Heiden
und Herrlichkeit für dein Volk Israel.

[33] Und sein Vater und seine Mutter waren verwundert über das, was über ihn gesagt wurde. [34] Und Simeon segnete sie und sagte zu Maria, seiner Mutter: Siehe, dieser ist gesetzt zum Fall und zum Aufstehen vieler in Israel und zum Zeichen des Widerspruchs, [35] und deine Seele selbst wird ein Schwert durchdringen, damit offenbar werden aus vielen Herzen die Gedanken.

[36] Und da war Hanna, eine Prophetin, eine Tochter Phanuels, aus dem Stamme Ascher. Sie war in vorgerücktem Alter, lebte mit ihrem Manne sieben Jahre nach ihrer Jungfrauschaft [37] und war (nun) eine Witwe von ungefähr vierundachtzig Jahren. Sie wich nicht vom Tempel, und diente Gott mit Fasten und Beten Nacht und Tag. [38] Und zu eben dieser Stunde trat sie hinzu und pries Gott und redete über ihn zu allen, die warteten auf die Erlösung Jerusalems. [39] Und als sie alles vollendet hatten nach dem Gesetz des Herrn, kehrten sie zurück nach Galiläa in ihre Stadt Nazareth. [40] Das Kind aber wuchs heran und wurde stark, erfüllt mit Weisheit, und Gottes Gnade war auf ihm.

Zusammenhang: Zu Beginn des Kapitels hatte Lukas Jesu Eltern als gehorsam gegenüber dem kaiserlichen Befehl geschildert (Lk 2,1–4). Jetzt kommt es ihm darauf an, ihren Gehorsam gegenüber der Tora, dem Gesetz des Mose bzw. des Herrn, deutlich hervorzuheben. Viermal heißt es von ihnen, dass sie „nach dem *Gesetz* des Mose" (V. 22), „wie geschrieben steht im *Gesetz* des Herrn" (V.23), „nach dem, was gesagt ist im *Gesetz* des Herrn" (V.24), „nach dem Brauch des *Gesetzes*" (V.27) gehandelt haben. Am Ende fasst er in V. 39 noch einmal zusammen, dass sie „*alles* nach dem *Gesetz* des Herrn erfüllt" haben. Die Eltern Jesu werden als gesetzesfromme Juden dargestellt.

Während die Botschaft von der Geburt des Messias bei den Hirten Aufnahme gefunden hat, kündigt sich hier zum ersten Mal Widerspruch und Ablehnung an.

Die Darstellung Jesu im Tempel bildet den Höhepunkt der lukanischen „Kindheitserzählung".

1. Lk 2,21–24: Maria und Josef folgen dem Gesetz des Herrn und stellen damit ihren Erstgeborenen gleichsam in das Kraftfeld der Bundesverheißung, die einst Abraham und Sara zuteil wurde (Gen 17). Dieser Bund, den Gott mit Abraham (und Sara) geschlossen hat, ist das unzerstörbare und unüberbietbare Fundament *jeder* Gottesbeziehung. Er beruht nicht auf Gegenseitigkeit und ist an keine Bedingungen geknüpft. Indem die Eltern Jesu dem „Gesetz" des Herrn folgen, bringen sie ihren Glauben an Gottes unbedingte Treue zum Ausdruck, die nicht von menschlichen Leistungen abhängig ist.

Das Kind erhält bei der Beschneidung den Namen, den der Engel vorher genannt hat: Jesus, d.h. *Jahwe ist Retter* Lk 1,31). In ihm ist alle erlösende Liebe Gottes gegenwärtig (vgl. Apg 4,12).

2. Lk 2,25–32: „Und siehe!" Die Aufmerksamkeit wird jetzt auf einen Mann mit Namen Simeon gelenkt, der in Jerusalem lebt und auf die „Tröstung (*parákلesis)* Israels" wartet. Anders als bei Zacharias ist seine Frömmigkeit von einer großen Sehnsucht und Lebendigkeit getragen. Er wird als ein Mensch charakterisiert, der sich vom Hl. Geist führen lässt. Von ihm hatte er auch die Zusage erhalten, dass seine Hoffnung sich noch zu seinen Lebzeiten erfüllen werde. Wenn Lukas in drei aufeinander folgenden Versen (25–27) den „Hl. Geist" nennt, dann kommt zu dem eingangs fünfmal erwähnten „Gesetz" (V. 22–24) das prophetische Element hinzu. Der Evangelist sieht „das Gesetz und die Propheten", die religiös-spirituelle Tradition Israels, in der Gestalt des greisen Simeon auf vorbildliche Weise verwirklicht. Dieser lebendigen Tradition begegnen die Eltern Jesu im Vorhof des Tempels, als sie zur Erfüllung ihrer kultischen Pflicht das Kind herein bringen.

Simeon nimmt das Kind in seine Arme und preist Gott, dass sein Warten nun ein Ende gefunden hat. Das Abendgebet seines Lebens ist ganz durchstimmt von der Freude über die Erfüllung der göttlichen Verheißungen. Die „Tröstung Israels", die er so lange herbei gesehnt hat, umfasst „alle Völker" der Erde. Indem sein Leben in diese universale Zukunft getaucht ist, kann Simeon es in Frieden loslassen. Der Tod wird hier als Freilassung aus der Sklaverei beschrieben. „Nun lässt du frei (*apolúo*) deinen Knecht/Sklaven *(doulos*), Herr (*déspota*)".

Die ganze Welt ist einbezogen in das Heilshandeln Gottes an Israel. Das mit Jesus herbei geführte Heil (*sotérion*) gilt *allen*. Hier klingen Themen und sprachliche Parallelen aus dem sog. Deutero- und Tritojesaja an, dem Trostbuch des Alten Testaments und Apg 28,28.

Die Eltern Jesu reagieren auf die Begegnung mit Simeon und seine Worte wie die Nachbarn und Verwandten bei der Namensgebung des Johannes (Lk 1,63) und wie alle, die den Bericht der Hirten bei der Geburt Jesu gehört haben (Lk 2,18): *Sie wundern sich.* Wie sollen sie auch das Unerhörte, alles Begreifen Übersteigende, nämlich die Universalität des Heilswirkens Jesu verstehen!

Nach der Reaktion der Eltern wendet sich Simeon an Maria und offenbart ihr die geheimnisvoll dunkle Seite der Zukunft ihres Sohnes. In Israel werden viele durch ihn zu Fall kommen und viele auferstehen. Das meint wohl die Umkehr der Verhältnisse, wie sie Maria im „Magnifikat" schon angekündigt hat (Lk 1,53–55). Jesus wird ein Zeichen sein, an dem sich die Geister scheiden. Man wird ihn als Repräsentanten Gottes in Israel nicht anerkennen, sondern ablehnen. Maria selbst wird in diese Auseinandersetzung so hineingezogen, als würde ein Schwert ihre Seele durchdringen, damit die innersten Gedanken vieler Menschen sich zeigen. Es bleibt ihr also nicht erspart, sich wie alle anderen dem Zeichen zu stellen und das Schwert der Entscheidung durch sich hindurch gehen zu lassen. Sie gehört zur Jüngerfamilie Jesu nicht auf Grund ihrer Mutterschaft, sondern weil sie sich für ihn entschieden hat. So werden auch die Gedanken ihres Herzens offenbar. Lukas fordert die Adressaten seines Evangeliums zu dieser Transparenz heraus.

3. Lk 2,36–38: Von Hanna, einer Prophetin, wird dann erzählt, dass sie bis ins hohe Greisenalter nicht aufhörte, die „Befreiung (*lýtrosis*) Jerusalems" herbeizusehnen. Sie hielt sich ständig im Tempel auf und diente Gott mit Fasten und Beten Nacht und Tag. Eigentlich hätte ihr Leben nach dem frühen Tod ihres Mannes schon zu Ende sein müssen. Denn zu damaliger Zeit hörte eine Frau praktisch zu leben auf, wenn ihr Mann starb, es sei denn, sie wurde von Neuem das Eigentum eines anderen Mannes. Doch Hanna fand die Kraft, sich nicht in ein Schattendasein zu ergeben. Sie gehört zu den Menschen, die in Gottes Gegenwart leben, zu den kontemplativen, die Ausschau halten nach IHM im Heiligtum, um seine Macht und Herrlichkeit zu sehen. Hanna hat erfahren, dass Gottes Huld besser ist als alles, was das Leben zu bieten hat. Sie erkennt die Menschen, die wie sie „auf die Befreiung Jerusalems" warten. Nur denen kann sie Zeugnis geben von dem göttlichen Kind, die mit ungebrochener Sehnsucht darauf aus sind, ihr Leben von Gott vollenden zu lassen. Andere würden sie nicht verstehen.

In den beiden Prophetengestalten Simeon und Hanna leuchtet der „heilige Rest" auf, in dem die kostbarste Tradition Israels weiter lebt und hinüber führt zum neutestamentlichen Gottesvolk. Wie der Name „Jesus" sind sie eine

Einladung, sich im Leben nicht mit etwas zufrieden zu geben, das geringer ist als Gott.

Die junge Familie kehrt nach Nazareth zurück. Von dort waren Maria und Josef aufgebrochen, um sich in Bethlehem registrieren zu lassen.

Der zwölfjährige Jesus im Tempel: Lk 2,41–52

**[41] Seine Eltern zogen jedes Jahr nach Jerusalem zum Paschafest. [42] Und als er
zwölf Jahre alt war und sie hinaufgingen nach dem Festbrauch, [43] und die Tage zu
Ende gegangen waren und sie zurückkehrten, blieb der Knabe Jesus in Jerusalem,
und seine Eltern wussten es nicht. [44] Da sie meinten, er sei bei der Pilgergruppe,
gingen sie eine Tagesreise weit und suchten ihn (dann) bei den Verwandten und
Bekannten. [45] Und als sie ihn nicht fanden, kehrten sie nach Jerusalem zurück und
suchten ihn (dort). [46] Und es geschah: nach drei Tagen fanden sie ihn im Tempel
mitten unter den Lehrern sitzen. Er hörte ihnen zu und stellte ihnen Fragen. [47] Es
staunten aber alle, die ihm zuhörten, über sein Verständnis und seine Antworten.
[48] Und als sie ihn sahen, gerieten sie außer sich, und es sagte zu ihm seine Mutter:
Kind, warum hast du uns das getan? Siehe, dein Vater und ich suchen dich mit
Schmerzen. [49] Und er sagte zu ihnen: Was (ist der Grund), dass ihr mich gesucht
habt? Wusstet ihr nicht, dass ich in dem, was meines Vaters ist, sein muss? [50]
Und sie verstanden nicht das Wort, das er zu ihnen sprach. [51] Und er ging mit
ihnen hinab und kam nach Nazareth und war ihnen untertan. Und seine Mutter
bewahrte alle (diese) Worte in ihrem Herzen. [52] Und Jesus nahm zu an Weisheit
und Lebensalter und Gnade bei Gott und Menschen.**

Zusammenhang: Die letzte Erzählung der „Kindheitsgeschichte Jesu" bildet in ihrem jetzigen Kontext bei Lukas den Übergang zur Geschichte vom öffentlichen Auftreten des Täufers.

1. Lk 2,41–48: Zum ersten Mal zieht Jesus mit seiner Familie hinauf nach Jerusalem, um dort eines der drei Wallfahrtsfeste zu feiern, bei dem die Männer im Tempel „vor dem Herrn" zu erscheinen hatten (Dtn 16,16). Zunächst erwähnt Lukas wieder den Rahmen von „Gesetz" und Frömmigkeit, in dem Jesus aufwächst. Diesmal begleitet er seine „Eltern", um das Paschafest mit der anschließenden Festwoche der ungesäuerten Brote in Jerusalem feierlich zu begehen. Dort wird er mit Josef im Tempel vor dem Herrn beten und ein Opfer darbringen. Schon früh kommt Jesus mit der Tempelfrömmigkeit seines Volkes in Kontakt.

Als das Fest zu Ende geht und seine Familie in einer Reisegruppe heimkehrt, bleibt der Junge unbemerkt in Jerusalem und entwickelt im Tempel seine eigene Aktivität, die später einmal der Höhepunkt seines öffentlichen

Wirkens sein wird (Lk 19,45–21,38). Seine Eltern finden ihn schließlich nach drei Tagen vergeblicher Suche im Tempel wieder, wie er im Kreis der Lehrer sitzt, ihnen zuhört und ihnen Fragen stellt. „Es staunten aber alle, die ihm zuhörten, über sein Verständnis und seine Antworten“ (V. 47). Schon als Jugendlicher verfügt Jesus über die Weisheit und Gottesnähe, die seine Lehre später von der aller anderen Schriftgelehrten unterscheidet. Die Leute sind davon genauso beeindruckt wie später zur Zeit seines Wirkens in der Öffentlichkeit.

Maria äußert ihre Bestürzung und den Schmerz der Eltern. Sie redet ihn als Kind an und appelliert damit an seine natürliche Beziehung zu den leiblichen Eltern.

2. Lk 2,49–52: Doch auf den Vorwurf seiner Mutter antwortet Jesus distanziert. Verwundert über ihr Unverständnis zeigt er ihr die Grenze seiner familiären Bindung auf. Sein Verhalten entspricht einer unbedingten inneren Notwendigkeit (*dei*). Das hätten seine Eltern doch wissen müssen. Gott nimmt in seinem Leben die erste Stelle ein, und diese *Priorität* ist durch nichts zu relativieren, auch nicht durch familiäre Verpflichtungen. Dieser Grundzug kennzeichnet sein ganzes Wesen (Lk 8,21). Indem er Gott seinen Vater nennt, sagt Jesus von sich, dass er Gottes Sohn ist. Damit nimmt er die bei seiner Taufe am Jordan aus dem Himmel kommende Stimme (Lk 3,22) vorweg.

Es sind also drei Aspekte aus seinem späteren Leben und Wirken, die bereits in diese Geschichte eingetragen wurden.

Bestürzung, Schmerz, vorwurfsvolles Fragen und Nichtverstehen sind die Reaktionen aus seinem engsten Familienkreis auf seine erstmals wahrgenommene spirituelle Autonomie. In der Folge der lukanischen „Kindheitsgeschichten“ wissen die „Eltern“ Jesu bereits, dass er Gottes Sohn ist. Ihr Nichtverstehen kann sich also nicht auf seine Identität beziehen, sondern auf die Priorität, mit der er den elterlichen Anspruch relativiert. Die Tragik der Situation wird daran deutlich, dass mit dem gleichen Verb „nicht verstehen“ die Reaktion der Zwölf auf die zweite und dritte Ankündigung seiner Passion und seiner Auferstehung beschrieben wird (Lk 9,45; 18,34). So wird Maria auch dieses Wort (V. 49) bewahren und in ihrem Herzen zusammenfügen, bis sich ihr der noch verborgene Sinn hinter all dem erschließt, was sie mit ihrem Sohn an diesem Wallfahrtsfest in Jerusalem erlebt hat (vgl. Lk 2,19).

Lukas betont jedoch die *Ein*maligkeit dieses Geschehens aus Jesu „verborgenem Leben“, so dass die Leute von Nazareth keinen Anlass haben, in ihm den Sohn Gottes zu vermuten: „Er ging mit ihnen hinab und kam nach Nazareth und war ihnen (seinen „Eltern“) untertan“ (V. 51).

Der abschließende Vers erinnert zusammen mit Lk 2,40 an 1Sam 2,26. Lukas sieht Jesus in der Tradition der großen Propheten. Er ist der letzte endzeitliche Prophet, der das den „Armen“ verheißene Heil verkündet und zugleich herbeiführt.

Wie jeder junge Mensch hat auch Jesus die gegensätzlichen Forderungen der Rücksichtnahme gegenüber seinen „Eltern“ und den Wesensimpulsen aus seinem Innern an sich erfahren. Bei ihm ist der Durchbruch zur Freiheit zutiefst religiös bestimmt. Irgendwann ist ihm aufgegangen, dass er sich in wesentlichen Dingen nicht mehr daran orientieren darf, was andere ihm sagen, und seien es selbst die eigenen Eltern. Dieser Aufbruch in die eigene Freiheit ist verbunden mit einer rücksichtslos anmutenden Unbedingtheit und mit dem Unvermögen, sich verständlich zu machen: „Warum habt ihr mich gesucht? Wusstet ihr nicht, dass ich in dem sein *muss* (*dei*), was meines Vaters ist? Sie aber verstanden nicht, was er damit sagen wollte“ (V. 49 f.). Hier spricht Jesus zum ersten Mal von dem „Muss“, das sein Leben bestimmt.

Die Berufung Gottes zu einem eigenen und eigenständigen Leben führt den jungen Jesus zur inneren Freiheit von allen Autoritäten. Selbst im Tempel scheut er nicht die Autorität der Schriftgelehrten. Er erkennt über sich als seinen Vater und Herrn nur Gott allein an. Auch sein letztes Wort bezeugt diese Ausrichtung und Beziehung zum ihm als seinem Vater (Lk 23,46)

Wer sich nicht zu einem eigenverantworteten Leben durchringt, wer die Zonen der Unsicherheit und die Augenblicke der Angst und Einsamkeit scheut, kann nicht zum Erwachsenen reifen. Wer davor zurück schreckt, in diesem elementaren Prozess andere zu verletzen, und seien es die Liebsten, wird sich dem Absolutheitsanspruch von Menschen beugen und sie an Gottes Stelle setzen.

Im Tempel von Jerusalem wird Jesus und seinen Eltern klar, dass niemand mehr dem anderen gehört. Der „Verlust“ des geliebten Kindes hat beide Seiten auf den eigenen Lebensgehorsam verwiesen und damit zum Kindsein vor Gott befreit. Die Gemeinsamkeit, mit der sie nach Nazareth zurückkehren, ist eine andere als bei ihrem Aufbruch.

Das Wirken Johannes des Täufers: Lk 3,1–20

[1] Im fünfzehnten Jahr aber der Regierung des Kaisers Tiberius, als Pontius Pilatus Statthalter Judäas war und Tetrarch Galiläas Herodes, Philippus aber, sein Bruder, Tetrarch Ituräas und der Trachonitis und Lysanias Tetrarch Abilenes, unter dem Hohenpriester Hannas und Kajafas, da erging das Wort Gottes an Johannes, des Zacharias Sohn, in der Wüste. [3] Und er kam in die ganze Gegend des Jordan, zu künden die Taufe der Umkehr zum Nachlass der Sünden, [4] wie geschrieben steht im Buch der Worte Jesajas, des Propheten: Stimme eines Rufenden in der Wüste: bereitet den Weg des Herrn, gerade macht seine Pfade, [5] jede Schlucht wird aufgefüllt, und jeder Berg und Hügel abgetragen werden, und es wird das Krumme

zum Geraden und die unebenen (werden) zu ebenen Wegen, [6] und es wird schauen alles Fleisch das Heil Gottes.

[7] Er sagte nun zu den Volksscharen, die hinauszogen, um sich von ihm taufen zu lassen: Schlangenbrut! Wer hat euch bewiesen, dass ihr fliehen könnt vor dem drohenden Zorn (Gericht)? [8] Bringt vielmehr Früchte, würdig der Umkehr! Und fangt nicht an, bei euch zu sagen: zum Vater haben wir den Abraham. Denn ich sage euch: Gott kann aus diesen Steinen dem Abraham Kinder erwecken. [9] Aber schon ist die Axt an die Wurzel der Bäume gelegt. Jeder Baum nun, der nicht gute Frucht hervorbringt, wird umgehauen und ins Feuer geworfen. [10] Und es fragten ihn die Volksscharen und sagten: was sollen wir nun tun? [11] Er aber antwortete und sagte ihnen: wer zwei Leibröcke hat, gebe dem, der keinen hat. Und wer Speise hat, tue in gleicher Weise. [12] Es kamen aber auch Zöllner, um sich taufen zu lassen, und sprachen zu ihm: Lehrer, was sollen wir tun? [13] Er aber sprach zu ihnen: treibt nicht mehr ein, als euch vorgeschrieben ist. [14] Es fragten ihn aber auch Söldner und sprachen: was sollen wir denn tun? Und er sprach zu ihnen: misshandelt niemand und erpresst nicht und begnügt euch mit eurem Sold.

[15] Als aber das Volk in Erwartung war und alle in ihren Herzen sich Gedanken machten über Johannes, ob er nicht etwa der Messias sei, [16] antwortete Johannes und sagte zu allen: ich taufe euch (nur) mit Wasser; es kommt aber, der stärker ist als ich, dessen Schuhriemen zu lösen ich nicht würdig bin. Dieser wird euch taufen in Heiligem Geist und Feuer. [17] Die Worfschaufel ist in seiner Hand, seine Tenne zu reinigen und den Weizen in seine Scheune zu sammeln, die Spreu aber wird er verbrennen in unauslöschlichem Feuer.

[18] Auch mit vielen anderen Ermahnungen verkündete er dem Volk die frohe Botschaft. [19] Herodes aber, der Tetrarch, zurechtgewiesen von ihm wegen der Herodias, der Frau seines Bruders, und wegen all der Schandtaten, die Herodes getan hatte, [20] fügte zu allem auch noch dieses hinzu: er schloss den Johannes im Gefängnis ein.

Zusammenhang: Nach der Vorgeschichte (Lk 1,5–2,52) setzt Lukas die Vorbereitung des Auftretens Jesu mit einer zusammenfassenden Darstellung des öffentlichen Wirkens Johannes des Täufers fort. Der Beginn seines Wirkens wird von Gott bestimmt, sein Ende durch die Verhaftung, die Herodes Antipas verfügt.

1. Lk 3,1–6: Der Täufer lebt in der Wüste, als Gottes Wort über (*epi*) ihn kommt und ihn machtvoll ergreift, um die Menschen zur Umkehr zu bewegen, das Volk für den Herrn bereit zu machen (vgl. Lk 1,17.80).

Mit einer breit ausgeführten Zeitangabe gibt Lukas dem Auftreten des Täufers einen bedeutsamen Rahmen und ordnet die folgenden Ereignisse in die Weltgeschichte ein. Zu einer bestimmten Zeit und an einem bestimmten Ort gibt Gott den Anstoß zum Heil für alle Menschen – als Erfüllung einer Verheißung, die jetzt begonnen hat. Johannes durchwandert die ganze Gegend um den Jordan und verkündet eine Taufe, die Ausdruck der inneren Umkehr des Menschen und Zeichen der Sündenvergebung durch Gott ist. Als ein in der Wüste geläuterter und von Jahwe Ergriffener ist das Ziel seiner Predigt, dass alle das Heil annehmen von dem, der kommt (Lk 3,16).

Lukas legt Wert darauf, dass die universale Ausrichtung des Evangeliums schon im Alten Testament grundgelegt ist (Lk 3,6) und im Wirken des Täufers ausdrücklich zum Tragen kommt. Das Zitat ist fast wörtlich aus Jes 40,3–5 entnommen. Mit dem atl. Text wird die Rückkehr Israels aus dem babylonischen Exil und der Beginn einer neuen Heilszeit angekündigt, die sich über Israel hinaus ins Universale weitet. Anders als bei Markus und Matthäus ist der Rufende hier nicht Johannes, sondern Jahwe selbst

2. Lk 3,7–9: Johannes übt eine große Anziehungskraft auf die Menschen aus. In Scharen zieht das Volk zu ihm hinaus, um sich von ihm taufen zu lassen. Was aber motiviert den Täufer, die Taufwilligen so brüsk zu konfrontieren und sie als Schlangenbrut, als gefährliche giftige Kreaturen zu bezeichnen? Es sieht so aus, als habe Johannes Angst, die Menschen könnten auch diesmal sich mit einem Ritus begnügen und die Umkehr des Herzens verweigern. Mit Leidenschaft stemmt er sich gegen eine Mentalität, die nicht mehr in Berührung ist mit den Wurzeln des Glaubens und den Quellen des Heils. Es ist durchaus möglich, dass Lukas mit dieser schroffen Gerichtspredigt auch getaufte Christen erreichen will, die bei ihrer Kultur- und Weltverflochtenheit das Gespür für die Gefährdungen ihrer christlichen Existenz und Lebensweise verloren haben. Johannes will, dass die Taufwilligen bis ins Innerste von der Unordnung ihres Lebens erschüttert werden und die Kraft finden, „Früchte der Umkehr“ zu bringen. Das Bildwort von der Axt, die an die Wurzel der Bäume gelegt ist, und dem Verbrennen der unfruchtbaren Bäume bekräftigt noch einmal den Ernst der Situation. Es bleibt nicht mehr viel Zeit.

3. Lk 3,10–14: Die Predigt des Täufers zeigt Wirkung. Zunächst fragen ihn die *Leute*: Was sollen wir tun? Seine Antwort zielt nicht auf aszetische Leistungen ab, sondern lenkt den Blick auf den bedürftigen Nächsten. Johannes fordert geschwisterliches Teilen von elementaren Gütern, die zum Leben notwendig sind, sonst nichts. Unter denen, die zur Taufe kommen, sind auch *Zöllner,* die im Auftrag der Römer Zölle und Steuern eintreiben und sich auf betrügerische Weise bereichern. Wenn sie umkehren wollen, brauchen sie nicht, wie die Pharisäer fordern, ihren Beruf aufzugeben. Johannes verlangt aber von ihnen, dass sie auf jede Bereicherung zu Lasten anderer verzichten. Den *Söldnern,* die im Dienst des Herodes Antipas stehen, gibt er zur Antwort, dass sie sich jeder Form von Gewalt enthalten sollen, um sich nicht wie üblich über ihren Sold hinaus zu bereichern. Auch sie brauchen ihren Dienst nicht aufzugeben. Johannes verlangt Rechtssicherheit durch gerechtes Handeln. Die Aufmerksamkeit des Täufers gilt also den Zu-kurz-Gekommenen und denen, die sich der Willkür von physischer Gewalt und Erpressung nicht erwehren können. Es sind grundlegende Menschenrechte, die er einfordert. An ihnen werden die Früchte der Umkehr sichtbar.

4. Lk 3,15–17: Johannes wirkt so überzeugend auf die Volksmassen, dass die Vorstellung Raum gewinnt, der Täufer könne selbst der Messias sein. Auf diese unausgesprochenen Erwartungen reagiert er mit dem Hinweis auf den „Stärkeren", der sie mit heiligem Geist und mit Feuer taufen wird. Das ist eine Anspielung auf Jesus und die Geisttaufe zu Pfingsten. Mit dem Bild vom Lösen der Sandalen veranschaulicht Johannes den gewaltigen Unterschied zum Kommenden. Nach rabbinischer Regel soll der Schüler seinem Lehrer alle Dienste eines Sklaven tun, nur nicht das Lösen der Schuhe. Der Kommende gleicht dem Bauern, der auf der Tenne mit der Schaufel die Getreideernte gegen den Wind in die Luft wirft, damit sich die Spreu vom Weizen trennen kann, bevor die Ernte eingesammelt und die Spreu verbrannt wird – „in unauslöschlichem Feuer". Das Bild erinnert an die endzeitliche Sammlung der im Gericht Geretteten und ist zugleich im Blick auf das Ende noch einmal eine eindringliche Aufforderung zur Umkehr.

5. Lk 3,18–20: Das Ende des Täufers steht deutlich im Zeichen des allgemeinen Prophetenschicksals. In seiner Kritik an dem Landesherrn Herodes Antipas gleicht er dem Propheten Elija, der dem König Ahab im Namen Gottes den gewaltsamen Tod an Naboth vorgehalten hat (1 Kön 21,17ff.). Im Schicksal des Johannes kündigt sich schon die Passion Jesu an, in deren Verlauf derselbe Herodes ein weiteres Mal in Erscheinung tritt (Lk 23,6–12). Mit der Gefangennahme des Täufers grenzt Lukas sein Wirken deutlich von der Zeit Jesu ab. Das Zeugnis für den kommenden Christus ist gleichsam *das* Vermächtnis des Johannes.

Im Lukasevangelium wird Johannes als Vorläufer und Wegbereiter Jesu gezeichnet. Er bereitet sich wie Jesus in der Wüste auf sein öffentliches Wirken vor. Dort erfährt er seine Sendung. Während das Volk für seine Verkündigung aufgeschlossen ist, findet er bei Pharisäern und Schriftgelehrten (Lk 7,30ff.) kein Gehör. Wie Jesus erleidet er das Prophetenschicksal.

Seine Verkündigung ist konsequent auf den kommenden Christus ausgerichtet. Er steht schon in seinem Licht, ohne die Schwelle zur neuen Heilszeit zu überschreiten.

Taufe und Stammbaum Jesu: Lk 3,21–38

**21 Es geschah aber, als das ganze Volk sich taufen ließ und Jesus getauft wurde und
betete, dass sich der Himmel öffnete 22 und der Heilige Geist in leiblicher Gestalt
wie eine Taube auf ihn herabstieg und eine Stimme aus dem Himmel geschah: du
bist mein Sohn, der geliebte, an dir habe ich Wohlgefallen gefunden.**

**23 Und es war Jesus, als er begann, ungefähr dreißig Jahre alt; er war, wie
man glaubte, ein Sohn des Josef, des Eli, 24 des Matthat, des Levi, des Melchi, des
Jannai, des Josef, 25 des Maath, des Mattathias, des Amos, des Nahum, des Esli,
des Naggai, 26 des Maath, des Mattathias, des Semein, des Josech, des Joda, 27 des
Joanan, des Resa, des Zorobabel, des Salathiel, des Neri, 28 des Melchi, des Addi,
des Kosam, des Elmadam, des Er, 29 des Jesus, des Eliezer, des Jorim, des Matthat,
des Levi, 30 des Simeon, des Juda, des Josef, des Jonam, des Eliakim, 31 des Melea,
des Menna, des Mattatha, des Natham, des David, 32 des Jesse, des Jobeth, des
Boos, des Sala, des Naasson, 33 des Aminadab, des Admin, des Arni, des Esrom,
des Phares, des Juda, 34 des Jakob, des Isaak, des Abraham, des Thara, des Nachor,
35 des Seruch, des Ragau, des Phalek, des Eber, des Sala, 36 des Kainam, des Ar-
phaxad, des Sem, des Noe, des Lamech, 37 des Mathusala, des Enoch, des Jaret, des
Maleleel, des Kainam, 38 des Enos, des Adam, von Gott.**

Zusammenhang: Mit dem vorausgehenden Abschnitt (Lk 3,19–20) deutet Lukas das Ende des Täufers an und grenzt damit sein Wirken von dem ersten Auftreten Jesu ab. Dieser Einschnitt wird auch dadurch sichtbar, dass er Johannes bei der Taufe Jesu nicht mehr erwähnt, obwohl der Kontext nahelegt, dass Jesus sich von *ihm* taufen lässt. Durch diesen literarischen Kunstgriff parallelisiert Lukas wie in der Vorgeschichte (Lk 1,5–2,52) die Erzählungen über Johannes und Jesus, wobei auch hier die Aussagen über Jesus das überbieten, was von Johannes erzählt wird.

1. Lk 3,21f.: „Und es geschah, als das ganze Volk sich taufen ließ ...“ Wie die vielen Menschen zieht es Jesus in die Gegend am Jordan zu dem Ort, wo der Täufer die Sehnsucht nach Gott im Herzen des Volkes neu geweckt hat. Was Jesus bewogen hat, sich von Johannes taufen zu lassen, bleibt ungesagt. Doch allem Anschein nach zeigt Jesus schon hier seine Solidarität mit dem Volk, das zur Umkehr bereit ist, seine Nähe und Verbundenheit mit den Sündern. Dieses Motiv zieht sich durch das ganze Evangelium (Lk 5,32; 7,34; 15,1; 19,10; 23,32f.39–42)

Der Blick fällt dann auf das Gebet Jesu, bei dem sich der Himmel öffnet und Gott selbst sich zu ihm bekennt als seinen *geliebten* Sohn. Im Leben Jesu scheint die hier geoffenbarte einzigartige Beziehung immer wieder durch. Mit dem hervorgehobenen „der geliebte“ (*ho agapetós*) klingt die Szene aus dem Buch Genesis an, als Abraham aufgefordert wird, seinen einzigen Sohn, den *geliebten*, Gott zurückzugeben (Gen 22,2). Damit deutet sich schon an, dass der Vater bis in die äußerste Finsternis der Passion mit ihm ist (Lk 22,44–46).

Die Gewissheit, Gott als liebenden Vater zu haben, wird durch die Geistgabe ergänzt. Lukas versteht dieses Herabkommen „in leiblicher Gestalt *wie* eine Taube" als Befähigung Jesu zu seinem öffentlichen Wirken. Die Leidenschaft für die Menschen und eine tiefe Verbundenheit mit Gott sind die entscheidende Voraussetzung für die Weitergabe des Evangeliums.

Das Geschehen bei der Taufe setzt einen Neuanfang und macht deutlich, wie Gott in Jesus zu *allen* Menschen eine neue Beziehung aufnimmt. In dieser Szene spiegelt sich eine tiefe menschliche Erfahrung wider: Wir brauchen immer wieder das Wort, das uns spüren lässt: wir *sind* geliebt. Vielleicht gilt das – wie hier bei Jesus – besonders an Wendepunkten unseres Lebens. Lukas kündigt damit gleich zu Beginn des Weges Jesu den Abschied von einem Gottesbild an, dem man nur mit Forderungen und Drohungen, mit eigenen Leistungen und moralischen Anstrengungen entsprechen kann.

2. Lk 3,23–38: Der folgende Abschnitt markiert den Anfang des öffentlichen Wirkens Jesu und ergänzt mit dem aufsteigenden Stammbaum seine Gottessohnschaft „dem Fleische nach". Wenn hier gesagt wird, dass Jesus bei seinem ersten öffentlichen Auftreten etwa dreißig Jahre alt war, dann zieht Lukas eine Parallele zu David, der mit dreißig Jahren König über Israel wurde (2 Sam 5,4). Im selben Lebensalter empfing Ezechiel seine Berufung zum Propheten (Ez 1,1). Jesus hat also für seine Aufgabe das vorgesehene Alter.

Im Kontrast zu der eingangs geäußerten Meinung, dass Jesus der Sohn Josefs sei, wird die Ahnenliste anders als bei Matthäus bis zu *Adam und Gott* zurückgeführt. Wenn man sie vom Ende her liest, ergeben sich 3 x 7 Generationen von Adam bis Abraham, 2 x 7 Generationen von Abraham bis David, 3 x 7 Generationen von David bis zum babylonischen Exil und 3 x 7 Generationen vom babylonischen Exil bis zu Jesus. Jesus soll also einerseits als der Nachkomme Davids und Sohn Abrahams ausgewiesen werden. Andererseits will Lukas mit der Einfügung Adams in den Stammbaum Jesu verdeutlichen, dass Jesus nicht nur Glied seines Volkes, sondern von Adam her mit der ganzen Menschheit verbunden ist. Und darum sind *alle* Menschen durch ihn zum Heil berufen.

Vielleicht kann ich mich persönlich davon berühren und Freude darüber aufkommen lassen, mit meinem Leben in einem so faszinierenden Sinnzusammenhang aufgehoben zu sein.

Die Versuchung Jesu: Lk 4,1–13

1 Jesus aber, voll Heiligen Geistes, kehrte vom Jordan zurück; und er wurde durch den Geist in der Wüste umhergeführt – 2 vierzig Tage lang, wobei er versucht wurde vom Teufel. Und er aß nichts in jenen Tagen; und als sie zu Ende waren, war er hungrig. 3 Es sprach aber zu ihm der Teufel: Wenn du Gottes Sohn bist, sag diesem Stein, er solle Brot werden. 4 Und es antwortete ihm Jesus: Geschrieben steht: nicht vom Brot allein lebt der Mensch. 5 Und er führte ihn hinauf und zeigte ihm alle Reiche der Welt in einem Augenblick. 6 Und es sprach zu ihm der Teufel: Dir werde ich diese ganze Macht und ihre Herrlichkeit geben; denn mir ist sie übergeben, und wem ich will, dem gebe ich sie. 7 Du nun, wenn du vor mir anbetend niederfällst, soll sie ganz dein sein. 8 Und es gab ihm Jesus zur Antwort: Geschrieben steht: Den Herrn, deinen Gott, sollst Du anbeten und ihm allein dienen. 9 Er führte ihn aber nach Jerusalem und stellte ihn auf die Spitze des Tempels; und er sprach zu ihm: Wenn du Gottes Sohn bist, stürze dich von hier hinab! 10 Denn geschrieben steht: Seinen Engeln wird er deinetwegen befehlen, dich zu bewahren 11 und: Auf Händen werden sie dich tragen, damit du deinen Fuß nicht an einen Stein stößt. 12 Und es gab ihm Jesus zur Antwort: Gesagt ist: Nicht sollst du versuchen den Herrn deinen Gott!

13 Und als der Teufel alle Versuchung beendet hatte, ließ er von ihm ab bis zu gegebener Zeit.

Zusammenhang: Lukas will mit den beiden vorausgehenden Abschnitten die Gottessohnschaft Jesu „dem Geiste nach" und „dem Fleische nach" deutlich herausstellen. So zielt die Taufszene (Lk 3,21 f.) auf das Gotteswort an Jesus. Die „Stimme aus dem Himmel" sagt in aller Öffentlichkeit, wer er in den Augen Gottes und in seinem tiefsten Wesen ist: „Du bist mein geliebter Sohn!" Mit der Einfügung Adams in den Stammbaum Jesu kommt noch ein weiterer Akzent in den Blick: Jesus ist nicht nur Glied seines Volkes, sondern von Adam her mit allen Menschen verbunden. Und darum sind *alle* Menschen durch ihn zum Heil berufen. Die Erzählung von der dreifachen Versuchung spielt an drei in der Tradition Israels symbolträchtigen Orten: Wüste, Berg und Tempel. Sie widerlegt ein falsches Verständnis der Gottessohnschaft Jesu. Obwohl vom Hl. Geist erfüllt und geführt, wird er vom Teufel (*diábolos*) „auf die Probe gestellt". Es sind drei elementare Anfechtungen, in denen sich ihm das Gesicht des Bösen zeigt.

1. Lk 4, 1–4: Zunächst wird Jesus vom Geist in die *Wüste* geführt und dort vierzig Tage von Teufel versucht. In dieser Zeit fastet er wie einst Mose (Ex 34,28; Dtn 9,9.18). Deutlich klingt hier auch Dtn 8,2–6 an: Gott führte Israel in die Wüste, um es zu erproben, ob es seinen Weisungen folgt, und um es zu lehren, dass der Mensch nicht allein vom Brot lebt. Am Ende seiner Wüstenzeit verspürt Jesus Hunger, Anlass für die erste Erprobung. Er macht also die gleiche Erfahrung wie Israel damals in der Wüste. In einem Zustand großer Erschöpfung ist es menschlich verständlich, wenn wir nach dem greifen, was uns augenblicklich Erleichterung verschafft, auch wenn wir damit unserem inneren Wesen zuwider handeln (vgl. Gen 25,29.34). Jesus hört die Stimme des Versuchers (*ho diábolos*): „Wenn du der *Sohn Gottes* bist ..." Der Teufel macht sich den Hunger Jesu zunutze und will ihn dazu bewegen, seine Gottessohnschaft zum eigenen Vorteil zu missbrauchen. Doch anders als Israel behauptet Jesus seine Identität als Sohn Gottes im Gehorsam gegenüber „jedem Wort, das aus dem Mund Gottes kommt" (vgl. Dtn 8,3) und besteht so seine Versuchung.

„Wenn du *Gottes Sohn* bist ..." Hier klingt schon die letzte Stunde am Kreuz an, da der Versucher in den führenden Männern des Volkes, in den Soldaten und selbst in einem der beiden Mitgekreuzigten Jesus auffordert, sich selbst zu „retten" (Lk 23, 35–39). Jesus muss (*dei*) seinen Weg gehen „unter den Bedingungen dieser Welt" – ohne Privilegien. An ihm sollen die Menschen erkennen, dass Brot allein nicht genügt zum *Leben.* Wie die Israeliten in der Wüste sollen die Mensch lernen, Gottes Weisungen zu folgen, damit ihr Leben sich erfüllt und vollendet.

2. Lk 4,5–8: Danach nimmt der Versucher Jesus *hinauf* (auf einen Berg) und zeigt ihm „alle Reiche der Welt". Der Berg ist von alters her symbolischer Ort der Begegnung zwischen Gott und Mensch (Ex 3,1; 19,20; 24,16) Am Gottesberg schloss Israel mit Jahwe einen Bund (Ex 24,1–11). Mit dem Fest um das goldenen Stierbild hat Israel diesen Bund wieder gebrochen und seine Beziehung zu Jahwe in unglaublicher Weise pervertiert und zerstört: Das Volk hat sich vor dem Götzenbild nieder geworfen und es angebetet (Ex 32, 1–14). Anbetung verlangt der Teufel hier auch von Jesus, wenn er die Herrschaft über die ganze Welt ausüben will. Jesus spürt die Versuchung zur Macht, die Verlockung, seine Sendung als Herrschaft über andere zu missbrauchen. Die Versuchung, im Interesse einer guten Sache Macht und Einfluss für sich in Anspruch zu nehmen und auf subtile Weise die Freiheit anderer zu missachten, kann übermächtig sein. Jesus antwortet dem Versucher mit einem Gotteswort aus Dtn 6,13, das in Zusammenhang mit dem Götzendienst steht: Es gibt nur *einen* Gott, vor dem man niederfallen und ihm dienen darf.

An Jesus soll die junge Kirche erkennen, dass sie ihre Sendung verrät, wenn sie sich die „Spielregeln" der Mächtigen dieser Welt zu eigen macht. „Bei euch soll es nicht so sein" (Lk 22,26).

3. Lk 4,9–13: Die dritte Versuchung bildet den Höhepunkt der Versuchung Jesus. Der Teufel nimmt ihn mit in die heilige Stadt und stellt ihn auf den höchsten Punkt (*pterýgion*) des *Tempels.* Wieder hört er die Stimme: „Wenn

du der *Sohn Gottes* bist ..." Auf dem Tempel als dem symbolischen Ort der Gegenwart Gottes spürt Jesus die Versuchung, sein Vertrauen in die Gegenwart Gottes zu missbrauchen. Vordergründig will der Teufel mit dieser Versuchung erreichen, dass Jesus Gott herausfordert, ihn durch ein machtvolles öffentliches Zeichen als seinen Sohn zu beglaubigen. Auf einer tieferen Ebene geht es hier um *die Versuchung, ohne Passion auszukommen.* Wer aus einer so entschiedenen Freiheit heraus Gott allein dient (vgl. V. 8), wird in einen tödlichen Konflikt mit den Erwartungen und Spielregeln dieser Welt kommen. Der Versucher argumentiert diesmal – wie Jesus – von der Schrift her mit einem Psalm, der zum Abendgebet eines frommen Juden gehört und dazu dient, die Dämonen abzuwehren (Ps 91).

Jesus behauptet seine Identität mit der Zurückweisung: „Du sollst den Herrn, deinen Gott, nicht versuchen." Die Worte aus Dtn 6,16 erinnern an die Erzählung von Massa und Meriba in der Wüste (Ex 17,17: Num 20,2–13), wo die Israeliten den Herrn mit der Frage auf die Probe stellen: „Ist der Herr in unserer Mitte oder nicht?" Jesu Antwort bezeugt ein tiefes, unerschütterliches Vertrauen in die Treue und Verlässlichkeit des Vaters und weist schon auf seinen Lebensgehorsam vor allem in der Passion hin.

Der Teufel zieht sich darauf hin zurück, aber nur „bis zu gegebener Zeit". Er verlässt die Szene, um die Stunde der Finsternis (Lk 22,53) vorzubereiten, die Jesus ans Kreuz bringen wird. Lukas sieht in den Versuchungen Jesu das Vorspiel zur Passion. Dann wird sich die Macht offenbaren, die der Böse über die Herzen vieler hat (vgl. Lk 2,35).

Wüste, Berg, Tempel sind drei symbolische Orte für die Erfahrungen des Menschen mit Gott, aber auch für den Abfall von Gott. Die Zeit der Einsamkeit und des Fastens vor Beginn seines öffentlichen Wirkens hat Jesus sensibel gemacht für die Gefährdungen, denen er in seinem Menschsein, in seiner Gottesbeziehung, in seiner Berufung und Sendung ausgesetzt ist. Er war in allem uns gleich, außer der Sünde (vgl. Hebr 4,15). Die Taufe und die drei Versuchungen sind Schlüsselerlebnisse, die seinen weiteren Lebensweg prägen. Mit der Gestalt des Versuchers, des Teufels, wird deutlich, welche Macht das Böse über den Menschen haben kann. Das Beispiel Jesu zeigt aber auch, dass es möglich ist, die Macht und Eigendynamik der Versuchung aufzudecken und ins Leere laufen zu lassen, um nicht gegen sein innerstes Wesen, seine innersten Überzeugungen zu handeln.

ZWEITER HAUPTTEIL
Jesu Wirken in Galiläa: Lk 4,14–9,50

Jesu erstes Auftreten in Galiläa und in seiner Heimatstadt Nazareth: Lk 4,14–30

[14] Und es kehrte Jesus zurück in der Kraft des Geistes nach Galiläa und sein Ruf verbreitete sich in der ganzen Umgebung. [15] Und er lehrte in ihren Synagogen von allen gepriesen.

[16] Und er kam nach Nazareth, wo er aufgewachsen war, und ging nach seiner Gewohnheit am Tag des Sabbats in die Synagoge, und er stand auf, um vorzulesen. [17] Und es wurde ihm gegeben das Buch des Propheten Jesaja, und er öffnete das Buch und fand die Stelle, wo geschrieben stand:

[18] Der Geist des Herrn ist auf mir,
denn er hat mich gesalbt;
frohe Botschaft zu bringen den Armen,
hat er mich gesandt,
zu verkünden den Gefangenen Befreiung
und den Blinden das Augenlicht,
um die Zerschlagenen in Freiheit zu setzen,
[19] zu verkünden ein angenehmes Jahr des Herrn.

[20] Und er rollte das Buch zusammen, gab es dem Diener zurück und setzte sich. Und aller Augen in der Synagoge waren gespannt auf ihn gerichtet. [21] Er aber begann zu ihnen zu sprechen: Heute ist in Erfüllung gegangen dieses Schriftwort in euren Ohren. [22] Und alle stimmten ihm bei und wunderten sich über die Worte der Gnade, die aus seinem Mund kamen, und sagten: ist dieser nicht der Sohn Josefs? [23] Und er sprach zu ihnen: Sicherlich werdet ihr mir dieses Sprichwort sagen: Arzt, heile dich selbst! All das, was wir gehört haben, dass es in Kapharnaum geschehen ist, das tue auch hier in deiner Vaterstadt! [24] Er sagte aber: Amen, ich sage euch, kein Prophet ist anerkannt in seiner Vaterstadt. [25] In Wahrheit aber sage ich euch, viele Witwen waren in den Tagen des Elija in Israel, als der Himmel verschlossen war für drei Jahre und sechs Monate, als eine große Hungersnot über das ganze Land kam,[26] und zu keiner von ihnen wurde Elija gesandt, außer nach Sarepta in Sidonien zu einer verwitweten Frau. [27] Und viele Aussätzige waren in Israel zur Zeit des Propheten Elischa, und keiner von ihnen wurde rein außer Naaman, der Syrer. [28] Und es wurden alle vom Zorn erfüllt in der Synagoge, als sie dies hörten, [29] und sie standen auf und warfen ihn zur Stadt hinaus und trieben ihn bis zum Abhang des Berges, auf dem ihre Stadt gebaut war, um ihn hinabzustürzen. [30] Er aber schritt mitten durch sie hindurch und ging weg.

Zusammenhang: Der kurze Sammelbericht (Lk 4,14 f.) ist wie eine Überschrift über die gesamte Zeit des Wirkens Jesu in Galiläa. Vom heiligen Geist erfüllt und geführt, hatte er die zerstörerische Macht des Bösen im eigenen Leben entlarvt (Lk 4,1–13) und war aus der Wüste nach Galiläa zurückgekehrt. Seine Lehrtätigkeit in den Synagogen findet bei *allen* ein positives Echo. Es sieht so aus, als entspreche seine Botschaft der tiefsten Sehnsucht ihres Herzens. Es ist sein Anliegen, den Menschen ihre Einmaligkeit, ihre Identität und Selbstachtung, ihre göttliche Würde bewusst zu machen und sie von aller Fremdbestimmung zu befreien. So kommt er nach Nazareth, „wo er aufgewachsen war".

Die Nazarethperikope ist ein programmatischer Text. Sie enthält in gewisser Weise das Ganze des Evangeliums. Hier am Anfang leuchtet die Sinnrichtung von Jesu öffentlichem Wirken auf, in dem schon das Ende mitgesetzt ist. Hier entfaltet Lukas die Hauptthemen seiner Theologie in einer großartigen Szenenfolge, die bis zum Aufbruch von Kapharnaum reicht.

1. Lk 4,16–20: Jesus geht, wie gewohnt, am Sabbat in den Synagogengottesdienst. Als die Prophetenlesung an der Reihe ist, erhebt er sich, um aus den Prophetenbüchern vorzulesen. Er bekommt das Buch des Propheten Jesaja gereicht und „findet" beim Entrollen der Schrift (vom Geist geleitet) die Stelle aus (Trito-)Jesaja (Jes 56–66):

„Der Geist des Herrn ist *auf mir*, Jes 61,1a
denn er hat mich gesalbt.
Frohe Botschaft zu bringen den Armen,
hat Er mich gesandt, Jes 61,1b
zu verkünden den Gefangenen *Befreiung* (*áphesis*) Jes 61,1d
und den Blinden das Augenlicht,
die Zerschlagenen in *Freiheit* (*áphesis*) zu setzen Jes 58,6d
und zu verkünden ein Gnadenjahr des Herrn." Jes 61,2a

Mit diesem kunstvoll gefügten Mischzitat macht Lukas deutlich, worauf es ihm ankommt: Das Prophetenwort vom Geist des Herrn, der auf Jesus ruht, erinnert an Lk 3,22; 4,1 und 14. Jetzt identifiziert sich Jesus damit vor aller Augen als der verheißene Geistträger, als der Messias (Christus), und offenbart seine Sendung als Verkündigungsauftrag an die „Armen" (vgl. Lk 6,20–22; 7,22; 14,12–14.21). Zu ihnen gehören jene Bedrängten, die im Gegensatz zu den Reichen, Satten und Lachenden (vgl. Lk 6,24) in einer Unheilssituation stecken und sich selbst nicht daraus befreien können. Diesen Armen soll die ersehnte Befreiung (*áphesis*) geschenkt werden. Gleich zweimal (durch den Einschub von Jes 58,6) steht dieses Wort in dem kurzen Prophetentext. Damit lenkt der Evangelist die Aufmerksamkeit auf diese „Befreiung". Die Gefangenen sind nach Jes 61,1 vor allem Schuldsklaven, die mit dem Erlassen aller Schuld ihre ursprüngliche Freiheit zurück gewinnen. Bei Lukas greift die Befreiung noch tiefer und meint vor allem die Vergebung der Sünden (vgl. Lk 1,77; 3,3; 24,47), die Befreiung aus der Macht und den Verstrickungen des Bösen. Im „Gnadenjahr des Herrn" (Lev 25) zerbricht Gott durch seinen Gesalbten die Fesseln der „Armen". Jesus zählt offenbar seine Zuhörer in Nazareth mit zu den Armen: zu den Gefangenen, den Blinden und Zerschlagenen, den Gebeugten und Gebrochenen. Auch sie will er befreien, die Fesseln ihrer Abhängigkeit und Unterdrückung aufbrechen, sodass sie wieder aufblicken können. Damit macht Jesus von Anfang an deutlich, dass sein Sendungsauftrag nicht darin besteht, Israel von heidnischer Fremdherrschaft zu befreien.

Nach der Lesung rollt Jesus das Prophetenbuch wieder zusammen und gibt es dem Synagogendiener zurück. Dann setzt er sich, um den Prophetentext auszulegen. Die Augen der Gottesdienstteilnehmer sind gespannt auf ihn gerichtet. Mit dieser Bemerkung hebt Lukas die Bedeutung der folgenden Jesusworte eindrücklich hervor.

2. Lk 4,21 f.: Jesu Auslegung besteht in einem einzigen Satz von prägnanter Kürze: „*Heute* ist in Erfüllung gegangen dieses Schriftwort in Euren Ohren", d.h. in seiner Person, in seiner Verkündigung begegnen die Leute von Nazareth der Heilszeit, die in der Lesung aus dem Propheten Jesaja angekündigt wird. Die endzeitliche Verwirklichung des Prophetenwortes hat begonnen. Jetzt ist es aktuell ihnen ganz nahe gekommen in dem Gottesdienst, zu dem sie sich versammelt haben. Jesus selbst ist das Angebot Gottes. In ihm begegnen sie dem „Heute" Gottes. Sie sind Zeugen des sich nun erfüllenden Heils.

Die Zuhörer nehmen Jesu Schriftauslegung zunächst positiv auf. Sie stimmen ihm alle zu und staunen über die „Worte der Gnade" aus seinem Mund. Damit unterstreicht Lukas die Verantwortlichkeit der Zeugen. In der Frage: „Ist das nicht der Sohn Josefs?" klingt aber schon an, dass sie den Inhalt und die plötzliche Aktualität seiner Auslegung nicht zusammen bringen können mit seiner Zugehörigkeit zu einer Familie aus ihrem Ort. Wie kann der Mann, den sie seit seiner Kindheit aus nächster Nähe kennen, der Messias sein? Wie kann sein Wort auf einmal göttliche Autorität haben? Was würde die Befreiung, die Jesus ihnen zumutet, für sie bedeuten? Welche Konsequenzen hätte das? So werden an ihm „die Gedanken vieler Herzen offenbar" werden (Lk 2,35). Der Prozess des „Überführt-werdens" beginnt. Die Leute aus seiner Heimatstadt bestaunen zwar seine Worte, erkennen aber „an diesem Tag" nicht, was ihnen zum Heil ist (vgl. Lk 19,42). Sie missachten ihr „Heute". So bleibt der weitere Verlauf der Begegnung noch offen.

3. Lk 4,23–30: In prophetischem Wissen deckt Jesus dann die verborgenen Gedanken seiner Landsleute auf: Er soll seinen Anspruch (Lk 4,18f.) vor denen demonstrieren, die glauben, ihn zu kennen. Sie wollen als Beweis hier mit eigenen Augen so machtvolle Taten sehen, wie er sie nach dem Hörensagen schon anderswo gewirkt hat. Dieses Ansinnen weist Jesus energisch zurück. Mit einem heilsgeschichtlichen Regelwort offenbart er das geheimnisvolle Gesetz, unter dem alle Propheten stehen und das von jetzt an auch seinen Lebensweg bestimmen wird: Kein Prophet ist in seiner Heimatstadt akzeptiert. Die beiden Episoden aus dem Wirken der Propheten Elija und Elischa sollen diese heilsgeschichtliche Gesetzmäßigkeit unterstreichen. Gott hat sich nie auf Israels Heil allein festlegen lassen. Er wirkt nur dort, wo Menschen sich ihm öffnen. Schon der Täufer hatte seinen Zuhörern jedes Privileg aufgrund der Sohnschaft Abrahams abgesprochen (Lk 3,8) und auf den universalen Heilswillen Gottes verwiesen (Lk 3,6). So weist auch Jesu Sendung wie bei Elija und Elischa über Israel hinaus. Die Heilsbedürftigkeit Israels zur Zeit des Elija war groß: Es gab viele Witwen. Doch der Prophet wurde nur zu einer armen Witwe aus dem heidnischen Sarepta gesandt (1Kön 17,8–24). Auch war die Heilsbedürftigkeit Israels zur Zeit des Propheten Elischa groß: Es gab viele Aussätzige im Gottesvolk. Aber geheilt wurde nur ein prominenter Heide aus Syrien (2 Kön 5).

Die Andeutung seiner Sendung zu den Heiden, denen er eine größere Glaubensbereitschaft zuspricht als den zum Gottesdienst versammelten Leuten aus Nazareth, weckt bei seinen Zuhörern hasserfüllte Aggression, die plötzlich in offene Feindseligkeit umschlägt. Sie fallen über ihn her, treiben Jesus aus der Stadt hinaus und wollen ihn von einem Abhang zu Tode stürzen (vgl. Lk 20,13–15). Sie handeln gegen ihn wie gegen einen falschen Propheten, der Israel zum Glaubensabfall von seinem Gott verführen will (vgl. Dtn 13,6).

Da seine Zeit noch nicht gekommen ist, geht er unbeschadet durch die aufgebrachte Menge und verlässt Nazareth. So bekommen sie doch noch ein Zeichen, wenn auch wieder anders, als sie es gewollt und sich vorgestellt hatten. Der Bruch mit seiner Heimat ist vollzogen. Er kehrt nie mehr dorthin zurück. Wer in dem bleiben will, was seines Vater ist (vgl. Lk 2,49), für den gibt es hier keinen Platz.

Jesus weiß sich von Gott zum letzten endzeitlichen Propheten bestimmt, der das verheißene Heil denen verkündet und zuwendet, die sich als „Arme" wissen. Es kommt Lukas darauf an, die in Jesus erfüllte Heilszusage als bleibende Möglichkeit auszuweisen, solange das Evangelium von der Befreiung verkündet wird. „Denn es ist uns Menschen kein anderer Name unter dem Himmel gegeben, durch den wir uns retten lassen sollen" (Apg 4,12). In seinem Wort-Wirken geschieht das Heil an den „Armen" – *heute*! In der Nachfolge dessen, dem man das Heimatrecht verweigert, erschließt sich der Sinn seines und meines Weges – *heute*!

4. Schauen wir noch einmal zurück auf den plötzlichen Stimmungsumschwung in der Synagoge von Nazareth. Was hat den tödlichen Konflikt, die leidenschaftliche und gewalttätige Empörung gegen Jesus ausgelöst? Wo liegt der eigentliche Grund für den Ausbruch einer solch zerstörerischen Aggressivität?

Die Leute von Nazareth glauben, Jesus zu kennen. Sie meinen zu wissen, wer er ist und was sie von ihm zu erwarten haben. Doch der Mensch, wie wir ihn „kennen", ist niemals der Mensch, wie er *in Wirklichkeit* ist. Die Gottesdienstbesucher in der Synagoge haben ihre festen *Vor*-stellungen, wie Jahwe im Leben der Menschen sich manifestiert. Sie erwarten ihn als eindrucksvollen Gegensatz zu den „normalen" Gegebenheiten des Alltags. Doch wer kann sich von Gott noch überraschen lassen, wenn er sich von IHM ein Bild gemacht hat? Jesu Schriftauslegung entspricht dem tiefsten Verlangen ihres Herzens: jetzt, „heute" sich von allem, was ihr Leben entwürdigt und verbiegt, befreien zu lassen. Darum findet er zunächst bei *allen* Zustimmung und Bewunderung. Erst als sie spüren, dass das Verlangen ihres Herzens nicht übereinstimmt mit dem, womit sie sich in diesem Leben eingerichtet haben, regt sich Widerstand. Erst als sie ahnen, welche Konflikte auf sie zukommen, wenn sie der Wahrheit ihres Herzens entsprechen, erfahren sie Jesu „Worte der Gnade" als Vorwurf und Herausforderung. Wer lässt sich schon gern von Seinesgleichen den Lauf liebgewordener Gewohnheiten durcheinander bringen und die Verlässlichkeit seiner Vorurteile untergraben? Wer erlaubt sich schon, von einem Mitbürger oder Verwandten ein Wort als *Gottes* Wort in sein Leben einzulassen? Weil die Leute von Nazareth ahnen, was ein wahrhaftiges Leben in Freiheit für sie bedeuten würde, und weil Jesus ihnen wahrhaftig und innerlich freisetzend begegnet, darum entlädt sich ihre Enttäuschung in hasserfüllte Aggression. Es sieht so aus, als spürten sie ganz deutlich, dass Jesus es ernst meint mit dem „Gnadenjahr des Herrn" für sie – *heute*.

Heilungen in Kapharnaum und der Aufbruch Jesu von dort: Lk 4,31–44

[31] Und er ging hinab nach Kapharnaum, einer Stadt Galiläas, und er lehrte sie am
Sabbat. [32] Und sie erschraken über seine Lehre, denn in Vollmacht geschah sein
Wort, [33] Und in der Synagoge war ein Mensch, der den Geist eines unreinen Dämons hatte, und der schrie mit lauter Stimme: [34] Ha, was haben wir mit dir zu tun,
Jesus von Nazareth? Bist du gekommen, uns zu verderben? Ich kenne dich, ich
weiß, wer du bist: der Heilige Gottes. [35] Und Jesus fuhr ihn an und sagte: Schweig
und fahre aus von ihm! Und es warf ihn der Dämon in die Mitte, und fuhr von
ihm aus, ohne ihm zu schaden. [36] Und es kam Erschrecken über alle, und sie spra-

chen zusammen untereinander: Was ist das für ein Wort, denn in Vollmacht und Kraft gebietet er den unreinen Geistern, und sie fahren aus. [37] Und heraus ging die Kunde über ihn in jeden Ort der Umgebung.

[38] Er aber stand auf und ging von der Synagoge in das Haus des Simon. Die Schwiegermutter aber des Simon war befallen von hohem Fieber und sie baten ihn ihretwegen. [39] Und er trat zu ihr hin, beugte sich über sie und fuhr das Fieber an, und es verließ sie. Sofort aber stand sie auf und diente ihnen.

[40] Als aber die Sonne unterging, brachten alle, die an vielerlei Krankheiten Leidende hatten, zu ihm. Er aber legte jedem von ihnen die Hände auf und heilte sie. [41] Es fuhren auch Dämonen von vielen aus, die schrien und sagten: du bist der Sohn Gottes. Und er fuhr sie an und ließ sie nicht reden, denn sie wussten, dass er der Messias war.

[42] Als es aber Tag wurde, ging er hinaus an einen einsamen Ort, und die Menge suchte ihn, und kam bis zu ihm hin und hielt ihn zurück, damit er nicht wegginge von ihnen. [43] Er aber sagte zu ihnen: auch den anderen Städten muss ich die Frohe Botschaft von der Gottesherrschaft verkünden, denn dazu bin ich gesandt. [44] Und er verkündete in den Synagogen Judäas.

Zusammenhang: Nach seiner Vertreibung aus Nazareth geht Jesus nach Kapharnaum am Nordwestufer des Sees Gennesareth und nimmt dort am Sabbat seine Lehrtätigkeit wieder auf. Lukas hat den galiläischen Anfang des Wirkens Jesu (Lk 4,14–43) so komponiert, dass er wie in einem Kern alle wichtigen Themen seines Evangeliums schon enthält. In Ergänzung zur Nazarethperikope verdeutlicht er nun mit dem „Tag in Kapharnaum“ die Erfüllung der Jesajaprophetie (Lk 4,18f.).

1. Lk 431f.: Jesus ist am Sabbat wieder in der Synagoge und lehrt die Menschen in göttlicher Vollmacht. Die Leute sind von seiner „Lehre“ in ihrem Innersten getroffen. Hier spricht einer zu ihnen, dessen Worte noch frisch sind und voller Kraft – noch nicht verbraucht von professioneller Routine, nicht langweilig vom Staub übernommener Lehrmeinungen. Seine Worte sind ursprünglich und meinen, was sie sagen. Sie sind voll Leben und finden unmittelbar Kontakt zu ihrem Leben. In Jesu Worten hören die Menschen die Wahrheit über sich und Gottes *Heute* für sie. Wird seine Verkündigung die Bereitschaft wecken, sein Wort als *Gottes* Wort anzunehmen, und die Sehnsucht, sich von ihm heilen zu lassen?

2. Lk 4,33–35: Jesu Lehre „in Vollmacht“ hat aber noch eine andere Wirkung: Das Dämonische meldet sich zu Wort. Es offenbart sich das Böse, das den Menschen gefangen hält, so dass er nicht frei über sich verfügen kann. Unter den Leuten in der Synagoge ist ein Mann, der den Geist eines unreinen Dämons hat. Der wittert den Stärkeren (Lk 11,21 f.) und weiß, dass es um seine

Gewalt über den (von ihm gefesselten) Menschen geschehen ist. Laut schreiend muss der Dämon seine Ohnmacht bekennen. Sein Ausruf „*éa*" ist Ausdruck von Unwillen und Resignation. Der Besessene selbst bringt kein persönliches Wort heraus. Jesus ist entschlossen, diesem Menschen seine unverwechselbare Gestalt, seine Identität, seine Freiheit und Würde zurückzugeben – durch allen Widerstand und alle Erschütterungen hindurch. Mit einem Machtwort herrscht er den Dämon an: „Schweig und fahre aus von ihm!" Jesus verbietet ihm jede Anspielung auf seine Identität. Der Hoheitstitel (der Heilige Gottes) umfasst nach Lukas mehr als die Dämonen wissen können (vgl. Lk 4,41). Erst in der Emmauserzählung (Lk 24,25 ff.) wird Jesu wahre Identität den Jüngern enthüllt. Erst das gehorsame Durchleiden des Prophetenschicksals offenbart der nachösterlichen Gemeinde den „Heiligen Gottes" und erfüllt die Schrift.

Dem Machtwort Jesu muss sich der Dämon augenblicklich fügen. Er wirft den Mann mitten in der Synagoge zu Boden und verlässt ihn, ohne ihn zu verletzen. Wie hier ein Mensch ohne Schaden aus dämonischen Fesseln befreit wird, so heilt Jesus anschließend im Haus des Simon auch die Schwiegermutter des Simon (Lk 4,39). Und am Abend nach Sonnenuntergang wendet er sich jedem einzelnen in seiner Not zu (vgl. auch Lk 4,40b) und heilt ihn auf der Stelle – *heute*.

Wann immer ich von Jesu Wort getroffen bin, von der Freiheit und Vollmacht, die aus ihm spricht, so dass ich spüre: Hier bin ich selbst gemeint, muss ich damit rechnen, dass sich in mir auch das Dunkle und Unerlöste zu Wort meldet und sich leidenschaftlich dagegen wehrt, ans Licht des Bewusstseins zu kommen (vgl. Lk 4,28 f).

Wenn ich Jesu Wort bis in die dunklen Räume meines Herzens dringen lasse – bis zu den Wurzeln meiner Gefährdung, werde ich seine Macht über die Schatten meines Selbst erfahren, auch wenn ich dabei zwischen Verlangen und Angst hin und her gerissen und schließlich zu Boden geschleudert werde. Die Heilung vom Bösen, von dem, was mich fesselt und gefangen hält, ist kaum ohne tiefe Erschütterung möglich.

3. Lk 4,36–44: Die machtvolle Wirkung seines Wortes (*dabar*) löst bei allen Staunen, Erschrecken und verwundertes Fragen aus. Doch dabei bleibt es. Nirgendwo gibt es in der Öffentlichkeit einen Hinweis, dass auch nur einer dem Wort „in Vollmacht und Kraft" mit Umkehr und Glaube, mit persönlichen Konsequenzen geantwortet hätte. Selbst als Jesus am Abend *alle* Kranken heilt, die man zu ihm bringt, verstehen die Leute von Kapharnaum nicht, was in ihrer Mitte und vor aller Augen geschieht. Auch sie erfassen ihr *Heute* nicht (Lk 10,15).

Bei Tagesanbruch zieht Jesus sich in die Einsamkeit zurück. Er spürt, dass er nicht länger am Ort bleiben kann. Auch wenn die Leute ihn daran hindern wollen, sein Aufbruch duldet keinen Aufschub. Ihn drängt es zu den „Armen“ in *ganz* Judäa, zu den Gefangenen, den Blinden und Zerschlagenen. Ihnen „muss“ (*dei*) er das „Evangelium von Gottes Herrschaft“ verkünden. Lukas bringt damit zum Ausdruck, dass der Abschied von Kapharnaum seinem göttlichen Sendungsauftrag entspricht. Dem kann er sich nicht entziehen.

Der Ruf des Herrn an Simon und seine Gefährten: Lk 5,1–11

1 Es geschah aber, als die Menge ihn umdrängte und das Wort Gottes hörte, da
stand er am See Genesareth 2 und sah zwei Boote am Ufer liegen. Die Fischer aber
waren von ihnen weggegangen und wuschen die Netze. 3 Er aber stieg in eines der
Boote, das dem Simon gehörte, und bat ihn, ein wenig vom Land wegzufahren.
Er aber setzte sich und vom Boot aus lehrte er die Menge. 4 Als er aber aufgehört
hatte zu reden, sagte er zu Simon: fahre hinaus auf die Höhe (des Sees) und lasst
eure Netze zum Fang hinab! 5 Und es antwortete Simon und sprach: Meister, die
ganze Nacht haben wir uns abgemüht und nichts gefangen. Aber auf dein Wort
hin werde ich die Netze hinablassen. 6 Und als sie das getan hatten, fingen sie eine
große Menge Fische. Ihre Netze aber rissen. 7 Und sie winkten den Gefährten im
anderen Boot, sie sollten kommen und ihnen ziehen helfen. Und sie kamen und
füllten beide Boote, so dass sie tief einsanken. 8 Als aber Simon Petrus das sah, fiel
er Jesus zu Füßen und sagte: geh weg von mir, denn ich bin ein sündiger Mensch,
Herr! 9 Denn Schrecken hatte ihn ergriffen und alle, die bei ihm waren, über den
Fischfang, den sie zusammen gemacht hatten. 10 Ebenso aber auch Jakobus und
Johannes, die Söhne des Zebedäus, die Teilhaber des Simon waren. Und es sagte
Jesus zu Simon: fürchte dich nicht, von jetzt an wirst du Menschen fangen. 11 Und
sie brachten die Boote ans Land, verließen alles und folgten ihm nach.

Zusammenhang: Mit dieser Perikope beginnt ein neuer Abschnitt. Er schildert Jesu Wirken unter dem Volk auf der Wanderung durch das ganze Land (5,1–9,50). Während Jesus vorher (4,14–44) als Wanderprediger allein durch Galiläa zieht, werden ihn von nun an Jünger begleiten.

1. Lk 5,1–5: Jesus steht am Ufer des Sees Gennesareth. Das Volk drängt sich um ihn und will Gottes Wort hören. Das wird hier zum ersten Mal gesagt, dass Menschen danach verlangen, von *ihm* Gottes Wort zu hören. Jesus steigt in das Boot des Simon, der mit anderen Fischern dabei ist, die Netze zu reinigen, und lässt ihn ein wenig vom Land abstoßen, um aus einiger Entfernung das Volk zu lehren. Simon ist mit Jesus im Boot und sieht die vielen, die Gottes Wort hören wollen.

Aus der Sicht des Lukas kommt hier schon das nachösterliche Werden des neuen Gottesvolkes in den Blick. Die Szene deutet an, in welchen Zusammenhang Simons Leben und das seiner Gefährten von jetzt an hineingestellt ist.

Vor diesem Hintergrund ergeht die Aufforderung an Simon: „Fahr hinaus auf den See, wo es tief ist, und lasst eure Netze zum Fang hinab!" Es gibt keinen vernünftigen Grund, dem Wort Jesu zu folgen. Alle Erfahrung spricht dagegen. Und doch ist in diesem menschlichen Wort eine Kraft und Autorität zu spüren, die den Simon umstimmt. Auch seine Gefährten werden davon erfasst.

2. Lk 5,6–10: Als Simon dann sieht, welche Wirkung sein Gehorsam hat, als er mit seinen Gefährten die unglaubliche Fülle des Fischfangs kaum bewältigen kann, gewahrt er plötzlich in Jesu Nähe die Nähe Gottes: *Ich bin der Ich-bin-da.* Bei der Ausübung seines Fischerhandwerks wird er plötzlich im innersten Kern seines Wesens berührt. Von seiner kreatürlichen Ohnmacht und Sündigkeit überwältigt, fällt er Jesus zu Füßen und bittet um Aufhebung der Gemeinschaft: „Geh weg von mir, denn ich bin ein sündiger Mensch, Herr" (vgl. Jes 6,5). Jesu Gegenwart ist für ihn wie ein tiefer innerer Schmerz geworden – bis zur Unerträglichkeit. Auch seine Gefährten werden von Staunen und Erschrecken gepackt.

Die fundamentale Selbsterkenntnis Simons wird nicht relativiert. Der Text weiß um das spätere Versagen und die Bekehrung des Erstberufenen. Die Aufgabe, seine Brüder zu stärken, und die Vorhersage seiner Untreue unterstreichen später (Lk 22,31–34) noch einmal: Simon ist *Petrus* (Fels) allein durch Jesus Christus. Jetzt holt er ihn aus seinem staunenden Entsetzen heraus: „Fürchte dich nicht!" und hebt es auf in der Verheißung: „Von jetzt an wirst du Menschen fangen". Anders als Markus verwendet Lukas hier das Wort *zogréo*, das so viel bedeutet wie Menschen „lebendig fangen" bzw. „vollständig lebendig machen". M. a. W.: Beim Jüngerauftrag geht es vor allem darum, in der Nachfolge Jesu den „Armen" die ersehnte Freiheit (*áphesis*) zu schenken (vgl. Lk 4,18f.), damit das Göttliche in ihnen zum Durchbruch kommt.

Um Aufhebung der Gemeinschaft hatte Simon gebeten, der Herr aber nimmt den Menschen, der um die Macht des Bösen im eigenen Leben weiß und sich dazu bekennt, in seine Gemeinschaft auf. Er lässt ihn teilhaben an seinem Auftrag und seiner Vollmacht, die vielen aus ihrer Selbstentfremdung und Gottesferne zu befreien. Sie sollen „gefangen" werden zu einem Leben in Freiheit und Würde, zu einem Leben, das Gott für sie bereithält: Nachfolge Jesu ist ein lebensnot-*wendiger* Dienst am Menschen.

3. Lk 5,11: „... da verließen sie *alles* und folgten ihm nach."
Das *Alles*-Verlassen und Ihm-Nachfolgen gibt den vollen Glauben an Jesus als Gottmenschen wieder und ist so nur als nachösterliches Geschehen mög-

lich. Simon und seine Gefährten haben die Macht des Wortes Jesu an sich erfahren. Sie haben gesehen, welche Möglichkeiten sich im Gehorsam gegenüber diesem Wort auftun. „Von jetzt an" können sie ihr Leben auf sein Wort hin gründen und neu „ordnen". Ihre überwältigende Gotteserfahrung mit Jesus geht der Nachfolge voraus.

„... da verließen sie *alles* und folgten ihm nach."

Damit betont Lukas die Unteilbarkeit der neuen Lebensweise mit Jesus: im Ausstehen aller Ablehnung und Einsamkeit, aller Armut und Verachtung ihres Meisters, – aber auch in dem immer neuen Wagnis, ihre bisherige Erfahrung hinter sich zu lassen und die Macht des Bösen über den Menschen zu brechen.

Lukas will mit diesen Worten auch deutlich machen, dass es für die (immer) missionarische Kirche wesentlich ist, dass es in ihr Menschen gibt, die ganz von der Leidenschaft Gottes für die „Armen" erfüllt mit ihnen den langen Weg in die Freiheit Gottes (*áphesis*) gehen. Nachfolge – so radikal verstanden und gelebt – ist ohne Vertrauen in das Heute Gottes und ohne Naherwartung nicht möglich.

In der Abschiedsrede (Lk 22,31–34) wird deutlich gesagt, dass Simon Petrus nur aufgrund der Fürbitte Jesu seinen Glauben bewahrt und seine Brüder stärkt. Andererseits darf man nicht übersehen, dass Simon kaum imstande war, seine Entscheidung für Jesus zu fällen und durchzuhalten ohne das Mittun, ohne das Wagnis seiner Gefährten. Wer kommt auf diesem Weg aus ohne Zeichen und Gesten der Hoffnung wider alle Hoffnung von Seiten derer, die (vor ihm und) mit ihm den Weg Jesu zu gehen versuchen?

Die Heilung eines Aussätzigen: Lk 5,12–16

**12 Und es geschah, als er in einer der Städte war, und siehe: ein Mann voller Aus-
satz. Als er aber Jesus sah, fiel er auf sein Angesicht und flehte ihn an: Herr, wenn
du willst, kannst du mich rein machen. 13 Und er streckte seine Hand aus, berührte
ihn und sagte: ich will, sei rein! Und sofort wich der Aussatz von ihm. 14 Und er
befahl ihm, niemand (etwas) zu sagen; sondern: geh, zeige dich dem Priester und
bring für deine Reinigung, wie Mose angeordnet hat, zum Zeugnis für sie. 15 Es
verbreitete sich aber das Wort über ihn noch mehr, und viele Volksmassen kamen
zusammen, um zu hören und geheilt zu werden von ihren Krankheiten. 16 Er aber
zog sich zurück in die Einsamkeit und betete.**

Zusammenhang: Nach der Berufung des Simon Petrus und seiner Gefährten Jakobus und Johannes, den Söhnen des Zebedäus, zieht Jesus mit ihnen durch Galiläa. Mit der Heilungsgeschichte „in einer der Städte" greift Lukas die Markusvorlage wieder auf.

1. Lk 5,12f.: Jesus hält sich in einer Stadt Galiläas auf, als ein Mann auf ihn zukommt, der ganz vom Aussatz befallen ist. Er ist einer der schlimmsten Übel, das einen Menschen treffen kann. Die Heilung eines Aussätzigen kommt der Auferweckung eines Toten gleich und kann so nur von Jahwe bewirkt werden (vgl. Num 12,13 und 2 Kön 5,7). Nach rabbinischer Auffassung betrachtete man einen Aussätzigen als einen von Gott gezeichneten Sünder. Der Ausschluss von Aussätzigen aus der Gemeinde ist Lev 13,45 f. angeordnet. Er erfolgte primär aus kultischen Gründen. Israel soll ein reines Volk sein. Ein vom Aussatz Befallener machte nicht nur das (kultisch) unrein, was er berührte, sondern schon das Betreten eines Hauses verunreinigte alles, was darin war. Selbst durch eine zufällige Begegnung mit einem Aussätzigen konnte man unrein werden. So mussten sie „abgesondert" leben (Lev 13,46), in zerrissenen Kleidern einhergehen, ihr Haupthaar ungepflegt lassen, ihren Bart verhüllen und andere Menschen durch lautes Rufen: „Unrein! Unrein!" von sich fernhalten.

Ein solcher Art Gezeichneter und Ausgestoßener, ein lebendig Toter kommt zu Jesus und wirft sich vor ihm zu Boden. Er durchbricht die Bannmeile seines Todes und bittet um Leben: „Herr, wenn du willst, kannst du mich rein machen." Mit seinem alle Tabus durchbrechenden Vertrauen und seiner Unterwerfung unter den souveränen Willen Jesu bittet er um das Leben, das er sich selbst nicht geben kann. Es ist ein ungeheuerliches Geschehen, wenn ein Aussätziger es wagt, das mosaische Gesetz zu übertreten. Aber seine Sehnsucht nach Leben und die Gewissheit, sein Leben selbst verantworten zu müssen, sind so groß, dass die Bestimmungen des Gesetzes für ihn in diesem Augenblick ihre Gültigkeit verlieren. Er spürt die einmalige Chance, sein Leben zu retten: „Herr, wenn du willst, kannst du mich rein machen."

2. Lk 5,13–16: Jesus streckt seine Hand aus, berührt den „Toten" und erweckt ihn mit seinem Machtwort (hebr.: *dabar*) zu neuem Leben: „Ich will, sei rein!" Dieser schöpferische Machterweis an einem Ausgestoßenen und Verlorenen offenbart zugleich ein für spätjüdische Vorstellungen ungewöhnliches Gottesbild.

Jesus gebietet ihm zu schweigen und nach dem Gesetz zu handeln, d. h. sich dem Priester (in Jerusalem) zu zeigen und für seine Reinigung zu opfern, was Mose angeordnet hat (Lev 14,1–32), „zum Zeugnis für sie". Dies könnte – im Blick auf die kommenden Auseinandersetzungen mit den Schriftgelehrten und Pharisäern – ein deutlicher Hinweis auf Jesu Gesetzestreue sein.

Es ist aber auch möglich, dass Jesus dem Geheilten nahe bringen will, worauf es jetzt ankommt. Er soll in den Tempel gehen und Gott danken, der ihn dem Leben zurückgegeben hat.

Im Gegensatz zum Schweigegebot verbreitet sich Jesu Ruf noch mehr, so dass immer mehr Menschen zusammenströmen, um ihn zu hören und sich von ihren Krankheiten heilen zu lassen. Lukas erwähnt nicht, inwieweit Jesus dem Verlangen der Menschen entspricht, betont aber, dass er sich in die Einsamkeit zurückzieht und betet. Nur in engem Kontakt mit dem Vater findet er die Kraft, sich dem ungeheuren Ausmaß menschlicher Not zu stellen.

In der folgenden Erzählung beginnt die Auseinandersetzung mit den religiös-politischen Führern des Volkes, die in Lk 6,6–11 ihren vorläufigen Höhepunkt findet.

Die Heilung eines Gelähmten: Lk 5,17–26

17 Und es geschah an einem Tage, als er lehrte, da saßen Pharisäer und Schriftgelehrte dabei, die gekommen waren aus allen Dörfern Galiläas, Judäas und aus Jerusalem. Und die Kraft des Herrn war da, dass er heile. 18 Und siehe: Männer, die auf einer Bahre einen Mann trugen, der gelähmt war, und sie versuchten, ihn hineinzutragen und vor ihm hinzulegen. 19 Und als sie keine Möglichkeit fanden, ihn hineinzutragen wegen der Menge, stiegen sie auf das Dach, ließen ihn durch die Ziegel hinab mit der Bahre in die Mitte vor Jesus hin 20 Und als er ihren Glauben sah, sagte er: Mensch, vergeben sind dir deine Sünden. 21 Und die Schriftgelehrten und die Pharisäer begannen zu überlegen und sagten: wer ist dieser, der Lästerungen redet? Wer kann Sünden vergeben außer allein Gott? 22 Jesus aber erkannte ihre Überlegungen, er antwortete und sagte zu ihnen: was überlegt ihr in euren Herzen? 23 Was ist leichter, zu sagen: vergeben sind dir deine Sünden, oder zu sagen: steh auf und geh umher? 24 Damit ihr aber wisst, dass der Menschensohn Vollmacht hat, auf Erden Sünden zu vergeben, sagte er zu dem Gelähmten: dir sage ich, steh auf und nimm deine Bahre und geh in dein Haus. 25 Und sofort stand er auf vor ihnen, hob auf, worauf er gelegen hatte, und ging in sein Haus, Gott preisend. 26 Und alle gerieten außer sich, und sie priesen Gott und wurden von Furcht erfüllt und sagten: Unglaubliches haben wir heute gesehen.

Zusammenhang: Jesus hat die einsame Gegend wieder verlassen. Er hatte sich dorthin zurückgezogen, um zu beten (Lk 5,16). Sein Wirken ist inzwischen über Galiläa hinaus bis nach Judäa und Jerusalem bekannt geworden. Die Pharisäer, die zusammen mit den Schriftgelehrten hier zum ersten Mal auftreten, sind eine religiöse Erneuerungsbewegung, deren Anfänge wohl bis ins 2. Jahrhundert v. Chr. zurückreichen. Sie stellen die Tora, das mosaische Gesetz, in ihrer schriftlichen und mündlichen Tradition in den Mittelpunkt ihres religiösen Strebens und versuchen, den Willen Gottes im Alltag konsequent zu leben, um Israel für das Kommen des Messias zu bereiten. Die Auslegung der Schrift spielt dabei eine zentrale Rolle. Die negative Auseinandersetzung mit den Pharisäern dürfte vor allem auf spätere Abgrenzungsbestrebungen zwischen der Synagoge und den christlichen Gemeinden zurückzuführen sein.

1. Lk 5,17–19: Jesus lehrt irgendwo in einem Haus. Unter seinen Zuhörern sitzen Pharisäer und Gesetzeslehrer „aus allen Dörfern Galiläas und Judäas und aus Jerusalem". Man ist neugierig geworden auf den Rabbi aus Nazareth. Seine Lehrtätigkeit wird plötzlich auf eine ungewöhnliche Weise unterbrochen. Einige Männer versuchen ungeniert gegenüber allem, was sich ihnen in den Weg stellt, einen Gelähmten bis zu Jesus zu bringen. Sie tragen einen Menschen, vor dessen Elend sie machtlos sind. *Sie* können ihm nicht helfen und dennoch handeln sie. Gemeinsam gehen sie vor – bis an die Grenze ihrer Möglichkeiten. Sie geben nicht auf, obwohl sehr viele ihnen den Weg verstellen. V. 20 kennzeichnet ihr Handeln als Glauben. Der Glaube dieser Männer ist etwas, das man „anfassen" kann, etwas, das angesichts menschlichen Elends in Bewegung bringt. Ihr Glaube ist wie eine Trage, auf der Gelähmtes durch alle menschliche Ohnmacht und Behinderung hindurch bis zu Jesus kommt. Ihr Glaube geht dem Wunder voraus.

2. Lk 5,20–26: „Als Jesus ihren Glauben sah, sagte er zu dem *Gelähmten*: Mensch, vergeben sind dir deine Sünden." Diese Reaktion Jesu kommt völlig überraschend. Seine Antwort liegt so außerhalb menschlicher Erwartungen, dass sie Anstoß erregt: Nicht nur in dem Sinn, dass dieser Rabbi aus Galiläa Vollmacht für sich in Anspruch nimmt, Sünden zu vergeben. Das verwunderte Fragen der Schriftgelehrten und Pharisäer wird sofort zum fertigen und gelernten Urteil. Doch das Erkennen der im Herzen verborgenen Gedanken gehört zu den besonderen Eigenschaften Gottes (1 Sam 16,7; 1 Kön 8,39; Ps 94,11; 138,2 u.ö.). Durch seine Reaktion macht Jesus deutlich, dass er an Gottes Stelle handelt. Darüber hinaus erfüllt sich hier wieder einmal die Ankündigung des greisen Simeon (Lk 2,35). Wenn die Kritiker Jesu seine Frage nicht beantworten können (V.23), dann sollen sie wenigstens wissen, dass Gott ihn bevollmächtigt hat, auf Erden Sünden zu vergeben (vgl. Lk 19,10).

Auf einer tieferen Ebene aber stört Sündenvergeben den kalkulierbaren Verlauf menschlicher Beziehungen, die durch Forderung und Leistung, durch Anrechnen und Aufrechnen, durch Verdienst und Vergleich, durch Lohn und Strafe bestimmt sind. Dass Gott nicht erst in ferner Zukunft, sondern schon „heute" (V. 26) Sünden vergibt, – das bedeutet eine empfindliche Störung dieser unmenschlichen Gesetzmäßigkeit. Jesu „Lossprechung" heilt die tiefste Ursache menschlicher Lähmung und befähigt den Geheilten, die Verantwortung für sein Leben neu zu übernehmen.

Als Jesus ihren Glauben sah, sagte er *zu dem Gelähmten:* „Mensch, deine Sünden sind dir vergeben." Von den Glaubenden, von den Männern, die ihn herbeigetragen haben, ist nicht mehr die Rede. Sie sind – fast möchte man sagen – überflüssig geworden. Dass ein Mensch zu sich findet, indem er dem begegnet, der allein ihm seine *Ein*-maligkeit, seine Identität zusprechen und garantieren kann, – das ist das Entscheidende. Dass einem Menschen die Schuld ungelebten Lebens nachgelassen und er so heil wird – bis auf den Grund seiner Verweigerung, darauf kommt es hier an. Und dass dieses „Unglaubliche" durch Jesus geschieht und darüber hinaus noch bis ins Leibliche hinein seine Folgen hat, darüber geraten *alle* vor Staunen außer sich. Sie preisen Gott und werden von Furcht erfüllt, d. h. sie entdecken in diesem „paradoxen" (*parádoxa*) Geschehen die Gegenwart dessen, auf die es verweist. Sie erfahren die Heilung als Anruf zum Glauben, dass der *ganze* Mensch „heil" werden soll – als Anruf, das Gelähmte in ihrer Mitte durch alle menschliche Ohnmacht und allen Widerstand hindurch bis zu Jesus zu tragen, damit er es bis auf den Grund heile.

Die Heilung des Gelähmten gehört zu den Zeichen der messianischen Zeit, der angebrochenen Gottesherrschaft (Jes 35,6), wie Jesus sie bereits in Nazareth verkündet hat (Lk 4,16).

In dieser Perikope wird zum ersten Mal, wenn auch noch unausgesprochen, gegen Jesus der Vorwurf erhoben, er lästere Gott. Der erste schwere Konflikt mit den religiös-politischen Autoritäten beginnt sich abzuzeichnen. Doch ebenso unentwegt wie der Glaube einiger Männer den Gelähmten bis zu Jesus durchbringt, wird sich die „Frohe Botschaft von der Gottesherrschaft" (Lk 4,43) gegen den Widerstand der „Gerechten" durchsetzen.

De Berufung des Levi und das Mahl mit den Zöllnern: Lk 5,27–32

**27 Und danach ging er hinaus und sah einen Zöllner, mit Namen Levi, an der Zoll-
stätte sitzen und er sagte zu ihm: folge mir nach! 28 Und er verließ alles, stand auf
und folgte ihm nach.**

**29 Und es bereitete ihm Levi ein großes Gastmahl in seinem Hause, und es war
eine große Menge von Zöllnern und anderen (da), die mit ihnen zu Tische lagen. 30
Und es murrten die Pharisäer und ihre Schriftgelehrten gegenüber seinen Jüngern
und sie sagten: warum esst und trinkt ihr mit den Zöllnern und Sündern? 31 Und
Jesus antwortete und sagte zu ihnen: nicht haben die Gesunden den Arzt nötig,
sondern die Kranken. 32 Ich bin nicht gekommen, Gerechte zur Umkehr zu rufen,
sondern Sünder.**

Zusammenhang: Dieser Abschnitt folgt der Heilung eines *Aussätzigen* (5,12–16) und der Heilung eines *Gelähmten* (5,17–26), der sich vor aller Augen auf seine Füße stellte und mit seiner Liege heimging „Gott preisend". Darüber gerieten *alle* außer sich, auch die „Pharisäer und Schriftgelehrten, die gekommen waren aus *allen* Dörfern Galiläas und Judäas und aus Jerusalem" (5,17). Sie priesen Gott und sagten voller Furcht: *Paradoxes* (Unglaubliches) haben wir „heute" gesehen. Damit deutet Lukas schon an, in welcher Perspektive er die Berufung des Levi sieht.

1. Lk 5,27f.: *Jesus* ist wieder unterwegs, „bewegt" von der Kraft zu heilen (vgl. 5,17). Da sieht er einen *Zöllner* namens Levi an der Zollstätte „sitzen". Wie bei Simon und seinen Gefährten (Lk 5,1–11) wird Levi bei der Ausübung seines Broterwerbs angesprochen.

Es ist in den Augen gläubiger Juden ein ehrloses und gottloses Gewerbe. Jesus weiß, was es für diesen Mann bedeutet, mitsamt seiner Familie gesellschaftlich und religiös geächtet zu sein. Levi gehört zu den „Verlorenen". Die Zollstätte ist wie ein Bild für die Situation, aus dem er von sich aus nicht mehr heraus kann. Jesus sieht, dass seine „Krankheit" schlimmer ist als Aussatz und Lähmung. Dieser Zöllner braucht einen Menschen, der ihn so anschaut, dass das verborgene und geschundene Antlitz Gottes auf dem Grunde seiner Seele von neuem zu leuchten beginnt. Er braucht einen Menschen, der ihn so bei seinem Namen ruft, dass er sich in seiner ursprünglichen Würde und Freiheit wiederentdeckt.

Levi spürt den Blick Jesu auf sich ruhen, und er erfährt – vielleicht zum ersten Mal in seinem Leben – das Unglaubliche, angesprochen und ganz gemeint zu sein: „Folge mir!" Ein Vertrauen ohne Einschränkung und ohne Vorleistung! Ein Wort, das ihn über seine Grenzen hinausträgt. Levi lässt sich erfassen von der Bewegung, die von Jesus ausgeht. Er steht auf, lässt – wie vorher die Fischer – *alles* liegen und folgt ihm. Er trennt sich von *allem*, was die angebotene Gemeinschaft wieder gefährden oder zerstören könnte (vgl. Lk 14,33 und 18,22). Knapper lässt sich das Entscheidende dieser Begegnung nicht charakterisieren. Die Lebensgemeinschaft mit Jesus relativiert mit einem Schlag alle bisherigen Bindungen und Ordnungen.

2. Lk 5,29–32: Die Bewegung, die Levi erfasst hat, geht über auf sein „Haus", auf die Menschen, mit denen er verbunden ist: Und er gab für Jesus in seinem Haus ein großes Festmahl. Wo immer ein Mensch sich von Gott finden lässt (vgl. Lk 15,3–7.8–10), entsteht eine neue Qualität von Gemeinschaft. Umkehr ist keine Privatsache. Zugleich ist der große Empfang, den Levi gibt, Ausdruck seiner *Nachfolge*. Er lädt Menschen in sein „Haus", damit sie in der Gemeinschaft mit Jesus heil werden. Dabei leuchtet etwas von dem endzeitlichen Charakter der Tischgemeinschaft auf, zu der Gott alle Menschen ruft (vgl. Jes 25,6–8).

Doch dass Jesus in diese für jeden Juden engste Form der Gemeinschaft Menschen einbezieht, deren Kontakt rabbinische Regel verbietet, darüber gerät er in Widerspruch zu den Pharisäern und ihren Schriftgelehrten: Sie kritisieren hier noch nicht direkt Jesu Verhalten, sondern werfen den Jüngern vor, sich in solche Nähe von Menschen zu begeben, die nach ihrer Meinung von Gott verworfen sind. Sie *murren*. Dieses Wort erinnert an den Widerstand Israels in der Wüste gegen Gott. Murren steht im Gegensatz zum Glauben. In

Wirklichkeit nehmen die Gegner Jesu Anstoß an seinem „paradoxen" Handeln Gottes, in dem Gottes leidenschaftliche Sehnsucht, „zu suchen und zu retten, was verloren ist" (Lk 19,10), sichtbar wird.

So geht Jesus – wie im Gleichnis vom barmherzigen Vater – zu ihnen „hinaus". Er weiß, was sich in ihnen wehrt. Er kennt ihre Fragen und Argumente, ihr „Wenn" und „Aber". Er weiß, wieviel Selbstgerechtigkeit und Unglaube sich hinter ihrer Empörung verbirgt. Er will auch die zur Umkehr bewegen, die „draußen" bleiben wollen: „Jetzt müssen wir uns doch freuen und ein Fest feiern. Denn euer Bruder war tot und lebt wieder. Er war verloren und ist wiedergefunden worden" (Lk 15,32). Gottes vorbehaltloses Ja gilt auch ihnen.

Jesus will die Pharisäer dafür gewinnen, in den Sündern heilsbedürftige und heilungswillige Kranke zu sehen, denen man auf keinen Fall die Heilung verweigern dürfte. Er vertraut darauf, dass seine bedingungslose Zuwendung die Sünder in ihrem Innersten berührt und zur Umkehr bewegt. Umkehr wird also von ihm als ein innerer Prozess verstanden, der durch Zuwendung und Vergebung ausgelöst wird, nicht mehr als Vorbedingung für die Vergebung von Sünde und Schuld. Das ist die Pointe der Auseinandersetzung.

Wie die Pharisäer hier mit Jesus noch nicht direkt auf Konfrontationskurs gehen, so wirbt er noch um Verständnis für sein Verhalten gegenüber den „Verlorenen".

Die Frage nach dem Fasten und die Unvereinbarkeit des Neuen mit dem Alten: Lk 5,33–39

**33 Sie aber sagten zu ihm: die Jünger des Johannes fasten häufig und verrichten Ge-
bete, in gleicher Weise auch die der Pharisäer, die deinen aber essen und trinken. 34
Jesus aber sagte zu ihnen: Ihr könnt die Hochzeitsgäste, solange der Bräutigam bei
ihnen ist, nicht fasten lassen. 35 Es werden aber Tage kommen, und wenn weggeris-
sen wird von ihnen der Bräutigam, dann werden sie fasten in jenen Tagen.**

**36 Er sagte aber auch ein Gleichnis zu ihnen: Niemand reißt einen Lappen
von einem neuen Kleid und setzt ihn auf ein altes Kleid, sonst wird er auch das
neue zerreißen und zum alten wird der Lappen von dem neuen nicht passen. 37
Und niemand schüttet neuen Wein in alte Schläuche. Sonst wird der neue Wein
die Schläuche zerreißen, und er wird verschüttet werden und die Schläuche sind
dahin. 38 Vielmehr muss man neuen Wein in neue Schläuche schütten. 39 Und
niemand, der alten (Wein) getrunken hat, will neuen, denn er sagt: der alte ist
bekömmlich.**

Zusammenhang: Vorausgegangen war die Heilung eines Gelähmten und die Berufung des Levi, die in einem Mahl mit „Zöllnern und Sündern" gefeiert wurde. Zum ersten Mal hatte Jesus bei den Schriftgelehrten und Pharisäern dadurch Anstoß erregt, dass er einen Menschen von der tiefsten Ursache seiner Lähmung losgesprochen hatte. Dann geriet er in Widerspruch zu den Pharisäern mit ihren Schriftgelehrten, als er im Hause des Levi mit jenen Menschen Tischgemeinschaft hielt, deren Umgang rabbinische Regel verbietet. Jedesmal waren Menschen aufgelebt. Seine Worte und sein Verhalten waren wie junger Wein, der die alten Schläuche unmenschlich gewordener Ordnungen sprengte. Bei der dritten Auseinandersetzug geht es wieder um einen sensiblen Bereich religiösen Lebens: Fasten und Beten.

Das Fasten galt als eine Übung der Buße und Demütigung vor Gott. Sie war Ausdruck der Trauer über den Abfall Israels vom Bund mit Jahwe. Neben dem gebotenen Fasten für das ganze Volk an bestimmten Tagen und zu bestimmten Zeiten war seit den Makkabäern das freiwillig auferlegte Fasten in bestimmten Kreisen üblich. Man fastete, um eigene oder fremde Schuld zu sühnen und um die Erhörung wichtiger Gebetsanliegen zu erreichen. Man ging davon aus, dass der Mensch durch bestimmte religiöse Leistungen wie das Fasten und „viel" Beten Gott zur Hilfe verpflichte.

1. Lk 5,33–35: Die in Lk 5,29 geschilderte Situation mit den Pharisäern und ihrem Schriftgelehrten besteht fort. Jetzt wenden sie sich direkt an Jesus und machen ihn auf den wenig erbaulichen Unterschied aufmerksam, den sie in der spirituellen Praxis der Jünger des Johannes und der Pharisäer im Vergleich zu seinen Jüngern sehen: Die einen fasten und beten viel, seine Leute aber essen und trinken.

Die Frage der Pharisäer ist wie ein Vorwurf, seine Jünger würden die sühnende Kraft des Fastens missachten und damit gleichsam eine religiöse Pflicht des Gottesvolkes verletzen. Die Frage ist typisch für Menschen, die auf dem Gebiet des Religiösen etwas Besonderes leisten wollen und deren Gefühle verletzt werden, wenn sie bei anderen mit einer religiösen Praxis konfrontiert werden, die ihren leistungsorientierten Vorstellungen und Idealen nicht entspricht. Aber einem Geheimnis kann man sich nicht mit frommen Leistungen aufdrängen.

Jesus antwortet mit einer Gegenfrage, die den Verständnisrahmen seiner Gegner respektiert. Er will sie gewinnen und sie aus ihrer angestrengten Religiosität befreien. Er erinnert daran, dass auch nach jüdischer Sitte das Fasten am Sabbat und an den Festtagen nicht erlaubt ist. Jesus sagt: „Ihr könnt die Hochzeitsgäste, solange der Bräutigam bei ihnen ist, nicht fasten lassen." Mit anderen Worten: Es ist Festzeit, Zeit der Freude, und solange die Hochzeit dauert, können die Gäste unmöglich fasten. Vielleicht will dieses Wort das Bundesverhältnis zwischen Jahwe und Israel, seiner ungetreuen Braut, in Erinnerung rufen, wie es der Prophet Hosea ankündigt: Jahwe will Israel erneut umwerben. Er will ihre Untreue vergeben und sie endgültig für sich gewinnen. „Ich traue dich mir an auf ewig. Ich traue dich mir an um den Brautpreis von Gerechtigkeit und Recht, von Liebe und Erbarmen. Ich traue dich mir an um den Brautpreis meiner Treue. Dann wirst du Jahwe erkennen“ (Hos 2,21f.) Weil Gott selbst sich den Menschen zuneigt, wie die vorausgegangenen Abschnitte bei Lukas zeigen, darum macht das Fasten *jetzt* keinen Sinn.

Das Bild vom Bräutigam und von der Hochzeit ist nicht nur ein Hinweis auf die messianische Zeit, die mit Jesus angebrochen ist, sondern zugleich eine Ermutigung, sich mit allem Unerlösten versöhnen zu lassen. Auf dieses Ziel der Mensch*werdung* hin hat sich alles asketische Bemühen auszurichten, nicht auf religiöse Sonderleistungen.

Das Wort vom Weggerissen-Werden des Bräutigams kann als noch verhüllte Leidensankündigung verstanden werden. Wenn das geschieht, dann werden die Jünger fasten. „In jenen Tagen“ wird ihr Fasten Ausdruck der Trauer über die reale Macht sein, die die Kräfte des Bösen noch über den Menschen haben. Die Übung des Fastens kann dann auch das Bemühen um Wachsamkeit und Sensibilität fördern, um sich von diesen zerstörerischen Mächten nicht überraschen zu lassen. (vgl. Lk 22,40.46).

2. **Lk 5,36–39**: Wenn Lukas an dieser Stelle, also in der Mitte der Auseinandersetzungen, vor allem mit den Schriftgelehrten und Pharisäern, die beiden Bildworte von der Unvereinbarkeit des Neuen mit dem Alten anfügt, dann scheinen diese sich auf alle fünf Streitgespräche zu beziehen. Die neue Art, wie Gott sich in Jesus den Menschen zuwendet und ihnen ihre ursprüngliche Freiheit und Würde zurückgibt, kann nicht mit dem alten Gewand religiöser Bemühungen und Zwänge zusammengeflickt werden. Das neue Leben braucht neue Ausdrucksformen und kann nicht in alte poröse Schläuche gegossen werden. Diese Aufforderung ist in die Situation der jungen lukanischen Gemeinde hineingesprochen, in der es offenbar gegenläufige Bestrebungen gab. Die beiden Bildworte haben Signalfunktion. Das „Neue“ steht jeweils für die Gottesherrschaft, die von den Menschen eine grundsätzlich neue Lebensausrichtung verlangt. So deutet sich schon an dieser Stelle die grundsätzliche Unversöhnbarkeit beider Lebenseinstellungen an, die in den beiden folgenden Sabbatkonflikten noch weiter eskaliert.

Mit der „Weinregel“ am Ende der Perikope macht Jesus darauf aufmerksam, warum so viele sich vom Alten nicht trennen und sich gegen das Neue sperren. Das Alte ist ihnen bekömmlicher – meinen sie. Auf jeden Fall gilt in diesem Zusammenhang: Altes und Neues vertragen sich nicht.

Der erste offene Sabbatkonflikt: Lk 6,1–5

**1 Es geschah aber am Sabbat, dass er durch die Kornfelder ging. Und es rupften
seine Jünger die Ähren ab und aßen sie, wobei sie (sie) mit den Händen zerrieben.
2 Einige aber der Pharisäer sagten: was tut ihr, was am Sabbat nicht erlaubt ist? 3
Und ihnen antwortete Jesus und sagte: habt ihr nicht das gelesen, was David tat,
als er selbst Hunger hatte und die mit ihm waren? 4 Wie er in das Haus Gottes ging
und die Schaubrote nahm und sie aß und sie denen gab, die mit ihm waren, – die
niemand essen darf außer allein die Priester? 5 Und er sagte ihnen: Herr über den
Sabbat ist der Menschensohn.**

Zusammenhang: Auf Jesu Worte von der Unvereinbarkeit des Neuen mit dem Alten folgt der erste offene Sabbatkonflikt mit den Pharisäern. Das Sabbatgebot war z. Zt. Jesu, also mehr als vierhundert Jahre nach dem babylonischen Exil, zum eigentlichen Unterscheidungsmerkmal zwischen Juden und Nicht-juden geworden. Von daher musste jeder mit Feindseligkeit und harten Sanktionen rechnen, der es sich herausnahm, in einem so sensiblen Bereich religiöser und nationaler Identität Ausnahmen zu machen.

Die Sabbatruhe ist ursprünglich ein Gebot, um Leben und Würde des Menschen zu schützen. Sie will die Israeliten daran erinnern, dass sie einmal Sklaven waren, die von einem Übermaß an Arbeit körperlich und geistig nieder gehalten wurden (Dtn 5,14f.). Die aufgezwungene Fron hatte sie einst zu Rivalen im Kampf ums Überleben gemacht und sie in ihrem innersten Kern, ihrer Jahwebeziehung getroffen. Der Sabbat war für Israel von so grundlegender Bedeutung, dass er theologisch in der Schöpfungsordnung verankert wurde (Ex 20,8–11).

Für die frommen Juden ist der Sabbat ein Tag der Ruhe und der Freude. Abseits von der täglichen Mühsal sollen die Menschen aufatmen und sich an die Freiheit erinnern, die Gott ihnen geschenkt hat seit Anbeginn der Schöpfung. Da die Sabbatruhe Teil der göttlichen Schöpfungsordnung ist (Gen 2,1–3), war sie von der rabbinischen Überlieferung bis in alle Einzelheiten genau geregelt.

An einem Sabbat geht Jesus durch Kornfelder. Seine Jünger sind hungrig und rupfen Ähren von den Halmen ab, um die Körner zu essen. Er toleriert ihr Verhalten, das zu den am Sabbat verbotenen Erntearbeiten zählt. Plötzlich tauchen von irgendwoher einige Pharisäer auf und machen Jesus Vorhaltungen: ‚Was macht ihr da? Das ist am Sabbat nicht erlaubt!' Ihr Vorwurf ist als Verwarnung zu verstehen und bedeutet in der Auseinandersetzung mit ihnen eine weitere Steigerung. Eine Verwarnung musste bei jeder festgestellten Sabbatverletzung ausgesprochen werden. In seiner Antwort beruft sich Jesus auf David, der in einer vergleichbaren Notlage sich nicht an die Vorschriften hielt.

Nach lukanischer Darstellung drang David sogar selbst in das Heiligtum ein und nahm die dort aufgelegten Schaubrote, um zusammen mit seinen Begleitern den Hunger zu stillen. Wie David als Gesalbter Jahwes um des Menschen willen die Freiheit vom Gesetz für sich und seine Gefährten in Anspruch nahm, so beansprucht Jesus diese Freiheit für seine Jünger. Damit führt er das Sabbatgebot auf seinen ursprünglichen Sinn zurück, Leben und Würde des Menschen zu wahren. Er bringt die mit schriftgelehrter Strenge gehandhabte Weisung Gottes wieder zu ihrer ursprünglichen Geltung. Jesu Antwort ist von grundsätzlicher Kritik. Die von den Pharisäern eingeforderte Sabbatordnung unterwirft den Menschen dem Sabbat. Das alttestamentliche Gottesgebot ist vielmehr als Gabe des Schöpfers an sein Geschöpf zu verstehen, nicht als Last, die das Leben kasuistisch einengt und bedroht.

Der Abschlussvers von der Herrschaft des Menschensohnes über den Sabbat bezieht sich auf die gesamte Perikope. In ihr formuliert Lukas das gläubige Bekenntnis zu Jesus, von dem alle Freiheit von Menschensatzungen um des Menschen willen ausgeht. Hier ist mehr als David. Kein Wunder, dass sich an dieser „Machtfrage" der Konflikt mit den religiös-politischen Autoritäten weiter verschärft.

Um des Menschen willen ist aber nach wie vor daran zu erinnern, dass das große Gebot der wöchentlichen Ruhe vom Ursprung der Schöpfung einem lebensnotwendigen Rhythmus unseres Menschseins entspricht. Dieser Rhythmus der Ruhe ist so heilig, „dass die Nichtbeachtung dieses Gesetzes im Menschen eine Entstellung des Gottesbildes nach sich zieht" (R. Voillaume).

Wer nicht immer wieder Abstand von der Geschäftigkeit und Mühsal des Alltags gewinnt, um vor Gott Atem zu holen in Gebet und Rückbesinnung auf die Quellen des Glaubens, wird zwangsläufig Schaden nehmen und an Substanz verlieren. Jesus selbst hat dieses lebensnotwendige Gesetz während der Jahre seines öffentlichen Wirkens beachtet und immer wieder Zeiten ausfindig gemacht, in denen er sich aus allen Anforderungen und Zwängen herauslöste, um im Frieden mit dem Vater zu sein. An ihm kann man ablesen, dass das Verwiesensein unseres Lebens an Gottes Gebot nicht allein von äußeren Gesetzen abgesichert werden kann.

Die Heilung der verdorrten Hand am Sabbat: Lk 6,6–11

**6 Es geschah aber an einem anderen Sabbat, dass er hineinging in die Synagoge
und lehrte. Und es war ein Mann dort, und seine rechte Hand war verdorrt. 7 Es
belauerten ihn aber die Schriftgelehrten und die Pharisäer, ob er am Sabbat heilt,
damit sie (etwas) fänden, ihn anzuklagen. 8 Er aber wusste ihre Gedanken, und
sagte aber zu dem Mann, der die verdorrte Hand hatte: steh auf und stell dich in
die Mitte! Und er stand auf und stellte sich hin. 9 Es sagte aber Jesus zu ihnen:
ich frage euch, ob es erlaubt ist, am Sabbat Gutes zu tun oder Böses, ein Leben
zu retten oder zu verderben? 10 Und er blickte sie ringsum an und sagte zu ihm:
streck deine Hand aus! Er aber tat es und seine Hand wurde wiederhergestellt. 11
Sie aber wurden erfüllt mit Unverstand und beredeten miteinander, was sie Jesus
antun könnten.**

Zusammenhang: Die Spannung mit den Schriftgelehrten und Pharisäern hat sich inzwischen weiter verschärft. Je deutlicher Jesus Gottes ursprüngliche Lebensabsicht mit den Menschen einfordert, je mehr seine Worte und sein Verhalten wie junger Wein die alten Schläuche überkommener Verordnungen sprengt (Lk 5,37–39), desto heftiger wird der Widerspruch der Schriftgelehrten und Pharisäer. So kommt es zum offenen Konflikt, als Jesus wieder einmal am Sabbat zum Gottesdienst in eine Synagoge geht und dort lehrt.

1. Lk 6,6–9: In der Synagoge ist ein Mann, dessen *rechte* Hand „verdorrt", vertrocknet (*xerá*) war. Seine Arbeitsfähigkeit und seine Ausdrucksmöglichkeiten sind stark eingeschränkt. Vielleicht ist die leblose Hand eine Metapher für das Unvermögen dieses Menschen, sein eigenes Leben in die Hand zu nehmen. Menschliches Leid und gesetzliche Bestimmungen stehen wie unversöhnliche Gegensätze am Anfang dieser Perikope.

Die Gegner Jesu suchen nach einer Möglichkeit, Jesus legal aus dem Weg zu räumen. Wenn er den Mann am Sabbat heilt, können sie Anklage gegen ihn erheben. Darum beobachten sie gespannt, wie Jesus sich diesmal verhält. Ihre Meinung über ihn steht schon fest. Sie wissen, was sie von ihm zu halten haben. Er ist anders als sie. Sein Einfluss auf die Menschen ist für sie bedrohlich (vgl. Lk 4,32), seine innere Freiheit und Souveränität schockierend. Sie suchen kein Gespräch mit ihm und scheuen die offene Auseinandersetzung mit ihm. Lieber warten sie und lauern, bis er einen Fehler macht. Dann können sie mit ihm „fertig" werden. Hass und Gewaltbereitschaft macht ihre Herzen unbeweglich.

Jesus spürt die feindselige Atmosphäre, die ihm in der Synagoge entgegenschlägt. Trotzdem versucht er, seine Gegner persönlich anzusprechen und sie zu einer Stellungnahme herauszufordern. Dazu lässt er den Mann mit der leblosen Hand sich „in die Mitte" stellen, so dass die Aufmerksamkeit aller sich auf ihn richten kann: Von seinem Ursprung her steht der Mensch im

Mittelpunkt der Schöpfung. Am Heil des Menschen hat sich alle geschöpfliche Wirklichkeit zu relativieren – auch die Tora (das Gesetz) und was Menschen daraus gemacht haben. Diese ursprüngliche Ordnung will Jesus wieder bewusst machen. Darum stellt er hier den Menschen zeichenhaft in den Mittelpunkt, und darum fragt er seine Gegner im Angesicht dieses vom Elend gezeichneten Menschen: Ist es am Sabbat erlaubt, Gutes zu tun oder Böses? Ein Leben zu retten oder es zu vernichten? M. a. W.: Worin besteht der Sinn des Sabbats? Was entspricht diesem Tag heiliger Ruhe?

2. Lk 6,10: Jesus scheut nicht das offene Gespräch. Er entzieht sich nicht der notwendigen Auseinandersetzung. Er will seine Gegner überzeugen und gewinnen. Er fragt sie nach dem Grund ihrer Ablehnung und erhält keine Antwort. Er spürt ihre Unbeweglichkeit und Verschlossenheit. Ihr Eifer für Gott geht über die Not dieses Menschen hinweg. Das Verdorrte in ihrer Mitte rührt sie nicht. Die unselige Trennung von Tora (Gesetz) und Barmherzigkeit verkehrt Gottes Lebensabsicht und macht ihn in den Herzen der Menschen zum Widersacher. Jesus steht vor einer undurchdringlichen Wand. Seine Gegner bleiben stumm. Da schaut er sie der Reihe nach an, lenkt dann die Aufmerksamkeit aller wieder auf den Mann mit der verdorrten Hand in ihrer Mitte. Als dieser auf Befehl Jesu seine Hand ausstreckt, ist er (wieder) voll handlungsfähig. Die Formulierung, dass die Hand „wieder hergestellt *wurde*", ist als *passivum divinum* zu verstehen, d.h. es war Gott selbst, der am Sabbat geheilt hat. Jesus hat ja hier eigentlich keinen Heilungsgestus vorgenommen, auch keinen Heilungsbefehl ausgesprochen .

Jesus hebt die Tora nicht auf, sondern er legt sie aus: Gott bleibt nicht ungerührt von menschlichem Leid, und alle überlieferten Gesetze und religiösen Weisungen haben ihre Geltung allein darin, den Menschen seiner ursprünglichen Bestimmung näher zu bringen. „Jesu souveräne Lehre und Praxis lässt den Sabbat zu einem Zeit-Raum werden, der Gottes Menschenfreundlichkeit und Güte erfahrbar werden lässt" (Th. Söding). Wenn der Sabbat nach der Tora die Vollendung des Schöpfungswerkes ist und als solcher von Gott geheiligt, warum soll nicht an diesem Tag Gottes Heilswirken erfahrbar werden? Gilt das nicht umso mehr für einen Menschen, dessen Bewegungs- und Entfaltungsmöglichkeiten so stark beeinträchtigt sind wie bei diesem unbekannten Mann? Aber nur wer um seinen leblosen Zustand weiß und sich nach Leben und Gemeinschaft sehnt, wie es vom Ursprung der Schöpfung her gegeben war, ist einer Heilung zugänglich.

3. Lk 6,11: Sie aber verloren ihren Verstand (anoía). Aus Gegnern sind ihm längst unversöhnliche Feinde geworden. Nun sind sie entschlossen, Jesus etwas anzutun. Es bleibt aber noch offen, was sie gegen ihn unternehmen. Der

Auszug aus der Synagoge ist noch einmal Ausdruck ihrer totalen Verweigerung. Während der Konflikt hier offen eskaliert, erreicht der Andrang der Volksscharen im folgenden Sammelbericht (Lk 6,17–19) seinen Höhepunkt. Jesus wird buchstäblich fast erdrückt vom Elend der Menschen.

Die Auswahl der Apostel und der Andrang des Volkes: Lk 6,12–19

**12 Es geschah aber in diesen Tagen, dass er hinausging auf den Berg, um zu beten,
und er verbrachte die Nacht im Gebet zu Gott. 13 Und als es Tag wurde, rief er seine
Jünger, und er wählte aus ihnen zwölf, die er auch Apostel nannte, 14 Simon, den
er auch Petrus nannte, und Andreas, seinen Bruder, und Jakobus und Johannes
und Philippus und Bartholomäus 15 und Matthäus und Thomas und Jakobus, den
Sohn des Alphäus, und Simon, der Zelot genannt wird, 16 und Judas, den Sohn des
Jakobus, und Judas Iskariot, der zum Verräter wurde.**

**17 Und er stieg mit ihnen hinab und blieb stehen an einer ebenen Stelle, und
eine große Schar seiner Jünger und eine große Volksmenge von ganz Judäa und
Jerusalem und dem Küstengebiet von Tyrus und Sidon, 18 die gekommen waren,
um ihn zu hören und geheilt zu werden von ihren Krankheiten, und die von unreinen Geistern Geplagten wurden geheilt. 19 Und die ganze Menge suchte ihn zu
berühren, denn eine Kraft ging von ihm aus und heilte alle.**

Zusammenhang: Nach der offenen Eskalation des Konflikts mit den Schriftgelehrten und Pharisäern beginnt mit der Zeitangabe „Es geschah aber in diesen Tagen“ ein neuer Abschnitt. Auf die Auseinandersetzung mit den religiösen Autoritäten antwortet Jesus mit der Bildung des Zwölferkreises. Gegnerschaft und Jüngerschaft stehen in scharfem Kontrast nebeneinander.

1. Lk 6,12–16: Jesus geht auf einen Berg, um zu beten. Die ganze Nacht verbringt er dort im Gebet. In dieser entscheidenden Situation sucht er die Nähe zum Vater. Sein Wille soll zur Geltung kommen. Bei Lukas finden wir Jesus vor allem im Zusammenhang mit wichtigen Ereignissen häufig im Gebet (Lk 3,21; 5,16; 9,18.28; 11,1; 22,41.44.46).

Die Gebetsnacht auf dem Berg (*tò óros*) vor der Auswahl der Zwölf und der Feldrede (Lk 6,20–49) weist schon voraus auf jenen einsamen Gebetskampf in der Nacht am Ölberg (*tò óros*), wo Jesus um die Gleichförmigkeit mit dem Willen des Vaters ringen wird und „einer der Zwölf“ seine Jüngerschaft mit einem Kuss aufkündigt.

Als es Tag wird, ruft Jesus seine Jünger zu sich und wählt aus diesem größeren Kreis zwölf Männer aus, die er auch Apostel (Gesandte) nennt. Die Auswahl der Zwölf ist eine Zeichenhandlung. Mit ihr erinnert er an die zwölf Stämme Israels und den großen, wenn auch idealisierten, Ursprung des Gottesvolkes. Jesus gibt damit zu erkennen, dass er das endzeitliche Gottesvolk sammelt und – anders als die Schriftgelehrten und Pharisäer – sich *ganz* Israel zuwendet.

Wenn Jesus die Zwölf in seine unmittelbare Nähe ruft, so bedeutet das vor allem, dass sie allein von ihm her und nur in der Gemeinschaft mit ihm sich und ihre Berufung verstehen können. In seiner Nähe, im Kraftfeld seiner Worte bekommen sie ein Gespür für die „Armen", für die Not der Menschen, die in Unheilssituationen geraten sind und von sich aus daran nichts ändern können. Im täglichen Umgang mit ihm, in der Achtsamkeit für sein Wirken lernen sie, wie Jesus Menschen aus der Macht und den Verstrickungen des Bösen befreit.

Außerhalb dieser persönlichen Beziehung verlieren sie das *Prinzip und Fundament* ihrer neuen Lebensform und Aufgabe. Lukas sieht in den ausgewählten Zwölf die „Augenzeugen von Anfang an" und „Diener des Wortes". Sie verbürgen die Zuverlässigkeit der kirchlichen Verkündigung (Lk 1,1–4). Von den Zwölf wird jeder bei seinem Namen gerufen. Bei aller Gemeinschaft und Gemeinsamkeit, die sie von nun an miteinander verbindet, bleibt jeder im Letzten Jesus allein verantwortlich. Am Anfang der Namensliste stehen die drei erstberufenen Jünger (*mathetaí*) mit Andreas, dem Bruder des Simon Petrus, an zweiter Stelle. Am Ende der Liste steht jener Name, der nicht mehr aus der Erinnerung zu löschen ist: Judas Iskariot, „der zum Verräter (*prodótes*) wurde". Am Anfang der Apostelwahl klingt damit schon das Ende an, wo einer der Gerufenen sich weigerte, in Jesu Nähe zu bleiben.

2. Lk 6,17–19: Jesus steigt mit denen, die der Vater ihm gegeben hat, vom Berg hinunter in die Ebene. Dort ist auf einmal eine große Schar (*óchlos polýs*) seiner Jünger um ihn herum, und eine große Volksmenge aus ganz Judäa und dem Küstengebiet von Tyrus und Sidon strömt herbei. Sein Ruf dringt bis in überwiegend von Heiden bewohnte Gebiete. Jesus steht mit den Aposteln den Jüngern und dem Volk gegenüber. Der Evangelist entwirft hier ein eindrucksvolles Bild einer Kirche und ihrer Struktur, die sich in konzentrischen Kreisen um Jesus bildet. In der großen Volksmenge aus ganz Judäa und Jerusalem sowie aus der Gegend von Tyrus und Sidon ist die Kirche aus Juden und Heiden angedeutet. Die vielen Menschen sind gekommen, um Jesus zu hören und von ihm geheilt zu werden.

Bei den Erwartungen des Volkes fällt die Reihenfolge auf. Offenbar ist die Suche nach Sinn noch größer als das Verlangen nach Heilung. Nicht selten liegt ja die Ursache von Erkrankungen im Verlust an Lebenssinn. Es fehlt an „Orten", wo Menschen mit ihren Alltagserfahrungen, ihren Schicksalen und Nöten, ihren Grundbedürfnissen und ihrer Sehnsucht nach gelingendem Leben Orientierung und Halt finden.

Die heilende Kraft, die von Jesus ausgeht, gründet in der Kraft Gottes (Lk 5,17c). Menschen, die sich von seiner Gegenwart berühren lassen und offen sind für Wandlung und Heilung, finden wieder Vertrauen ins Leben. Sie spüren, dass sie in den Wechselfällen des Lebens bei Gott geborgen sind und zu seinem Volk gehören. Die Vielen, die hier zu Jesus drängen, spüren die Kraft, die von ihm ausgeht: *Alle* wollen ihn berühren, und er heilt *alle.* Vielleicht ist mit dem letzten Satz im Kontext des Bildes, das Lukas hier von der Kirche skizziert, eine endzeitliche Perspektive angedeutet.

Die Rede Jesu am Fuße des Berges („Feldrede"): Lk 6,20–49

20 Und er richtete seine Augen auf seine Jünger und sagte:
Selig ihr Armen, denn euer ist die Gottesherschaft.
21 Selig, die ihr jetzt hungert, denn ihr werdet gesättigt werden.
Selig, die ihr jetzt weint, denn ihr werdet lachen.
22 Selig seid ihr, wenn euch die Menschen hassen
und wenn sie euch ausstoßen und beschimpfen
und euren Namen in Verruf bringen um des Menschensohnes willen.
23 Freuet euch an jenem Tage und springt (vor Freude),
denn siehe: euer Lohn ist groß im Himmel.
Denn in gleicher Weise haben es ihre Väter mit den Propheten gemacht.
24 Aber wehe euch, den Reichen, denn ihr habt euren Trost weg.
25 Wehe euch, die ihr jetzt satt seid, denn ihr werdet hungern.
Wehe, die ihr jetzt lacht, denn ihr werdet trauern und weinen.
26 Wehe, wenn alle Menschen gut von euch reden;
denn in gleicher Weise haben es ihre Väter
mit den falschen Propheten gemacht..

27 Aber euch, die ihr zuhört, sage ich:
Liebet eure Feinde;
tut Gutes denen, die euch hassen.
28 Segnet, die euch verfluchen,
betet für die, die euch misshandeln.
29 Dem, der dich auf die Wange schlägt,
halte auch die andere hin;
und dem, der dir den Mantel nimmt,
verweigere auch den Leibrock nicht.
30 Jedem, der dich bittet, gib,
und von dem, der das Deine nimmt, fordere es nicht zurück.
31 Und wie ihr wollt, dass euch die Menschen tun, tut ihnen ebenso.

32 Und wenn ihr die liebt, die euch lieben,
welchen Dank habt ihr (dafür zu erwarten)?

Denn auch die Sünder lieben die, die sie lieben.
33 Und wenn ihr Gutes tut denen, die euch Gutes tun,
welchen Dank habt ihr (dafür zu erwarten)?
Auch die Sünder tun das gleiche.
34 Und wenn ihr denen leiht, von denen ihr wiederzubekommen hofft,
welchen Dank habt ihr (dafür zu erwarten)?
Auch Sünder leihen Sündern, damit sie das gleiche wiederbekommen.
35 Vielmehr: liebet eure Feinde
und tut Gutes und leiht, ohne etwas zurückzuerhoffen.
Und euer Lohn wird groß sein
und ihr werdet Söhne des Höchsten sein,
denn er ist gütig gegen die Undankbaren und Bösen.

36 Werdet barmherzig, wie euer Vater barmherzig ist.
37 Und richtet nicht, und ihr werdet nicht gerichtet werden.
Und verurteilt nicht, und ihr werdet nicht verurteilt werden.
Lasst frei, und ihr werdet freigelassen werden.
38 Gebt, und euch wird gegeben werden,
ein gutes, fest gedrücktes, gerütteltes, überfließendes Maß
wird man euch in den Schoß geben.
Denn mit dem Maß, mit dem ihr messt,
wird euch wieder gemessen werden.

39 Er sagte ihnen aber auch ein Gleichnis:
Kann etwa ein Blinder einen Blinden führen?
Werden nicht beide in eine Grube fallen?
40 Nicht steht ein Schüler über dem Lehrer.
Voll ausgebildet aber wird jeder (Schüler) sein wie sein Lehrer.
41 Was aber siehst du auf den Splitter im Auge deines Bruders,
den Balken in deinem eigenen Auge aber nimmst du nicht wahr?
42 Wie kannst du zu deinem Bruder sagen:
Bruder, lass mich den Splitter herausziehen aus deinem Auge,
während du selbst den Balken in deinem Auge nicht siehst?
Heuchler, zieh zuerst den Balken aus deinem Auge,
und dann magst du zusehen,
den Splitter im Auge deines Bruders herauszuziehen.

43 Es gibt ja keinen guten Baum, der faule Frucht bringt,
und wiederum keinen faulen Baum, der gute Frucht bringt.
44 Denn jeder Baum wird an der eigenen Frucht erkannt.
Denn von Disteln sammelt man keine Feigen
und vom Dornenstrauch erntet man keine Trauben.
45 Der gute Mensch bringt aus dem guten Schatz seines Herzens das Gute hervor,
und der Böse bringt aus dem Bösen das Böse hervor.
Denn wovon das Herz voll ist, davon redet sein Mund.

46 Was aber ruft ihr mich: Herr, Herr, und tut nicht, was ich sage?
47 Jeder, der zu mir kommt und meine Worte hört und sie tut,
ich will euch zeigen, wem er gleich ist.
48 Er ist gleich einem Mann, der ein Haus baut,
der grub und ausschachtete
und das Fundament auf den Felsen legte.
Als aber Hochwasser kam, brandete der Fluss gegen jenes Haus,
und er vermochte es nicht zu erschüttern,
weil es gut gebaut war.
49 Wer aber hört und nicht tut, ist gleich einem Mann,
der ein Haus baute auf die Erde ohne Fundament.
Als der Fluss dagegen brandete, stürzte es sofort ein,
und der Einsturz jenes Hauses war groß.

Zusammenhang: Nach der Auswahl der Apostel war Jesus mit ihnen den Berg hinunter in die Ebene gestiegen und dort von einer großen Schar seiner Jünger und einer großen Volksmenge erwartet worden. Die vielen Menschen, die hier von überall her zu ihm drängen, spüren die Kraft, die von ihm ausgeht, und wollen damit in Berührung kommen. Alle werden geheilt.

1. Lk 6,20–26: Jesus richtet den Blick nun auf seine Jünger, die gleichsam den Innenkreis seiner Zuhörerschaft bilden. Die feierliche Einleitung mit dem „Erheben der Augen" macht auf die fundamentale Bedeutung aufmerksam, die seine Lehre für sie hat. Die Volksmenge hört zu. „Letztlich ist es die aus Armen und Reichen bestehende Kirche zur Zeit des Lukas, die Jesu Rede hören und lesen soll" (W. Radl).

Jesus beginnt seine Rede mit vier Seligpreisungen. Angesprochen sind die Armen, die Hungernden, die Leidenden und alle, die *um des Menschensohnes willen* von Menschen gehasst und ausgegrenzt, herabgewürdigt und in Verruf gebracht werden.

Wer ist hier mit den Armen gemeint? Jesus greift auf die ursprüngliche Bedeutung des Wortes zurück. Es sind die vielen, die an dem Land, das Jahwe *allen* gegeben hat, keinen Anteil haben, d. h. Menschen, die in ihrem gesellschaftlichen Umfeld keine Chance haben und dadurch in bittere Not geraten. Der Hunger ist die Grundform existenzieller leiblicher Not. In unmittelbarer Nähe zu den Hungernden werden die Weinenden genannt. Damit sind Menschen gemeint, die von schweren Schicksalsschlägen getroffen und der herrschenden Ungerechtigkeit ohnmächtig ausgeliefert sind. Im Weinen bringen sie ihre seelische Not, ihren tiefen Schmerz zum Ausdruck. Zuletzt werden alle selig gepriesen, die auf Grund ihres Bekenntnisses zu Christus an seinem Prophetenschicksal Anteil haben werden.

Die „Armen“ (*ptochoi*) stehen bei Lukas an hervorgehobener Stelle (Lk 4,18; 6,20; 7,22; 14,13 und 14,21) und bezeichnen in erster Linie als Oberbegriff jene Menschen, die bettelarm sind und bittere Not leiden. Wie die genannten Beispiele zeigen, ist mit dieser Armut seelische Not eng verbunden. Diesen Armen, deren Schicksal Hunger und Weinen mit sich bringt, ebenso wie den Ausgegrenzten und Diffamierten gilt Jesu besondere Aufmerksamkeit. Sie sind die bevorzugten Adressaten seiner Sendung. „Jesus preist nicht das bittere Elend selig. Das wäre zynisch und absurd; er preist die Armen selig, die sich auf ihn und seine Botschaft einlassen, weil ihnen die Zuwendung Gottes in der anbrechenden Gottesherrschaft gewiss ist“. Lukas formuliert die Seligpreisungen hier als Zuspruch an die Jünger. Sie gelten also auch für jene, die zur Nachfolge Jesu bereit sind und dazu ... auf ihren gesamten Besitz verzichten (Lk 14,23)“ (M. Reiser).

In den Seligpreisungen erinnert Jesus wieder an die Vision von Jes 61,1–3 und bekräftigt die Wende im Schicksal der „Armen“. Wer „arm“ ist und wie der greise Simeon auf den „Trost Israels“ wartet, wird das Heil schauen, das Gott ihm bereitet hat. Aller Hunger wird gestillt und alle Trauer wandelt sich in Lachen. Wer auf Gott seine Hoffnung gesetzt hat, wird vor Freude springen. Doch eine auf Erden sich zeigende Schicksalswende wird den Armen nicht zugesichert (vgl. Lk 16,19–31).

Ganz anders wird es denen ergehen, die ihren Reichtum zum Nachteil anderer erworben haben und daran zum eigenen Vorteil festhalten. Sie haben das Leben genug ausgekostet.

Das Hungern, Trauern und Weinen steht ihnen noch bevor. Das letzte „Wehe“ ist gegen alle gerichtet, die den Leuten nach dem Mund reden und dadurch zu Ansehen und Einfluss kommen. Wer über längere Zeit seine innere Stimme verleugnet, wird seine Orientierung verlieren. Diese Gefahr ist besonders groß, wenn es um Fragen von Macht und Lebensstandard geht.

In den Seligpreisungen und Wehrufen verwirklicht Jesus, was er in Nazareth und Kafarnaum programmatisch als seine Sendung bezeichnet hat. Er will den Armen ihre Würde zurückgeben und ihnen dazu verhelfen, den Reichen und Mächtigen in Augenhöhe zu begegnen. Die Umkehrung der Verhältnisse kündigte sich schon im „Magnifikat“ an (vgl. Lk 1,52 f.).

2. Lk 6,27–38: Jesus wendet sich wieder direkt an die Jünger und die große Volksmenge. Seine Aufforderung zur Feindesliebe wirkt wie eine Zumutung, die überfordert und die in einigen Punkten (V. 29) allen rechtlichen Grundsätzen widerspricht. Sie ist eine grundsätzliche Ablehnung der antiken Tradition. Zu den Feinden gehören z. B. alle, die sie hassen, verfluchen, misshandeln, überfallen und ausrauben. Wie ernst Jesus das Gebot der Feindesliebe meint, zeigen die drei Beispiele, die er nennt: Ohrfeige, Raub und Geldverleih. Seine

Zuhörer sollen denen, die ihnen Gewalt antun, so begegnen, dass ihr Verhalten die Täter stutzig macht und vielleicht nachdenklich werden lässt. Jesus spricht vermutlich in eine Situation hinein, in der die Jünger wie „Schafe unter Wölfen" (Lk 10,3) Ablehnung und Gewalt erfahren. Mit der Aufforderung zur Feindesliebe will Jesus keine ethischen Normen aufstellen, sondern auf eine innere Einstellung und ein Verhalten aufmerksam machen, mit dem das antike Vergeltungsprinzip „Auge um Auge, Zahn um Zahn" überwunden und die zerstörerische Dynamik des Bösen erschöpft wird. In dieser Haltung ist Jesus auch in seine Passion gegangen. Hier leuchtet eine Verheißung auf, um deretwillen es möglich und verantwortbar ist, sich dem Geheimnis der Feindesliebe zu öffnen.

Ebenso wie die Jünger aufgerufen sind, auf gewalttätigen Widerstand und der Durchsetzung ihres Rechts zu verzichten, so sollen sie alle konventionellen Formen von Beziehung und Geschäft hinter sich lassen, die ausschließlich auf dem Prinzip des gegenseitigen Interessenausgleichs beruhen. Wer Beziehungen nur auf der Basis von Gegenleistung kennt, kann von Gott nichts erwarten. Die Jünger sollen sich vielmehr bewusst werden, wie sehr sie selbst aus Gottes Güte und Barmherzigkeit leben (vgl. Lk 7,41 f.), um andere großzügig und ohne Berechnung daran teilhaben zu lassen. Dann erweisen sie sich als Söhne und Töchter des „Höchsten". Diese geschwisterliche Haltung zeigt sich vor allem in den konkreten Beziehungen des Gemeindealltags. Wer über andere richtet und urteilt, wer anderen die Hoffnung auf Vergebung nimmt, verstellt ihnen den Blick auf Gottes unverbrauchte Güte und Barmherzigkeit. Wer aber im Wissen um die eigene Bedürftigkeit seinem Nächsten großzügig und freigebig begegnet und ihm immer wieder die Chance des Neuanfangs gibt, von dem wird Gott sich an Großmut nicht übertreffen lassen.

3. Lk 6,39–46: In den folgenden Bildern und Vergleichen konfrontiert Jesus angemaßte Fähigkeiten mit der Wirklichkeit, unlauteres und naives Verhalten mit der Wahrheit. Wie kann jemand, der – unter welcher Rücksicht auch immer – mit Blindheit geschlagen ist, einem anderen, der auch nicht sehen kann, den Weg weisen? Oder wie kann ein Blinder ans Ziel kommen, wenn er sich einen Blinden als Wegführer aussucht? Beides kann nicht gut gehen. Wie kann jemand, der noch Schüler ist, sich anmaßen, über die Lehre seines Meisters hinauszugehen? Mit den beiden Vergleichen sind möglicherweise Leute in der Gemeinde angesprochen, die als Lehrer nicht taugen bzw. die Lehre Jesu in unverantwortlicher Weise radikalisieren.

Wer glaubt, andere kritisieren zu müssen oder wer sie gar zur Rechenschaft ziehen will, soll zunächst einmal bei sich selbst Inventur machen. Die Erkenntnis, dass er dann mit sich selbst genug zu tun hat, wird ihn möglicherweise davon abbringen, den Bruder oder die Schwester in unangemessener Weise zu belangen. Diese Mahnung richtet sich wahrscheinlich an bestimmte Christen, die mit dem Anspruch moralischer Überlegenheit andere Gemeindemitglieder kritisieren wollen. Ausgehend von der Alltagserfahrung, dass ein guter Baum keine faulen Früchte bringt und ein fauler (*saprós*) Baum keine guten, gibt Jesus seinen Zuhörern ein verlässliches Kriterium zur Unterscheidung von Täuschung und Wahrheit, von Schein und Wirklichkeit an die Hand. Wie man also von der Art und Qualität der Früchte auf die Art und Beschaffenheit des Baumes schließen kann, so ist es auch bei den Menschen. Wenn „Zöllner und Sünder" (Lk 15,1; 18,8–10) „Früchte der Umkehr" bringen, dann stehen sie zu Unrecht in schlechtem Ruf. Und wenn „Fromme" sich der Umkehr ihres Herzens verweigern (vgl. z. B. Lk 18,9–14), haben sie zu Unrecht Ansehen und Einfluss. Die Worte eines Menschen sind wie gute oder böse Werke. Ihre Wirkung offenbart seine Gesinnung. Wer also seinem Bekenntnis zu Jesus keine Taten folgen lässt, wird vor dem „Herrn" nicht bestehen können.

4. Lk 6,47–49: Mit der abschließenden Parabel bringt Lukas die „Feldrede" zu einem einprägsamen und anschaulichen Abschluss. Das Gleichnis vom Hausbau entspricht inhaltlich den Seligpreisungen und Wehrufen am Anfang der Rede. Die beiden Abschnitte rahmen die grundlegende Jünger- und Gemeindeunterweisung. Wer also zu Jesus kommt, d. h. Jünger werden will und seine Worte hört, sie dann mit seinem Leben verwirklicht, gleicht einem Mann, der das Fundament seines Hauses auf den gewachsenen Fels baut. Die heranbrausenden Wassermassen können das Haus nicht erschüttern, weil es auf dem unverrückbaren Fels aufruht. Andererseits ist die Katastrophe des Hauses ohne Fundament gewaltig und so auch das Schicksal des Mannes, der es leichtfertig gebaut hat.

Letztlich ist das Kernthema der ganzen Rede am Fuße des Berges: Gottes Güte und Barmherzigkeit im eigenen Herzen keine Grenze zu setzen und so den Teufelskreis des Bösen im eigenen Leben zu durchbrechen.

Die äußere Struktur der Szene am Berg: Jesus, umgeben von den Aposteln, der großen Schar seiner Jünger und der großen Volksmenge – scheint anzudeuten, dass diese Kernprinzipien nur im Zusammenstehen aller und in Verbindung mit dem Herrn (Fels) Wirklichkeit werden.

Der Hauptmann von Kapharnaum: Lk 7,1–10

**1 Nachdem er alle seine Worte beendet hatte vor den Ohren des Volkes, ging er
hinein nach Kapharnaum. 2 Ein Hauptmann aber hatte einen Knecht, der krank
war und im Sterben lag und der ihm lieb war. 3 Als er aber von Jesus hörte,
schickte er zu ihm Älteste der Juden und bat ihn, dass er komme und seinen
Knecht durchrette. 4 Als sie aber zu Jesus kamen, baten sie ihn nachdrücklich und
sagten: er ist es wert, dass du ihm dies gewährst, 5 denn er liebt unser Volk und
die Synagoge hat er uns gebaut. 6 Jesus aber ging mit ihnen. Als er aber nicht
mehr weit entfernt war von dem Haus, schickte der Hauptmann Freunde und ließ
ihm sagen: Herr, bemühe dich nicht. Denn ich bin nicht würdig, dass du unter
mein Dach gehst. 7 Darum habe ich mich auch nicht für würdig gehalten, zu dir zu
kommen. Aber sprich nur ein Wort, und gesund sein soll mein Junge. 8 Denn auch
ich bin ein Mensch der Befehlsgewalt unterstellt. Ich habe unter mir Soldaten und
sage zu diesem: geh! und er geht, und zu einem anderen: komm! und er kommt,
und zu meinem Knecht: tu dies! und er tut es. 9 Als aber Jesus das hörte, wunderte
er sich über ihn, und er wandte sich um zu der Menge, die ihm folgte, und sagte:
ich sage euch: Nicht in Israel habe ich einen so großen Glauben gefunden. 10 Und
als die, die geschickt worden waren, in das Haus zurückgekehrt waren, fanden sie
den Knecht gesund.**

Zusammenhang: Nach der großen „Feldrede" (Lk 6,20–49) geht Jesus wieder nach Kapharnaum hinein und setzt seine missionarische Tätigkeit fort. Am Beispiel des heidnischen Centurio verdeutlicht Lukas ein Glaubensverständnis, das der Aufforderung Jesu (Lk 6,46 ff.) entspricht: eine Glaubenshaltung, die besonders für die Zeit *nach Jesus* zentral ist (vgl. u.a. Lk 8,21; 11,28; 17,11–19).

1. Lk 7,1–6a: Jesus kehrt zurück in die Stadt, die nach Lukas für das Wirken Jesu eine zentrale Stellung einnimmt. Was Jesus in Kapharnaum tut, hat programmatischen Charakter und stellt wesentliche Aspekte seines Auftrags dar (vgl. Lk 4,31–37).

Gleich zu Beginn wird die Aufmerksamkeit auf einen Hauptmann gelenkt, der vermutlich wie andere Ausländer im Dienst des Königs Herodes Antipas steht. Er hat einen kranken Diener, den er sehr schätzt. Eigentlich gibt es für ihn keine Hoffnung mehr.

Der Hauptmann gehört wohl zu jener Gruppe von Menschen, die sich vom jüdischen Monotheismus und seinem Ethos angezogen fühlen und als Gottesfürchtige zur Synagoge gehen, ohne den Übertritt zum Judentum zu vollziehen. Als er hört, dass Jesus in Kafarnaum ist, schickt er einige von den „Ältesten der Juden" zu ihm mit der Bitte, zu kommen und seinen Diener „durchzuretten" (*diasódzo*). Er selbst hält sich nicht für würdig, Jesus entgegen zu gehen und seine Bitte selbst vorzubringen. Aus seiner Nähe zum jüdischen Volk und seiner Wohltätigkeit leitet er für sich keinen Anspruch ab. Er vertraut sich den Ältesten an, die er allein für wert hält, seine Not vor den zu bringen, in dessen Wort die „Vollmacht und Kraft" Gottes (Lk 4,36) präsent ist. Jesus folgt der Bitte der Ältesten und geht mit ihnen zum Haus des Hauptmanns.

2. Lk 7,6b–10: Unterwegs, noch bevor sie dort eintreffen, kommen ihnen Freunde des Hauptmanns entgegen und richten Jesus aus, er möge sich nicht weiter bemühen, in sein Haus zu kommen. Denn er hält sich nicht für wert (*hikanós*), Jesus bei sich zu empfangen und ihm persönlich zu begegnen. Vielleicht will er Jesus nicht zumuten, ein heidnisches Haus zu betreten. Aber sein Vertrauen in die heilende Kraft des Wortes Jesus ist so groß, dass er die Bitte aussprechen lässt: „Sprich nur ein Wort und gesund soll sein mein Junge". Jesus ist erstaunt über solchen Glauben. Er respektiert die Selbsteinschätzung des heidnischen Centurio und sein Verlangen nach ehrfürchtiger Distanz. Er schätzt seine Sensibilität, sein Gespür für die Grenze, die ihm durch die Gegenwart des Numinosen in der Person Jesus (*kýrios*) gesetzt ist. Darauf wendet er sich an das Volk, das ihm „nachfolgt" und charakterisiert ihn als einen Gläubigen, wie er ihn selbst in Israel nicht finden konnte. Dieses kurze Wort ist der Höhepunkt der ganzen Erzählung. Es ist zugleich eine Aufforderung an den Leser und Hörer, sich das Heil, das in Jesu Wort gegenwärtig ist, ohne eigenes Verdienst und ohne Anspruch durch irgendwelche Vorleistungen frei schenken zu lassen.

Von einem Heilungswort wird bei Lukas nichts erwähnt, aber die Abgesandten stellen bei ihrer Rückkehr zum Haus des Hauptmanns fest, dass sein Diener wieder gesund ist.

In dieser Erzählung ist der heidnische Hauptmann die zentrale Figur, ohne selbst persönlich in Erscheinung zu treten. Was will der Evangelist mit diesem Paradox ausdrücken? Vielleicht möchte er die verborgene und zugleich wirksame Kraft des personalen Glaubens an Jesu Wort noch unterstreichen.

Die Totenerweckung in Nain: Lk 7,11–17

**11 Und es geschah danach, und er ging in eine Stadt mit Namen Nain, und mit ihm
gingen seine Jünger und eine große Menge. 12 Als er sich aber dem Stadttor näherte, siehe: da wurde herausgetragen ein Toter, der einzige Sohn seiner Mutter, und
diese war Witwe, und eine zahlreiche Menge aus der Stadt war mit ihr. 13 Und der
Herr sah sie, und das Erbarmen mit ihr überkam ihn und er sprach zu ihr: weine
nicht! 14 Und er trat hinzu und rührte den Sarg an. Die Träger aber blieben stehen.
Und er sprach: Jüngling, ich sage dir, stehe auf! 15 Und es richtete sich auf der Tote**

und begann zu reden, und er gab ihn seiner Mutter. [16] Es ergriff aber Furcht alle, und sie priesen Gott und sagten: ein großer Prophet ist aufgestanden unter uns, und Gott hat sein Volk heimgesucht. [17] Und es ging aus dieses Wort über ihn in ganz Judäa und in der ganzen Umgebung.

Zusammenhang: Nach der Heilung eines Todkranken erzählt Lukas von der Erweckung eines Toten. Nach dem Diener des Hauptmanns von Kapharnaum wird nun der einzige Sohn einer unbekannten Witwe gerettet. Die Erzählung bereitet die Frage des Täufers vor und ist wie ein „Beleg" für die Antwort Jesu an ihn (Lk 7,20.22).

1. Lk 7,11–15: Jesus ist wieder unterwegs und kommt nach Nain. Mit ihm ziehen seine Jünger und eine große Volksmenge. In der Nähe des Stadttores stoßen sie auf einen Trauerzug. Beide Züge – der des Lebens und der des Todes – begegnen einander.

Man trägt gerade den einzigen Sohn einer Witwe zu Grabe. Tote wurden noch am Sterbetag außerhalb des Ortes bestattet. Wie in der vorausgehenden Erzählung der Hauptmann mehr in den Vordergrund gerückt ist als sein Diener, so richtet sich die Aufmerksamkeit hier mehr auf die Frau als auf den Sohn, der für sie aufkam und ihr Rechtsvertreter war. Ohne ihren Sohn ist sie nun der Verarmung ausgesetzt und gehört zu dem rechtlosesten Teil der Bevölkerung, für den sich die Propheten immer wieder eingesetzt haben (Jes 1,17; Jer 7,6 u. ö.). Die Frau ist ein Bild des Jammers, Symbol eines Menschen, dem die Hoffnung auf Leben genommen ist. Unter großer Anteilnahme der Bevölkerung bewegt sich der Leichenzug zur Stadt hinaus.

Jesus sieht die verlorene Frau und wird bis ins Innerste von ihrem Geschick berührt. „Und das Erbarmen mit ihr überkam ihn" (Lk 7,13). *tà splángchna* heißen ursprünglich die Eingeweide und meinen dann Herz und Gemüt. Jesus wird also beim Anblick dieser Witwe weh um sie. In seiner Erschütterung wendet er sich ihr zu. Als er dann den Sarg berührt, kommt der Trauerzug zum Stehen. Die Bewegung des Todes wird aufgehoben. Anders als die alttestamentlichen Propheten (vgl. 1 Kön 17,17–24 und 2 Kön 4,32–37) erweckt Jesus den Toten in eigener Vollmacht. Er ruft den jungen Mann (und so auch seine Mutter) ins Leben zurück. Damit hat Jesu Wirken einen kaum zu überbietenden Höhepunkt erreicht.

Vielleicht kann diese Erzählung ein Anstoß sein, dem nachzusinnen, was im eigenen Leben viel zu früh gestorben ist und in uns eine Trauer hinterlassen hat, deren Tränen noch nicht geweint sind. Das können gescheiterte Beziehungen sein, Schicksalsschläge, die unser Vertrauen ins Leben erschüttert und einen tiefen, nicht eingestandenen Groll gegen Gott zurückgelassen haben. Das können ausgeschlagene oder verpasste Gelegenheiten zu Lebensfreude und Glück sein, die einen bitteren Rest von Unzufriedenheit übriggelassen haben. Das können auch Misserfolge und Enttäuschungen sein, die schließlich zu einem Verlust an Vision und Lebensfreude geführt haben. Vielleicht ist es mir möglich, diesen Leichenzug in mir einmal wahrzunehmen und zu spüren, wohin er mich bewegt, die Trauer zuzulassen, die eine solche Erinnerung in mir wachruft, und wie die Witwe in unserer Erzählung herauszuweinen, was mir das Leben zu früh genommen hat.

Wie Jesus bis ins Innerste vom Leid und Elend dieser Frau berührt wird, so wird sein Erbarmen mit mir ihn überkommen. Vielleicht kann es geschehen, diesen Blick Jesu zuzulassen und den Leichenzug in mir von ihm zum Stehen zu bringen. Vielleicht höre ich seine Stimme, die mich ins Leben zurückruft und mich von meiner Leblosigkeit befreien will. Es liegt an mir, mich der Kraft seines Wortes zu überlassen und „mich aufzurichten" von der Bahre des Todes.

2. Lk 7,16f.: Jesu Wirken löst bei allen Furcht und Schrecken aus. Sie sind Ausdruck der erfahrenen Gottesnähe. Trauer und Mitleid verwandeln sich in den Lobpreis Gottes: Er hat in Jesus den großen endzeitlichen Propheten erstehen lassen und sein Volk „heimgesucht". In ihm ist Gottes barmherzige Liebe aufgeleuchtet. Er ist das aufstrahlende Licht aus der Höhe, das allen leuchtet, die in Finsternis sitzen und im Schatten des Todes (Lk 1,68.78). Was in dem kleinen Städtchen Nain an der unbekannten Witwe und ihrem verstorbenen Sohn geschah, ist Zeichen der angebrochenen Gottesherrschaft. In ihm leuchtet die kommende Welt auf, in der von Gott her die ganze Schöpfung heil und ganz sein wird. Wen nimmt es Wunder, dass eine solche Erfahrung dazu drängt, über die Grenzen des Bekannten hinaus sich auszubreiten (Lk 7,17)? Daran wird auch die heilsuniversale Tendenz des Evangelisten sichtbar.

Die drei Auswirkungen des Erlebten: Gottesfurcht und Gotteslob verbunden mit dem Verlangen, das Geschehene weiterzusagen, sind verlässliche Kriterien einer Gotteserfahrung.

Die Frage des Täufers und Jesu Zeugnis über ihn und sein Wirken: Lk 7,18–35

**18 Und es berichteten dem Johannes seine Jünger über all dies. Und es rief Johan-
nes zwei seiner Jünger 19 und schickte sie zu dem Herrn und sagte: bist du der
Kommende, oder sollen wir auf einen anderen warten? 20 Als die Männer aber zu
ihm kamen, sprachen sie: Johannes der Täufer hat uns zu dir gesandt und fragt:
bist du der Kommende, oder sollen wir auf einen anderen warten? 21 In jener
Stunde heilte er viele von Krankheiten und Leiden und unreinen Geistern und**

vielen Blinden schenkte er das Augenlicht. 22 Und er antwortete und sagte ihnen: geht hin und berichtet dem Johannes, was ihr gesehen und gehört habt: Blinde sehen, Lahme gehen, Aussätzige werden rein, und Taube hören, Tote werden auferweckt, Armen wird die Frohbotschaft verkündet. 23 Und selig ist, wer nicht Anstoß nimmt an mir.

24 Als aber die Boten des Johannes weggegangen waren, begann er zu den Scharen über Johannes zu sprechen: was seid ihr hinausgegangen in die Einöde zu sehen? Ein Schilfrohr, vom Winde bewegt? 25 Oder was seid ihr hinausgegangen zu sehen? Einen Menschen mit weichen Kleidern bekleidet? Siehe: die prächtig gekleidet sind und in Luxus leben, sind in den Königspalästen. 26 Oder was seid ihr hinausgegangen zu sehen? Einen Propheten? Ja, ich sage euch, noch mehr als einen Propheten! 27 Dieser ist es, von dem geschrieben steht: siehe: ich sende meinen Boten vor deinem Angesicht her, der bereiten wird deinen Weg vor dir. 28 Ich sage euch: größer unter den von einer Frau Geborenen ist niemand als Johannes; aber der Kleinere im Reich Gottes ist größer als er.

29 Und das ganze Volk, das (ihn) hörte, und die Zöllner gaben Gott recht, und sie ließen sich taufen mit der Taufe des Johannes. 30 Die Pharisäer aber und die Schriftgelehrten haben den Ratschluss Gottes, der auch ihnen galt, verworfen und ließen sich nicht taufen von ihm.

31 Mit wem nun soll ich die Menschen dieser Generation vergleichen? Und wem sind sie gleich? 32 Sie sind gleich Kindern, die auf dem Markt sitzen und sich gegenseitig zurufen, wie es heißt: wir haben euch Flöte gespielt, und ihr habt nicht getanzt; wir haben ein Klagelied gesungen und ihr habt nicht geweint. 33 Denn gekommen ist Johannes der Täufer, der aß kein Brot und trank keinen Wein, und ihr sagt: er hat einen bösten Geist. 34 Gekommen ist der Menschensohn, er aß und trank, und ihr sagt: siehe: der Mensch ist ein Fresser und Säufer, ein Freund der Zöllner und Sünder. 35 Und recht gegeben wurde der Weisheit von all ihren Kindern.

Zusammenhang: Die vorausgehenden Wundererzählungen bereiten die Frage des Täufers vor. Unmittelbar vorher hatte Jesus den einzigen Sohn einer unbekannten Witwe aus Nain von den Toten zu neuem Leben erweckt. Gottes mitfühlendes Erbarmen, mit dem Er in Jesus sein Volk heimsucht (vgl. Lk 1,78), zeigt sich auch in der anschließenden „Heilung" der Sünderin (Lk 7,36–50).

1. Lk 7,18–23: Johannes der Täufer erfährt im Gefängnis auf der Festung Machärus von all dem Wirken Jesu. In ihm und vielleicht auch in seinen Jüngern steigt die Frage auf, ob Jesus schon der Kommende ist, dem er mit seiner Umkehrbewegung am Jordan den Weg bereitet hat. Es sieht so aus, als suche er Gewissheit über seine Sendung, die gewaltsam beendet wurde.

Die Frage des Täufers erhält durch ihre Wiederholung (V. 20) ein besonderes Gewicht. Was mag ihn innerlich bewegt haben, diese Frage an Jesus zu richten? Vielleicht waren die Erwartungen, die Johannes an das Auftreten des Kommenden geknüpft hatte, zu weit entfernt von dem, was man ihm von Jesus erzählte. Vielleicht waren die Machttaten Jesu und seine Lehre (Feldrede) in den Augen seiner Johannesjünger zu bescheiden. Vielleicht hatten sie sich die künftige Retter- und Richtergestalt (Lk 3,16f.) viel großartiger vorgestellt. Das „herzliche Erbarmen unseres Gottes", das Licht in unsere Verblendung und Todesverfallenheit bringen will (vgl. Lk 1,78f.), begegnet uns nicht im Gewand des ganz Außergewöhnlichen und gewaltsam Zwingenden. Wenn Gott „unsere Füße auf den Weg des Friedens" führen will, damit unser Leben ganz wird, dann will er das suchen und retten, was in uns verloren ist (vgl. Lk 19,10). Gott will uns so anschauen wie er die Witwe von Nain angeschaut hat, dass wir uns gleichsam von der tiefsten Bewegung seines Herzens berühren lassen.

Die Jünger, die von Johannes zu Jesus geschickt werden, erfahren nun bei ihm, wie er mit dem Verlorenen umgeht (V. 21). Jesus möchte, dass sie ihr Herz für diese Wirklichkeit öffnen. Dann sollen sie bezeugen, was sie selbst „gesehen und gehört" haben. Dabei erinnert er an Worte aus dem Buch Jesaja, die sich auf die kommende Heilszeit beziehen und sich jetzt im Wirken Jesu erfüllen: Blinde sehen (Jes 29,18), Lahme gehen (Jes 35,6), Taube hören (Jes 35,5), Tote stehen auf (Jes 26,19). Sein Wirken beseitigt nicht einfach nur individuelles menschliches Leid, sondern weist über sich selbst hinaus.

In diesem Zusammenhang wird – wie schon zu Beginn seines öffentlichen Auftretens in Nazareth – die Verkündigung der Frohbotschaft an die Armen (Lk 4,18) besonders betont: Armen wird das Evangelium verkündet (Jes 61,1). Zu ihnen gehören jene Bedrängten und zu kurz Gekommenen, die das Heil ausschließlich von Gott erwarten. Wer an der Lebensweise Jesu und seinem Wirken kein Ärgernis nimmt und sich nicht gegen ihn stellt, wird selig gepriesen wie die Menschen, denen Jesus seine besondere Aufmerksamkeit schenkt (Lk 6,20–23).

2. Lk 7,24–30: Als die Jünger des Johannes wieder gegangen sind, beginnt Jesus damit, den Täufer vor allem Volk als standfesten Menschen zu charakterisieren, der für seine konsequente Haltung gegenüber dem Landesherrn Herodes Antipas ins Gefängnis geworfen wurde. Auch seine Lebensweise entsprach ganz seiner einmaligen Sendung, mit der er alle Sterblichen überragt. Er ist mehr als ein Prophet, weil er dazu ausersehen war, dem Herrn den Weg zu bereiten. Er ist der Größte in der Zeit der Verheißung. Übertroffen wird der Täufer jedoch von denen, die teilhaben an der mit Jesus angebrochenen Heilszeit. Das hat Lukas wohl besonders im Blick auf die Jünger Jesu formuliert. Es kann auch sein, dass hier noch eine Auseinandersetzung mit Anhängern des Johannes hereinspielt.

Im weiteren Teil seiner Rede betont Jesus, wie sich durch die Predigt des Johannes die Spreu vom Weizen getrennt hat (Lk 3,17). Das „ganze Volk“ und die eigens hervorgehobenen Zöllner als Synonym für die Sünder haben den endzeitlichen Umkehrruf befolgt, während die religiösen Autoritäten sich ihm verweigert haben. Von dieser ernsthaften Gefährdung bleiben auch die Verantwortlichen in den christlichen Gemeinden nicht verschont.

3. Lk 7,31–35: Das Gleichnis von den launischen Kindern verdeutlicht Jesu Vorwurf gegenüber den Pharisäern und Schriftgelehrten. Mit den Gegensatzpaaren: *Flöte spielen – Klagelieder singen* und: *tanzen – weinen* wird wohl auf die sehr unterschiedliche Lebensweise Jesu und des Täufers angespielt. Egal wie beide sich verhalten, sie werden abgewertet, disqualifiziert. Johannes mit seinem asketischen Lebensstil wird für verrückt erklärt, Jesus mit seiner unkonventionellen Art als Fresser und Säufer, als Freund von Zöllnern und Sündern apostrophiert. „Die Menschen dieser Generation“ verhalten sich wie Kinder, die „nicht nur eine bestimmte Art des Spiels nicht wollen, sondern überhaupt nicht spielen wollen“ (M. Wolter). Auf diese Weise versuchen die religiösen Autoritäten, sich gegenüber Gottes barmherzigen Heilshandeln zu immunisieren. Sie haben verlernt, was es heißt: Gott an sich handeln zu lassen.

Der abschließende Vers lenkt den Blick wieder auf das Volk und die Zöllner, die sich als „Kinder der Weisheit“ für Gottes endzeitliches Erbarmen geöffnet haben. Nur wer Gott wirklich an sich handeln lässt, kann ganz werden.

Die Begegnung Jesu mit der Frau im Hause Simons, des Pharisäers: Lk 7,36–50

36 Es bat ihn aber einer der Pharisäer, dass er mit ihm esse. Und er ging in das
Haus des Pharisäers und legte sich zu Tisch. 37 Und siehe: eine Frau, die in der
Stadt war, eine Sünderin, und als sie erfuhr, dass er zu Tisch liegt in dem Haus des
Pharisäers, brachte sie ein Alabastergefäß mit Myrrhe, 38 und stellte sich hinten
hin bei seinen Füßen, weinte und begann mit ihren Tränen seine Füße zu benet-
zen, und mit den Haaren ihres Hauptes trocknete sie sie und küsste seine Füße und
salbte sie mit Myrrhe. 39 Als der Pharisäer, der ihn geladen hatte, das sah, sprach
er bei sich: dieser, wenn er ein Prophet wäre, würde erkennen, wer und was für
eine diese Frau ist, die ihn berührt, dass sie nämlich eine Sünderin ist. 40 Und es
antwortete Jesus und sagte zu ihm: Simon, ich habe dir etwas zu sagen. Der aber
sagte: Lehrer, sprich! 41 Zwei Schuldner hatte ein Gläubiger; der eine schuldete
fünfhundert Denare, der andere fünfzig. 42 Da sie nichts hatten, um zurückzuzah-
len, schenkte er es beiden. Wer nun von ihnen wird ihn mehr lieben? 43 Es ant-
wortete Simon und sagte: ich nehme an, der, dem er mehr geschenkt hat. Er aber

sagte zu ihm: recht hast du geurteilt. [44] Und er wandte sich zu der Frau und sagte dem Simon: siehst du diese Frau? Ich kam in dein Haus, Wasser für die Füße gabst du mir nicht, diese aber hat mit den Tränen meine Füße benetzt und mit ihren Haaren sie abgetrocknet. [45] Einen Kuss hast du mir nicht gegeben; diese aber hat, seitdem ich eintrat, nicht aufgehört, meine Füße zu küssen. [46] Mit Öl hast du mein Haupt nicht gesalbt; diese aber hat mit Myrrhe gesalbt meine Füße. [47] Deswegen sage ich dir: vergeben sind ihr ihre vielen Sünden, denn sie hat viel geliebt. Wem aber wenig vergeben wird, der liebt wenig. [48] Er sagte aber zu ihr: vergeben sind deine Sünden. [49] Und es begannen, die mit zu Tische lagen, bei sich zu sagen: wer ist dieser, der auch Sünden vergibt? [50] Er sagte aber zu der Frau: dein Glaube hat dich gerettet. Geh hin in Frieden!

Zusammenhang: Diese Perikope ist wieder eine Gastmahlerzählung. Kein anderer Evangelist weiß so häufig davon zu berichten, dass Jesus sich als Gast zu Tisch bitten lässt. Jesus liebt es offenbar, den Menschen beim Mahl zu begegnen. Unmittelbar vorher (Lk 7,34) greift er selbst den Vorwurf auf, den seine Gegner in Umlauf gebracht haben, er sei ein Fresser und Weinsäufer, dazu ein Freund der Zöllner und Sünder.

1. Lk 7,36–38: Jesus ist der Einladung eines Pharisäers gefolgt, mit ihm zu speisen. Sein Gastgeber möchte ihn näher kennen lernen und prüfen, ob der „Rabbi" aus Nazareth ein Prophet ist. In diese renommierte Tischgesellschaft platzt nun eine (stadt-)bekannte *Sünderin.* Sie tritt von hinten an Jesus heran und verweilt an den Platz, der für die Sklaven bestimmt ist. Sie weint und dabei fallen ihre Tränen auf seine Füße. Sie trocknet sie mit ihrem aufgelösten Haar, küsst sie und salbt sie mit kostbarem Öl, das sie für ihn mitgebracht hat. Es geht ihr einzig und allein um Jesus, dem sie ihre große Dankbarkeit und Liebe zeigen will.

An und für sich war es bei einem palästinensischen Gastmahl nicht ungewöhnlich, dass Zuschauer dazukamen. Aber dass nun eine solche Frau auf diese Art in die Tischgemeinschaft des Pharisäerhauses eindringt, wird als anstößig empfunden. Empörung und instinktive Abwehr entstehen hier nicht nur aus pharisäischem Vorurteil. So etwas stößt allgemein auf Ablehnung. Die Situation ist für alle Beteiligten peinlich.

In einer vorausgegangenen Begegnung hatte die Frau von Jesus die Vergebung ihrer „vielen Sünden" erfahren. Vor ihrer überströmenden Dankbarkeit und Liebe zerbricht nun alle Etikette eines pharisäischen Gastmahls. All das ist für sie im Augenblick bedeutungslos. Bedeutung hat für sie allein, dass jemand den Bann ihres ruinierten Lebens durchbrochen hat. In der Begegnung mit Jesus hat sie Gottes unverbrauchte Barmherzigkeit erfahren als Heilung ihres geschundenen und gedemütigten Herzens. In der Begegnung mit ihm hat sie ihre ursprüngliche Würde wieder entdeckt.

Von den versammelten Tischgenossen kann niemand verstehen, was hier zwischen der Frau und Jesus geschieht. Keiner hat Vergebung in einer so erschütternden Tiefe erfahren.

Wichtiger noch als das skandalös empfundene Verhalten der Frau ist hier, dass Jesus sie einfach gewähren lässt und keine Anstalten trifft, sie von sich fernzuhalten. Sein Verhalten macht die Szene im Haus des Pharisäers noch anstößiger und peinlicher. *So sieht es aus.* In Wirklichkeit ist das schweigende Geschehenlassen sein Ja zu dieser Frau und der Liebe, die sie ihm entgegen bringt. Es ist wie eine öffentliche Geste, dass ihre Schuld vergeben und sie zu denen gehört, die sich von Gottes Barmherzigkeit haben finden und verwandeln lassen. Wer nicht dankbar um Vergebung weiß, wird die alle Formen und Etikette sprengende Liebe und Dankbarkeit der Frau nicht verstehen können. Er wird nicht erfassen, was hier vor sich geht.

2. Lk 7,39–50: Der *Gastgeber* ist durch Jesu Verhalten irritiert, aber er bleibt korrekt. Er vermeidet alles, was seinen ortsfremden Gast verletzen könnte. Wohlwollend entschuldigt er ihn sogar vor sich selbst. Aber eines steht für ihn nun fest: Dieser Mann aus Nazareth ist kein Prophet. Denn ein solcher müsste so viel Herzenskenntnis haben, um zu wissen, von wem er sich da berühren lässt.

Doch Jesus weiß auch, was im Pharisäer vor sich geht, und er offenbart auf eine für diesen überraschende Weise sein prophetisches Wissen: Mit dem Gleichnis von dem großzügigen Geldverleiher und seinen zahlungsunfähigen Schuldnern will er den Pharisäer aus seiner Distanz locken. *Wer Jesus wirklich begegnen will, muss seine distanzierte Beobachterrolle aufgeben.* Im Gleichnis spiegelt sich das Grundverhältnis zwischen Gott und Mensch, wie es uns an vielen Stellen des Evangeliums immer wieder begegnet: Beide Schuldner kommen in die Lage, ihre Schuld nicht bezahlen zu können. Beide sind überfordert und beide erhalten ihre Schuld erlassen. Der Erlass von großen Schulden kann die große Distanz zum Gläubiger in eine große Nähe zu ihm verwandeln. Die fünfhundert Denare stehen für „ihre vielen Sünden". Was Simon bisher übersehen hat, ist sein eigener Schuldanteil.

Das Gleichnis will den Blick öffnen für Gottes unbegreifliche Vergebungstat und will das als anstößig und peinlich empfundene Verhalten der Frau rechtfertigen. So beendet Jesus das Gleichnis mit der Frage an seinen Gastgeber Simon, welcher von den beiden Schuldnern seinen Geldgeber wohl mehr liebe. Die Antwort des Pharisäers fällt noch recht vorsichtig aus: „*hypolambáno*", d.h. ich denke, ich meine ... Und indem er antwortet, muss er erkennen, wie weit er selbst hinter seiner Antwort zurückbleibt.

Da wendet sich Jesus der Frau zu und spricht gleichzeitig seinen Gastgeber an. Er umfasst sie beide mit seinem Blick und seinem Wort. Was Jesus nun dem Simon im Vergleich zum Verhalten der Frau vorhält, sind eigentlich keine Versäumnisse seiner Gastgeberpflichten. Ihm soll vielmehr gezeigt werden, dass er sich lediglich korrekt verhalten habe, die Frau aber ihr Herz gegeben hat. Simon bringt die „große Liebe" nicht auf. Ihm fehlt die große Leidenschaft in der Beziehung zu Gott. Es geht letztlich nicht darum, ob Jesus Prophet ist oder nicht, sondern darum, ob Gottes Heilshandeln im Wirken Jesu, allem Anstoß zum Trotz, liebend, mit *ganzem* Herzen angenommen wird (vgl. Dtn 6,4).

Die Erzählung schließt damit, dass Jesus der Frau die Vergebung ihrer „vielen Sünden" erneut zuspricht und sie so in Gottes Frieden entlässt, nicht ohne vor allen Anwesenden ihr Verhalten als Tat des Glaubens zu preisen.

Zurück bleiben die betroffenen Tischgenossen mit der Frage: *Wer ist dieser?* Die Frage bleibt offen. Kein Wort davon, wie die Tischgesellschaft mit ihrem Gastgeber auf die „Klarstellungen" Jesu reagiert hat. Damit steht der Hörer der Erzählung vor dem Geheimnis dieser Begegnung im Hause Simon des Pharisäers: Wer die im Gleichnis gezeigte und im anstößigen Tun der Frau sichtbar gewordene „große Liebe" nicht *hat*, wem diese Leidenschaft fehlt, wie kann der transparent sein für Gottes Barmherzigkeit? Korrektes, taktvolles Verhalten genügt nicht. Hier geht es um *mehr*!

Frauen im Gefolge Jesu: Lk 8,1–3

1 Und in der folgenden Zeit wanderte er von Stadt zu Stadt und von Dorf zu Dorf, predigte und verkündete die frohe Botschaft von der Gottesherrschaft, und die Zwölf (waren) mit ihm. 2 Und einige Frauen, die geheilt worden waren von bösen Geistern und Krankheiten, Maria, die man die Magdalenerin nannte, von der sieben Dämonen ausgefahren waren, 3 und Johanna, die Frau des Chuza, eines Verwalters des Herodes, und Susanna und viele andere, die ihnen dienten aus ihrem Vermögen.

Zusammenhang: Der Sammelbericht gibt einen kurzen Überblick über die Verkündigungstätigkeit Jesu, der bis zu seinem Aufbruch nach Jerusalem reicht (Lk 9,50). Jesus bringt die Frohe Botschaft von Gottes Herrschaft in alle Städte und Dörfer des Landes. Es liegt etwas Drängendes in der Bewegung, mit der Jesus alle Menschen durch seine Verkündigung erreichen will.

1. Auf seinem Weg durch Galiläa wird Jesus von den Zwölf begleitet und einer größeren Gruppe von Frauen, von denen zwei später als Zeuginnen seiner Auferstehung genannt werden.

Von den Zwölf wird nur gesagt, dass sie „mit ihm" unterwegs sind. Als künftige Zeugen sollen sie „angefangen von der Taufe durch Johannes" (Apg

1,22) an Jesu Verkündigung teilhaben und von ihm lernen, wie er zu den Menschen spricht, wie er sich von ihren Schicksalen, von ihrem Leid und ihren Ausweglosigkeiten berühren lässt, wie er Menschen aus ihren Verstrickungen löst und sie in der Tiefe ihres Wesens heilt.

Zur Begleitung Jesu gehören auch einige Frauen, die sich wohl aus Dankbarkeit ihm angeschlossen haben, weil Jesus sie von schweren Leiden geheilt hat. Besonders hervorgehoben wird die Schwere der seelischen Qualen bei Maria, einer Frau aus dem wohlhabenden Fischereistädtchen Magdala. Zusammen mit Johanna, der Frau eines Beamten im Dienst des Königs Herodes Antipas, sind ihre Namen eng mit dem Ostergeschehen verbunden. Damit weist Lukas schon auf das Ende hin, von dem her das Drängende in dem Unterwegssein Jesu verständlich wird. Wer selbst von schwerem Leiden geheilt oder aus unheilvollen Verstrickungen erlöst wurde, hat meist eine größere Sensibilität für die Menschen, die Jesus befreien möchte, damit sie wieder „aufblicken“ können. Diese Frauen werden ein Gespür für die Unerträglichkeit körperlicher und seelischer Abhängigkeiten haben und von daher auch ein Verständnis, dass Jesu Verkündigung keinen Aufschub duldet.

Neben den namentlich genannten Frauen werden noch „viele andere“ genannt, die Jesus und die Zwölf mit ihrem Vermögen unterstützen (*diakonéo*).

2. In keinem Evangelium spielen Frauen eine so bedeutsame Rolle wie bei Lukas. Frauen sind mit Jesus von Galiläa bis nach Jerusalem unter das Kreuz gegangen. Am Ostermorgen erfahren sie als erste von der Auferstehung (Lk 24,1–6). Dabei hören wir, dass Jesus ihnen noch in Galiläa seinen Tod und seine Auferstehung vorausgesagt hat (Lk 24,6–8). Damit erfüllen sie das Kriterium, das bei der Wahl für die Kandidaten des Apostelamtes galt (Apg 1,21 f.). Sie werden sogar durch ihre Auferstehungsbotschaft an die Elf und die anderen Jünger (Lk 24,9) zum Bindeglied für die Apostel. So verwundert es auch nicht, wenn nach der Apostelliste in Apg 1,13 unter denen, die auf das Kommen des Hl. Geistes warten, auch Frauen waren. Sie sind so eng mit der Geschichte Jesu verbunden, dass sie nach Lukas für die junge Kirche eine ursprüngliche und tragende Rolle in der Verkündigung des „Evangeliums von Gottes Herrschaft“ haben. So erwähnt sie Lukas schon am Anfang des Weges Jesu in Galiläa. Sie sind also auf dem „Weg Jesu“ immer mitzudenken.

Anders als im zeitgenössischen Judentum sieht Jesus die Frau als gleichberechtigte Partnerin des Mannes in der Ehe (Lk 16,18). Seine Anerkennung ihrer menschlichen Würde kommt vor allem in den Heilungsgeschichten zum Ausdruck. Frauen sind in die gleiche Nachfolge berufen wie die Jünger, soweit das im damaligen gesellschaftlich-kulturellen Kontext möglich war. Eine solche Nähe zu Frauen war im damaligen Judentum undenkbar. Es galt als ungehörig für einen Mann, eine Frau in der Öffentlichkeit auch nur anzusprechen.

Wenn wir bei Lukas lesen, dass Jesus neben den Zwölf auch mit „vielen“ Frauen durchs Land zog „von Stadt zu Stadt und von Dorf zu Dorf“, um den Menschen ihre ursprüngliche Freiheit und Würde zurückzugeben, können wir kaum noch ermessen, wie sehr seine innere Freiheit und Souveränität die Menschen in Staunen versetze und feindselige Ablehnung provozierte.

Das Gleichnis von der Saat: Lk 8,4–18

4 Als aber eine große Volksmenge zusammenkam und die Leute aus allen Städten
hinzogen zu ihm, sprach er in einem Gleichnis: 5 auszog ein Sämann zu säen seinen Samen. Und als er säte, fiel das eine an den Weg und wurde zertreten, und die
Vögel des Himmels pickten es auf. 6 Und anderes fiel auf den Fels, und als es auf-
wuchs, vertrocknete es, weil es keine Feuchtigkeit hatte. 7 Und anderes fiel mitten
unter die Dornen, und die mit ihm aufgewachsenen Dornen erstickten es. 8 Und
anderes fiel auf gute Erde, und es wuchs auf und brachte Frucht – hundertfach.
Als er dies sagte, rief er: wer Ohren hat zu hören, der höre!

9 Es fragten ihn aber seine Jünger, was dieses Gleichnis bedeute. 10 Er aber
sprach: euch ist es gegeben, zu erkennen die Geheimnisse der Gottesherrschaft,
den übrigen aber (werden sie nur) in Gleichnissen (gegeben), damit sie sehend
nicht sehen und hörend nicht verstehen.

11 Dies aber bedeutet das Gleichnis: der Same ist das Wort Gottes, 12 die am
Wege sind die, die (es) hören, dann kommt der Teufel und nimmt das Wort aus
ihren Herzen, damit sie nicht glauben und gerettet werden. 13 Die aber auf dem
Felsen (sind die), die, sobald sie es hören, das Wort mit Freuden aufnehmen. Und
diese haben keine Wurzel, sie glauben eine Zeitlang und in der Zeit der Versuchung fallen sie ab. 14 Das aber unter die Dornen Gefallene, sind die, die (es) gehört
haben und dann hingehen und von Sorgen und Reichtum und Vergnügungen des
Lebens erstickt werden und (es) nicht zur Reife bringen. 15 Das aber auf dem guten Boden, das sind die, die mit edlem und gutem Herzen das Wort hören und es
festhalten und Frucht bringen in Geduld.

16 Niemand aber zündet ein Licht an und bedeckt es mit einem Gefäß oder stellt
es unter ein Bett; vielmehr stellt er (es) auf einen Leuchter, damit die Eintretenden
das Licht sehen. 17 Denn nichts ist verborgen, das nicht offenbar werden wird, und
nichts ist geheim, das nicht bekannt werden und ans Licht kommen wird. 18 Gebt
also acht, wie ihr hört! Denn wer hat, dem wird gegeben werden, und wer nicht
hat, auch was er zu haben meint, wird von ihm genommen werden.

Zusammenhang: Jesus ist unterwegs „von Stadt zu Stadt und von Dorf zu Dorf und verkündet die Botschaft von der Gottesherrschaft.“ Im Folgenden geht es vor allem um das rechte Hören auf das Wort Gottes.

1. Lk 8,4–8: Als viele Menschen „aus allen Städten" bei Jesus zusammenkommen, um ihn zu hören, erzählt er ihnen in einem Kontrastgleichnis vom Schicksal der Saat, die ein Sämann aufs Feld streut. Den drei Verlust-Möglichkeiten stellt er *eine* positive gegenüber: hundertfache Frucht. Damit bringt Jesus seine Zuversicht zum Ausdruck, dass die Frohe Botschaft von der Gottesherrschaft trotz der vielen Misserfolge sich auf ungeahnte Weise durchsetzen wird. Das Gleichnis ist zugleich eine Ermutigung für alle, sich durch die scheinbare Fruchtlosigkeit des Evangeliums nicht vom Glauben an seine unerwarteten Wachstumsmöglichkeiten abbringen zu lassen. Jesus sieht all die Vergeblichkeit seines und unseres Bemühens noch einmal umgriffen von der Zusage Gottes: „Wie Regen und Schnee vom Himmel fallen und dorthin nicht zurückkehren, sondern die Erde tränken, dass sie keimt und sprosst; dass sie Samen bringt dem Sämann und Brot als Speise, so ist es auch mit meinem Wort: Es kehrt nicht leer zu mir zurück, sondern wirkt, was ich will, und führt aus, wozu ich es sende (Jes 55,10f.).

Der Ruf Jesu am Ende des Gleichnisses: „Wer Ohren hat zu hören, der höre" ist demnach als Aufforderung zum Umdenken zu verstehen: Darauf zu vertrauen, dass gegen allen Augenschein das Mühen um die Ausbreitung des Evangeliums unerwartet reiche Frucht bringt.

2. Lk 8,9–15: Seinen Jüngern, die mit unter den Zuhörern sind, ist der Sinn des Gleichnisses nicht deutlich geworden. Auf ihre Frage antwortet Jesus, dass es nicht ohne weiteres jedem gegeben ist, seine Botschaft zu verstehen. Dazu bedarf es einer Unterweisung über „die Geheimnisse der Gottesherrschaft". Das ist aber erst nach der Vollendung des Weges Jesu möglich, wenn der Auferstandene den Jüngern die Augen für das Verständnis der Schrift öffnet (Lk 24,26f.45–47). Den „übrigen" ist ein erster Zugang nur in verhüllter Weise, „in Gleichnissen" möglich, bis auch sie bereit sind, die Geheimnisse der Gottesherrschaft sich vom Auferstandenen erschließen zu lassen. Diese Möglichkeit zur Einsicht, Umkehr und Heilung hält Lukas für gegeben und streicht deshalb den zweiten Teil des Jesaja-Zitats (Jes 6,10). So wird V.10 zur Einleitung für die folgende Deutung des Gleichnisses.

Dann legt Jesus seinen Jüngern das Gleichnis aus. Der Same ist ein Bild für das verkündete Wort Gottes.

Jesus sagt: Es gibt Menschen, die sind wie ein festgetretener Feldweg. Ihr Inneres hat sich mit der Zeit so verhärtet, dass Gottes Wort es nicht mehr erreichen kann. Zu einer solchen Verhärtung kann es kommen, ohne dass wir es merken. Manchmal ist es ein Übermaß an Arbeit, ein Zuviel an Pflichten und Aufgaben, das unsere gemüthaften Kräfte veröden und unsere Sensibilität abstumpfen lässt. Gottes Wort wird „zertreten".

In dem Bild von den Saatkörnern, die von den Vögeln weggepickt werden, spiegelt sich wohl auch die Erfahrung, dass die Verkündigung der Christusbotschaft bei vielen Menschen ohne Resonanz bleibt.

Jesus sagt: Es gibt Menschen, die sind wie ein Felsen ohne ausreichend Boden und Feuchtigkeit, sodass kein Samenkorn tiefe Wurzeln schlagen kann und jeder Keimling schnell verdorrt. Bei äußeren Belastungen, in Zeiten der Bedrängnis und Verfolgung wegen des Evangeliums geben sie auf. Ihnen fehlt die innere Kraft für einen wirklichen Einsatz ihrer Person. Eine solche Verflachung kann sich nach und nach durch die rasende Mobilität unserer Lebenswelt, durch die Rastlosigkeit unseres Tuns einstellen. Wenn wir nicht mehr die Zeit aufbringen und am Ende auch nicht mehr die Kraft, zu unterscheiden, was uns bewegt und wohin das alles geht, dann kann das ein Signal dafür sein, dass wir Angst haben, uns den Wesensimpulsen aus der Tiefe unseres Selbst zu stellen. Unser innerer Orientierungssinn geht verloren.

Das Bild von den Saatkörnern, die keine Wurzeln schlagen, erinnert wohl auch an die schmerzliche Erfahrung der frühen Gemeinden, dass nicht wenige Christen in Zeiten der Krise sich wieder von ihnen abgewandt haben.

Jesus sagt: Es gibt Menschen, die sind wie ein Boden, der mit Dornengestrüpp überzogen ist. Was in ihnen zur Entfaltung und Reife kommen möchte, wird schnell vom Drang des „Habens" und den Abhängigkeiten eines genussreichen Lebens überwuchert und erstickt. Ein solches Verdorren unseres Lebenssinns ist oft der Preis, den wir zahlen, um Einfluss und Ansehen zu erhalten, um liebgewonnene Gewohnheiten und selbst verschuldete Abhängigkeiten nicht zu verlieren.

Bei dieser dritten Gruppe hat Lukas vermutlich Gemeindemitglieder im Blick, die zwar noch glauben, aber durch ihren Lebensstil die innere Verbindung zur Gottesherrschaft verloren haben.

Jesus sagt: Es gibt Menschen, die sind wie guter Ackerboden. Offen und durchlässig für alles, was in ihnen Mensch werden will, bleiben sie unterwegs zu dem Bild und Gleichnis, das Gott sich von ihnen gemacht hat. Sie hören Gottes Wort mit gutem und aufrichtigem Herzen. Fest im Boden verwurzelt können sie äußere Belastungen aushalten, in Geduld und Ausdauer ihr Leben zur Reife bringen. Erst das Festhalten am Wort Gottes ermöglicht hundertfache Frucht.

Mit der Auslegung des Gleichnisses macht Jesus deutlich, dass Gottes Wort nicht von selbst Frucht bringt: Es ist abhängig von der jeweiligen Empfänglichkeit des Bodes, von der inneren Disposition dessen, der Gottes Wort hört.

3. Lk 8,16–18: In den letzten Versen folgen ohne Überleitung drei Jesuslogien, die den Sinn des Gleichnisses vom Schicksal der Saat noch einmal unterstreichen:

Das Bildwort vom Licht (*lýchnos*) ist eine Aufforderung an die Jünger, das Evangelium von der Gottesherrschaft nicht im Verborgenen zu halten. Wie es absurd wäre, ein Licht anzuzünden, um es gleich wieder mit einem Gefäß abzudecken oder unters Bett zu schieben, so kann man das gerade aufgeleuchtete Licht der Gottesherrschaft unmöglich wieder den Menschen entziehen. Es soll denen, die sich dem Jüngerkreis anschließen wollen, als Lebensorientierung dienen. Sichtbar wird das Licht der Gottesherrschaft vor allem durch eine überzeugende Lebensführung der Glaubenden.

Das Wort vom Verborgenen und Geheimen, das in die Öffentlichkeit dringt und bekannt wird, will das Bildwort vom Licht begründen. Auf dieses missionarische Ziel der Wortverkündigung legt Lukas besonderen Nachdruck.

Die Aufforderung zum rechten Hören ist auf dem Hintergrund der vorausgegangenen Auslegung des Gleichnisses zu verstehen: Die Saat, die auf guten Boden gefallen ist, entspricht denen, die *haben*. Sie erhalten als Gabe hundertfachen Ertrag. Die Saat, die auf schlechten Boden fiel und verloren ging, bezieht sich auf diejenigen, die *nicht haben*. Zum rechten Hören gehört also das Festhalten am Wort Gottes und das geduldige Ausharren (*hypomoné*) in Seinem Kraftfeld. Nur so kann es seine Ausstrahlung nach außen entfalten und Frucht bringen (vgl. Lk 6,27–38).

Die wahren Verwandten Jesu: Lk 8,19–21

[19] Es kamen aber zu ihm seine Mutter und seine Brüder, und sie konnten nicht mit ihm zusammenkommen wegen der Menge. [20] Es wurde ihm aber gemeldet: deine Mutter und deine Brüder stehen draußen und wollen dich sehen. [21] Er aber antwortete und sagte zu ihnen: meine Mutter und meine Brüder sind die, die das Wort Gottes hören und tun.

Zusammenhang: Diese Perikope bildet den Abschluss der thematischen Einheit mit der Aufforderung Jesu, das Wort Gottes richtig zu hören (Lk 8,8.15.18) und bekräftigt das bisher Gesagte.

Jesus ist irgendwo unterwegs – dicht umdrängt von einer Menschenmenge, als seine Mutter und seine Brüder dazu kommen, um ihn zu sehen. Die Leute stehen so dicht um Jesus herum, dass seine Angehörigen nicht bis zu ihm durchkommen können. Der Hinweis, dass seine Mutter und seine Brüder „draußen" stehen, bedeutet wohl nur, dass sie sich außerhalb der Jesus umgebenden Menge aufhalten. Eine Distanz zu seiner Familie klingt bei Lukas nicht durch.

Jesus geht nicht näher auf den Hinweis aus seiner Nähe ein, sondern sagt, wer seine wahren Verwandten sind. Die Formulierung lässt offen, ob seine Mutter und seine Brüder zu denen gehören, die Gottes Wort hören und befolgen. Im Blick auf die nachösterliche Zeit bedeutet Jesu Antwort, dass es nicht darauf ankommt, ihn zu „sehen", sondern Gottes Wort mit gläubigen Herzen aufzunehmen und im eigenen Leben auszubuchstabieren. „Vermutlich sieht Lukas im Verhalten der Mutter und Verwandten Jesu ein Vorbild für das vorher (V. 4–18) besprochene Hören und tätige Bewahren von Gottes Wort (vgl. Lk 1,38; 2,19.51; 11,27 f.)" (J. Kremer). Die verwandtschaftlichen Beziehungen Jesu sind zutiefst religiös bestimmt. Gottes Wille relativiert alle Bindungen und Beziehungen. Eine solche Freiheit kann für beide Seiten eine große Herausforderung sein. In welche Abhängigkeiten und Verstrickungen geraten oft Menschen, wenn Gottes Wille für ihre Beziehungen keine Orientierung mehr ist. Wieviel Freiheit, wieviel spirituelle Autonomie kann aus Beziehungen wachsen, die im letzten religiös bestimmt sind.

Jesu Macht über Sturm und Wellen: Lk 8,22–25

**22 Es geschah aber an einem der Tage, da stieg er in ein Boot, und (auch) seine
Jünger, und er sagte zu ihnen: wir wollen an das andere Ufer des Sees fahren. Und
sie stießen ab. 23 Als sie aber dahinfuhren, schlief er ein. Und es stieß ein Fall-
wind hinab auf den See, und sie nahmen viel Wasser über und waren in Gefahr.
24 Da gingen sie zu ihm hin, weckten ihn und sagten: Meister, Meister, wir gehen
zugrunde. Er aber, aus dem Schlaf geweckt, drohte dem Wind und dem Gewoge
des Wassers. Und sie hörten auf und es wurde Stille. 25 Er aber sagte zu ihnen:
wo ist euer Glaube? Sie gerieten in Furcht und erstaunt sagten sie zueinander:
wer ist denn dieser, dass er auch den Winden gebietet und dem Wasser, und sie
gehorchen ihm.**

Zusammenhang: Seit dem Beginn des achten Kapitels zeigt Lukas eine neue Entwicklung im öffentlichen Wirken Jesu. Die Jünger sind deutlich in das missionarische Bemühen Jesu einbezogen. Ihnen wird der Sinn des Gleichnisses vom Sämann erschlossen. Sie sollen „die Geheimnisse der Gottesherrschaft" erkennen. Dazu dienen auch die drei großen Wunder, in denen Jesus sich als Herr über die Gefahr des Untergangs, über die Macht der Dämonen und des Todes erweist. Der ganze vorausgehende Abschnitt über das „Wort Gottes" (Lk 8,1–21) schließt mit dem Jesuslogion über seine wahren Verwandten: Nur über das *Hören und Tun* des Gotteswortes kommt es zur Gemeinschaft mit Jesus.

1. Lk 8,22f.: Jesus steigt mit seinen Jüngern in ein Boot, um mit ihnen *am anderen Ufer* des Sees zu missionieren (*diérchomai* ist der lukanische Fachausdruck für Missionsreise). Im Tun seines Wortes beginnen sie die Überfahrt. Jesus steht von Anfang an im Mittelpunkt. Er besteigt als erster das Boot und bestimmt das Fahrtziel.

Lukas sieht in den Jüngern das Bild der Kirche unter den Heiden, eine Kirche aus Menschen, die den Bestand dieser Kirche letztlich nicht garantieren können. Bestand hat sie nur, wenn die Jünger sich von Jesus die Richtung bestimmen lassen und darauf vertrauen, dass er mit ihnen das andere Ufer erreicht. Kirche muss immer wieder ins Ungewisse aufbrechen. Sie darf nicht bleiben, wenn sie der Gefahr entgehen will, zu einem „Altwasserarm" zu werden, der vom Lebensstrom der Gottesherrschaft abgeschnitten ist. Unser Glaube muss notwendig auf vielfältige Weise geschichtliche Gestalt annehmen, sonst wird er abstraktes Prinzip, aber jede Konkretisierung ist zeitbedingt und es kommt der Augenblick, wo wir uns von dem Vertrauten und Liebgewonnenen wieder trennen müssen. Es kommt der Zeitpunkt, wo wir wieder ins Boot steigen müssen, um uns mit der ganzen Kraft unseres Herzens von neuem zu riskieren.

Bei dieser Überfahrt wird ihr Boot plötzlich von einem furchtbaren Sturm erfasst. Sie geraten in äußerste Gefahr. Sturm und aufgewühlte See sind auf dem Hintergrund alttestamentlichen Schriftverständnisses Zeichen, Symbole für *elementare* Anfechtung im Glauben. Die Jünger „nehmen viel Wasser über": Sie bekommen furchtbare Angst um sich selbst, um den Bestand ihrer Gemeinschaft. Den Untergang vor Augen sehen sie sich am Ende *ihrer* Möglichkeiten.

2. Lk 8,24f.: Inmitten dieser angstvollen Bedrängnis wird im Bild des schlafenden Jesus eine Ruhe spürbar, die alles Erschütternde transzendiert. Angesichts der Allgewalt des Sturmes rufen die Jünger ihren Herrn zu Hilfe. Das Wort *prosérchomai* meint hier, dass sie sich mit letzter Hoffnung an ihn wenden. Trotz der für alle äußerst bedrohlichen Situation wecken sie den Schlafenden ehrfurchtsvoll: „Meister, Meister, wir gehen zugrunde!" Das ist Aufschrei und Bitte zugleich.

Jesus „droht" dem Sturm und der aufgewühlten See wie einem Dämon und schlagartig hört das Toben der Elemente auf. Die Jünger werden vom Geheimnis seiner Macht über Tod und Verderben berührt. Die Stille, die nun eintritt, ist zugleich ein Bild für den Frieden Gottes, der sie erfasst und alles Begreifen übersteigt (Phil 4,7). In diese Stille hinein werden sie nach ihrem Glauben gefragt. Jesus macht ihnen keinen Vorwurf. Mit seiner Frage holt er sie aus ihrer Gottvergessenheit heraus.

Das Bild des schlafenden Jesus umtost von aufgewühlter See spricht eine Sprache, mit der Gott auch heute noch nach unserem Glauben sucht. Unsere

Entwicklung verlangt immer wieder von uns, vertraute Bindungen und Beziehungen aufzugeben, uns aus überkommenen Lebens- und Glaubensformen zu lösen. Immer wieder spüren wir, dass es uns aufgegeben ist, zu anderen Ufern aufzubrechen. In solchen Situationen des Übergangs können dann plötzlich aus der Tiefe unserer Seele lange nicht beachtete und verdrängte Kräfte uns mit elementarer Wucht bedrohen. Gott nötigt uns geradezu manchmal, uns auf neue Erfahrungen einzulassen und uns bestimmten Gefahren auszusetzen. Nur so können wir als Menschen und als Glaubende wachsen. In diesen Momenten angstvoller Bedrängnis und Erschütterung, in denen wir glauben, zugrunde zu gehen, können wir auf *den* Grund stoßen, der uns aus aller Gottvergessenheit herausreißt. Dann kann es geschehen, dass wir jenseits der Zone panischer Angst in eine Stille geraten, die unser Leben weiterträgt. Es kann uns wie den Jüngern geschehen, dass wir von der Erfahrung überwältigt werden: Gott ist uns näher als wir uns selbst. Er handelt an uns. „Wer ist denn dieser, dass er auch den Winden gebietet und dem Wasser, und sie gehorchen ihm?"

Die Reaktion der Jünger sind Erschrecken und Erstaunen. Sie fragen einander nach dem Geheimnis dessen, der wie Gott handelt. Sie fragen gläubig nach dem Zusammenhang des unmittelbar Erlebten. Ihr Fragen ist nicht Ausdruck von Ratlosigkeit, sondern wiedererstarkten Glaubens. Sie erfahren es als Trost, wie Jesus ihre Gottvergessenheit „aufhebt".

Wer sich von Jesus die Richtung seines Lebens bestimmen lässt, muss mit Zeiten äußerster Bedrohung und Anfechtung im Glauben rechnen. Manchmal wird er erst an die Grenze seiner Möglichkeiten kommen müssen, bis in ihm die Frage neu aufsteigt – gläubig erschreckend und staunend zugleich: Wer ist denn dieser?

Die Heilung des Besessenen von Gerasa: Lk 8,26–39

**[26] Und sie fuhren weiter in das Gebiet der Gerasener, das Galiläa gegenüberliegt.
[27] Als er aber an Land stieg, kam ihm ein Mann aus der Stadt entgegen, der Dämonen hatte, und seit längerer Zeit zog er kein Kleid an, und im Haus blieb er
nicht, sondern in den Grabhöhlen. [28] Als er aber Jesus sah, schrie er auf, fiel vor
ihm nieder und sagte mit lauter Stimme: was habe ich mit dir zu tun, Jesus, Sohn
Gottes, des Höchsten? Ich bitte dich, quäle mich nicht. [29] Er hatte nämlich dem
unreinen Geist geboten, auszufahren aus dem Menschen. Denn seit langer Zeit
hatte er ihn gepackt, und er war gefesselt worden mit Ketten und mit Fußfesseln,
er war bewacht worden, und er zerriss die Fesseln und wurde von dem Dämon in
eine einsame Gegend getrieben. [30] Es fragte ihn aber Jesus: was ist dein Name?
Der aber sagte: Legion. Denn es waren viele Dämonen in ihn gefahren. [31] Und sie
baten ihn, dass er ihnen nicht gebiete, in den Abgrund zu fahren. [32] Es war aber
dort eine ansehnliche Schweineherde, die auf dem Berg weidete. Und sie baten**

ihn, dass er ihnen erlaube, in diese zu fahren. Und er erlaubte es ihnen. [33] Als aber die Dämonen aus dem Menschen ausfuhren, fuhren sie in die Schweine, und es stürmte die Herde den Abhang hinunter in den See und ertrank. [34] Als aber die Hirten sahen, was geschehen war, flüchteten sie und meldeten es in der Stadt und auf den Landgütern. [35] Sie aber gingen hinaus, zu sehen, was geschehen war. Und sie kamen zu Jesus und fanden den Menschen dasitzend, von dem die Dämonen ausgefahren waren, bekleidet und vernünftig, zu Füßen Jesu, und sie fürchteten sich. [36] Es berichteten ihnen aber, die es gesehen hatten, wie der Besessene gerettet wurde. [37] Und es bat ihn die ganze Menge aus dem Gebiet der Gerasener, von ihnen wegzugehen, denn sie waren von großer Furcht ergriffen. Er aber stieg in ein Boot und kehrte zurück. [38] Es bat ihn aber der Mann, von dem die Dämonen ausgefahren waren, mit ihm zu sein. Er entließ ihn aber und sagte: [39] kehre zurück in dein Haus und erzähle, was Gott an dir getan hat. Und er ging weg und verkündete in der ganzen Stadt, was Jesus an ihm getan hatte.

Zusammenhang: Diese Erzählung steht in enger Verbindung mit dem vorausgegangenen Wunderbericht. Überwältigt von der Erfahrung, dass Jesus wie Jahwe handelt, fragten die Jünger einander nach dem Geheimnis dessen, dem Sturm und See gehorchen: *Wer ist denn dieser?* Diese Frage steht auch im Hintergrund der beiden folgenden Heilungsgeschichten. Alle drei Perikopen (Lk 8,22–56) sind überdies durch den gemeinsamen Schauplatz geografisch miteinander verbunden: am galiläischen See.

1. Lk 8,26–29: Jesus fährt mit seinen Jüngern über den See und landet am jenseitigen Ufer auf heidnischem Gebiet. Es fällt auf, dass die Jünger im gesamten Ablauf des dramatischen Heilungsgeschehens mit keinem Wort erwähnt werden. Alles konzentriert sich auf die „Begegnung" zwischen Jesus und dem Besessenen. Das Wort für „begegnen" (*hypantáo*) meint hier wohl auch in feindselig abwehrender Absicht. Der Besessene tritt Jesus entgegen, um ihn von seinem Gebiet zu vertreiben. Von ihm wird berichtet, dass er von Dämonen besessen ist, in Grabhöhlen haust und ohne Obergewand herumläuft. Alle Versuche, ihn zu bändigen, sind bisher gescheitert. Verwahrlost als Folge seiner lang anhaltenden Besessenheit und aus der menschlichen Gesellschaft verbannt, lebt er dort, wo kein Leben mehr ist. Ein Bild des Grauens! Es sieht so aus, als seien alle Lebensenergien dieser verstörten und gequälten Kreatur negativ gepolt. Seine geistigen Kräfte und seelischen Funktionen sind außer Kontrolle geraten. Er kann sich und sein Verhalten nicht mehr koordinieren. Unter den „unreinen Geistern" oder Dämonen können abgespaltene Persönlichkeitsanteile verstanden werden, die sich zu autonomen Komplexen verselbständigt haben und in der Seele ein zerstörerisches Eigenleben führen. Diese unbewussten seelischen Energien sind in der Lage, mit bildhaften Vorstellungen das Bewusstsein so sehr zu beherrschen, dass ein Mensch das

Gefühl hat, von übermenschlichen Kräften besessen" zu sein. Wenn einer sich derart bedrängt fühlt, ist es nicht verwunderlich, dass seine Affekte und Wahnvorstellungen sich in ungewöhnlichen und gewalttätigen Verhaltensweisen äußern. Die erste Begegnung mit Jesus ist von der krankheitsbedingten Widersprüchlichkeit gekennzeichnet. Einerseits läuft er hilfesuchend auf Jesus zu und fällt vor ihm nieder, als erkenne er dessen Macht und Überlegenheit an. Andererseits lehnt er gleichzeitig mit lautem Aufschrei jede Annäherung ab, als würde sie seine seelischen Qualen nur noch steigern. Allem Anschein nach projiziert der „Besessene" seine selbstzerstörerischen Tendenzen auf Jesus und meint, dass auch dieser ihn nur quälen wird. Die seelische Not des Kranken ist so groß, dass er Jesus beschwört, ihn doch in Ruhe zu lassen. Wie kann einem solchen Menschen geholfen werden?

Die Kraft, jemanden aus einer solchen inneren Zerrissenheit und Entfremdung zurückzuführen zu sich selbst, kann nur aufbringen, wer seine bewussten und unbewussten Gegensätze integriert hat. Jesus selbst hat vor Beginn seines öffentlichen Wirkens vierzig Tage und Nächte in der Wüste zugebracht, um der ganzen Wirklichkeit seines Wesens ansichtig zu werden. Er hat die gegensätzlichen Kräfte in sich versöhnt. Aus dieser Integration seines Menschseins wachsen denen, die ihm begegnen, Kräfte der Integration zu. Er kann ihren Lebensenergien eine neue und positive Zielrichtung ermöglichen und sich als Herr über die zerstörerischen Mächte erweisen.

2. 8,30–33: Im weiteren Verlauf der Begegnung spricht Jesus den unreinen Geist direkt an und macht damit deutlich, dass er die unbewussten seelischen Kräfte meint, die in der Psyche des Mannes bis jetzt ihr zerstörerisches Eigenleben geführt haben. Sie müssen ihre wahre Natur offenbaren: „Was ist dein Name?" Die Preisgabe des Namens ist der erste entscheidende Schritt auf dem Weg der Heilung. Der Name „Legion" macht noch einmal deutlich, wie innerlich zerrissen und verstört der Kranke ist. Durch die heilende Beziehung, die Jesus zum „Besessenen" aufgenommen hat, werden die quälenden Impulse und Inhalte des Unbewussten in eine neue Richtung gezwungen. Damit sie ihre beängstigend zwanghafte Wirkung verlieren, müssen die bisher abgespaltenen Persönlichkeitsanteile abreagiert und durchgearbeitet werden. Das kann in symbolischen rituellen Handlungen und an Ersatzobjekten geschehen. Auf diese Weise kann das seelische Erleben eines Kranken wieder gereinigt und geordnet werden. Dabei ist wichtig, dass die autonomen Komplexe sich nicht selbst die Erlaubnis zum Ausfahren geben und der Kranke selbst nach Möglichkeiten des Abreagierens suchen sollte. In unserer Geschichte erlaubt Jesus den Dämonen, in eine große Schweineherde zu fahren. Daraufhin stürzen die Tiere den Abhang hinunter und ersaufen im Meer, d. h. die in die Schweine gefahrenen zerstörerischen Kräfte werden ersäuft. Diese Darstellung kann als eine bildhafte Beschreibung innerer Erfahrungen verstanden werden. Ein derartiges Erleben ist meist mit tiefen Erschütterungen bis zu den Wurzeln des Personkerns verbunden.

Lukas versteht diese Erzählung als ein exemplarisches Geschehen, „dass mit Jesus die Herrschaft der Dämonen grundsätzlich an ihr Ende gekommen ist – und das nicht nur in israel, sondern auch auf heidnischem Gebiet" (M. Wolter).

3. Lk 8,34–38: Die Reaktion auf das Geschehene löst bei den Menschen Angst und Flucht, Neugier und Abwehr aus. Als sie zu Jesus kommen und den Mann, der die „Legion" gehabt, „vollständig bekleidet und vernünftig" antreffen, geraten sie in große Furcht. Jesus hat das dem Tod und Verderben ausgelieferte Geschöpf wieder zu einem gesunden Mitglied der menschlichen Gemeinschaft gemacht. Beim Anblick des Geheilten wird den Menschen unheimlich. Vielleicht sehen sie sich mit ihrer eigenen Unerlöstheit konfrontiert und scheuen den „Preis", den die Heilung sie kosten würde. Lieber möchten sie den ungebetenen Gast loswerden. Seine Anwesenheit auf ihrem Gebiet ist ihnen nicht geheuer. Jesus entspricht ihrer Bitte, ohne ein Wort zu sagen.

Als Jesus wieder ins Boot steigt, bittet ihn der Geheilte, „mit ihm zu sein". Er möchte bei dem bleiben, der ihn ins Leben zurückgerufen hat. Vermutlich muss er befürchten, dass die Bevölkerung nicht bereit ist, ihn wieder aufzunehmen und zu integrieren. Jesus aber verweist ihn an seine herkömmlichen Bindungen und schickt ihn nach Haus. Die Integration der erfahrenen Heilung soll in seiner gewohnten Lebenswelt stattfinden. Dort soll er auch bezeugen, was Gott ihm alles getan hat. Jesu Antwort zeigt, wie unterschiedlich er Menschen in seinen Dienst nimmt. Die einen werden von Haus und Familie weggeholt, dieser wird gegen seinen Willen dorthin zurückgeschickt. „Die Stunde der Heiden für die Jüngerschaft ist noch nicht gekommen" (J. Kremer). Die Erzählung schließt mit der Bemerkung, dass der Geheilte in der ganzen Stadt verkündete, was Jesus für ihn getan hat. So wird er der erste, der Jesus „verkündigt" – noch lange vor den Aposteln und den anderen Zeugen Jesu, die damit erst nach seiner Auferstehung beginnen.

Diese Heilungsgeschichte will zur persönlichen Begegnung mit Jesus als dem Herrn führen und den gläubigen Betrachter motivieren, in Seiner Gegenwart mit seinen unerlösten Anteilen ins Gespräch zu kommen, um ihnen nach und nach ihre zerstörerische Dynamik zu nehmen und ihre gegenläufige Kraft zu integrieren. Das Vertrauen in einen solchen Integrationsprozess wird wachsen, wenn ich mir vergegenwärtige, was alles der Herr schon an mir getan hat.

Die Heilung einer kranken Frau: Lk 8,40–48

[40] Als aber Jesus zurückkehrte, empfing ihn die Volksmenge. Denn alle erwarteten ihn. [41] Und siehe: es kam ein Mann mit Namen Jairus, und dieser war ein Vorsteher der Synagoge. Und er fiel Jesus zu Füßen und bat ihn, in sein Haus zu kommen, [42] denn er hatte eine einzige Tochter, ungefähr zwölf Jahre alt, und diese lag im Sterben. Als er aber hinging, umdrängte ihn die Menge. [43] Und eine Frau, die (schon) zwölf Jahre an Blutfluss litt (und) die ihr ganzes Vermögen aufgewendet hatte, aber von niemandem hatte geheilt werden können, [44] kam heran und berührte von hinten die Quaste seines Gewandes und sofort stand der Fluss ihres Blutes still. [45] Und es sagte Jesus: wer ist es, der mich berührt hat? Als es nun alle abstritten, sagte Petrus: Meister, die Menge umringt und bedrängt dich. [46] Jesus aber sagte: es hat mich jemand berührt. Denn ich spürte, dass eine Kraft von mir ausging. [47] Als aber die Frau sah, dass sie nicht unbemerkt geblieben war, kam sie zitternd und fiel vor ihm nieder und bekannte vor dem ganzen Volke, weswegen sie ihn berührt hatte, und wie sie auf der Stelle geheilt worden war. [48] Er aber sagte zu ihr: meine Tochter, dein Glaube hat dich gerettet. Geh hin in Frieden.

Zusammenhang: Lukas folgt weiter der Markusvorlage. Nach der Heilung des Besessenen im Gebiet von Gerasa ist Jesus wieder ans galiläische Ufer zurückgekehrt.

1. Lk 8,40–44: Jesus wird am Ufer von einer Menschenmenge empfangen. Alle haben auf seine Rückkehr gewartet. Der Blick fällt auf den Synagogenvorsteher Jairus, der sich ihm zu Füßen wirft und ihn um das Lebens seines einzigen Kindes anfleht. Seine Tochter von etwa zwölf Jahren liegt im Sterben. Jesus macht sich auf den Weg zum Haus des Jairus – dicht umdrängt von einer großen Menschenmenge. Darunter ist auch eine kranke Frau, die von Jesus Hilfe sucht. Ihre Krankheit wird als Blutfluss bezeichnet. Dieses Leiden hat für sie eine sozial ächtende Wirkung. Sie gilt als kultisch unrein (vgl. bes. Lev 15,1 ff. und 25 ff.), d. h. jeder, der mit ihr oder auch nur mit Gegenständen ihres alltäglichen Lebens in Berührung kommt, macht sich kultisch unrein. Seit zwölf Jahren leidet sie an dieser Krankheit und ihren furchtbaren Folgen. Ständig ist sie geschwächt und muss darauf bedacht sein, andere von sich fernzuhalten oder ihnen auszuweichen – aus Rücksicht, dass sie sich nicht „anstecken". Das Verlangen, so zu sein wie die anderen und einfach dazu zu gehören, wird in ihr immer schmerzlicher geworden sein. Kein Arzt hat sie heilen können. Nach einer endlos scheinenden Kette von Hoffnungen und Enttäuschungen sind alle menschlichen Versuche, ihr zu helfen, erschöpft. Ihr Leben gleicht einem immer weiter fortschreitenden Verlust, den sie von sich aus weder aufhalten noch beenden kann. Trotz ihrer hoffnungslosen Krankheitsgeschichte hat sie die Erwartung nicht aufgegeben, doch noch einmal jemandem zu begegnen, der sie von ihrer sozialen Ächtung befreit und sie in Würde Frau sein lässt. So drängt sie sich in der Menge von hinten an Jesus heran. Sie will unerkannt bleiben und unbemerkt sein Gewand berühren, ein flüchtiger Kontakt, der wie zufällig aussieht und sich von einer absichtslosen Berührung nicht unterscheiden lässt. Und doch ist in dieser scheuen Bewegung auf Jesus zu die ganze Kraft ihres Vertrauens lebendig. Ihr Glaube an Gottes heilende Macht in Jesus ist so groß, dass sie meint, schon der äußere Kontakt mit ihm bringe ihr Heilung. Als sie schließlich sein Gewand berühren kann, spürt sie sofort *(parachréma)* bis ins Leibliche hinein, dass sie von ihrem langen Leiden erlöst ist.

2. Lk 8,45–48: Im selben Augenblick spürt Jesus, wie eine Kraft von ihm ausgegangen ist. In dem Gewoge der Volksmenge, die ihn schier erdrückt *(sympnígo)*, hält er inne und fragt: „Wer hat mich berührt?" Jesus will den Menschen sehen, der ihn gesucht hat. Doch niemand will ihn berührt haben und Petrus gibt eine plausible Antwort. Er hat den Sinn der Frage nicht verstanden. Jesus bleibt bei seiner Erfahrung und holt so die Frau aus ihrer Anonymität heraus. Er will nicht, dass das Tun der Frau als etwas „Verstohlen – Gestohlenes" im Verborgenen bleibt. Damit ermöglicht er ihr den Weg einer personalen Beziehung zu ihm. Glaube findet erst *im Gespräch* mit Jesus, in lebendigem Austausch mit ihm zu seiner vollen Gestalt. Darüber hinaus soll ihre Heilung öffentlich werden, damit sie unbeschwert wieder am Leben der Gemeinschaft teilnehmen kann.

Zitternd geht die Frau auf Jesus zu und fällt vor ihm nieder. Sie, die unerkannt bleiben wollte, findet auf einmal den Mut, vor allen Leuten zu bekennen, warum sie gegen das Gesetz (Tora) verstoßen habe und wie sie auf der Stelle geheilt wurde. Ihre Reaktion ist wohl auch Ausdruck der überwältigenden Erfahrung, dass Gott an ihr gehandelt hat. Jesu Antwort ist ohne Vorwurf. Für ihn haben Gesetze dort, wo sie den Menschen am Leben hindern, keine Bedeutung. „Meine Tochter, dein Glaube hat dich gerettet. Geh hin in Frieden!" Jesus deutet ihr Handeln, auch die Übertretung des Gesetzes, vor aller Augen als Glaube und schenkt ihr das Heil in einem umfassenden Sinn. Die unbekannte Frau taucht wieder in der Menge unter.

Die Tochter des Jairus: Lk 8,49–56

49 Während er noch redete, kommt einer von den Leuten des Synagogenvorstehers und sagt: deine Tochter ist gestorben. Bemühe den Meister nicht länger. 50 Jesus aber hörte es und antwortete ihm: fürchte dich nicht, glaube nur und sie wird gerettet werden. 51 Als er aber in das Haus kam, ließ er niemand mit sich hinein-

gehen, außer Petrus und Johannes und Jakobus, den Vater des Mädchens und die Mutter. [52] Es weinten aber alle und klagten um sie. Er aber sagte: weint nicht! Denn sie ist nicht gestorben, sondern sie schläft. [53] Und sie verlachten ihn, da sie wussten, dass sie gestorben war. [54] Er aber ergriff ihre Hand und rief: Mädchen, steh auf! [55] Und es kehrte zurück ihr Geist, und sofort stand sie auf und er befahl, ihr zu essen zu geben. [56] Und es gerieten ihre Eltern außer sich. Er aber gebot ihnen, niemand das Geschehene zu erzählen.

Zusammenhang: In dieser kunstvoll mit der vorausgegangenen Heilungsgeschichte verbundenen Erzählung sind zunächst zwei gegenläufige Bewegungen zu beobachten. Die eine ist der Zug Jesu und seiner Begleiter. Vom Ufer des galiläischen Sees zur todkranken bzw. gestorbenen Tochter im Haus des Synagogenvorstehers Jairus. Die andere Bewegung versucht, diesen Zug aufzuhalten: Zunächst geschieht eine Unterbrechung durch die blutflüssige Frau, dann durch jemand aus dem Haus des Jairus mit der Todesnachricht und schließlich durch die laut weinenden und klagenden Leute, die sich bereits bei seinem Haus eingefunden haben.

Es ist auch nicht zu übersehen, dass die blutflüssige Frau nach *zwölf*jährigem Leiden von Jesus zu neuem Leben befähigt wird, während zur selben Zeit die *zwölf*jährige Tochter des Jairus im Sterben liegt. Offenbar haben die beiden Frauengestalten und die zwölfjährige Leidens- und Lebenszeit etwas miteinander zu tun.

1. Lk 8,49f.: Gleich zu Anfang (Lk 8,42) hatte Lukas erwähnt, dass die einzige Tochter des Jairus etwa zwölf Jahre alt ist, also gerade in dem Alter, in dem sie nach dem Gesetz zu einer erwachsenen, heiratsfähigen Frau wird. Weil sie sein einziges Kind ist, kann es sein, dass er seine ganze Zuneigung und Fürsorge auf sie konzentriert. So liegt möglicherweise in dieser innigen Beziehung und Sorge *für sie* die eigentliche Ursache der tödlichen Erkrankung beim Eintritt in das Erwachsenenalter. Wie soll in einer so umsorgten Abhängigkeit ein junger Mensch sich entfalten können? Wie soll er seine Eigenständigkeit und sein Selbstvertrauen entwickeln können? Wie soll jemand, der nie gelernt hat, für sich selbst Entscheidungen zu treffen, in der Welt der Erwachsenen sich zurechtfinden? Auch wenn der Spielraum persönlicher Entscheidungsfreiheit für eine junge Frau in einer patriarchalischen Gesellschaft klein war, so wird die Tochter des Jairus doch die Notwendigkeit gespürt haben, erwachsen zu werden und die Aufgaben einer heranreifenden Frau zu übernehmen. Es kann durchaus sein, dass sie sich dagegen wehrt, dass sie sich einer weiteren körperlichen und seelischen Entwicklung verweigert.

Von daher wird verständlich, warum das einzige Kind des Synagogenvorstehers zunächst sterben muss. Nur wenn Jairus es zulässt, dass sie für ihn „gestorben" ist, hat sie überhaupt eine Chance, selbst ein eigenes Leben zu leben. Und dazu braucht es eine Zuversicht und einen Mut, der nicht jedes Risiko vor lauter Angst meidet. Um ein Leben zu führen, das diesen Namen auch verdient, bedarf es einer Vision, einer Perspektive, die über den Tod hinausgeht. Erst eine Liebe, die aus der Freiheit eines weiten Herzens lebt, kann das Wagnis eingehen, den anderen in seine Freiheit unter den Augen Gottes zu entlassen. Doch dazu scheint Jairus noch nicht fähig zu sein. Jedenfalls führt ihn Jesus auf dem Weg nach Haus bis an die Grenze des Todes. Es scheint, als wolle er zunächst die Einstellung des Vaters zu seiner Tochter heilen. So lässt er viel kostbare Zeit verstreichen für die Begegnung mit der blutflüssigen Frau, ein Aufschub, der den Synagogenvorsteher wohl noch mehr an den Rand der Verzweiflung bringt.

Das Gespräch mit der unbekannten Frau aus der Menge ist noch nicht zu Ende, als jemand aus dem Haus des Jairus eintrifft und diesem sagt, dass seine Tochter gestorben sei und er sich alle weiteren Bemühungen sparen könne. Jesus hört mit, was dem Synagogenvorsteher zugetragen wird und fordert ihn im Angesicht des Todes auf, die ängstliche Sorge um seine Tochter aufzugeben. Nur wenn er lernt, seine Tochter dem zurückzugeben, der Herr über Leben und Tod ist, wird sie leben können, wie es ihr entspricht. „Fürchte dich nicht, glaube nur und sie wird gerettet werden!"

2. Lk 8,51–56: Von einer Reaktion des Jairus wird nichts berichtet. Als sie schließlich bei ihm zuhause ankommen, wartet auf ihn die größte Herausforderung. Eine lärmende Trauergesellschaft mit Weinen und heftigen Wehklagen bestimmt die Szene. Als Jesus die Menge auffordert, mit ihrer Totenklage aufzuhören, weil das Mädchen nicht gestorben sei, sondern nur schlafe, wird er offen ausgelacht. Das Gelächter der Menschen drückt ihre überlegene Gewissheit aus, dass dieses Mädchen tatsächlich tot ist, eine Gewissheit, der nur der Tod gewiss zu sein scheint.

Nur mit den Eltern des Mädchens und seinen drei Begleitern geht Jesus zu der „Schlafenden". Es sind jene drei Jünger, die er später auch mit sich auf den Berg der Verklärung nimmt (Lk 9,28). Jesus ergreift die Hand des Mädchens und unter seinem Wort kehrt ihr Lebensodem zurück. Sie erwacht zu neuem Leben. Die Tochter des Jairus stellt sich sofort auf die Beine und geht die ersten Schritte in ein eigenes Leben. Sie beginnt erwachsen zu werden. Dass Gott im eigenen Leben so „handgreiflich" erfahrbar wird, darüber geraten die Eltern außer sich. Wenn die zu neuem Leben erweckte Tochter wieder Nahrung zu sich nehmen kann, unterstreicht das noch ihren neuen Lebenswillen.

Es fällt auf, dass Jesus hier wie so oft im Anschluss an ein Heilungswunder verbietet, anderen auch nur ein Wort davon zu sagen. Seine Macht über den Tod soll offenbar noch nicht allen bekannt gemacht werden. Darüber hinaus will er damit wohl auch verhindern, dass jemand, der auf so wunderbare Weise zu seiner ursprünglichen Freiheit zurück gefunden hat, ins Gerede kommt. Eine so überwältigende Erfahrung muss sich unabhängig von der Meinung der Leute entfalten und durchsetzen.

Die Aussendung der Zwölf und die Reaktion des Herodes: Lk 9,1–9

[1] Er rief aber die Zwölf zusammen und gab ihnen Kraft und Vollmacht über alle Dämonen, und (Vollmacht), Krankheiten zu heilen. [2] Und er sandte sie, zu verkünden die Gottesherrsdchaft und zu heilen, [3] und er sagte zu ihnen: nehmt nichts mit auf den Weg, weder Stock noch Tasche noch Brot noch Geld, noch (sollt ihr) zwei Leibröcke haben. [4] Und in dem Haus, in das ihr eintretet, bleibt dort und von dort zieht weiter. [5] Und wo immer sie euch nicht aufnehmen, geht aus jener Stadt hinaus und schüttelt den Staub von euren Füßen zum Zeugnis gegen sie. [6] Sie aber zogen hinaus und zogen von Dorf zu Dorf, verkündeten die Frohe Botschaft und heilten überall.

[7] Es hörte aber Herodes, der Tetrarch, alles, was geschehen war, und war in Verlegenheit, weil von einigen gesagt wurde: Johannes wurde von den Toten auferweckt, [8] von einigen aber: Elija ist erschienen, (wieder) von anderen: ein Prophet, (einer) von den alten, ist auferstanden. [9] Es sagte aber Herodes: Johannes habe ich enthaupten lassen, wer aber ist dieser, von dem ich solches höre? Und er suchte, ihn zu sehen.

Zusammenhang: Seit dem Beginn des achten Kapitels sind die Zwölf deutlich in das missionarische Bemühen Jesu einbezogen. Ihnen werden die Geheimnisse der Gottesherrschaft erschlossen. Dazu dienten auch die vier großen Wunder, in denen Jesus sich als Herr über die lebensbedrohenden Mächte, über Krankheit und Tod erweist. Die staunende Frage der Jünger, *wer ist denn dieser...?* (Lk 8,25), spiegelt sich auch in den Reaktionen der Leute und des Herodes auf die Wirksamkeit wieder, die von Jesus ausgeht.

1. **9,1f.**: Jesus ruft die Zwölf zu sich und gibt ihnen in vollem Umfang Anteil an seiner „Kraft und Vollmacht“ (*dýnamis kai exousía*), die Macht des Bösen über die Menschen zu brechen, ihre Krankheiten zu heilen und so Gottes Nähe erfahrbar zu machen (vgl. Lk 4,31–39). Schrittweise hat Jesus die Zwölf nach ihrer Wahl auf dem Berg (Lk 6,12–16) in ihr Apostelamt eingeführt. Auf die Zeit des Hörens und Lernens folgt nun die Sendung. Jesus beginnt jetzt, sein eigenes Wirken mit Hilfe des Zwölferkreises auszuweiten. Es hat den Anschein, als habe Jesus sich schon früh wenig Illusionen über den Ausgang von Zustimmung und Ablehnung bei den religiös-politischen Autoritäten gemacht.

In der Sicht des Lukas ist Jesus offenbar daran gelegen, dass sich die Zwölf künftig als Kollegium verstehen und nicht als Einzelne auftreten. Die Gefährtenschaft gibt gegenseitige Unterstützung. Sie soll dem Einzelnen einen „Raum“ ermöglichen, in dem er menschlich und geistlich wachsen kann und den Elan seiner persönlichen Berufung und Sendung nicht verliert. Die Apostel sollen „verkünden“ und „heilen“. In der ihnen verliehenen messianischen Vollmacht sollen sie den Menschen Gottes Nähe so erfahrbar machen, dass sie zu einem ganzheitlichen Vertrauen ins Leben zurückfinden und sich von allen dämonischen Kräften erlösen lassen.

2. **Lk 9,3–6**: Diese Wandlung in den Herzen der Menschen kann wiederum nur von denen ausgehen, die selbst aus dem Vertrauen in Gottes Nähe leben und alle Absicherungen hinter sich gelassen haben. Nach Lukas weist Jesus seine Jünger an, sogar auf das Lebensnotwendige zu verzichten, um sich so „unbefangen“ wie nur möglich der Not der anderen zu widmen. Vielleicht ist hier an einen räumlich und zeitlich begrenzten apostolischen Einsatz gedacht. Normalerweise gehört neben dem Stock (als Stütze und Waffe gegen Räuber und wilde Tiere) und dem Proviantbeutel ein „Notgroschen“ und ein Ersatzgewand zur üblichen Reiseausrüstung. Wenn nun die Zwölf buchstäblich nichts mit auf den Weg nehmen sollen, dann wird ihr Vertrauen in die ihnen verliehene Vollmacht und in Gottes Führung aufs Äußerste herausgefordert. Dieser Auftrag mag auch das absolut Drängende ihrer Mission zum Ausdruck bringen wollen. Ihre äußere Erscheinung, ihr Auftreten soll Vertrauen in die Glaubwürdigkeit und Uneigennützigkeit ihrer Sendung wecken. Darüber hinaus werden sie angewiesen, ihre Tätigkeit von einem festen Quartier aus aufzunehmen.

Es geht bei dieser „Ausrüstung“ weniger um Armut und Anspruchslosigkeit als um ein Zeichen im Blick auf „das endzeitlich solidarische Miteinander im Gottesvolk, das die Jünger frei und verfügbar macht“ (G. Lohfink). Sie sollen einerseits davon überzeugt sein, dass es für sie nichts Wichtigeres zu tun gibt, als Gottes Nähe unter den Menschen erfahrbar zu machen. Andererseits sollen sie die persönliche Freiheit der anderen nicht antasten. Es ist letztlich Gottes Sache, was daraus wird. Wenn es Orte gibt, die sie nicht aufnehmen, dann sollen sie einfach weiterziehen, aber deutlich machen, wie ernst es ihnen mit ihrem Auftrag ist. Die Geste des Staubabschüttelns bedeutet Aufhebung der Gemeinschaft. Mit dieser symbolischen Gebärde demonstrieren sie, dass man die Einladung des Evangeliums verweigern kann, die Schuld an der Verweigerung aber nicht zu Lasten der Boten geht.

Die Zwölf machen sich auf den Weg und ziehen von Dorf zu Dorf. Die Abschlussbemerkung hebt noch einmal den Dienst am Evangelium und an den Kranken hervor. Beides gehört zusammen.

3. **Lk 9,7–9**: Der Tetrarch Herodes hört von all dem, was man von Jesus erzählt, aber keine der im Volk umgehenden Meinungen überzeugt ihn, am wenigsten

die Behauptung, Jesus sei der ins Leben zurück gekehrte Täufer Johannes. So bleibt ihm die Frage: „Wer aber ist dieser, von dem ich solches höre?" Vermutlich weckt sie bei diesem hellenistisch gebildeten Mann kaum mehr als Neugier und Interesse am Event. Spätestens bei der entscheidenden Begegnung mit Jesus während der Passion (Lk 23,8–11) wird deutlich, dass Herodes kein ernsthaft Suchender ist. Doch die Frage, die Jesus wenig später (Lk 9,20) den Jüngern stellt, bleibt als persönliche Herausforderung für jeden, der mit dem Evangelium in Berührung kommt: „Ihr aber, für wen haltet Ihr mich?"

Die Rückkehr der Zwölf und die Speisung der Fünftausend: Lk 9,10–17

**[10] Und es kehrten zurück die Apostel und erzählten ihm, was sie alles getan hatten.
Und er nahm sie mit und zog sich zurück für sich allein in eine Stadt mit Namen
Bethsaida. [11] Die Menge aber bemerkte es und folgte ihm. Und er nahm sie auf und
redete zu ihnen über die Gottesherschaft, und die Heilung nötig hatten, machte er
gesund. [12] Der Tag aber begann sich zu neigen. Die Zwölf aber kamen zu ihm und
sagten zu ihm: entlass die Menge, damit sie in die Dörfer und Gehöfte ringsum
gehen und Unterkunft und Nahrung finden, denn hier sind wir an einem einsamen Ort. [13] Er aber sagte zu ihnen: gebt ihr ihnen zu essen. Sie aber sagten: wir
haben nicht mehr als fünf Brote und zwei Fische, es sei denn, wir gehen hin und
kaufen für dieses ganze Volk Nahrung. [14] Es waren nämlich ungefähr fünftausend
Mann. Er aber sagte zu seinen Jüngern: lasst sie sich lagern in Gruppen zu etwa
je fünfzig. [15] Und sie machten es so und ließen alle sich lagern. [16] Er aber nahm
die fünf Brote und die zwei Fische, blickte auf zum Himmel, segnete sie und brach
sie und gab sie den Jüngern, um sie der Menge vorzulegen. [17] Und sie aßen und
wurden alle satt. Und es wurde aufgehoben, was sie an Brocken übrig gelassen
hatten, zwölf Körbe.**

Zusammenhang: Der Abschnitt von der Brotvermehrung steht zwischen der Frage des Herodes Antipas: „Wer aber ist dieser, von dem ich solches höre?" (Lk 8,9) und der Frage Jesu an die Zwölf: „Für wen halten mich die Volksscharen?" (Lk 9,18), die schließlich in die zentrale Frage mündet: „Ihr aber, für wen haltet ihr mich?" (Lk 9,20). In diesem Kontext ist die Erzählung von dem großen Gastmahl mit den Fünftausend zu lesen.

1. Lk 9,10f.: Die Zwölf kehren von ihrem ersten apostolischen Auftrag zurück. Sie waren von Dorf zu Dorf gezogen, hatten das Evangelium von Gottes Herrschaft verkündet und überall die Kranken geheilt. Nun erzählen sie *Jesus* alles, was sie getan hatten – *alles*. Es braucht einen „Raum", eine Atmosphäre, wo *alles*, was wir erlebt haben und uns bewegt, zur Sprache kommen kann, damit es sich ordnet und klärt. So kann es uns zur Erfahrung werden und als

Orientierung für Neues zur Verfügung stehen. Die Zwölf erzählen *Jesus* alles, was sie in *seiner* „Kraft und Vollmacht" getan haben. Er ist der „Ort", wo sich unser Leben ordnen und neu ausrichten kann. In seiner Gegenwart wird die Erinnerung an seine Kraft und Vollmacht zur gegenseitigen Ermutigung.

Es braucht Zeit, damit die in seiner Gegenwart erfahrene Ermutigung sich in die Tiefenschichten unserer gläubigen Existenz einwurzeln kann. Ohne Verweilen wird alles zur Episode. Es kommt nicht zum „Schmecken und Verkosten der Dinge von innen her" (Ignatius v. Loyola). So nimmt Jesus die Jünger beiseite und zieht mit ihnen an einen abgelegenen Ort (V.12) in der Nähe von Bethsaida. Er will mit ihnen allein sein. Offenbar wird es auch für Jesus Zeit, sich dem ständigen Andrang des Volkes zu entziehen. Auch für die Beziehungen im Jüngerkreis und für die Freude am apostolischen Wirken ist ein solcher Rückzug wichtig. Doch sie werden von den Leuten bald eingeholt. Obwohl sie ungelegen kommen, nimmt Jesus die Vielen freundlich auf, spricht zu ihnen von Gottes Herrschaft (vgl. Lk 4,18f.) und heilt, die seine Hilfe brauchen.

2. Lk 9,12–17: „Als der Tag begann, sich zu neigen ..." Die feierliche Zeitangabe betont die Bedeutung des Augenblicks. Die Zwölf machen sich Sorgen, was mit den vielen Menschen wird, wenn sie ohne ausreichend Proviant in dieser abgelegenen Gegend bei Nacht bleiben. Sie ergreifen die Initiative und legen Jesus nahe, die Scharen für diese Nacht zu entlassen, damit sie in den umliegenden Dörfern und Gehöften Unterkunft finden und sich mit Mundvorrat versorgen. Dann wären sie wieder in der Lage, ihren eigenen Weg zu gehen. Die Jünger machen also Jesus auf die prekäre Situation aufmerksam und erklären ihm, wie er nach ihrer Einschätzung mit der entstandenen Notlage fertig werden könnte.

„Gebt *ihr* ihnen zu essen!" Jesu überraschende Antwort übersteigt ihre Möglichkeiten. Das bisschen Brot und Fisch reicht kaum für ein bescheidenes Abendessen der Zwölf mit Jesus. Sie fühlen sich überfordert. All das, was sie noch vor kurzem in seiner Kraft und Vollmacht (*dýnamis kai exousía)* getan haben (Lk 9,6), scheint angesichts der bedrängenden Situation wie aus ihrem Bewusstsein gewischt. Sie argumentieren aus einer Sicht der Dinge, in der für Gottes Handeln kein Raum ist. Dennoch gehen sie willig auf Jesu Anweisung ein, die ungefähr fünftausend Leute sich in Mahlgemeinschaften zu je fünfzig lagern zu lassen. Damit bleiben die Jünger im „Kraftfeld" Jesu und bringen „Ordnung" in die Scharen, eine Ordnung, die den vielen *Gemeinschaft* erst ermöglicht. Im hinhörenden Tun schaffen sie wieder den Raum, in dem Gott durch sie wirksam werden kann.

Dann erleben die Zwölf, wie Jesus das Wenige, das sie mitgebracht haben, in seine Hände nimmt, wie er zum Himmel aufblickt und gleich einem jüdischen Hausvater zu Beginn des Mahles den Segen darüber spricht und alles in ihre Hände zurückgibt, damit ihnen nach seinem Wort geschehe: „Gebt *ihr* ihnen zu essen!" Indem sie seinem Wort ohne Einschränkung Raum geben, erfahren sie seine Macht (dýnamis): alle bekommen zu essen und alle werden satt.

Es scheint, als hätten allein die Jünger mit bekommen, dass sie nur fünf Brote und zwei Fische zum Austeilen hatten und am Ende zwölf Körbe voll Resten übrig geblieben sind. In der überreichen Speisung der Fünftausend leuchtet plötzlich Gottes Gemeinschaft mit den Menschen auf. Die Fülle wird zum Zeichen des messianischen Mahles am Ende der Zeiten (vgl. Jes 25,6–8). Die Zwölf erkennen in Jesus den Messias Gottes (Lk 9,20). Nun können sie eine Antwort geben auf die Frage, wer Jesus sei.

Von der hereinbrechenden Dunkelheit, von der Gefährdung bei Nacht in dieser abgelegenen Gegend ist nicht mehr die Rede. Es sieht so aus, als habe die Erfahrung des „messianischen" Mahles alle Dunkelheit und Gefährdung vorübergehend von den Menschen genommen.

Das Messiasbekenntnis des Petrus und die erste Ankündigung von Passion, Tod und Auferstehung: Lk 9,18–22

**18 Und es geschah, als er für sich allein betete, da waren die Jünger bei ihm und
er fragte sie und sagte: für wen halten mich die Volksmassen? 19 Sie aber antworteten und sagten: für Johannes den Täufer, andere aber für Elija, wieder andere
(glauben), dass irgendeiner der alten Propheten auferstanden ist. 20 Er aber sagte
zu ihnen: ihr aber, für wen haltet ihr mich? Petrus aber antwortete und sagte:
für den Messias Gottes. 21 Er aber fuhr sie an und gebot ihnen, dieses niemandem
zu sagen, 22 und er sagte: der Menschensohn muss vieles leiden und verworfen
werden von den Ältesten und Hohenpriestern und Schriftgelehrten und getötet
werden und am dritten Tage auferweckt werden.**

Zusammenhang: Die Volksmenge hat sich nach der Speisung wieder verlaufen. Endlich haben die Jünger Zeit, mit Jesus allein zu sein.

In den vorausgehenden Texten (Lk 7,49; 8,25; 9,9) wurde von verschiedener Seite die Frage gestellt, *wer Jesus sei.* Die Antwort des Petrus auf diese Kernfrage ist der erste Höhepunkt der Christus-Offenbarung im Lukasevangelium.

1. Lk 9,18–20: Jesus betet in der Einsamkeit. Wie bei anderen wichtigen Ereignissen: bei der Taufe im Jordan (Lk 3,21), vor der Wahl des Zwölferkreises (Lk 6,12) und später bei der Verklärung auf dem Berg (Lk 9,28), bereitet Jesus hier die Offenbarung seiner Passion und Auferstehung im Gebet vor. Seine Jünger sind mit ihm.

Jesu erste Frage an seine Jünger: „Für wen halten mich die Volksscharen?" berührt sie noch nicht direkt. Ihre Antwort kennen wir schon aus den Informationen, die Herodes Antipas über Jesus erhalten hatte (Lk 9,7–9). Erst als er sie fragt: „*Ihr aber*, für wen haltet ihr mich?" wandelt sich das Gespräch in eine persönliche Herausforderung. Die Jünger werden nach dem Grund ihrer Beziehung zu ihm gefragt. Sie sollen Auskunft geben, warum sie mit ihm unterwegs sind und wie sie zu ihm stehen.

An sich selbst haben sie erfahren, mit welcher „Vollmacht und Kraft" er Menschen ansprechen konnte, dass sich ihr Herz unter seinen Worten ordnete. Sie haben gesehen, wie gelähmtes und verdorrtes, verfehltes und erstorbenes Leben sich neu aufrichten konnte. Unglückliche wurden von der Macht „böser Geister" und vom Irrtum fehlgeleiteter Konventionen und Traditionen befreit. Wie viele gab es, die in seiner Nähe zu ihrer ursprünglichen Freiheit und Würde zurückfanden. Erst kürzlich hatten sie erlebt, wie sie Gleiches in seinem Auftrag bewirken konnten (Lk 9,6).

Petrus antwortet für alle. Die Jünger sehen in ihm mehr als einen Propheten. Für sie ist Jesus die Erfüllung aller Verheißungen, auf die Israel seit Jahrhunderten wartet. Was am Anfang ihrer Begegnung mit Jesus vielleicht nur eine Ahnung war, hat sich bei ihnen zur Gewissheit verdichtet: Jesus ist der Messias (= Gesalbter, Christus) *Gottes*.

2. Lk 9,21f.: Um so mehr überrascht es, dass Jesus ihnen mit scharfen Worten (*epitimáo)* verbietet, dieses Messiasbekenntnis weiterzusagen. Wie ist diese schroffe Reaktion zu verstehen? Offenbar deutet alles darauf hin, dass die landläufigen Vorstellungen vom Messias zu seiner Zeit eher dazu angetan waren, die Wahrheit seiner Person gründlich misszuverstehen und das Geheimnis seiner Sendung ernsthaft zu gefährden. Noch weniger als die Jünger (Lk 9,45) werden die vielen Menschen das Wort vom Leiden*müssen* des Menschensohnes verstehen. Auch die Messiasvorstellungen der Jünger werden noch mit allzu menschlichen Erwartungen verbunden sein (vgl. Lk 24,21). Deshalb beginnt Jesus nun, die Zwölf damit zu konfrontieren, was es bedeutet, der Messias *Gottes* zu sein: „Der Menschensohn *muss* vieles leiden und verworfen werden von den Ältesten und Hohenpriestern und Schriftgelehrten und wird getötet werden und am dritten Tag auferweckt werden." Der „Messias *Gottes*" muss also vom Geheimnis seiner Passion her verstanden werden. Ohne Passion kann Jesu Messianität nicht richtig erfasst und verkündet werden. Auch wenn Jesus den Ausblick auf sein Ende mit der Gewissheit seiner Auferstehung verbindet und sein Schicksal ganz vom Erlösungswillen Gottes mit den Menschen bestimmt ist, wird er damit (allzu) menschliche Erwartungen durchkreuzen und enttäuschen. Die gesamte jüdische Führungselite wird ihn wie die Bauleute den Stein nach Psalm 118,22 „verwerfen“ (vgl. Lk 20,17). Wie viel Unverständnis und inneren Widerstand das Geheimnis der Person Jesu auslöst, wird auch daran deutlich, dass noch drei weitere Leidensankündigungen folgen: Lk 9,43b–45; 13,31–35; 18,31–34. Die Messianität Jesu lässt sich erst nach seiner Passion und seiner Auferstehung als schriftgemäß verstehen, und die unvergleichliche Art seiner Messianität (Lk 1,23) wird alle traditionellen Messiasvorstellungen endgültig und abschließend überbieten.

Wie ist es möglich, die Frohbotschaft von Gottes Herrschaft zu verkünden, wenn jeder Schritt zu ihrer Verwirklichung auch ein Schritt in das Geheimnis der Passion Jesu ist? Wie soll ich mich verhalten, wenn ich weiß, dass Nachfolge nicht ohne das Geheimnis der Passion zu leben ist?

Nachfolgebedingungen (1): Lk 9,23–27

[23] Er sagte aber zu allen: wenn jemand mir nachfolgen will, verleugne er sich selbst und nehme sein Kreuz auf – jeden Tag und folge mir. [24] Denn wer sein Leben retten will, wird es verlieren, wer aber sein Leben verliert um meinetwillen, der wird es retten. [25] Denn was nützt es dem Menschen, wenn er die ganze Welt gewinnt, sich selbst aber verliert oder Schaden nimmt? [26] Wer nämlich sich meiner und meiner Worte schämt, dessen wird sich der Menschensohn schämen, wenn er kommt in seiner und des Vaters und der heiligen Engel Herrlichkeit. [27] Ich sage euch aber in Wahrheit: es sind einige unter den hier Stehenden, die den Tod nicht kosten werden, bis sie sehen die Gottesherrschaft.

Zusammenhang: Die fünf locker miteinander verbundenen Jesusworte zeigen Folgerungen aus der Ankündigung vom Leiden*müssen* des Messias für die Jesusnachfolge auf. Im weiteren Verlauf des Evangeliums wird das Wort vom Leiden*müssen* mehrfach wiederholt (vgl. Lk 9,44; 18,31–33; 20,14–16; 24,7.26.46.).

1. Lk 9,23: Jesus bezieht nun *alle* mit ein. Die Worte von der Nachfolge gelten also allen, die zur Gemeinschaft der Jünger und Jüngerinnen (Lk 8,2 f.) gehören wollen:

Das erste Jesuslogion hat prinzipiellen Charakter und besagt, dass Nachfolge an zwei Bedingungen geknüpft ist, „sich selbst verleugnen und sein Kreuz auf sich nehmen Tag für Tag“, d.h. zunächst eine innere Freiheit allen Sicherungen gegenüber, auf die sich normalerweise unser Leben aufbaut. Etwas davon wurde schon sichtbar, als einige ihre Boote und Netze, ihre Zollstätte und Familie zurückließen und sich Jesus anschlossen (Lk 5,11.27f.;

vgl. 14,26). Darüber hinaus bedeutet „Selbstverleugnung“ in diesem Zusammenhang, sich im Dienst an der Frohen Botschaft für die „Armen“ so „rücksichtslos“ einzusetzen, dass die Fesseln ihrer Abhängigkeit und Unterdrückung aufgebrochen und sie aus der Macht und den Verstrickungen des Bösen befreit werden (vgl. Lk 4,18f.). Es geht letztlich darum, dass die „Armen“ zu ihrer ursprünglichen inneren Freiheit und Würde zurückfinden. Ohne innere Freiheit und ohne das Bewusstsein seiner Würde kann kein Mensch lieben. Von daher wird auch deutlich, dass Jesu Aufforderung *alle* angeht. Die Würde des Menschen und seine innere Freiheit sind unantastbar.

Was mit der zweiten Bedingung gemeint sein kann, veranschaulicht Lukas im Passionsbericht am Beispiel des Simon von Kyrene, der recht „zufällig“ in seinem Alltag, als er gerade vom Feld heimkehrt, den Kreuzbalken aufgezwungen bekommt, damit er ihn „hinter Jesus her“ trage (Lk 23,26). Nachfolge schließt also die Bereitschaft ein, den Weg eines zu Tode Verurteilten mitzugehen, selbst wenn diese Last von außen aufgezwungen wird. Der Evangelist versteht also die Tag für Tag zu bewältigenden Belastungen als Teilhabe an der Schicksalsgemeinschaft mit Jesus, als Weg zum Heil.

Die Entscheidung, „hinter Jesus her“ zu gehen, setzt eine gewisse Lebenserfahrung und Persönlichkeitsreife voraus. Wer nicht gelernt hat, sich selbst zu bejahen und sein Leben selbst zu gestalten, wird nicht in der Lage sein, einen solchen Schritt zu tun.

2. Lk 9,24–27: Die drei folgenden Jesusworte begründen die „Kreuzesnachfolge“ und führen sie weiter.

Der Einsatz aller Lebensmöglichkeiten ist nur verantwortbar, wenn der Anlass zu diesem Entschluss stimmt: eine tiefe Freude darüber, hinein genommen zu sein in eine persönliche Beziehung, in eine Sendung und Schicksalsgemeinschaft, die die eigenen Grenzen und Möglichkeiten übersteigt. *Gottes Heilssorge um die Menschen wird zum treibenden Motiv.* Nachfolge „im strengen Sinn“ wäre also gründlich missverstanden, wollte man sie aus der Leistungsspirale von radikalen äußeren Forderungen und persönlichen aszetischen Bemühungen herleiten. Wer konsequent seinen inneren Weg in der Nachfolge Jesu geht und sich für die Freiheit und Würde der „Armen“ einsetzt, wird oft genug in den Schnittpunkt von Gegensätzen und Konflikten geraten. Darin liegt die Chance, über das eigene Denken und Fühlen, über seine bisherige Lebenseinstellung hinaus zu wachsen und sich im eigenen Lebensgehorsam, in seiner Nachfolgemotivation neu zu erleben. Nur aus der Dynamik einer inneren Entwicklung wird einsichtig und verantwortbar, warum Menschen ihr Leben um „seinetwillen“ verloren geben.

Die beiden folgenden Jesusworte (V. 25f.) machen bewusst, welche Einstellung zu Macht und Reichtum unser Leben von innen her aushöhlt und zerstört. Wer darauf aus ist, seine ganze Energie dafür einzusetzen, über möglichst viel Kapital und Macht zu verfügen und seinen Einfluss auf Kosten anderer durchzusetzen, verfehlt seinen Lebenssinn. Wer andere zum Objekt seines Erfolgsstrebens herabwürdigt, verliert seine humane Identität (vgl. Lk 15,12–21; 16,19–31). Nichts kann diesen Verlust aufwiegen.

Wer aus Angst vor sozialer Diskriminierung oder vor Verlust seines Lebens nicht zu Jesus und seinen Worten steht, zerstört die gemeinsame Beziehung. Wer es vorzieht, sich den Spielregeln derer zu unterwerfen, die ihr Leben „festhalten", darf nicht damit rechnen, dass der Menschensohn sich zu ihm bekennt, „wenn er kommt in seiner Herrlichkeit und in der Herrlichkeit des Vaters und der heiligen Engel" (V. 26).

3. **Lk 9,27**: Das Wort zum Abschluss der Nachfolgebedingungen dürfte auf dem Hintergrund zu verstehen sein, dass die Wiederkunft Christi (Parusie) sich immer mehr hinaus zögerte. Damit hatten viele der ersten Christen ein ernsthaftes Problem. Ursprünglich waren sie wohl der Überzeugung, dass alle die endgültige Ankunft der Gottesherrschaft noch „sehen", d.h. erleben werden. Diese Erwartung war ein Hauptmotiv, sich dem Aufruf in die Kreuzesnachfolge anzuschließen. Jesu Wort bekräftigt (*alethos*), dass die Verheißung des Herrn trotz aller Verzögerung seine Gültigkeit behält. Wer täglich sein Kreuz auf sich nimmt, seine ganze Person um Jesu willen ins Spiel bringt, das Verlorene zu suchen, wer sich nicht auf Kosten anderer bereichert und durchsetzt und wer sich der Worte Jesu und seiner Person nicht schämt, wird noch zu seinen Lebzeiten die Erfahrung machen, dass die Gottesherrschaft schon gegenwärtig ist (vgl. Lk 10,9; 11,20; 16,16; 17,21).

Wie aktuell sind diese Nachfolgebedingungen in einem gesellschaftlichen Milieu, in dem die Zahl derer wächst, die zu Verlorenen, zu "Armen" (Lk 4,18) gemacht werden!

Die Verklärung Jesu: Lk 9,28–36

**28 Es geschah aber nach diesen Worten, ungefähr acht Tage (später), da nahm er
Petrus und Johannes und Jakobus mit sich und stieg auf den Berg, um zu beten.
29 Und es geschah, während er betete, veränderte sich das Aussehen seines Antlitzes und sein Gewand wurde weiß leuchtend. 30 Und siehe: zwei Männer unterhielten sich mit ihm, es waren Mose und Elija, 31 die erschienen in Herrlichkeit
und sprachen über sein Fortgehen (éxodos), das er in Jerusalem erfüllen sollte. 32
Petrus aber und die mit ihm waren beschwert vom Schlaf. Als sie aber erwachten,
sahen sie seine Herrlichkeit und die zwei Männer, die bei ihm standen. 33 Und es
geschah, als diese sich von ihm trennen wollten, sagte Petrus zu Jesus: Meister,
es ist gut, dass wir hier sind, und wir wollen drei Hütten bauen, eine für dich**

und eine für Mose und eine für Elija – er wusste nicht, was er sagte. [34] Als er dies sagte, kam eine Wolke und überschattete sie. Sie fürchteten sich aber, als sie in die Wolke hinein kamen. [35] Und eine Stimme kam aus der Wolke, die sprach: dieser ist mein Sohn, der Erwählte, auf ihn hört! [36] Und als die Stimme geschah, wurde Jesus allein aufgefunden. Und sie schwiegen und niemandem erzählten sie in jenen Tagen etwas von dem, was sie gesehen hatte.

Zusammenhang: Die Verklärungsperikope ist von zwei Erzähleinheiten mit ähnlichem Aufbau (Lk 9,18–27 und 9,37–50) umgeben: Auf das Messiasbekenntnis des Petrus folgt die erste Ankündigung von Jesu Leiden, Tod und Auferstehung sowie eine Jüngerbelehrung. Der Heilung eines besessenen Jungen folgt die zweite Ankündigung von Jesu Leiden und Auferstehung und wieder eine Jüngerbelehrung. Nach Lukas will Jesus das einseitige Messiasverständnis seiner Jünger korrigieren und deutlich machen, was der Weg mit ihm für sie bedeuten kann. Die Erzählung von der Verklärung ist also der Schlüssel für das Verständnis der beiden umgebenden Erzähleinheiten. Sie ist zugleich der vorläufige Höhepunkt der Antworten auf die Frage: „Wer ist dieser ...?"

1. Lk 9,28–31: Jesus nimmt die drei erstberufenen Jünger mit sich „auf den Berg", um zu *beten*. Wie vor anderen bedeutsamen Ereignissen bereitet er sich auch hier im Gebet auf das Kommende vor (vgl. Lk 3,21; 6,12; 9,18 und 22,39–44). Immer wieder hören wir in den Evangelien davon, dass Jesus sich von Zeit zu Zeit allein oder mit seinen Jüngern in die Einsamkeit zurückgezogen hat. Er hat dieses lebensnotwendige *Gesetz* aktiver Distanz beachtet, um nach den vielen Eindrücken und Stimmen des Alltags sich dem Geheimnis des Vaters zu überlassen. Er hat diesen *Raum* des Schweigens und der Stille gesucht, um für seine Sendung (Lk 4,18f.) verfügbar zu bleiben.

Während Jesus betet, leuchtet seine Herrlichkeit (*dóxa*) an ihm auf: Das Aussehen seines Gesichtes verändert sich und sein Gewand wird leuchtend weiß. Auf einmal erscheinen Mose und Elija und sprechen mit Jesus. Auch sie sind „in Herrlichkeit". Lukas sieht in den beiden himmlischen Gestalten vermutlich die Repräsentanten der *ganzen* Schrift im Sinne von „Gesetz und Propheten", die mit „Mose", d.h. mit der Tora (Gesetz) beginnt und nach Mal 3,23f. mit „Elija" endet. In ihr ist bereits das gesamte Schicksal Jesu, seine Passion, sein Tod und seine Auferstehung vorausgesagt (vgl. Lk 24,25–27.44–46; Apg 26,22f.). Auf dem Inhalt ihres Gesprächs liegt besonderes Gewicht: Sie sprechen von seinem „Fortgehen" (*éxodos)*, das er in Jerusalem „erfüllen" soll. Jesus erfährt hier die göttliche Bestätigung seines Prophetenschicksals. In seiner Passion verwirklicht sich Gottes Heilsplan. Sein Exodus ist Durchgang zur Herrlichkeit beim Vater. Zugleich offenbart das Gespräch mit Mose und Elija, aus welchen Quellen Jesus lebt und was seinen Weg jetzt bestimmt: *Mose* hatte das Gottesvolk aus dem „Haus der Knechtschaft“ befreit. Seit seiner Berufung am brennenden Dornbusch hatte in ihm die Hoffnung gelebt, das Volk aus einer Welt voller Angst und Abhängigkeit, aus Ohnmacht und Erniedrigung herauszuführen. Trotz heimtückischer Widerstände von außen und innen, hat er mit seinem Volk die Strapazen der Wüste, die vielen Stationen von Enttäuschung, Mühsal und Vergeblichkeit eines fast endlos scheinenden Weges auf sich genommen – bis sie zum Ort ihrer Bestimmung gelangten und das Land der Verheißung zum Greifen nahe vor ihnen lag. In einsamem Ringen mit Jahwe musste er dann Abschied nehmen von der Hoffnung, dieses Land auch selbst zu betreten. Diese Vision hatte ihn vor langer Zeit auf den Weg gebracht und auch in den dunkelsten Stunden hatte sie ihre Kraft nie ganz verloren. Der tödliche Schmerz des Abschiedes klingt noch nach in den Worten: „So sterbe ich in diesem Land, ohne den Jordan zu überschreiten. Ihr aber zieht hinüber, um dieses herrliche Land in Besitz zu nehmen“ (Dtn 4,22). Mose hatte erfahren, was es kostet, sich ganz auf Jahwe hin zu verlassen. So wird sein Leben in die Hoffnung getaucht, dass seinem gehorsam sich fügendem „Ja“ im Tod das schöpferische „Ja“ Gottes über den Tod hinaus ihm entgegenkommt.

Jesus wird keine Mühen und Strapazen scheuen, um mit den „Armen“ den langen Weg in die Freiheit zu gehen, auch wenn er selbst nicht mehr den Boden der Verheißung betritt. Aber wie Mose auf dem Berg, erfährt Jesus hier in der Stunde der Verklärung, dass seine Vision von der Gottesherrschaft kein Trugbild ist.

Mit der feurigen Gestalt des Propheten *Elija* verbindet sich vor allem seine Leidenschaft für Jahwe, sein Kampf gegen Baal, der immer von neuem das Glück der Menschen zerstört. Elija hat es zu spüren bekommen, was es heißt, wenn man Menschen ihre Götterbilder zerstört. Welcher Angst und ratlosen Einsamkeit, welchen Schuldgefühlen man sie dann ausliefert, aber auch welch furchtbarer Hass auf einen selbst zurückschlagen kann (1 Kön 19,2). Er hat die Treue Jahwes erfahren, der ihn aus der tiefsten Krise seines Prophetenamtes und seines Gottesbildes bis zu den Wurzeln seines Glaubens zurückführte. Am Gottesberg, am Ursprung seines Volkes wurde er erneut von Jahwe zum Propheten bestellt, und er konnte mit einem geläuterten Gottesbild und einer neuen Gewissheit seiner selbst zurückkehren in die Lebensumstände, aus denen er geflohen war.

Während also Jesus betet, wird ihm die Gewissheit zuteil, dass der Vater alles zum Guten führt (vgl. Röm 8,28).

2. Lk 9,32f.: Den drei Jüngern bleibt der Inhalt des Gesprächs verborgen. Wie später im Garten von Gethsemane werden sie vom Schlaf überwältigt.

Als sie erwachen, sehen sie nur die „Herrlichkeit“ Jesu und bei ihm die zwei himmlischen Gestalten. Doch sie verstehen nicht und bleiben ahnungslos. Erst durch die Auslegung „von Mose bis Elija“ durch den Auferstandenen (vgl. Lk 24,26f.32.44–46) werden sie die Bedeutung ihrer Erfahrung auf dem Berg der Verklärung verstehen.

Als Mose und Elija sich von Jesus trennen wollen, verkennt Petrus die Situation und macht den Versuch, sie zum Bleiben zu bewegen. Mit den drei Hütten will er wohl „ihre Herrlichkeit“ festhalten – ohne Kreuzesnachfolge (Lk 9,23). Es wird noch ein schmerzlicher Prozess sein, bis Petrus so weit ist, die geschaute „Herrlichkeit“ als Verheißung anzunehmen und in ihrem Horizont sein Leben um Jesu willen zu verlieren (vgl. Lk 9,24). Jetzt aber redet er noch im Unverstand.

3. Lk 9,34–36: Während Petrus noch redet, kommt eine Wolke und überschattet die drei Jünger. Gottes Gegenwart umhüllt sie und lässt sie erschaudern. Der Bau von Hütten ist überflüssig geworden.

Nachdem sie die „Herrlichkeit“ Jesu geschaut haben, hören sie nun, was *das* für sie bedeutet: „Dieser (Jesus) ist mein Sohn, der erwählte, auf ihn hört!“ Die Stimme aus der Wolke bezeugt die Einzigkeit Jesu und sagt den Jüngern, dass sie mit ihm verbunden bleiben, solange sie auf ihn hören (vgl. Lk 6,46), – durch alle Stationen von Vergeblichkeit und Leere, von Scheitern und Enttäuschung hindurch. Die Aufforderung bezieht sich nicht zuletzt auf das, was Jesus ihnen über seine Zukunft in Jerusalem angekündigt hat. Die Jünger werden damit wieder auf ihren Alltag verwiesen, den es ohne Zeichen von „Herrlichkeit“ zu bewältigen gilt. Was ihnen dann bleibt, ist „Jesus allein“, die Orientierung an dem, dessen „Herrlichkeit“ sie geschaut haben.

Die Perikope schließt mit der Bemerkung, dass die Jünger „in jenen Tagen“ über das „auf dem Berg“ Erlebte niemandem etwas sagen. Sie sind noch weit davon entfernt, tiefer in das Geheimnis der Passion Jesu einzudringen (Lk 9,22) und es mit der geschauten „Herrlichkeit“ in Verbindung, geschweige denn in Einklang zu bringen. Dennoch – sie müssen vom Berg der Verklärung wieder zurück in die Tiefen menschlicher Not und Ungewissheit. Echte Gottesbegegnung drängt zurück in die Ebenen, wo gelebt und gestorben, gelitten und gefeiert wird. Dort soll sich die geschaute „Herrlichkeit“ bewähren.

Die Heilung des besessenen Jungen und die zweite Ankündigung von Jesu Ende: Lk 9,37–45

[37] Es geschah aber am folgenden Tag, als sie vom Berg herabstiegen, da kam ihm eine große Volksmenge entgegen. [38] Und siehe: ein Mann aus der Menge rief und sagte: Meister, ich bitte dich, sieh auf meinen Sohn, denn er ist mir der einzige, [39] und siehe: ein Geist packt ihn und plötzlich schreit er und er zerrt ihn hin und her, wobei er schäumt, und er lässt kaum von ihm ab, wenn er ihn geschunden hat. [40] Und ich bat deine Jünger, dass sie ihn austrieben, aber sie vermochten es nicht. [41] Es antwortete aber Jesus und sprach: o ungläubiges und verkehrtes Geschlecht, wie lange noch muss ich bei euch sein und euch aufhelfen? Bring deinen Sohn hierher. [42] Während er aber herankam, riss ihn der Dämon zu Boden und zerrte ihn hin und her. Es fuhr aber Jesus den unreinen Geist an, und er heilte den Knaben und gab ihn seinem Vater zurück. [43] Es gerieten aber alle außer sich über die Größe Gottes.

Als sich aber alle wunderten über alles, was er tat, sagte er zu seinen Jüngern: [44] nehmt in eure Ohren diese Worte auf: der Menschensohn soll nämlich ausgeliefert werden in Menschenhände. [45] Sie aber verstanden dieses Wort nicht, und es war vor ihnen verborgen, so dass sie es nicht begriffen, und sie fürchteten sich, ihn zu fragen wegen dieses Wortes.

Zusammenhang: „Am folgenden Tag", d. h. nach der Erfahrung auf dem „Berg", steigt Jesus mit seinen drei Gefährten wieder hinab. Die im Chorschluss angefügte zweite Leidensankündigung verdeutlicht das Geheimnis seiner Person zwischen göttlicher Macht und menschlichem Geschick und stellt die Heilungsgeschichte in den Horizont des Passionsgeschehens.

1. Lk 9,37–40: Beim Hinabsteigen vom Berg der Verklärung kommt ihnen eine große Menschenmenge entgegen. Jesus wird von allen erwartet. Als er den vielen Menschen begegnet, ruft ein Mann aus der Menge ihm zu: „Rabbi, ich bitte dich, *sieh* auf meinen Sohn, denn er ist mir der *Einzige* (*monogenés*)". Wie bei der Witwe von Nain und dem Synagogenvorsteher Jairus steht Jesus hier plötzlich der seelischen Not eines Elternteils gegenüber, der um sein *einziges* Kind, seinen Sohn, trauert oder bangt. Der Junge wird von einem „Geist gepackt", der ihn zu einem unkontrollierten und absonderlichen Verhalten zwingt. Der Vater fügt noch hinzu, dass der „Geist" kaum von dem Kind ablässt und es schier zugrunde richtet (wörtlich: zerschmettert). Von ihm erfahren wir auch, dass er schon seine Jünger bemüht hat, aber ohne Erfolg.

2. Lk 9,41–43a: Jesu unerwartete Klage über das „ungläubige und verkehrte Geschlecht" bezieht sich wohl auf die Jünger. Seine Frage: „Wie lange noch muss ich bei euch sein und euch aufhelfen?" weist auf sein Ende hin und deutet den Unglauben als die tiefste Ursache seines Leidens. Nach der Erfahrung auf dem Berg (Lk 9,22) spürt er vielleicht deutlicher seine Distanz zu dem Unvermögen der Jünger, die immer noch nicht in der Lage sind, seine Sendung ohne ihn fortzusetzen, obwohl er ihnen doch längst die Vollmacht gegeben hat, Dämonen auszutreiben (Lk 9,1).

Jesus fordert den Vater auf, seinen Sohn zu ihm zu bringen. Dabei kommt es zunächst zu einem erneuten Ausbruch der lebensgefährlichen Krankheit, und er offenbart das ganze Ausmaß dieser menschlichen Tragödie. Vielleicht will diese Szene auch sagen, dass Gottes Gegenwart erneute Not bedeuten kann, bevor Heilung und Rettung geschieht. Dann fährt Jesus den unreinen Geist an wie den Sturm auf dem See (Lk 8,24) und gibt den geheilten Jungen seinem Vater zurück (vgl. Lk 7,15).

Die Gegenwart Jesu hat das Böse wieder ans Licht gebracht (vgl. Lk 4,33-35). Sie offenbart das Dämonische, das den Menschen fesselt und quält. Die Jünger, der kranke Junge und sein Vater – sie alle sind in der Gewalt des „unreinen Geistes“. Er hat sie alle ohnmächtig gemacht. Die Befreiung von der Macht des Bösen, die Heilung von der Krankheit des Unglaubens geschieht nicht ohne Kampf. Jesu Wort – „kraftvoll und schärfer als jedes zweischneidige Schwert; es dringt durch bis zur Scheidung von Seele und Geist, von Gelenk und Mark; es richtet über die Regungen und Gedanken des Herzens“. (Hebr 4,12) Wenn ich Jesu Wort bis in die unerlösten Räume meines Herzens dringen lasse, werde ich seine Macht über Krankheit und Unglaube in mir erfahren, auch wenn ich dabei zu Boden geschleudert und hin und her gerissen werde.

3. Lk 9,43b–45: *Alle* erkennen im Handeln Jesu Gottes Macht und Größe und geraten außer sich. Während das Staunen noch alle gefangen hält, kündigt Jesus seinen Jüngern mit großer Eindringlichkeit erneut sein Leiden an: „Der Menschensohn soll ausgeliefert werden in Menschenhände!“ Doch sie können dieses „Wort-Ereignis“ (*rema*) nicht fassen. Sein Sinn bleibt ihnen verborgen, und sie scheuen die Wirklichkeit, die sie erreichen will. Es sieht so aus, als spürten die Jünger, dass Jesus mit ihnen auf etwas zugeht, vor dem sie zurückschrecken. Vielleicht ahnen sie, dass sie dem nicht gewachsen sind. Ihr Unverständnis spiegelt sich auch in ihren Überlegungen wider, wer von ihnen wohl der Größte sei (Lk 9,46). Das Nichtverstehen der Jünger wird erst aufgehoben, wenn Jesus selbst ihnen von der Schrift her sein Schicksal erschließt (Lk 24,26f.44–46).

Vom Unverständnis der Jünger: Lk 9,46–50

**46 Es kam aber die Überlegung bei ihnen auf, wer wohl der Größte von ihnen sei.
47 Jesus aber, der die Gedanken ihres Herzens kannte, nahm ein Kind, stellte es
neben sich 48 und sagte zu ihnen: wer immer dieses Kind aufnimmt in meinem Namen, nimmt mich auf. Und wer immer mich aufnimmt, nimmt den auf, der mich
gesandt hat. Denn der Kleinste unter euch allen, der ist groß. 49 Es antwortete aber
Johannes und sagte: Meister, wir sahen einen, der in deinem Namen Dämonen
austrieb, und wir hinderten ihn, weil er nicht mit uns nachfolgt. 50 Es sagte aber
Jesus zu ihm: hindert ihn nicht! Denn wer nicht gegen euch ist, für euch ist er.**

Zusammenhang: Nach der Heilung des besessenen Jungen, als Jesus den Jüngern zum zweiten Mal mit großer Eindringlichkeit sein Leiden ankündigt, hatten sie mit Unverständnis und Abwehr reagiert. Sie haben Angst, sich mit ihm näher auf „dieses Wort“ einzulassen (Lk 9,45). Im Folgenden zeigt sich ihr Unverständnis an zwei weiteren Beispielen.

1. Lk 9,46–48: Jesus ist bei seinen Jüngern, als in ihren Herzen die Frage auftaucht, wer von ihnen wohl der Größte sei. Wo Menschen beisammen sind, geht es fast immer auch um Macht und Einfluss. So bleibt auch das Verhalten der Jünger untereinander nicht von Rivalitäten verschont: Zu menschlicher Größe kann aber nur wachsen, wer sich auf etwas ausrichtet, das nicht wieder er selbst ist. „Der eigentliche Lebenssinn ... entdeckt sich uns, wenn wir den Forderungen in unserem Innern in klarer Einsicht und Beharrlichkeit nachkommen. Er allein kann unserem Einsatz und Wirken den Charakter der Unbedingtheit, der Einheit und der Fülle geben, trotz aller Gebrechlichkeit, Unvollkommenheit und menschlicher Bedingtheit“ (Marcel Légaut).

Als Jesus wahrnimmt, was sich an Gedanken und Empfindungen in den Jüngern abspielt, nimmt er ein Kind und stellt es *neben sich*. Mit dieser Zeichenhandlung lenkt er ihre Aufmerksamkeit von den Gedanken, worin einer den anderen übertrifft, auf eine andere Ebene. Im Blick auf dieses Kind versichert er ihnen: Menschliche Größe wird daran sichtbar, dass einer den Kleinen und Schutzbedürftigen, denen die (noch) nicht zählen, seine liebende Aufmerksamkeit schenkt. Wer etwas so Kleines und Unbedeutendes wie dieses Kind „im Namen Jesu“ aufnimmt, öffnet Gott sein Herz. Zugleich verdeutlicht diese Szene auch, dass die Jünger „groß“ sein können, wenn sie dem Unbedeutenden und Unfertigen bei sich Raum geben, wenn sie sich selbst annehmen und dann auch beim andern leben und gelten lassen, was noch unvollkommen, aber doch lebendig ist; wenn sie nicht verachten, was bei ihnen noch unansehnlich ist, und nicht ablehnen, was noch keine rechte Gestalt hat. Aber zu dieser Größe sind die Jünger noch nicht fähig.

2. Lk 9,49f.: Wenn sich schon unter den Jüngern nicht ausmachen lässt, wer von ihnen der Größte ist, dann wollen sie wenigstens Klarheit darüber haben, wer in Jesu Namen wirken darf. So berichtet Johannes von einem fremden Exorzisten, der unter Anrufung des Namens Jesu Dämonen austrieb. Die Jünger versuchten, ihn daran zu hindern, den Namen Jesus für seine heilende Tätigkeit in Anspruch zu nehmen.

In dieser Schilderung spiegelt sich das Problem des Jüngerkreises bzw. der jungen Gemeinde(n), wie sie sich den Leuten gegenüber verhalten soll, die zwar irgendwie Namen und Evangelium Jesu aufnehmen, aber nicht zu ihnen gehören wollen. Die Reaktion der Jünger zeigt jedenfalls, dass sie solche Randsiedler nicht dulden, auch wenn jemand, wie dieser Fremde, Menschen von schlimmsten Krankheiten heilt und sich dabei ausdrücklich auf Jesus beruft.

Jesus aber ist ein Denken in diesen Abgrenzungen und institutionalisierten Zugehörigkeiten fremd. Er lehnt eine solche Mentalität ab und fordert seine Jünger auf, den Außenseiter gewähren zu lassen. Wenn jemand sich auf die Macht seines Namens beruft, wird er ihnen nicht feindselig gesonnen sein. Er kann als Sympathisant gelten. Jesus geht noch darüber hinaus und betrachtet jeden, der ihnen nicht als Feind gegenüber steht, als Sympathisanten: „Wer nicht gegen euch ist, für euch ist er.“ Großzügigkeit und Wohlwollen schaffen eine Atmosphäre gegenseitiger Wertschätzung und ermöglichen einen Raum der Annäherung. Ein christlicher Papyrus, der das Jesuslogion zitiert, fährt fort mit dem Satz: „Wer heute fern ist, wird euch morgen nahe sein“. Aus Jesu Einstellung gegenüber den Außenseitern und Randsiedlern spricht das Verlangen, dass alles, was dem Menschen zum Heil ist, ihm auf jedem nur möglichen Weg zukommen soll, auch wenn dies außerhalb der unmittelbaren Zugehörigkeit zum Jüngerkreis bzw. zur Gemeinde geschieht.

Bei dem Rangstreit der Jünger um menschliche Größe und ihrer Intoleranz gegenüber Außenstehenden macht der Evangelist noch auf etwas aufmerksam, das ganz wesentlich zur Frohbotschaft gehört: das *Kind,* das noch nicht zählt und in Jesu Namen aufgenommen wird, der fremde *Exorzist,* der auf die Macht Jesu vertraut, ohne sich seinen Jüngern anzuschließen, – sie stehen außerhalb der Gemeinde und doch wird in ihnen etwas sichtbar von der Gegenwart des Gottesherrschaft.

Mit den beiden Episoden vom Unverständnis der Jünger bringt Lukas das Wirken Jesu in Galiläa (Lk 4,14–9,50) zum Abschluss und öffnet den Blick für die Weite der neuen Wertordnung, für die er seine Adressaten gewinnen möchte.

DRITTER HAUPTTEIL

Jesu Wirken auf dem Weg nach Jerusalem („Reisebericht"): Lk 9,51–18,34 bzw. 19,45

Die verweigerte Herberge in Samaria: Lk 9,51–56

[51] Es geschah aber, als sich die Tage seiner Hinwegnahme erfüllten, da richtete er sein Antlitz fest darauf, nach Jerusalem zu gehen, [52] und er sandte Boten vor sich her. Und sie gingen hin und kamen in ein Dorf der Samariter, um ihm Herberge zu bereiten. [53] Und sie nahmen ihn nicht auf, weil sein Antlitz gerichtet war, nach Jerusalem zu wandern. [54] Als das die Jünger Jakobus und Johannes sahen, sagten sie: Herr, willst du, dass wir sagen, dass Feuer vom Himmel falle und sie vernichte? [55] Er wandte sich aber um und fuhr sie an. [56] Und sie zogen in ein anderes Dorf.

Zusammenhang: Mit dem entschlossenen Aufbruch Jesu nach Jerusalem beginnt der sog. Reisebericht (Lk 9,51–18,34 bzw. 19,45). Schon vorher hatte Lukas angedeutet, dass Jerusalem der eigentliche Bestimmungsort Jesu ist und dass sein Weg auch dort enden wird (Lk 9,31). Nach jüdischer Auffassung wird der Messias sich dort endgültig offenbaren. Jerusalem hat innerhalb des lukanischen Doppelwerkes eine zentrale Bedeutung. Der Evangelist sieht Jerusalem als Ort heilsgeschichtlicher Erfüllung. Darum ist auch hier das Ziel des Weges Jesu. Sein Wort am Kreuz: „Vater, in deine Hände lege ich meinen Geist“ (Lk 23,46) ist der Höhepunkt des ganzen Evangeliums. Wie Jesu Weg *nach* Jerusalem führen „musste“ (Lk 24,26), so führt der Weg der Zeugen Jesu nach seiner Auferstehung *weg von* Jerusalem „bis ans Ende der Erde“ (Apg 1,8).

Die Erzählung schildert eine Episode, in der sich das Unverständnis der Jünger fortsetzt.

1. Lk 9,51f.: Lukas zeigt Jesus seit seinem Aufbruch von Kapharnaum (Lk 4,42–44) als ständig unterwegs. Der Menschensohn ohne Zuhause – das Bild des Wandernden, der nirgendwo eine Bleibe hat, außer in dem, was seines Vaters ist (Lk 2,49). Mit ihm ziehen seine Jünger, noch unfähig, die Eigenart seiner Sendung zu verstehen.

„Als die Tage seiner „Hinaufnahme“ (*análempsis*) sich zu erfüllen begannen, richtete Jesus sein Antlitz fest darauf, nach Jerusalem zu gehen“. Dieser Satz ist wie eine Überschrift. Lukas meint mit der „Hinaufnahme“ die Zeit bis zur Himmelfahrt Jesu (Lk 24,51). Das Ziel weist also über die Passion hinaus.

Die Freiheit, mit der Jesus sich für den Weg nach Jerusalem entscheidet, ist ohne „Kreuz", ohne die Absicht, sein Leben für die „Armen" zu „verlieren" (Lk 9,24f.) nicht zu verstehen. Wer das vergisst, wird seine Freiheit und seine Fähigkeit zu lieben, auf eine harte Probe stellen oder gar damit scheitern. In diese Freiheit kann ich nur hineinwachsen „im Blick auf den Urheber und Vollender des Glaubens, Jesus, der *angesichts der vor ihm liegenden Freude* das Kreuz auf sich nahm, ohne auf die Schande zu achten und sich zur Rechten des Thrones Gottes gesetzt hat" und „der von den Sündern solchen Widerstand gegen sich erduldet hat" (Hebr 12,2 f.).

2. Lk 9,53: Der entschlossene Aufbruch nach Jerusalem beginnt mit einer Abweisung: „Sie nahmen ihn nicht auf ..." Diese Abweisung am Anfang des Weges Jesu nach Jerusalem hat tiefere Bedeutung: Jesus ist der, für den es hier keine Bleibe gibt (Lk 2,7). Es finden sich immer gute Gründe, ihn abzuweisen, weil er den „Lauf der Dinge" stört:

Die Leute aus seiner Heimatstadt *Nazareth* fragen abwehrend: „Ist das nicht der Sohn Josefs?" Sie trieben ihn zur Stadt hinaus mit der Absicht, ihn zu töten, damit alles beim Alten bleibt. Die Bewohner des *samaritanischen Dorfes* wollen an ihrer tief sitzenden, traditionellen Feindschaft gegenüber den Juden festhalten. Sie nehmen Jesus nicht auf, und so bleibt alles beim Alten. Und so geht es weiter, bis es schließlich auch in *Jerusalem* für ihn keinen Platz gibt. Jesus wird aus der Gemeinschaft der Menschen ausgestoßen und außerhalb der Stadt zu Tode gebracht, damit alles beim Alten bleibt. Menschen, die aus einer so unverfügbaren Beziehung, aus einer so entschiedenen Freiheit heraus leben wie Jesus, werden als Störung und Bedrohung empfunden. Sie leben gefährlich. Es gibt keinen Platz für Leute, die sich dem „Lauf der Dinge" nicht anpassen und innerlich frei bleiben gegenüber denen, die sich zu Herren über die „Armen" gemacht haben.

3. Lk 9,54–56: Die Reaktion der beiden Jünger Jakobus und Johannes auf die abweisende Haltung der Samaritaner offenbart noch die ganze Unvereinbarkeit ihrer Radikalität mit der Radikalität Jesu. Sie wollen vernichten, Er will retten. In ihrer Reaktion unterscheiden sie sich nicht von denen, die Jesus ablehnen und aus dem Weg räumen wollen. Das Gebot der Feindesliebe (Lk 6,27f.) aus der „Feldrede" Jesu und seine Aufforderung, sich in ihrem Verhalten an der Barmherzigkeit Gottes zu orientieren (Lk 6,35–37), hat ihr Herz noch nicht wirklich erreicht.

Jesus wendet sich um und weist sie zurecht. Wer ihn nicht aufnimmt, bleibt sich selbst überlassen. So erging es den Leuten von Nazareth. So bleiben die abweisenden Samariter unter sich. Jesus aber zieht weiter. Er lässt sich weder durch Ablehnung von außen noch durch das Unverständnis seiner Jünger davon abbringen, im Gehorsam seinen Weg nach Jerusalem fortzusetzen.

Diese Erzählung zielt auf die Zurechtweisung der Jünger. Mit ihrer jetzigen Einstellung sind sie noch unfähig, Menschen ein Bewusstsein ihrer Gottebenbildlichkeit zu ermöglichen.

Nachfolgebedingungen (2): Lk 9,57–62

57 Und als sie dahinzogen auf dem Weg, sagte einer zu ihm: ich werde dir nachfol-
gen, wohin auch immer du gehst. 58 Und es sagte zu ihm Jesus: die Füchse haben
Höhlen und die Vögel des Himmels Nester, der Menschensohn aber hat nicht, wo
er sein Haupt hinlege. 59 Er sagte aber zu einem anderen: folge mir nach! Der aber
sprach: erlaube mir, zuerst hinzugehen, um meinen Vater zu begraben. 60 Er sagte
ihm: lass die Toten ihre Toten begraben, du aber geh und verkünde die Gottesherr-
schaft. 61 Es sagte aber ein anderer: ich werde dir folgen, Herr, zuerst aber erlaube
mir, Abschied zu nehmen von denen, (die) in meinem Hause (sind). 62 Es sprach
aber zu ihm Jesus: niemand, der die Hand an den Pflug legt und zurückschaut, ist
tauglich für die Gottesherrschaft.

Zusammenhang: Jesu Wirken hat mit seiner Entscheidung, nach Jerusalem zu gehen, ein neues Gefälle bekommen. Von jetzt an (Lk 9,51) strebt der Weg Jesu dem heilsgeschichtlichen Ort zu, wo sich „alles vollenden wird“ (Lk 18,31–33). Die drei Begegnungen „unterwegs“ sind durch das Stichwort „nachfolgen“ miteinander verbunden und ergänzen, was es bedeutet, für die Nachfolge „alles“ zu verlassen (Lk 5,10f.27). In den Worten Jesu wird ein Anspruch vernehmbar, der sonst nur von Jahwe bekannt ist. Nicht von ungefähr stehen diese drei Begegnungen am Beginn seines Weges nach Jerusalem.

1. Lk 9,57f.: „Als sie dahin zogen auf dem Weg ...“ Immer wieder kommt der mit den Jüngern nach Jerusalem wandernde Jesus in den Blick (13,22: 17,11; 19,28). Lukas sieht in diesem Bild schon die missionarische Kirche als Jesus nachfolgende Gemeinschaft.

In der ersten Begegnung kommt jemand auf Jesus zu mit der Bereitschaft, alles zu verlassen: „Ich will dir nachfolgen, wohin auch immer du gehst.“ Jesus weist den Mann nicht zurück. Aber er macht ihn darauf aufmerksam, was es bedeutet, das unbehauste Leben und Schicksal dessen zu teilen, dem er folgen will. Seine neue Freiheit wird er möglicherweise in Heimatlosigkeit und Ungeborgenheit, in Ablehnung und Scheitern konkretisieren müssen. Es gibt letztlich *keinen* Ort als Bleibe für den, der mit Jesus Gemeinschaft sucht.

2. Lk 9,59f.: In der zweiten Begegnung spricht Jesus einen an, der zwar nachfolgebereit ist, aber nicht sofort kommen will: „Lass mich zuerst hingehen und meinen Vater begraben." Es gibt wohl kein Jesuswort, das in radikalerer Weise gegen Gesetz, Frömmigkeit und Sitte in einem verstößt als diese Antwort an den Zögernden: „Lass die Toten ihre Toten begraben. Du aber geh und verkünde die Herrschaft Gottes." Weil es Leben nur in der Gottesherrschaft gibt, trägt alles andere den Keim von Tod und Verwesung in sich. Deshalb besteht letztlich kein Unterschied zwischen den physisch Lebenden und den physisch Toten. Damit relativiert der Ruf in die Nachfolge die wichtigsten sozialen Bindungen und Verpflichtungen radikal.

Nicht für alle kann solch unerbittliche Härte als Nachfolgebedingung gelten und sie ist nur verständlich unter dem Eindruck der hereinbrechenden Gottesherrschaft. Diese Nachfolge bedeutet „uneingeschränkte Schicksalsgemeinschaft, die auch Entbehrung und Leiden im Gefolge des Meisters nicht scheut, und sie ist nur möglich aufgrund des völligen Vertrauens des Nachfolgers: Er hat sein Schicksal, seine Zukunft in die Hand des Meisters gelegt" (M. Hengel).

Dem ganz persönlich gerufenen Jünger wird in der Nachfolge Jesu derselbe Auftrag und dieselbe Vollmacht zuteil, wie sie Jesus selbst innehat: die Gottesherrschaft zu verkünden und zu heilen (Lk 9,2). Darum muss er auch in gleicher Weise innerlich frei sein für diesen Dienst und unter Verzicht auf alle verwandtschaftlichen Bindungen und Rücksichten bereit, die ganze Unsicherheit, Gefährdung und Diffamierung Jesu zu teilen.

Die Radikalität, mit der Jesus hier einen Einzelnen in seine Nachfolge ruft, bedeutet für diesen: im Dienst an der Gottesherrschaft gibt es keine Zeit zu verlieren. Der Gerufene soll dem Leben dienen, das nicht mehr unter der Macht des Todes steht: „Geh und verkünde die Herrschaft Gottes!"

3. Lk 9,61f.: Noch von einem Dritten ist die Rede, der in die Nachfolge Jesu aufgenommen werden will. Doch zuvor möchte er noch Abschied nehmen von seiner Familie und seinen Hausgenossen. Das erinnert an die Berufung des Elischa, der sich erst noch von seinen Eltern verabschieden will, bevor er mit Elija geht (2Kön 19,20). Während Elija seinem Schüler die Bitte gewährt, reagiert Jesus ganz anders. Er lässt keine Rücksicht gelten und antwortet ihm mit dem Bild des Pflügenden, der nur gerade Furchen ziehen kann, wenn er vorwärts schaut. Wer nicht fest entschlossen nach vorn blickt, ist untauglich für die Mitarbeit an der Herrschaft Gottes. Wer deutlich spürt, wo sein Lebenssinn sich abzuzeichnen beginnt, läuft Gefahr, seinen Kairos zu verlieren, wenn er noch ein wenig beim Alten verweilen möchte.

Bei allen dreien, die Jesus „auf dem Weg nach Jerusalem" begegnen, bleibt ungenannt, wie sie auf sein Wort reagieren ...

Wie kann man diese Unbedingtheit der Nachfolge verstehen, ohne in einen fatalen Rigorismus zu geraten? Wie kann ich diese Radikalität nachvollziehen, ohne mich auf einen unbarmherzigen Umgang mit mir selbst und die zerstörerischen Folgen einer solchen Einstellung einzulassen? Jesu Ruf in die Nachfolge würde mich überfordern, wenn ich die Wirklichkeit nicht mit erfasse, die ihn selbst bei der Taufe im Jordan überwältigte. Damals – während er betete – öffnete sich der Himmel und Gott bekannte sich zu ihm als seinen geliebten Sohn. Dieser Einbruch des Himmels bestimmte seither sein Selbstbewusstsein und sein Gottesbild. In der Gewissheit, Gott als liebenden Vater zu haben, bleibt er bis zum Ende ein freier Mensch – trotz der Entschiedenheit, mit der er seinen Weg geht. Er bleibt bis zuletzt ein Mensch voller Hingabe, Liebenswürdigkeit und Menschlichkeit.

Die Unbedingtheit und Radikalität der Nachfolge schafft neue Beziehungen und Bindungen: „Es gibt niemanden, der Haus oder Frau oder Brüder oder Eltern oder Kinder verlassen hat wegen des Gottesreiches, der nicht Vielfaches erhält (schon) in dieser Zeit und in der kommenden Zeit das ewige Leben“ (Lk 18,29f.).

Die Aussendung der zweiundsiebzig Jünger: Lk 10,1–16

[1] Danach aber bestimmte der Herr andere zweiundsiebzig und sandte sie zu zweit vor seinem Angesicht in jede Stadt und jeden Ort, wohin er selbst gehen wollte. [2] Er sagte aber zu ihnen: die Ernte ist groß, die Arbeiter aber wenige. Bittet nun den Herrn der Ernte, dass er Arbeiter aussende in seine Ernte. [3] Geht! Siehe: ich sende euch wie Schafe mitten unter die Wölfe. [4] Tragt keinen Geldbeutel, keine Reisetasche, keine Sandalen und grüßt niemand unterwegs. [5] Wenn ihr aber in ein Haus geht, sagt zuerst: Friede diesem Hause! [6] Und wenn dort ein Sohn des Friedens ist, wird ruhen auf ihm euer Friede. Wenn aber nicht, wird er auf euch zurückkommen. [7] In diesem Haus bleibt, esst und trinkt, was euch vorgesetzt wird. Denn der Arbeiter ist seines Lohnes wert. Wechselt nicht von Haus zu Haus. [8] Und wenn ihr in eine Stadt hineingeht und sie nehmen euch auf, esst, was euch vorgesetzt wird, [9] und heilt, die dort krank (sind), und sagt ihnen: gekommen ist zu euch die Gottesherrschaft. [10] Wenn ihr aber in eine Stadt kommt und sie nehmen euch nicht auf, geht hinaus auf ihre Straßen und sagt: [11] Auch den Staub, der sich uns aus eurer Stadt an die Füße gehängt hat, wischen wir ab (auf) euch. Doch dies sollt ihr wissen: gekommen ist die Gottesherrschaft. [12] Ich sage euch: Sodom wird es an jenem Tage erträglicher gehen als jener Stadt.

[13] Wehe dir, Chorazin! Wehe dir, Bethsaida! Denn wenn in Tyrus und Sidon geschehen wären die Machttaten, die unter euch geschehen sind, längst hätten sie in Sack und Asche sitzend sich bekehrt. [14] Doch Tyrus und Sidon wird es erträglicher ergehen im Gericht als euch. [15] Und du, Kapharnaum, wirst du etwa bis zum Himmel erhöht werden? Bis zur Unterwelt wirst du hinabsteigen. [16] Wer auf euch

hört, hört mich, und wer euch abweist, weist mich ab. Wer aber mich abweist, weist den ab, der mich gesandt hat.

Zusammenhang: Neben der Aussendung der Zwölf (Lk 9,1–7) berichtet Lukas als Einziger von der Aussendung einer „anderen" Gruppe von zweiundsiebzig Jüngern – diesmal auf dem Weg nach Jerusalem. Vorausgegangen waren drei Begegnungen, in denen Jesus klarstellt, unter welchen Voraussetzungen der Dienst an der Gottesherrschaft Zukunft hat.

1. Lk 10,1–4: Jesus beauftragt zweiundsiebzig andere Jünger und schickt sie jeweils zu zweit „vor seinem Angesicht" in alle Städte und Orte, in die er selbst gehen wollte – in Erwartung einer immensen Erntearbeit. Als glaubwürdige Zeugen („zu zweit") sollen sie mit ihrer Botschaft von der Gottesherrschaft dem Herrn (*kýrios*) vorausgehen. Wenigstens zwei Menschen braucht es auch, um einander auf dem Weg zu stützen und zu ermutigen, Freude zu teilen, Erfahrungen zu deuten und offen zu bleiben für notwendige Kritik. Das gemeinsame Unterwegssein soll dem Einzelnen helfen, menschlich und geistlich zu wachsen und den Elan seiner persönlichen Berufung und Sendung nicht zu verlieren.

Die Aussendung wird mit der großen Ernte begründet. Dieses Bild ist ein Hinweis auf den endzeitlichen Charakter ihrer Mission. Die Zeit seines Wirkens ist begrenzt und die Chancen durch ein glaubwürdiges Zeugnis sind größer als die Zahl derer, die sich zu dieser Erntearbeit bereit finden. Die Ernte ist letztlich Gottes Sache. Er ist „der Herr der Ernte". Darum zu wissen, kann sehr entlasten. Aber die Jünger sollen sein Anliegen zu *ihrem* machen und ihre Sendung zu seinen Konditionen verwirklichen.

Jesus macht sie auch auf die Gefährlichkeit ihres Einsatzes aufmerksam. Sie müssen nicht nur mit Widerstand und Ablehnung rechnen, sondern realistisch einschätzen, dass sie absolut wehrlos sind – wie Schafe, die in ein Rudel Wölfe geraten. Zur Glaubwürdigkeit ihrer Person und ihres Auftrags gehört, dass sie auf alle Absicherungen verzichten, die sie daran hindern, den Menschen Gottes Nähe erfahrbar zu machen. Wenn die 72 buchstäblich nichts mit auf den Weg nehmen sollen, dann wird ihr Vertrauen in Gottes Führung aufs äußerste herausgefordert. Auch wenn man hier wohl von einem räumlich und zeitlich begrenzten apostolischen Einsatz ausgehen muss, so wird doch deutlich, dass ihre äußere Erscheinung, ihr Auftreten für das Vertrauen in die Glaubwürdigkeit und Uneigennützigkeit ihrer Sendung unerlässlich ist.

Auch sollen sie sich unterwegs nicht aufhalten lassen, nicht einmal durch konventionelle Gepflogenheiten, denn die Zeit drängt. Nicht auf der Straße, sondern in den Häusern sollen sie den Kontakt mit den Menschen suchen und pflegen.

2. Lk 10,5–12: Wenn sie ein Haus betreten, sollen sie seinen Bewohnern zuerst mit dem Friedensgruß begegnen, d.h. sie sollen den Shalom Gottes, sein Heil diesem Haus und seinen Bewohnern zusprechen. Wird der Gruß angenommen, sollen sie, ohne Ansprüche zu stellen, sich den häuslichen Gegebenheiten anpassen und ihre Tätigkeit von hier, also von einem festen Quartier aus, aufnehmen. Werden sie als Boten nicht akzeptiert, bleibt ihr Heilswort wirkungslos.

Die Jünger und Jüngerinnen sollen einerseits davon überzeugt sein, dass es für sie nichts Wichtigeres gibt, als Gottes Nähe unter den Menschen erfahrbar zu machen. Andererseits sollen sie in Erinnerung behalten, das Gott der Herr der Ernte ist.

Finden sie Aufnahme in einer *Stadt*, so sollen sie die angebotene Gastfreundschaft annehmen, die Kranken dort heilen und den Menschen sagen: die Gottesherrschaft *ist* euch nahe gekommen. Ihr Wort hat dieselbe Autorität wie die Verkündigung Jesu, ist also kein unverbindliches Angebot, das man je nach Belieben annehmen oder ablehnen kann. Es stellt die Menschen in die Entscheidung. Wird den Jüngern in einer Stadt die Aufnahme verweigert, sollen sie öffentlich deutlich machen, wie ernst es ihnen mit ihrem Auftrag ist. Die Gebärde des Staubabschüttelns ist Zeichen für die Aufhebung der Gemeinschaft. Die Ablehnung der Boten Jesu hat schlimmere Folgen als die Vernichtung Sodoms, weil die Einwohner einer solchen Stadt sich damit letztlich Gott verweigern.

3. Lk 10,13–16: Die endzeitliche Bedeutung ihrer Mission erhält von den nachfolgenden Gerichtsworten über die drei Städte Chorazin, Bethsaida und vor allem Kapharnaum ihr besonderes Gewicht. Die heidnischen Hafenstädte Tyrus und Sidon sind schon im Alten Testament der Inbegriff gottlosen Lebens (vgl. u.a. Jes 23; Ez. 26–28; Joel 4,4–8; Sach 9,2–4). Wenn Jesus behauptet, dass diese reichen Großstädte beim Jüngsten Gericht mehr Schonung zu erwarten haben als die beiden jüdischen Ortschaften, dann ist das eine ungeheure Provokation. Chorazin und Bethsaida haben seine Machttaten nicht als Zeichen der angebrochenen Gottesherrschaft verstanden, sondern nur als Sensationen – ohne Folgen für ihr Leben und ihre Beziehung zu Gott. In Anspielung auf den Gerichtsspruch über den Erzfeind Israels, den König von Babel, wird es Kapharnaum am härtesten treffen (vgl. Jes 14,13–15).

Abschließend bekräftigt Jesus noch einmal, dass die Jünger, als von Jesus beauftragt, vollen Anteil an seiner Sendung haben, eine Autorität, die letztlich in Gott gründet, der Jesus in die Welt gesandt hat.

Was bringt den drohenden Unterton in die Verkündigung der Frohbotschaft? Was macht es so schwer, im Wort eines Menschen, das „Heute Gottes" für sich zu entdecken und anzunehmen?

Wer sich erlaubt, in einem menschlichen Wort *Gottes* Wort zu erkennen und in sein Leben einzulassen, weil es der Wahrheit seines Herzens entspricht, wird den Widerspruch spüren zu dem, wie er sich in diesem Leben eingerichtet hat. Er wird den Lauf liebgewonnener Gewohnheiten durchkreuzen müssen und in Konflikt geraten mit Mentalitäten, die der Wahrhaftigkeit seines Lebens im Weg stehen. Enttäuschung und Entfremdung von Menschen, die einem nahe stehen, können zu den Folgen eines solchen Gesinnungswandels gehören. Wer ist schon bereit, diese Risiken auf sich zu nehmen? Die Gerichtsworte wollen den Hörern ihre innere Bestimmung und deren Gefährdung eindringlich in Erinnerung rufen und ihnen ihre Freiheit bewusst machen. Gott meint es ernst mit seinem „Gnadenjahr“ für sie – *heute* (vgl. Lk 4,16–21).

Die Rückkehr der zweiundsiebzig Jünger und Jesu jubelndes Dankgebet: Lk 10,17–24

**17 Es kehrten aber zurück die Zweiundsiebzig mit Freude und sagten: Herr, auch
die Dämonen sind uns untertan in deinem Namen. 18 Er aber sagte zu ihnen: ich
sah den Satan wie einen Blitz vom Himmel fallen. 19 Siehe: ich habe euch die
Vollmacht gegeben, zu treten auf Schlangen und Skorpione, und über jede Macht
des Feindes, und nichts wird euch schaden. 20 Aber darüber freut euch nicht, dass
die Geister euch untertan sind; freut euch aber, dass eure Namen eingeschrieben
sind im Himmel.**

**21 In dieser Stunde jubelte er im Heiligen Geiste und sprach: ich preise dich,
Vater, Herr des Himmels und der Erde, dass du dies verborgen hast vor Weisen
und Verständigen und es offenbart hast den Unmündigen. Ja, Vater, so ist hat es
dir wohlgefallen. 22 Alles ist mir übergeben worden von meinem Vater, und niemand erkennt, wer der Sohn ist, als nur der Vater, und wer der Vater ist, als nur
der Sohn und wem es der Sohn offenbaren will.**

**23 Und er wandte sich allein an seine Jünger und sprach: selig die Augen, die
sehen, was ihr seht. 24 Denn ich sage euch: viele Propheten und Könige wollten sehen, was ihr seht und sahen es nicht, und hören, was ihr hört, und hörten es nicht.**

Zusammenhang: Unmittelbar nach der Aussendung der zweiundsiebzig Jünger berichtet Lukas von ihrer Rückkehr zu Jesus. Welche Orte sie besucht, wo sie Aufnahme gefunden oder Ablehnung erfahren haben, bleibt ebenso unerwähnt wie die Dauer ihrer Mission.

1. Lk 10,17–20: Die Jünger kommen von ihrem apostolischen Einsatz zurück und erzählen Jesus voll Freude, was sie dabei erlebt haben. Am beeindruckendsten war für sie die Erfahrung, dass sie in seinem Namen die zerstörerische Macht des Bösen über Menschen bannen konnten. Sie hatten gesehen, dass sie tatsächlich vollen Anteil an der Sendung Jesu haben und Menschen heil und ganz wurden.

Jesus weist sie auf eine eigene visionäre Erfahrung hin, um ihnen zu erklären, warum die Dämonen sich ihnen unterworfen haben. Das war nur möglich, weil Jesus nach dem Sturz des Satans sie mit seiner Macht (*exousía*) ausgestattet hat, die allem überlegen ist. Wer also wie die Jünger die Unheil bringende Macht des Bösen beherrscht, braucht sie nicht mehr zu fürchten. Aber auf Dauer kann das nur gelingen, wenn sie sich ein Gespür für ihre Grenzen bewahren und der Versuchung widerstehen, diese zu überschreiten. Transparent zu sein für die Gegenwart der Gottesherrschaft setzt eine Selbstlosigkeit voraus, eine innere Freiheit von der Sorge um sich selbst. Sie wird uns geschenkt durch ein tief inneres Wissen um unsere Zugehörigkeit zu Gott. Sie ist der eigentliche Grund unserer Freude. Und darauf lenkt Jesus die Aufmerksamkeit seiner Jünger, wenn er zu ihnen sagt: „Freut euch aber darüber, dass eure Namen im Himmel eingeschrieben sind."

2. Lk 10,21–24: Jesus ist von den Erfahrungen der Zweiundsiebzig tief bewegt. Er jubelt im Hl. Geist und preist den Vater voller Dankbarkeit für den Erfolg der Mission. Kein Mensch kann *von sich aus* verstehen, wie Gott durch „unmündige", d. h. hier durch theologisch ungebildete Jünger, an den Menschen so machtvoll gehandelt hat. Wie Jesus den Sündern Gemeinschaft schenkt und die „Gerechten" daran Anstoß nehmen, so lässt er die Unmündigen an seiner Offenbarung teilhaben, die den „Weisen und Wissenden", d. h. hier: den theologisch gebildeten Schriftgelehrten, verborgen bleibt. Gott handelt durch Menschen, die ihn an sich selbst haben handeln lassen und die so auf ihn hin transparent geworden sind.

Dann erschließt Jesus ihnen „in derselben Stunde" und „im Heiligen Geist" das Geheimnis seiner Sendung und seiner Beziehung zum Vater. Der Vater hat ihm *alle* Vollmacht (*pánta*) übertragen, und durch ihn haben wir Anteil an der Offenbarung des Geheimnisses, das Gott für uns Menschen ist. Im Blick auf seine Jünger preist er sie selig, denn was sie bei ihrem apostolischen Einsatz erfahren haben, ist die Erfüllung dessen, was Israels Propheten und Könige sehen und hören wollten. Sie waren die Verkünder der messianischen Heilszeit, die sie jetzt erleben.

Dieser Abschnitt zeigt das *Prinzip und Fundament* allen apostolischen Wirkens. Sie zeigt auch, was ein solches Wirken auslöst: Eine Freude, die übergeht in den Lobpreis Gottes.

Die Frage des Schriftgelehrten und die Geschichte vom barmherzigen Samariter: Lk 10,25–37

25 Und siehe: ein Schriftgelehrter trat auf, um ihn zu prüfen, und sagte: Lehrer,
was muss ich tun, um ewiges Leben zu erben? 26 Er aber sagte zu ihm: was ist im
Gesetz geschrieben? Wie liest du? 27 Der aber antwortete und sagte: du sollst den
Herrn deinen Gott lieben aus deinem ganzen Herzen und mit deiner ganzen Seele und
mit deiner ganzen Kraft und mit deinem ganzen Denken und deinen Nächsten wie dich
selbst. 28 Er aber sagte ihm: du hast richtig geantwortet. Dies tue und du wirst
leben. 29 Er aber wollte sich rechtfertigen und sagte zu Jesus: und wer ist mein
Nächster?

30 Jesus nahm das Wort auf und sprach: ein Mensch ging hinab von Jerusalem nach Jericho und fiel unter die Räuber; die zogen ihn aus und schlugen ihn
zusammen und ließen ihn halbtot liegen und machten sich davon. 31 Zufällig aber
ging ein Priester hinab auf jenem Wege, und als er ihn sah, ging er vorüber. 32
Ebenso kam auch ein Levit an den Ort, und als er ihn sah, ging er vorüber. 33
Ein Samariter aber, der auf der Reise war, kam dorthin, und als er ihn sah, hatte
er Mitleid, 34 und kam herbei, verband seine Wunden, goss Öl und Wein darauf,
setzte ihn auf sein eigenes Reittier, brachte ihn zur Herberge und sorgte für ihn. 35
Und am anderen Morgen zog er zwei Denare heraus, gab sie dem Wirt und sagte:
sorge für ihn, und was du darüber hinaus aufwendest, werde ich dir bei meiner
Rückkehr bezahlen. 36 Wer von diesen dreien scheint dir, ist dem zum Nächsten
geworden, der unter die Räuber gefallen war? 37 Der aber sagte: der Barmherzigkeit übte an ihm. Es sagte ihm aber Jesus: geh und handle auch du ebenso.

Zusammenhang: Die Perikope steht im Kontext einer längeren Jüngerbelehrung, die nacheinander drei Grunderfordernisse christlichen Lebens behandelt: *die tatkräftige Hilfe für den „Nächsten"*, wie es am Beispiel des barmherzigen Samariters deutlich wird; *das Hören auf Jesu Worte*, wie es Maria, die Schwester Marthas, getan hat (Lk 10,38–42); und *das Gebet*, aus dem die Kraft zur Jüngerschaft erwächst (Lk 11,1–13).

Vorausgegangen war Jesu Reaktion auf die Rückkehr der zweiundsiebzig Jünger und auf ihre Erfahrungen mit seinem Auftrag in allen Städten und Ortschaften, in die er selbst gehen wollte.

1. Lk 10,25–29: Die Erzählung beginnt mit den Worten *„Und siehe"*, offenbar eine Aufforderung, die Augen zu öffnen und mit Aufmerksamkeit das Folgende in den Blick zu nehmen. Später macht der Text deutlich, dass es hier noch um mehr geht: Dem Erzählten nicht nur mit wachen Augen, sondern mit einer offenen Einstellung zu begegnen.

Ohne nähere Situationsangabe tritt ein Gesetzeslehrer auf und stellt Jesus eine Frage, um ihn zu prüfen. Er verfolgt eine bestimmte Absicht. Damit ist sein Blick festgelegt. Und doch kann unter all dem Festgelegten, dem Überlieferten und Gelernten noch eine Sehnsucht nach mehr religiöser Identität und Lebendigkeit verborgen sein: „*Was muss ich tun, um ewiges Leben zu erben?*" Er fragt nach dem, was für ihn heilsnotwendig ist.

Jesus sieht, was in diesem Menschen vor sich geht. Er versteht sein Verlangen nach Sicherheit und seine Sehnsucht nach Leben, vielleicht auch seine Angst vor Veränderung, seine Sorge, die mit der überlieferten Tora-Auslegung gewonnene Sicherheit zu verlieren. Wie geht beides zusammen: die Sehnsucht nach Leben und die Angst vor dem Leben? Jesus dreht die Situation um und macht den Fragesteller zum Befragten. Wie ein wohlwollender Toralehrer fordert er ihn auf, aus der Tora die zentralen Stellen zu zitieren, die den Weg zum Leben weisen. In seiner Antwort verbindet der Gesetzeslehrer das Gebot der Gottesliebe aus Dtn 6,5f. mit dem Gebot der Nächstenliebe nach Lev 19,18 (LXX). Mit seiner ganzen Existenz, mit allen Fähigkeiten und Möglichkeiten, die ihm zur Verfügung stehen, soll der Fromme Gott dienen und seinen Nächsten lieben. Beide Gebote bilden also nach ihm eine untrennbare Einheit. Jesus bestätigt dem Torakundigen, dass er richtig geantwortet habe, fügt aber nach Dtn 4,1 und Lev 18,5 hinzu: „Tu das und du wirst leben!"

Der Gesetzeslehrer gibt sich mit der Antwort Jesu nicht zufrieden. Er will wissen, wie weit die gebotene Nächstenliebe gehen muss: „Wer ist mein Nächster?" Das ist seine eigentliche Frage. Nach Lev 19,18 ist es jeder, der zum Volk Israel gehört. Lev 13,34 und Dtn 10,19 beziehen auch den Fremden mit ein, der dauerhaft unter den Israeliten lebt. Wo liegt die Grenze der Nächstenliebe, die zum Heil notwendig ist? Nach welchen Kriterien lässt sie sich bestimmen?

2. Lk 10,30–37: Jesus geht auf diese Ebene gedanklicher Auseinandersetzung nicht ein. Mit einer Beispielerzählung öffnet er einen Spalt die Tür zu einem tieferen Verständnis, um dem anderen die Möglichkeit zu geben, sich zu öffnen, ohne sein Gesicht zu verlieren. Der andere hat ja auch Angst um seine Autorität, um sein Ansehen als Toralehrer. Jesus weiß, dass unser Leben keine dogmatische Landkarte ist, sondern ein Begegnungsfeld mit seinen täglichen Herausforderungen und die kann man meist nicht planen. Sie ergeben sich situativ, zufällig. Manchmal ist unser Alltag wie ein abschüssiger Weg voller Gefahren und existenzieller Herausforderungen, wie die anschließende Erzählung deutlich macht: *Ein Mensch ging hinab von Jerusalem nach Jericho und fiel unter die Räuber; die zogen ihn aus und schlugen ihn zusammen und ließen ihn halbtot liegen. „Zufällig aber ging ein Priester hinab auf jenem Weg."* Er sieht ihn und geht vorüber. Er ist auf dem Heimweg vom Tempeldienst. Sein Verhalten spiegelt die Handlungsnormen seines religiös-kultischen Milieus wider. Sie haben sich bei ihm so verfestigt, dass er unsensibel geworden ist für den Hilfsbedürftigen am Weg. Er ist so sehr in seine Rolle eingebunden, dass es für ihn unmöglich ist, da herauszukommen. Jesus moralisiert nicht und verurteilt ihn nicht. So ist es im Leben: Manchmal sind wir nicht in der Lage, aus uns herauszugehen, uns zu öffnen für das, was uns begegnet. Dann sehen wir nicht oder wollen wir nicht sehen und können uns nicht berühren lassen. Wir gehen vorüber. „Desgleichen ein Levit." Auch er hat in sich keinen Raum für die schreiende Not am Weg.

Dann kam ein Mann aus Samarien, der nicht zur jüdischen Kultusgemeinde gehört. Dieser Fremde ist sensibel für das, was ihm hier ungeachtet der leidvollen Geschichte und tief sitzenden Feindschaft zwischen Juden und Samaritanern begegnet. Er sieht und wird bis ins Innerste berührt und getroffen von dem Menschen, der auf seinem Weg hilflos am Boden liegt. Er kann situativ reagieren, vielleicht nicht immer, aber *heute*. Er handelt verbindlich. Er nimmt sich nicht aus der Verantwortung der Situation, in die er geraten ist. Er tut das Not-*wendige*, ohne sein Ziel, ohne die Sinnrichtung seines Lebens zu ändern. So kann sich eine veränderte Sicht, eine andere Einstellung anbahnen:

„Was meinst du: wer von diesen dreien ist dem zum Nächsten geworden, der unter die Räuber gefallen war?" Der Nächste, den Jesus mit dem Liebesgebot vor Augen hat, ist immer der Mensch, dem ich gerade begegne – ohne Ansehen der Person und der Volkszugehörigkeit. Ich kann also vorab nicht festlegen, wer nach welchen Kriterien mein Nächster ist und wer nicht.

Der Gesetzeslehrer gibt auch diesmal die richtige Antwort, freilich ohne das Wort „Samaritaner" in den Mund zu nehmen. So fordert Jesus ihn noch einmal auf, mit seinem Leben nicht hinter seiner Einsicht zurück zu bleiben und es so zu „gewinnen".

Vom Hören auf Jesu Wort als das eine Notwendige: Lk 10,38–42

**38 Als sie aber unterwegs waren, kam er in ein Dorf. Eine Frau aber, mit Namen
Martha, nahm ihn auf. 39 Und sie hatte eine Schwester, Maria genannt; diese setzte
sich nieder zu Füßen des Herrn und hörte auf sein Wort. 40 Martha aber war völlig
in Anspruch genommen von dem vielen Dienst. Sie aber trat heran und sagte:
Herr, kümmert es dich nicht, dass meine Schwester mich allein dienen lässt? Sag
ihr doch, dass sie mir helfen soll. 41 Es antwortete aber und sagte ihr der Herr:
Martha, Martha, du sorgst und mühst dich um vieles, 42 eines aber ist notwendig.
Maria nämlich hat den guten Teil erwählt, der nicht von ihr genommen wird.**

Zusammenhang: Diese Perikope bildet den Abschluss der Erzähleinheit Lk 9,51–10,42. Wie an anderen Stellen (vgl. u.a. Lk 6,47–49; Lk 9,46–50) hebt Lukas auch am Ende dieses Abschnitts die Bedeutung des Wortes Jesu besonders hervor.

Zuvor hatte er am Beispiel des barmherzigen Samariters die tatkräftige Hilfe für den „Nächsten" in Not als Grunderfordernis christlichen Lebens verdeutlicht. In beiden Erzählungen werden Verhaltensweisen geschildert, die überkommene Normen und Konventionen aufbrechen.

1. Lk 10,38f.: War Jesus zu Beginn seines Weges nach Jerusalem in einem samaritanischen Dorf abgewiesen worden, so findet er jetzt in einem anderen Dorf bei einer Frau namens Martha gastliche Aufnahme. Die Jünger, mit denen Jesus unterwegs ist, kommen im weiteren Verlauf der Erzählung nicht mehr vor. Es sieht so aus, als habe Lukas ihnen die Rolle von Zuschauern zugewiesen, um nichts von der eindrücklichen Begegnung mit dem *Kyrios* (V.V. 39.40.41.) im Hause der beiden Frauen zu übersehen.

Dass eine unverheiratete oder verwitwete Frau Jesus aufnimmt, ist für damalige Gepflogenheiten sehr ungewöhnlich. Aber auch die Schwester Marthas verhält sich sehr ungewöhnlich. Noch bevor die Mahlzeit für den Gast bereitet ist, hockt (*parakathésthai*) Maria sich zu Füßen des „Herrn" – wie ein Schüler vor seinem Rabbi – und hört auf *sein* Wort. Nach damaliger Auffassung hatten Frauen kein Recht auf Unterweisung in der Tora. Jesus aber behandelt Maria als gleichwertige Jüngerin. Diese Szene spiegelt vielleicht auch die neue Stellung der Frau in den Gemeinden und ihre Rolle im Gemeindeleben wider.

2. Lk 10,40–42: Im Kontrast zu dieser ruhig-aufmerksamen Jüngerszene mit Maria steht das angestrengte und geschäftige Sorgen Marthas, um den Pflichten der Gastfreundschaft für Jesus zu genügen. Die Art, wie im griechischen Urtext ihr Tun beschrieben wird (*peri espato peri póllen diakonían),* macht bildhaft deutlich: Sie lässt sich in ihrem „Treiben" buchstäblich hin und her zerren. Dabei fühlt sie sich allein gelassen und übersehen. Von daher werden ihre gereizte Reaktion und ihr mangelndes Taktgefühl gegenüber ihrem Gast verständlich.

Anders als von Martha erwartet, richtet Jesus sein Wort nicht an Maria, sondern wendet sich an sie mit eindringlichen Worten. Zweimal nennt er Martha bei ihrem Namen. In ihrem engagierten Sorgen und Mühen um viele Dinge verliert sie sich in das Vielerlei. Auch an anderen Stellen des Lukasevangeliums wird eindrücklich davor gewarnt, sich von den Anforderungen des Alltags so in den Griff nehmen zu lassen und dabei das eine Notwendige aus dem Blick zu verlieren (vgl. Lk 8,14; 21,34).

Am Verhalten Marias wird deutlich, dass es Situationen gibt, in denen schlechthin nichts dem Hören auf das Wort des *Herrn* (Kyrios) vorzuziehen ist, nicht einmal die im Orient so unantastbare Pflicht der Gastfreundschaft. Und selig zu preisen sind, die wirklich in sich aufnehmenn, was sie im ruhig gesammelten Aufmerken auf das „Eine" hören (vgl. Lk 10, 24).

Wenn es also in bestimmten Situationen zum Hören auf das Wort des Herrn „keine konkurrenzfähige Alternative“ gibt (H. Schürmann), dann heißt das auch, dass es darauf ankommt, sich im Alltag situativ für die Augenblicke seiner Gegenwart bereit zu halten, sich dann aus den alltäglichen Beschäftigungen zu lösen, anstatt so weiterzumachen wie bisher. Diese liebende Aufmerksamkeit bedarf nicht der angestrengten und geschäftigen Bemühungen Marthas, vielmehr der Offenheit, den Herrn im Hören auf sein Wort an sich handeln zu lassen.

Die beiden Geschichten vom barmherzigen Samariter und von den zwei Schwestern gehören zusammen. Sie veranschaulichen das Doppelgebot auf sehr originelle Weise: „Liebe den Herrn, deinen Gott, aus ungeteiltem Herzen“ und „Liebe deinen Nächsten wie dich selbst“ (Lk 10,27). Maria und der Samariter – sie taten beide in ihrer Situation das *eine* Not*wendige*, das einzig Richtige.

Jesus lehrt seine Jünger beten: Lk 11,1–13

1 Und es geschah, dass er an einem Ort war und betete. Als er aufgehört hatte,
sagte einer seiner Jünger zu ihm: Herr, lehre uns beten, wie auch Johannes seine
Jünger lehrte.

2 Er aber sagte ihnen: wenn ihr betet, sprecht:
Vater,
geheiligt werde dein Name!
Es komme deine Herrschaft!
3 Unser nötiges Brot gib uns täglich!
4 Und vergib uns unsre Sünden,
denn auch wir vergeben jedem, der uns schuldig ist.
Und führe uns nicht in Versuchung.

5 Und er sagte zu ihnen: wer von euch wird einen Freund haben und zu ihm
gehen um Mitternacht und würde zu ihm sagen: Freund, leih mir drei Brote, 6
denn ein Freund von mir ist von seinem Weg zu mir gekommen und ich habe
nicht, was ich ihm vorsetzen kann, 7 und jener würde von drinnen antworten und
sagen: mach mir keine Mühe! Schon ist die Tür geschlossen und meine Kinder
sind mit mir auf dem Lager. Ich kann nicht aufstehen, es dir zu geben! 8 Ich sage
euch, wenn er auch nicht aufstehen wird, es ihm zu geben, weil er sein Freund ist,
so wird er wegen seiner Zudringlichkeit aufstehen und ihm geben, was er braucht.

9 Und ich sage euch: bittet, und es wird euch gegeben werden. Sucht, und ihr
werdet finden, klopft an, und es wird euch aufgetan werden.

10 Denn jeder, der bittet, empfängt, und wer sucht, der findet und wer anklopft,
dem wird aufgetan werden. 11 Welchen Vater aber unter euch bittet ein Sohn um
einen Fisch – wird er ihm etwa statt des Fisches eine Schlange geben? 12 Oder er
würde ihn um ein Ei bitten – wird er ihm einen Skorpion geben? 13 Wenn nun ihr,

die ihr böse seid, gute Gaben euren Kindern zu geben wisst, um wieviel mehr wird der Vater, der im Himmel, Heiligen Geist geben denen, die ihn bitten!

Zusammenhang: Die aus mehreren Einzelelementen komponierte Gebetslehre gehört zu den drei besonders wichtigen Jüngerunterweisungen auf dem Weg nach Jerusalem (Lk 10,35–11,13).

1. Lk 11,1–4: Irgendwo unterwegs erleben die Jünger Jesus im Gebet. Diese Erfahrung beeindruckt sie so tief, dass in ihnen der Wunsch geweckt wird, auch so beten zu können. Einer äußert dann die Bitte: „Herr, lehre uns beten!"

Auf die Sehnsucht der Jünger nach einer ähnlich innigen persönlichen Beziehung zu Jahwe, wie sie ihnen an Jesus aufgeleuchtet ist, antwortet er mit einem Gebet. Er nimmt sie damit gleichsam in sein eigenes Gottesverhältnis hinein. Diese einzigartige Ich-Du-Beziehung kommt in der Anrede „Vater" zum Ausdruck. Jahwes Wirklichkeit, die Jesus „Vater" nennt, umfasst auch die mütterliche und weibliche Seite Gottes. Alles genuin Väterliche und Mütterliche hat in Gott seinen Ursprung. Die Anrede vermittelt einerseits familiäre Nähe, andererseits ehrfürchtige Distanz, ein Gespür, dass Gott Geheimnis ist. Sie sammelt das Herz des Beters, sein ganzes Sein auf dieses „Du" wie in einem Brennpunkt und führt ihn über sich selbst hinaus.

Mit der ersten *Bitte um die Heiligung des Gottesnamens* kommt das große Ziel jedes Menschenlebens und der ganzen Menschheitsgeschichte in den Blick: die Verherrlichung Gottes. Auf alttestamentlichem Hintergrund bezeichnet der *Name* gewissermaßen die „Außenseite" Jahwes, seine sich dem Menschen offenbarende Wirklichkeit. Wenn wir also beten „geheiligt werde dein Name", laden wir Gott ein, seinen Willen in unserem Leben, in unserer Geschichte zur Geltung zu bringen und so seine Herrschaft zu vollenden.

Die anschließende *Bitte um das Kommen seiner Herrschaft* (seines Reiches) steht in unmittelbarem Zusammenhang mit der Sehnsucht nach Heiligung des Gottesnamens und gibt ihr eine besondere Dringlichkeit. Wenn sich unser Herz im Gebet so dem Vater zuwendet und öffnet, werden wir durchlässig für seine Gegenwart in der Welt.

Die drei folgenden Bitten wenden sich den existenziellen Nöten der Jünger Jesu zu, um sie in der Ausrichtung auf Gottes Gegenwart und sein machtvolles Wirken in der Geschichte lebendig zu erhalten. Bei der *Bitte um Brot* geht es um das Lebensnotwendige für jeden Tag. Wenn Jesus seine Jünger so bitten lehrt, nimmt er einerseits die leibliche Dimension des Menschen ganz ernst, andererseits warnt er vor aller falschen Zukunftssicherung aus Mangel an Vertrauen. Wie Jahwe sein Volk in der Wüste beim täglichen Kampf ums Überleben durchgebracht und ins gelobte Land geführt hat, so sollen die Jünger aus der Zuversicht leben, dass Gott ihnen gibt, was sie *täglich* zum Leben brauchen. Das Wort „täglich" erinnert daran, dass Lukas die Zeit der Kirche im Blick hat, in der sich die Parusie verzögert (vgl. Lk 9,23). So gilt es, in Achtsamkeit, Geduld und Beständigkeit dem Anfang treu zu bleiben.

Die Bitte Sündenvergebung entsteht aus dem Wissen um die Schwäche des Menschen und die Macht des Bösen im eigenen Herzen sowie aus der Erfahrung, wie sehr wir selbst der Vergebung bedürfen. Wir sind glückselige Schuldner: Weil uns vergeben ist, können wir anderen vergeben und so Beziehung und Gemeinschaft untereinander von neuem ermöglichen. Bei Lukas hat die Bitte um Sündenvergebung dadurch besonderes Gewicht, dass sich die Zuwendung Gottes zum Sünder wie ein roter Faden durch sein ganzes Evangelium zieht.

Die *letzte Bitte* des „Vater (unser)" *um Bewahrung vor der Versuchung* ist eng mit der Bitte um Sündenvergebung verbunden. Auch sie rechnet realistisch mit der menschlichen Schwäche der Jünger und deren täglicher Gefährdung. Das griechische Wort für „Versuchung" (*peirasmós*) meint hier die Gefahr des Glaubensabfalls. Bei dieser Bitte geht es also um Bewahrung in der Jüngerschaft, im Christsein (vgl. Lk 22,40.46). Jesus, der selber versucht worden ist, spricht aus eigener Erfahrung (Lk 4,1–13). Den Jüngern werden Zeiten nicht erspart bleiben, in denen ihr Glaube starken Belastungen ausgesetzt ist. Darum sollen sie um die geistliche Kraft des Widerstandes bitten.

Dazu gibt es eine jüdische Entsprechung: „Gedenke meiner und vergiss mich nicht und lass mich nicht kommen in Situationen, die zu schwer für mich sind" (11 Q5 24,10).

2. Lk 11,5–8: Jesus setzt seine Gebetsunterweisung mit einem Gleichnis fort, das im Gleichnis vom gottlosen Richter und der Witwe (Lk 18,1–8) eine Parallele hat. Vermutlich will das Gleichnis vom bittenden Freund deutlich machen, mit welcher Eindringlichkeit und Ausdauer das *Vater(unser)* gebetet werden will. Mit ihrer ganzen Person und mit vollem Einsatz sollen die Jünger ins Gebet gehen.

Die Erzählung schildert eine Alltagsszene aus dem dörflichen Milieu, wie sie im Orient gelegentlich vorkommt. Jemand bekommt zur Nachtzeit überraschend einen Freund zu Besuch und hat im Haus keine drei Brotfladen, um seinem Gast eine Mahlzeit anzubieten. Da Gastfreundschaft heilig ist und selbstverständlich in Anspruch genommen wird, ist es für den Betroffenen undenkbar, dass sein Freund am Ort ihm nicht aus der Verlegenheit hilft. Auch wenn er zu so später Stunde noch so ungelegen kommt und damit die Freundschaft überstrapaziert, ist er doch sicher, dass sein Freund ihm aushilft – wenn schon nicht aus Freundschaft, so doch, weil er sich einfach nicht abweisen lässt. Jesus motiviert mit dem Gleichnis seine Jünger zu dieser an Unverschämtheit grenzenden Zudringlichkeit (*anaídeia*) im Gebet, die nicht locker lässt, bis sie von Gott bekommen, was sie brauchen. So steht am Ende nicht der Bittende, sondern Gott als der um Hilfe gebetene Freund im Mittelpunkt des Geschehens. Diese Zudringlichkeit ist nicht Ausdruck von Egoismus, sondern muss auf dem Hintergrund der drei ersten Vater-unser-Bitten verstanden werden: das Verlangen, dass Sein Name geheiligt werde, seine Herrschaft endgültig anbreche und sein Wille geschehe.

3. Lk 11,9–13: Im dritten Teil seiner Gebetsunterweisung fordert Jesus die Jünger noch einmal mit eindringlichen Worten zum beharrlichen Bitten auf und versichert ihnen, dass sie erhört werden. Diese Gewissheit veranschaulicht er mit einem Beispiel aus dem familiären Bereich. Kein Vater täuscht sein Kind, das sich vertrauensvoll an ihn wendet und um einen Fisch oder um ein Ei bittet. Er wird die Ahnungslosigkeit des Kindes, das noch nicht unterscheiden kann, nicht missbrauchen. Wenn also schon Menschen, die erfahrungsgemäß (auch) böse sind, ihren Kindern gute Gaben geben, um wieviel mehr wird der Vater im Himmel den Heiligen Geist denen geben, die ihn vertrauensvoll darum bitten. Mit diesem Schlusssatz gibt Jesus seinen Jüngern die Orientierung, wie sie ihre Integrität in einer Welt erhalten können, in der Macht und Gewalt, Erfolg und materielle Ressourcen mehr bedeuten als alles andere.

Die Auseinandersetzung Jesu mit seinen Gegnern und die Seligpreisung seiner Mutter: Lk 11,14–28

14 Und er trieb einen Dämon aus, und der war stumm. Es geschah aber, als der Dämon ausgefahren war, da redete der Stumme. Und es wurde von Staunen ergriffen
die Menge. 15 Einige aber von ihnen sagten: durch Beelzebul, dem Anführer der
Dämonen, treibt der die Dämonen aus. 16 Andere aber versuchten ihn und forderten ein Zeichen vom Himmel von ihm. 17 Er selbst aber kannte ihre Gedanken und
sagte zu ihnen: jedes Reich, das in sich selbst gespalten ist, wird verwüstet und
ein Haus fällt über das andere. 18 Wenn aber auch der Satan in sich gespalten ist,
wie wird seine Herrschaft Bestand haben? Denn ihr sagt, mit Beelzebul treibe ich
die Dämonen aus. 19 Wenn ich aber mit Beelzebul die Dämonen austreibe, mit wem
treiben eure Söhne (sie) aus? Deshalb werden sie eure Richter sein. 20 Wenn ich
aber mit dem Finger Gottes die Dämonen austreibe, dann ist zu euch gekommen
die Gottesherrschaft. 21 Wenn der Starke wohlbewaffnet seinen Hof bewacht, ist
sein Besitz in Frieden. 22 Wenn aber ein Stärkerer als er ihn überfällt und besiegt,
dann nimmt er seine Rüstung, auf die er vertraut hatte, und verteilt seine Beute.
23 Wer nicht mit mir ist, ist gegen mich, und wer nicht mit mir sammelt, zerstreut.

24 Wenn der unreine Geist ausfährt aus dem Menschen, durchstreift er wasser-
lose Orte und sucht Ruhe und findet sie nicht. Dann sagt er: ich werde zurückkehren in mein Haus, von dem ich ausgegangen bin. 25 Und er kommt und findet es

gefegt und geschmückt. [26] Dann geht er und nimmt sieben andere Geister, schlimmer noch als er selbst, und kehrt ein und wohnt dort. Und es wird das Ende jenes Menschen schlimmer als der Anfang.

[27] Es geschah aber, als er dies sagte, da erhob eine Frau aus der Menge die Stimme und sagte zu ihm: Selig der Leib, der dich getragen und die Brüste, an denen du gesogen hast. [28] Er aber sprach: vielmehr selig, die das Wort Gottes hören und bewahren!

Zusammenhang: Nach der Vaterunser-Bitte um das Kommen der Gottesherrschaft (Lk 11,2) wird nun in der Dämonenaustreibung deutlich gemacht, dass Gottes Herrschaft schon zu den Menschen gelangt ist und dass es *jetzt* darauf ankommt, sich für Jesus zu entscheiden.

1. Lk 11,14–20: Jesus befreit einen Unbekannten von einem „Geist", der ihn stumm macht und befähigt ihn, (wieder) normal mit anderen Kontakt aufzunehmen. Wir wissen nicht, was bei diesem Namenlosen dazu geführt hat, dass er sich nicht (mehr) richtig mitteilen kann.

Auf die Heilung des Stummen gibt es unterschiedliche Reaktionen: die Menge staunt. Einige von den Leuten aber diffamieren Jesus. Sie werfen ihm vor, im Bund mit dem Anführer der Dämonen zu stehen. Andere fordern von ihm sogar noch ein außergewöhnliches Zeichen vom Himmel. Jesus wirkt auf diese Kritiker bedrohlich, wenn vor ihren Augen Menschen von dem Bösen, das sie fesselt und gefangen hält, durch ihn befreit werden. Ihr Unbehagen wächst, wenn sie spüren, welche Anziehungskraft er auf die Volksmassen ausübt. Vielleicht erregt es auch ihren Unwillen, wenn sie das Staunen sehen, die Freude und das Glück, das dieser Jesus auf dem Antlitz so vieler Menschen zurücklässt. Vor allem aber fürchten sie, dass in den Zeichen, die Jesus wirkt, die endzeitliche Gottesherrschaft mit ihrer Heilsfülle tatsächlich schon jetzt angebrochen sein könnte. Dann wäre ja mit Jesu Wort und Wirken ein messianischer Anspruch verbunden. Sie weigern sich, wie die Bewohner von Nazareth, dem „Heute Gottes" eine Chance zu geben.

Vielleicht ist es gar nicht so schwer, sich in diesen Gegnern Jesu wiederzufinden. Wer ist schon bereit, das Wort eines Menschen als *Gottes* Wort zu hören und sein Leben danach auszurichten? Wer rechnet schon damit, dass Gott ihm in einem Menschen oder einem Ereignis wahrhaftig begegnen will?

2. Lk 11,21–26: Jesus zeigt keine Scheu, sich seinen Kritikern zu stellen und ihre Vorwürfe in aller Öffentlichkeit ad absurdum zu führen. In gezielter Gleichnisrede macht er deutlich, wer hier die Dämonen austreibt und wer hier der Bezwinger des Starken ist, der seiner Waffen beraubt wird. Die Beute, die dem Starken entrissen wird, sind die Menschen, die Jesus von der Dämonie befreit, die Wahrheit ihres eigenen Lebens nicht leben zu können. Angesichts der kämpferischen Auseinandersetzung, die Jesus mit den zerstörerischen Kräften und Mächten führt, darf es keine Neutralität geben.

Anschließend schildert Lukas das Verhalten eines unreinen Geistes, der einen Menschen verlassen hat. Damit unterstreicht er den Ernst der Auseinandersetzung mit der Macht des Bösen und warnt davor, seine Gefährlichkeit zu unterschätzen. Sie bleibt immer präsent.

3. Lk 11,27f.: Mit der Seligpreisung der Mutter Jesu wird Jesus selbst selig gepriesen. Das ist gut orientalisch. Im Orient lobt man einen Menschen, indem man seine Mutter lobt, und man beschimpft jemand, indem man seine Mutter beschimpft.

Auf das Kompliment der unbekannten Frau antwortet Jesus mit einem überraschenden Gegenkompliment: „Mehr noch: Selig, die das Wort Gottes hören und es befolgen!" Die Frau hat ja – wie die ganze Volksmenge – gerade sein Wort gehört. Jesus stellt klar, dass seine Zuhörer in seinen Worten das Wort Gottes selbst gehört haben. Darüber hinaus besagt sein Kompliment, dass es nicht darauf ankommt, seine Person zu bewundern, sondern das eigene Leben vom Wort Gottes bestimmen lassen.

Mit der Seligpreisung der Mutter Jesu erinnert Lukas an die zweite Seligpreisung Elisabeths beim Besuch Marias: „Selig, die geglaubt hat, dass sich erfüllt, was ihr gesagt wurde vom Herrn" (Lk 1,45). Auf diese Seligpreisung legt der Evangelist besonderes Gewicht. Jesus wiederholt sie hier, als er die Wertschätzung der unbekannten Frau aus der Menge von seiner Person auf die Menschen lenkt und die selig preist, die Gottes Wort auch tun (vgl. Lk 10.37).

Das Wort der unbekannten Frau aus der Menge zeigt auch, dass Jesus trotz Ablehnung und Verleumdung beim Volk Zustimmung gefunden hat.

Die Verweigerung eines Zeichens und die Bildworte vom Licht: Lk 11,29–36

**29 Als aber die Menge sich drängte, begann er zu reden: dieses Geschlecht ist ein
böses Geschlecht. Es fordert ein Zeichen, und es wird ihm kein Zeichen gegeben
werden, außer das Zeichen des Jona. 30 Denn wie Jona den Niniviten ein Zeichen
geworden ist, so wird es auch der Menschensohn werden für dieses Geschlecht.
31 Die Königin des Südens wird aufstehen im Gericht mit den Männern dieses
Geschlechtes und wird sie verurteilen. Denn sie kam von den Enden der Erde, zu
hören die Weisheit Salomos, und siehe: mehr als Salomo (ist) hier. 32 Die Leute von
Ninive werden aufstehen im Gericht mit diesem Geschlecht und es verurteilen.**

Denn sie bekehrten sich auf die Predigt des Jona hin, und siehe: mehr als Jona (ist) hier.

[33] Niemand zündet ein Licht an und stellt es ins Verborgene, auch nicht unter den Scheffel, sondern auf den Leuchter, damit die Hereinkommenden das Licht sehen.

[34] Die Leuchte des Leibes ist dein Auge. Wenn dein Auge einfach ist, dann ist auch dein ganzer Leib licht. Wenn es aber böse ist, dann ist auch dein Leib finster.
[35] Sieh nun zu, dass das Licht in dir nicht Finsternis ist. [36] Wenn nun dein ganzer Leib licht ist und keinen finsteren Teil hat, wird alles licht sein, wie wenn die Leuchte mit dem Strahl dich erleuchtet.

Zusammenhang: Jesus reagiert hier auf die in Lk 11,16 geäußerte Zeichenforderung und ergänzt seine Antwort mit zwei nicht unmittelbar verständlichen Bildworten.

1. Lk 11,29–32: Als immer mehr Menschen zu Jesus kommen und das Gedränge um ihn größer wird, setzt er seine Rede fort. Dabei hat er vor allem die Leute im Blick, für die Gottes Wort folgenlos bleibt und die blind sind für das Zeichen, das er in ihrer Mitte gewirkt hat: einen Stummen wieder zum Sprechen zu bringen (Lk 11,14).

Auf die Seligpreisung vorher (Lk 11,28) folgt jetzt die Ankündigung des Gerichts: „Dieses Geschlecht", d.h. die Generation der Zeitgenossen Jesu, ist böse, weil es den Sinn für die Wirklichkeit Gottes, für seine Gegenwart unter den Menschen verloren hat. Anders als *die Leute von Ninive* haben sie das Zeichen der Bekehrung nicht erkannt.

Während *die Königin des Südens* keine Mühe gescheut hat und „von den Enden der Erde" aufgebrochen ist, um die Weisheit Salomos zu hören, hat Israel die Weisheit Gottes nicht erkannt, die in Jesus alle Weisheit und Prophetie der alten Zeit überbietet.

Diese Worte erinnern an die Prophezeiung des greisen Simeon, dass Jesus zum Zeichen wird, an dem sich die Geister scheiden und dass in Israel viele durch ihn zu Fall kommen (Lk 2,34 f.).

Das Doppelwort von der Königin des Südens und den Männern von Ninive ist in seinem Wortlaut parallel auf einander abgestimmt. Die beiden Spruchteile stimmen fast ganz überein und doch liegt in ihrer Reihenfolge eine Steigerung. Die Königin von Saba hörte Salomo zu und war von seiner Weisheit fasziniert. Die Leute von Ninive aber waren von den Worten des Propheten Jona so erschüttert, dass sie sich bekehrten.

Sie werden am Tag des Gerichts als Zeugen sich von ihren Plätzen erheben und gegen diese Generation zeugen: Die Königin des Südens mit ihrer Sehnsucht nach der Weisheit Salomos, die Leute von Ninive mit ihrer Umkehr. Und diese Zeugen sind in beiden Fällen Heiden. Das Doppelwort ist also eine ungeheure Provokation: Gottes auserwähltes Volk wird am Jüngsten Tag auf die Aussage von Heiden hin schuldig gesprochen. Das ist das genaue Gegenteil von dem, was ein frommer Jude erwartete. Darüber hinaus richten sich sämtliche Gerichtsankündigungen Jesu gegen Israel, aber kein Gerichtswort gegen die Heiden.

Wie kommt es, dass (selbst) in einem religiös geprägten Milieu die Sensibilität, die Wahrnehmungsfähigkeit für Gottes Wirken, für seine Gegenwart im Heute verloren geht? Wie kommt es, dass Menschen, die es ernst meinen mit ihren Glaubensüberzeugungen und mit der Glaubenstradition, der sie sich verbunden fühlen und die sie schützen wollen, die Zeichen für Gottes aktuelle Gegenwart anzweifeln und anfechten?

Lukas gibt die Antwort in den Gebetsunterweisungen Jesu, allezeit zu beten und darin nicht müde zu werden (vgl. v.a. Lk 11,9–13; 18,1–8; 23,39–46).

Im Gebet verlasse ich mich. Ich vertraue mich einer Beziehung an, bei der ich nicht weiß, wie sie mich möglicherweise verändert: meine Weise zu denken, zu fühlen, zu urteilen. Ich habe es dann nicht in der Hand, ob und wie diese Beziehung mich verunsichert und in Frage stellt, wie sich mich stärkt und über mich hinaus führt. Wenn mein Gebet zu einer lebendigen Beziehung wird, in der alles *da* sein darf, was mich bewegt und mein Leben ausmacht, kann sich eine Sensibilität, eine Wahrnehmungs- und Unterscheidungsfähigkeit für Gottes Gegenwart, für sein aktuelles Wirken entwickeln. Gebet ist ein Exerzitium mit offenem Ausgang. Ich weiß nicht, was am Ende mit mir geschieht, was dabei herauskommt.

2. Lk 11,33–36: Mit dem ersten Bildwort vom Licht oder von der Leuchte spricht Jesus von sich, der den Suchenden den Weg weisen will. Aber dieses „böse Geschlecht“ scheut das Licht und will es lieber verstecken oder auslöschen.

Vielleicht ist mit dem zweiten Lichtwort gemeint, dass das Auge unseres Herzens ganz von dem Licht, das Christus ist, erleuchtet werden kann, dass wir in seinem Licht das Licht schauen, das durch ihn in unsere Welt gekommen ist. Zugleich enthält es die Mahnung, dieses Licht, diese Wahrnehmungsfähigkeit für das Licht nicht zu verlieren. Das ist wohl wieder mit Blick auf „das böse Geschlecht“ gesprochen, dessen Herz zu verstockt ist, um das wahre Licht erkennen und sich von ihm erleuchten zu lassen.

„Wenn dein Auge einfach (*haplous*) ist ...“ (V. 34). Wenn die Gedanken und Gefühle deines Herzens lauter, wenn deine Absichten vom Licht Gottes geläutert sind ... Es bleibt eine unaufhebbare Spannung und Auseinandersetzung zwischen Licht und Finsternis in unserem eigenen Herzen. Nur punktuell und vorübergehend lassen sich unsere Bemühungen um die innere Lauterkeit und Freiheit des Geistes vom Licht der Gnade durchdringen. Es kostet viel, das

Verlangen unseres Herzens in Einklang zu bringen mit den Impulsen, die von diesem Licht ausgehen und uns von ihm führen zu lassen.

Außen und Innen: Lk 11,37–54

37 Während er redete, bat ihn ein Pharisäer, bei ihm zu essen. Er aber ging hinein und legte sich zu Tisch. 38 Der Pharisäer aber sah das und wunderte sich, dass er nicht zuerst sich wusch vor dem Mahl. 39 Es sprach aber der Herr zu ihm: nun, ihr Pharisäer, das Äußere von Becher und Schüssel reinigt ihr, euer Inneres aber ist voll von Raub und Bosheit. 40 Ihr Unverständigen! Hat nicht der, der das Äußere geschaffen hat, auch das Innere geschaffen? 41 Vielmehr gebt das, was darin ist, als Almosen, und siehe: alles ist euch rein. 42 Aber wehe euch, den Pharisäern, denn ihr gebt den Zehnten von Minze und Raute und allem Gemüse und geht vorbei am Recht und an der Liebe Gottes. Dies aber soll man tun und jenes nicht lassen. 43 Wehe euch, den Pharisäern, denn ihr liebt den ersten Platz in den Synagogen und die Begrüßungen auf den Plätzen. Wehe euch, denn ihr seid wie die verborgenen Gräber, und die Menschen, die darüber gehen, wissen es nicht.

45 Es antwortete aber einer von den Schriftgelehrten und sagte ihm: Lehrer, wenn du das sagst, beschimpfst du auch uns. 46 Er aber sprach: auch euch, den Schriftgelehrten, wehe, denn ihr ladet den Menschen unerträgliche Lasten auf, und ihr selbst rührt nicht mit einem eurer Finger die Lasten an. 47 Wehe euch, denn ihr baut die Grabmäler der Propheten, eure Väter aber haben sie getötet. 48 Also seid ihr Zeugen und habt Gefallen an den Taten eurer Väter, denn jene töteten sie, ihr aber baut Grabmäler. 49 Deshalb hat auch die Weisheit Gottes gesagt: ich werde zu ihnen Propheten und Apostel senden, und einige von ihnen werden sie töten und verfolgen, 50 damit gefordert wird das Blut aller Propheten, das vergossen wurde seit Erschaffung der Welt, von diesem Geschlecht, 51 vom Blut des Abels bis zum Blut des Zacharias, der umgebracht wurde zwischen dem Altar und dem Tempel. Ja, ich sage euch, es wird abverlangt werden von diesem Geschlecht. 52 Wehe euch, den Schriftgelehrten, denn ihr habt den Schlüssel der Erkenntnis weggenommen, ihr selbst seid nicht hineingegangen und die hineingehen wollen, habt ihr (daran) gehindert. 53 Und als er von dort wegging, fingen die Schriftgelehrten und Pharisäer an, fürchterlich zu toben und ihm auf den Mund zu sehen wegen vieler Dinge, 54 und ihn zu belauern, um etwas aus seinem Munde zu erjagen.

Zusammenhang: Der Abschnitt 11,14–54 zeigt Jesus in der Auseinandersetzung mit seinen Gegnern. Vor einer immer größer werdenden Volksmenge hatte er seine Rede mit dem Bildwort vom Auge als dem Spiegel des Leibes, ja der ganzen Person, abgeschlossen. Lukas spielt damit auf die nicht zu übersehende leib-seelische Einheit („Außen – Innen“) des Menschen an.

1. Lk 11,37–41: Jesus folgt der Einladung eines Pharisäers zum Essen und setzt seinen Gastgeber in Erstaunen, als er die vorgeschriebene rituelle Händewaschung unterlässt. Die Reaktion des Pharisäers veranlasst Jesus zu einer grundsätzlich angelegten Kritik an den Pharisäern. Er hat erkannt, dass die sorgfältige Beachtung kultischer Reinigungsgebote dazu dient, sich über die Unreinheit des eigenen Herzens hinweg zu täuschen. Nach seinem Urteil ermöglicht das vielfältige Reinigungsritual den Pharisäern, sich ihrer verborgenen „Raubgier und Bosheit" nicht zu stellen. Ihr äußeres Tun steht in krassem Widerspruch zu ihrer inneren Einstellung. Statt Becher und Teller immer wieder zu reinigen, sollen sie den Armen Speise und Trank geben. Dann hört die verhängnisvolle Trennung von Innen und Außen und die Überbewertung des Äußeren auf.

Jesus nennt die Pharisäer hier: *á-phrones* (V 40). *tà phréna* heißt ursprünglich das Zwerchfell und ist der Urbegriff für Seelenkräfte. Es bedeutet das Innere, Herz und Gemüt, dann Einsicht und Verstehen, Bewusstsein und Urteilskraft, die vom „Inneren" her kommen. Jesus sagt also den Pharisäern, sie seien gespaltene Menschen (*á-phrones*), die das Wissen des Herzens mit Ersatzhandlungen zum Schweigen bringen.

2. Lk 11,42–44: Im Folgenden kommt eine noch tiefere Gespaltenheit (*a-phrosýne*) zur Sprache: Jesus bescheinigt den Pharisäern, dass sie die Zehntvorschrift sehr genau beachten, ja über das Geforderte hinausgehen und den Zehnten sogar von Gemüse und allen Gartenkräutern geben. Nun bedeutete das Geben des Zehnten ursprünglich: sich daran zu erinnern, dass der Mensch mit allem, was er sich erworben hat, Gott gehört. Es ist Zeichen für die innere Einstellung des Menschen, dass er sich mit all seinem Besitz und Erwerb dem Willen Gottes unterstellt (vgl. Dtn 8,17f.). In der religiösen Praxis der Pharisäer aber ist die penible Erfüllung der Zehntvorschrift zum Vorwand geworden, sich zentralen Forderungen der Tora zu entziehen, Gartenkräuter und Gemüse für wichtiger zu halten als Gott. Sie tun das leichte Äußere und verweigern sich der schwereren inneren Aufgabe. Niemand kann aber „im Äußeren" lösen, was er als eigenen Schatten „innen" erkennen und bewältigen muss.

Zur Überwindung der eigenen Zwiespältigkeit ist es unerlässlich, den eigenen Schatten zu entdecken und sich mit ihm auseinander zu setzen. Sich dem eigenen Schatten zu stellen, erfordert aber Mut. Gerade weil dabei etwas offenbar werden kann, das mich peinlich berührt oder in Frage stellt, ist es nicht verwunderlich, wenn ich Angst vor dem Dunklen und Unerlösten in mir habe und ihm lieber davonlaufen möchte. Die Angst vor dem Schatten verleitet aber dazu, eigene Minderwertigkeit auf andere Menschen zu übertragen (vgl. Lk 18,9–14 und Lk 19,20– 24), sie äußeren Dingen oder Umständen anzulasten oder, wie an dieser Stelle, sich mit Ersatzhandlungen darüber hinweg zu täuschen. Die Schärfe seines Vorwurfs, die schonungslose Offenheit, mit der Jesus die innere Gespaltenheit der Pharisäer bloßlegt, ist wie ein letzter Appell an sie, sich ihrem Schatten zu stellen und ihre verhängnisvolle Zwiespältigkeit aufzugeben.

Das gilt auch für die beiden anderen Wehrufe über die Pharisäer. Jesus deckt ihre Eitelkeit auf und wirft ihnen vor, aus ihrem religiösen Streben wie selbstverständlich auch den Anspruch auf entsprechende gesellschaftliche Anerkennung abzuleiten. Sie gleichen unkenntlich gewordenen Erdgräbern. Wie die Menschen darüber hinweg gehen, ohne zu merken, dass sie sich kultisch verunreinigen, so geht von den Pharisäern unmerklich ein verderblicher Einfluss aus auf alle, die mit ihnen in Berührung kommen.

Kurz gesagt: Das Reinigen von Geschirr und das Verzehnten sogar von Gartenkräutern täuscht viele Menschen über die wahre Gesinnung der Pharisäer hinweg und verschleiert, dass sich hinter der vorbildlichen Fassade „Raffgier und Bosheit" verbergen und „das Recht und die Liebe Gottes" missachtet werden.

Manchmal dauert es lange, bis ein Mensch fähig wird, die Maske von seinem Gesicht zu nehmen und sich zu erkennen, wer er oder sie in Wahrheit ist. Manchmal braucht es eine ungewöhnlich harte Konfrontation, bis einer erkennt, wie weit er sich von sich selbst entfernt hat. Im Blick Jesu konnten Menschen sich ihre innere Gespaltenheit eingestehen und der unglückseligen Übertragung und dem „Überspielen" eigener Minderwertigkeit ein Ende machen. Unter seinem Wort konnten sie die Erschütterung ihres Selbstbildes zulassen und wieder eins werden mit sich selbst.

3. Lk 11,45–54: Ein Schriftgelehrter (*nomikós*) fühlt sich von der Kritik Jesu persönlich angegriffen und verunglimpft, denn die Schriftgelehrten sind als Experten verantwortlich für die Frömmigkeitspraxis der Pharisäer. Jesus antwortet ohne Zögern und richtet seine Kritik mit unverminderter Schärfe nun gegen die Schriftgelehrten. Wieder geht es um den Gegensatz zwischen Reden und Tun. Ihre Auslegung der Tora bedeutet für die Menschen eine ungeheure Last und verkehrt Gottes Willen geradezu ins Gegenteil. Sie selbst aber machen sich nicht die geringste Mühe, diese Last mitzutragen. Wenn es auf *sie* ankommt, finden sie mit einer spitzfindigen Auslegung immer einen Ausweg. Es ist nicht auszuschließen, dass Lukas mit diesen Attacken Entwicklungen und Tendenzen in den eigenen Gemeinden geißeln will.

Der zweite Vorwurf richtet sich gegen die verlogene Praxis ihrer Prophetenverehrung. Sie bauen den Propheten, die ihren Einsatz für Jahwe mit dem Leben bezahlt haben, Denkmäler und wiederholen gleichzeitig durch ihr Vorgehen gegen Jesus die Machenschaften ihrer Väter, die vor ihnen die Gesandten Gottes umgebracht haben. Mit dem Weisheitswort zieht Jesus eine

Bilanz der Treue Gottes zu seinem Volk und der unablässigen Verweigerung vom Anfang der Geschichte bis in die jüngste Vergangenheit und sagt dieser Generation das Gericht an: Die Mörder werden nicht das letzte Wort über ihre Opfer haben. Gewalt und Unterdrückung werden nicht über sie triumphieren. Es ist möglich, dass Lukas mit dem Strafgericht auf die gegenwärtige Situation der Gemeinden anspielt, gegen die sich Verfolgung und Todesdrohung richten.

Zuletzt wirft Jesus den Gesetzeslehrern vor, dass sie die Möglichkeit haben, den wahren Sinn der Schriften zu erschließen, um Gott in Jesus zu erkennen, aber diesen Schlüssel zur Gotteserkenntnis nicht freigeben. Sie selbst machen davon keinen Gebrauch und hindern mit ihrer Auslegung andere, sie wirklich zu verstehen.

Das gemeinsame Mahl (V. 37) endet abrupt und mit kaum beherrschter Gewalttätigkeit. Als Jesus hinausgeht, beginnen die Schriftgelehrten und Pharisäer fürchterlich *(deinos)* zu toben (wörtlich: Galle zu speien). Sie versuchen ihm auf hinterhältige Weise mit vielerlei Fragen ein unbedachtes Wort zu entlocken, um ihn überführen zu können.

Mahnungen an die Jünger: Lk 12,1–12

1 Als unterdessen die Menge zu tausenden zusammenströmte, so dass sie einander auf die Füße traten, begann er zuerst zu seinen Jüngern zu sprechen: hütet euch vor dem Sauerteig der Pharisäer, das ist die Heuchelei. 2 Nichts aber ist verhüllt, was nicht offenbar werden wird, und (nichts) verborgen, was nicht bekannt werden wird. 3 Darum: was ihr im Finstern gesagt habt, im Licht wird es gehört werden, und was ihr ins Ohr gesagt habt in den Kammern, wird verkündet werden auf den Dächern.

4 Ich aber sage euch, meinen Freunden: fürchtet euch nicht vor denen, die den Leib töten und danach nichts weiter tun können. 5 Ich werde euch aber zeigen, wen ihr fürchten sollt: fürchtet den, der nach dem Töten die Macht hat, in die Hölle zu werfen. Ja, ich sage euch, diesen fürchtet. 6 Verkauft man nicht fünf Spatzen für zwei Pfennige? Und nicht einer von ihnen ist vergessen bei Gott. 7 Aber auch die Haare eures Hauptes sind alle gezählt. Fürchtet euch nicht; ihr seid mehr wert als viele Spatzen.

8 Ich aber sage euch: jeder, der sich zu mir bekennt vor den Menschen, auch der Menschensohn wird sich zu ihm bekennen vor den Engeln Gottes. 9 Wer mich aber verleugnet vor den Menschen, der wird verleugnet werden vor den Engeln Gottes.

10 Und jeder, der ein Wort sagen wird gegen den Menschensohn, es wird ihm vergeben werden. Wer aber den Heiligen Geist lästert, dem wird nicht vergeben werden.

11 Wenn sie euch aber bringen vor die Synagogen (Gerichte) und die Behörden und Gewalten, macht euch keine Sorgen, wie oder was ihr antworten oder was ihr

sagen sollt. [12] Denn der Heilige Geist wird euch in jener Stunde lehren, was man sagen muss.

Zusammenhang: Nach dem abrupten und feindseligen Ende des gemeinsamen Mahles mit den Schriftgelehrten und Pharisäern zeichnet sich für Jesus die Konsequenz seines Weges nach Jerusalem immer deutlicher ab. Die neue Redekomposition besteht aus sehr unterschiedlichen, lose miteinander verbundenen Einzelsprüchen, deren inhaltlich roter Faden erst am Ende deutlich wird, wenn man alle Texte zusammenschaut.

1. Lk 12,1–3: Nachdem Jesus das Haus des Pharisäers verlassen hat, wird er von einer unübersehbar großen Menschenmenge umringt. Das Gedränge ist so stark, dass die Leute sich gegenseitig auf die Füße treten. Jesus wendet sich ähnlich wie bei der „Feldrede“ (Lk 6,17 f.) an den engeren Kreis der Jünger, aber so, dass zugleich die Volksscharen mit angesprochen werden. „Hütet euch vor dem Sauerteig der Pharisäer, das ist die Heuchelei!“ Es sieht so aus, als fasse Jesus mit dem Satz seine Erfahrungen mit dieser für das religiöse Leben einflussreichsten Gruppe zusammen. Wie der alte fermentierte Teig unmerklich und nachhaltig den neuen Teig durchsäuert und in ihm aufgeht, so geht von den Pharisäern ein korrumpierender Einfluss auf alle aus, die mit ihnen in Kontakt kommen. Jesus hat es nicht vermocht, ihr Selbstbild zu erschüttern und ihre verhängnisvolle Zwiespältigkeit zwischen äußerem Tun und innerer Gesinnung aufzulösen. Er betrachtet das schleichende Gift der Heuchelei als Gefahr für seine Jünger und versucht, sie eindringlich davor zu warnen.

Die nächsten beiden Verse (2 und 3) erklären und begründen zugleich die Warnung vor den Pharisäern. Das wahre Wesen eines Menschen wird nicht verborgen bleiben. Für jeden kommt einmal die Stunde, seine Masken abzulegen. Im Leben jedes Menschen gibt es manches, das ihn daran hindert, sich selbst durchsichtig zu werden und sich zu zeigen, wie man ist. „Wer sich aber nicht offenbaren kann, der kann nicht lieben“ (S. Kierkegaard). Mit diesem Wort ermahnt Jesus zugleich seine Jünger, dass sie – anders als die Pharisäer – die Verkündigung der Gottesherrschaft nicht durch ihr Auftreten und ihren Lebensstil unglaubwürdig machen. Zwischen der Wahrheit der Verkündigung und der Wahrhaftigkeit des Jüngers darf es keinen Zwiespalt geben.

Die Gegensatzpaare *verhüllt* und *offenbar, verborgen* und *bekannt* gelten in besonderer Weise für die Frohbotschaft. Die Verkündigung der Jünger, die in Zeiten der Bedrohung und Verfolgung geheim und hinter verschlossenen Türen vor sich geht, wird in aller Öffentlichkeit geschehen. Das Evangelium wird sich gegen alle gewalttätigen Widerstände durchsetzen und alle Menschen erreichen. Es kann nicht verborgen bleiben.

2. Lk 12,4–7: Die Gefahr von Ablehnung und Verfolgung bis zum Martyrium wird von Lukas ebenso ernst genommen wie die Möglichkeit menschlicher Schwachheit und menschlichen Versagens. Er hat offenbar eine Situation vor Augen, in der die christliche Minderheit von jüdischen Synagogengerichten und heidnischen Behörden verfolgt wird. Liebevoll redet Jesus darum die Jünger als seine Freunde an und fordert sie auf, nicht aus Menschenfurcht das Evangelium zu verraten und ihre Berufung und Sendung zu verleugnen. Er verheißt ihnen nicht, von Verfolgung und Martyrium verschont zu werden, aber mit dem Doppelbild von den fünf Spatzen und den Haaren des Hauptes versichert er ihnen, wie kostbar sie in den Augen Gottes sind und dass er keinen von ihnen verloren gehen lässt. Sie können deshalb unerschrocken ihren Glauben an Jesus bekennen.

3. Lk 12,8–12: Das anschließende Menschensohnwort unterstreicht noch einmal die Aufforderung, sich unerschrocken zu Jesus zu bekennen und keinen Menschen zu fürchten. Der Jünger oder die Jüngerin entscheiden im Hier und Jetzt über ihr eigenes Heil oder Unheil am Ende der Zeit. Es gibt diese kritischen Augenblicke, die für unser künftiges Schicksal entscheidend sind. Was diejenigen erwartet, die Jesus vor den Menschen verleugnen, wird aus Lk 13,27 deutlich.

Der folgende Vers (10) hat auch die nachösterliche Gemeinde im Blick und zielt vor allem auf abtrünnige Christen, die sich nach ihrer Bekehrung der geistgewirkten Gegenwart Christi bewusst verweigern und damit die durch ihn erlangte Vergebung verspielen.

Die aktuelle Verfolgungssituation wird abschließend realistisch geschildert. Die Verheißung des Geistes soll den Jüngern die Sorge nehmen, was sie vor Behörden und Tribunalen zu ihrer Verteidigung und aus ihrer christlichen Überzeugung sagen sollen. Der Heilige Geist wird sich ihrer annehmen und ihr Zeugnis ermöglichen.

So ist die aus unterschiedlichen Einzellogien komponierte Rede ein Aufruf zu unerschrockenem und bekennendem Glauben, eine Ermutigung für alle, die in einem Christus feindlichen oder Christus gleichgültigen Milieu leben.

Das Gleichnis vom reichen Landbesitzer: Lk 12,13–21

[13] Es sagte aber jemand aus dem Volke zu ihm: Lehrer, sage meinem Bruder, er solle mit mir das Erbe teilen. [14] Er aber sagte ihm: Mensch, wer hat mich eingesetzt zum Richter oder Erbteiler über euch? [15] Er sagte aber zu ihnen: sehet zu und hütet euch vor aller Habsucht, denn für einen, der im Überfluss lebt, hängt das Leben nicht ab von seinem Besitz.

[16] Er sagte aber zu ihnen ein Gleichnis und sprach: eines reichen Menschen Land hatte gut getragen. [17] Und er überlegte bei sich und sagte: was soll ich machen? Denn ich habe nicht, wo ich meine Früchte sammeln kann. [18] Und er sagte: das werde ich tun: ich werde meine Scheunen abreißen und größere bauen, und dort werde ich all den Weizen und meine Güter sammeln, [19] und ich werde zu meiner Seele sagen: Seele, du hast viele Güter liegen für viele Jahre. Ruhe aus, iss, trink, freu dich. [20] Es sprach aber zu ihm Gott: du Unverständiger, in dieser Nacht werden sie deine Seele fordern von dir. Was du aber herbeigeschafft hast, wem wird es gehören? [21] So geht es dem, der für sich Schätze sammelt und nicht bei Gott reich ist.

Zusammenhang: Die beiden Abschnitte 12,13–15.16–21 sind Teil einer größeren Redekomposition (12,1–53), in der Lukas wesentliche Akzente christlicher Lebensform in Auseinandersetzung mit einer feindlichen Umwelt beschreibt. Vorausgegangen war Jesu Warnung vor der „ansteckenden“ Lebensweise, der Heuchelei, der Pharisäer, die Angst haben, ihr wahres Gesicht zu zeigen (12,1–3). Die Jünger brauchen keinen Menschen zu fürchten, solange sie Jesu „Freunde“ bleiben (12,4–12).

1. Lk 12,13–15: Jesus ist unterwegs, dicht umringt von einer riesigen Volksmenge (*myriás*), als jemand aus der Menge ihn auffordert, den Erbstreit mit seinem Bruder nach der Tora („Gesetz“) zu entscheiden. Jesus lehnt das Ansinnen des unbekannten Bittstellers energisch ab. Die schroffe Zurückweisung mag auf den ersten Blick befremden. Nach damaligem Verständnis galt der Schriftgelehrte nicht nur in theologischen Fragen, sondern auch in juristischen Streitfällen als kompetent, denn er war Theologe und Jurist in einem. Als ein solchermaßen „brauchbarer“ Rabbi wurde Jesus offenbar von dem Mann aus der Volksmenge angesehen und gebeten, ihm zu seinem Recht zu verhelfen.

Doch Jesus durchschaut die Absicht und nutzt die Gelegenheit, alle vor *jeder* Art von Habgier (*pleonexía*) zu warnen. Dieser ungestillte Drang, immer mehr haben zu wollen, nimmt den Menschen mit der Zeit so total in Anspruch, dass er seinen Lebenssinn verfehlt. „Der eigentliche Lebenssinn ist ... etwas Einzigartiges. Er ist so einmalig wie man selber; für ihn gibt es *keinen* Ersatz. Er entdeckt sich uns, wenn wir den Forderungen in unserem Innern in klarer Einsicht und treuer Beharrlichkeit nachkommen. Er allein kann unserem Einsatz und Wirken den Charakter des Unbedingten, der Einheit und Fülle geben, trotz aller Gebrechlichkeit, Unvollkommenheit und menschlicher Bedingtheit“ (Marcel Légaut). Im Streben nach Überfluss und Genuss materieller Güter geht diese Sensibilität und Entschiedenheit verloren, ganz zu schweigen von den sozial verderblichen Folgen einer solchen Einstellung.

2. Lk 12,16–21: Mit der folgenden Beispiel-Erzählung verdeutlicht Jesus noch einmal die Warnung, seinen Lebenssinn darin zu suchen, dass man immer mehr Schätze für sich selbst zu sammelt, anstatt „bei Gott reich" zu sein (V. 21). Das Gleichnis beschreibt die Gedanken eines von Hab*gier* getriebenen Menschen und zeigt, wie all sein Sinnen und Trachten ins Leere läuft:

Einem reichen Landbesitzer steht eine so gute Ernte ins Haus, dass seine alten Scheunen und Vorratsräume dafür nicht mehr reichen. Da beginnt er ein Selbstgespräch, um herauszufinden, wie er sich diesen Überfluss am besten sichern kann. Die vielen Ich-Aussagen (V. 17–19) sind wie das Echo der eigenen Stimme von den Wänden eines leeren Hauses, in dem es keine Gesprächspartner (mehr) gibt. Weder Gott noch einen anderen Menschen bezieht er in seine Überlegungen ein. Er sieht sich am Ziel seiner Wünsche. Sein Lebensinhalt war es, „viele Güter auf viele Jahre" ungestört zu genießen: „Ruhe aus, iss, trink, freu dich (des Lebens)". Unerwartet beendet Gott diesen Monolog und konfrontiert den Reichen mit der plötzlichen Unausweichlichkeit des Todes.

Wer den Tod aus seinem Bewusstsein ausklammert, verdrängt die sicherste Gewissheit seines Lebens. Wer glaubt, über sein Leben verfügen zu können, kann weder sich noch seinen Nächsten noch Gott ernst nehmen. Wer sein Leben auf Besitzen und Mehr-haben-Wollen, auf Gebrauchen und Genießen reduziert, dem wird im Tod *alles* genommen. Mit einem Mal bildet der Tod den Horizont, vor dem alle Wünsche und Träume des Reichen, all sein Sinnen und Raffen seinen Kurswert verliert. „Du Narr (*á-phron*), in dieser Nacht wird man deine Seele fordern von dir. Was du aber bereitet hast, wem wird es gehören?" Das griechische Wort *áphron* erinnert (wieder) an die innere Gespaltenheit des Menschen. Er hat den Zugang zu seiner Wesenstiefe (*tà phréna*) verloren. Sein Streben und Erkennen, seine Urteilskraft sind verdorben. Der schleichende Sinnverlust hat ihn unmerklich in einen Sog von Selbsttäuschungen gezogen.

Von sich aus hätte der Reiche nicht mehr aus seinem sinnlosen Monolog heraus gefunden. Indem Gott ihn mit der „vergessenen" Wirklichkeit des Todes konfrontiert, befreit er ihn aus dem Kreislauf seiner Selbsttäuschungen und stellt ihm *die Frage nach dem Sinn und Inhalt seines Lebens* (reich sein bei Gott: Lk 12,33f.). Damit ist der Hörer des Gleichnisses unmittelbar angesprochen und herausgefordert.

Das Ufer, an dem ich lebe, muss ich eines Tages verlassen. Ich *weiß,* dass mich dann niemand begleiten kann. Meinem Tod muss ich allein entgegen gehen. Dann wird alles Gerede aufhören und jede Ausrede verstummen. In diese Einsamkeit kann ich nichts mitnehmen als mich selbst – so wie ich bin: arm, nackt und machtlos.

Es gibt Augenblicke in meinem Leben, wo der Schatten des Todes mich berührt wie eine kalte Hand, wo ich auf einmal *spüre: Ich* werde sterben, *mein*

Leben verweht wie Spuren im Sand. Es gibt Augenblicke in meinem Leben, wo ich daran erinnert werde, dass ich von Gottes Anhauch lebe, und ich bis ins innerste Mark *spüre*: solange es ihm gefällt.

Ich soll reich werden – mit leeren Händen, Schätze sammeln – mit freigebigem Herzen, denn noch in dieser Nacht kann ich gerufen werden.

Von der Suche nach einem Leben, das bleibt: Lk 12,22–34

22 Er sprach aber zu seinen Jüngern: deshalb sage ich euch: seid nicht ängstlich
besorgt um das Leben, was ihr essen, noch um den Leib, was ihr anziehen sollt.
23 Denn das Leben ist mehr als die Nahrung und der Leib mehr als die Kleidung.
24 Betrachtet die Raben: sie säen nicht, sie ernten auch nicht, ihnen gehört keine
ammer noch Scheune, und Gott ernährt sie. Wieviel mehr seid ihr wert als die
Vögel! 25 Wer aber von euch kann mit seinen Sorgen seiner (Lebens) länge eine
Elle hinzufügen? 26 Wenn ihr nun nicht einmal das Geringste vermögt, was sorgt
ihr euch um die übrigen Dinge? 27 Betrachtet die Lilien, wie sie wachsen, sie pla-
gen sich nicht und sie spinnen nicht. Ich sage euch aber, nicht einmal Salomo in
all seiner Herrlichkeit war gekleidet wie eine von ihnen. 28 Wenn aber Gott auf
dem Felde das Gras, das heute steht und morgen in den Ofen geworfen wird, so
kleidet, um wieviel mehr euch, ihr Kleingläubigen! 29 Auch ihr – trachtet nicht
danach, was ihr esst und was ihr trinkt, und ängstigt euch nicht! 30 Denn nach all
dem trachten die Völker der Welt. Euer Vater aber weiß, dass ihr dies braucht. 31
Vielmehr trachtet nach seiner Herrschaft, und dies wird euch hinzugegeben werden. 32 Fürchte dich nicht, kleine Herde, denn es hat eurem Vater gefallen, euch
die Herrschaft zu geben.

33 Verkauft euren Besitz und gebt Almosen! Macht euch Geldbeutel, die nicht
alt werden, einen unerschöpflichen Schatz in den Himmeln, wo kein Dieb herankommt und keine Motte zerstört. 34 Denn wo euer Schatz ist, da wird auch euer
Herz sein.

Zusammenhang: Die Redeeinheit zieht die Folgerungen aus dem Gleichnis vom reichen Landmann. Der Habsucht (V. 15) und dem Leben im Überfluss (V. 19) wird die Suche nach der Gottesherrschaft und das Reichwerden vor Gott gegenüber gestellt.

1. Lk 12,22–32: Jesus spricht wieder zu den Jüngern und erläutert ihnen, was das Gleichnis von der falschen Selbstsicherheit des Reichen für die Grundausrichtung ihrer Lebensführung bedeutet. Nahrung, Kleidung und Wohnung gehören seit alters her zu den unentbehrlichen Gütern. Die Sorge darum kann Menschen aber so in Beschlag nehmen, dass die Sicherung dieser elementaren Grundbedürfnisse zum einzigen Lebensinhalt wird. Jesu prophetische Aufforderung „Seid nicht ängstlich besorgt ...!“ will die Jünger nicht von der legitimen Sorge um diese lebensnotwendigen Dinge befreien, sondern auf die Gefährdung hinweisen, wenn dabei Gott und die Nächsten – wie das Beispiel des reichen Kornbauern zeigt – ganz aus dem Blick geraten. Eine treibende Kraft dieser gefährlichen Sorge um sich selbst ist die Angst, einmal mittellos dem Wohlwollen oder der Willkür anderer ausgeliefert zu sein. Der Vergleich mit den Raben und den Lilien ruft den Jüngern deshalb ins Gedächtnis, wie unvergleichlich kostbar sie in den Augen Gottes sind und wie sehr der himmlische Vater jeden Einzelnen in seiner Güte umsorgt. Dieses Vertrauen will die Sehnsucht nach Leben von dem ängstlich unruhigen, gespannten Hin- und Hergerissensein (*meteorízo*) der „Heiden" befreien.

Eine solche Haltung, die alle „Kleingläubigkeit" hinter sich lässt, kam schon in der Vaterunser-Bitte um das tägliche Brot zum Ausdruck, die vor aller falschen Zukunftssicherung warnt (vgl. Lk 11,3). Den Jüngern soll es in erster Linie um die Verwirklichung der Gottesherrschaft gehen, d. h. sie sollen Gottes Willen in ihrem Leben so zur Geltung bringen, dass sie selbst transparent werden für seine Gegenwart in der Welt. Dann wird ihnen alles zuteil, was sie zum Leben brauchen, auch das „iss und trink und lass es dir gut gehen", solange es als Zugabe genommen wird (M. Reiser).

Im nächsten Vers (32) spricht Jesus die Gemeinde an, die aufgrund ihrer geringen Zahl in Gefahr ist, zu resignieren und kraftlos zu werden. Auch wenn die „kleine Herde" angreifbar und bedroht ist, hat sie Anteil an der Herrschaft Gottes, die durch keine Macht dieser Welt überwunden werden kann.

2. Lk 12,33f.: Aus dieser Gewissheit, bei Gott geborgen zu sein und Anteil zu haben an einem Leben, das bleibt, wächst die Aufmerksamkeit und das Bewusstsein für die Not des Nächsten, für soziale Ungerechtigkeit und das Verlangen sie auszugleichen – wenigstens im Bereich der Gemeinde. Das gläubige Wissen um Gottes Nähe und unsere Zukunft bei ihm entzieht unserem Herzen die magnetische Anziehungskraft materieller Güter. Es setzt unseren Wünschen durch die Not und den Mangel der anderen eine nicht beliebige Grenze. Die Praxis des Teilens braucht sehr viel Einfühlungsvermögen und Respekt, damit das, was wir geben können, auch von Herzen angenommen werden kann. So wird uns im Loslassen etwas geschenkt, das uns vor Gott reich macht.

Der Abschnitt schließt mit den Worten: „Denn wo euer Schatz ist, da wird auch euer Herz sein." Dieser Satz ist wie eine zusammenfassende Aufforderung an die Jünger, ihr Herz zu prüfen und die „Geister" zu unterscheiden. Jesus will, dass unser Zusammenleben getragen ist von solidarischer Verbundenheit und Verantwortung. Seine Stellungnahme bedeutet einen Bruch mit den Grundsätzen, wie sie in der jüdischen und heidnischen Umwelt allgemein akzeptiert waren.

Aufforderung zur Wachsamkeit und Verantwortung: Lk 12,35–48

35 Eure Lenden sollen umgürtet sein und die Lampen brennend. 36 Und ihr sollt Menschen gleichen, die auf ihren Herrn warten, wenn er zurückkommt von der Hochzeit, dass sie ihm, wenn er kommt und klopft, sofort öffnen. 37 Selig jene Knechte, die der Herr bei seinem Kommen wachend finden wird. Amen, ich sage euch, er wird sich umgürten und sie zu Tisch liegen lassen und hinzutreten und ihnen aufwarten. 38 Und wenn er in der zweiten, und wenn er in der dritten Nachtwache kommt und sie so findet, selig sind sie. 39 Das aber wisst: wenn der Hausherr wüsste, in welcher Stunde der Dieb kommt, er ließe nicht in sein Haus einbrechen. 40 Auch ihr, seid bereit! Denn zu einer Stunde, da ihr es nicht meint, kommt der Menschensohn.

41 Es sagte aber Petrus: Herr, sagst du zu uns dieses Gleichnis oder auch zu allen? 42 Und es sagte der Herr: wer also ist der treue und kluge Verwalter, den der Herr setzen wird über seine Dienerschaft, ihr zu geben zur (rechten) Zeit die zugemessene Nahrung? 43 Selig jener Knecht, den sein Herr bei seinem Kommen so handelnd finden wird. 44 In Wahrheit sage ich euch: er wird ihn über alle seine Güter setzen. 45 Wenn aber jener Knecht sagt in seinem Herzen: mein Herr lässt sich Zeit zu kommen, und er beginnt, die Knechte und Mägde zu schlagen, zu essen und zu trinken und betrunken zu sein, 46 dann wird der Herr jenes Knechtes an einem Tag kommen, an dem er es nicht erwartet, und zu einer Stunde, die er nicht kennt, und er wird ihn entzwei hauen und ihm seinen Teil geben bei den Ungläubigen. 47 Jener Knecht aber, der den Willen seines Herrn erkannt hat und nicht vorbereitet oder getan hat nach seinem Willen, wird viele Schläge bekommen. 48 Wer aber nicht weiß, aber tut, was Schläge verdient, der wird wenige bekommen. Jedem aber, dem viel gegeben ist, von dem wird viel verlangt werden, und wem viel anvertraut worden ist, von dem wird man um so mehr fordern.

Zusammenhang: Dieser Redeabschnitt zieht weitere Folgerungen aus dem Gleichnis vom reichen Kornbauern (Lk 12,16–21). Ihm werden die Jünger gegenübergestellt, die in der Erwartung des Herrn leben. Die unterschiedlichen Textarten dieser Komposition sind thematisch durch die überraschend plötzliche Wiederkehr des Herrn miteinander verbunden.

1. Lk 12, 35–40: Jesus ergänzt seine Mahnungen an die Jünger. Seine Worte richten sich in besonderer Weise an die (künftigen) Verantwortlichen der Gemeinden. Das Bild von den *umgürteten Lenden* erinnert an die Feier des Paschamahles (Ex 12,11), an die Nacht des entschlossenen Aufbruchs Israels aus allen pharaonischen Nöten und Zwängen. Auch die anderen großen Ereignisse in der Geschichte des Gottesvolkes spielten sich in der Nacht ab:

In der Nacht schloss Jahwe mit Abraham einen unkündbaren Bund (Gen 15) und befreite ihn aus seiner Enttäuschung und Resignation über seine Zukunft. In der Nacht auf seiner Flucht vor Esau erfuhr Jakob im Traum, dass

Jahwe mit ihm ist und ihn in sein Land zurückbringen wird (Gen 25). In der Nacht, bei seiner Rückkehr nach zwanzig Jahren, rang Jakob mit dem großen Unbekannten am Jabbok und wurde von diesem gesegnet (Gen 32). In der Nacht bei seiner Rückkehr aus Ägypten wurde Mose aus tödlicher Bedrohung errettet (Ex 4,24–26). Und in der Hälfte der Nacht beginnt in Ägypten das unheimliche „Vorübergehen Jahwes", das die Befreiung aus dem Sklavenhaus eröffnet.

Wer sich an Gottes Wirken in der Geschichte des Gottesvolkes und im eigenen Leben erinnert, hat Hoffnung. Denn Gott selbst hat die Nacht, die etwas Bedrohliches und Unheimliches an sich hat, in den Anfang der Rettung und des Segens verwandelt. Im Judentum erwartete man den Messias um Mitternacht (F. Bovon).

Auch die *brennenden Lampen* (oder Fackeln) gehören zum Motiv der nächtlichen Szenerie. Wer sich in beiden Bildern wiederfindet, weiß, was die Stunde geschlagen hat. Die kleine Herde, das noch gefangene und schon befreite neue Gottesvolk soll in Aufbruchsstimmung sein, in wacher Bereitschaft, dem Herrn jederzeit zu öffnen, wenn er wiederkommt und anklopft. Dann werden sie in beglückender Weise erfahren, dass er ihnen begegnet wie beim Abschiedsmahl: „Ich bin in eurer Mitte wie der, der (be-)dient" (Lk 22,27).

Doch die Stunde seiner Rückkehr bleibt ungewiss. Deshalb sollen die Jünger und Jüngerinnen wie ein wachsamer Hausbesitzer mit dem unvorhersehbaren Kommen des *Diebes* bei Nacht rechnen und ihr Anwesen vor jedem Einbruch zu schützen wissen. Der Dieb kann auch ein Bild für die Gefährdung der Glaubenden sein, für die Anfechtungen und Bedrohungen, denen wir in unseren Alltag ausgesetzt sind, für das, was uns daran hindert, in der Gegenwart und Erwartung des Herrn zu leben.

2. Lk 12,41–48: Jesu Antwort auf die Frage des Petrus macht deutlich, dass nicht nur das Gleichnis vom treuen und klugen Verwalter, sondern auch die beiden vorausgegangenen Vergleiche in besonderer Weise für die (künftigen) Verantwortlichen der Gemeinden gelten. Zu den Aufgaben eines Verwalters gehört vor allem, dass er während der Abwesenheit seines Herrn dem Gesinde zur rechten Zeit zuteilt, was der Einzelne braucht und was ihm zusteht. Das Gespür für die Bedürfnisse der Leute und für das, worauf sie ein Anrecht haben, erhält die Diener in der Treue zu ihrem Herrn. Der Verwalter muss sich immer bewusst bleiben, dass er nur eine „geliehene Autorität" hat, ein Amt auf Abruf. Bleibt er seinem Auftrag treu (*pístis*) und handelt er klug (*phrónimos*) im Sinne seines Herrn, wird dieser sich an Großzügigkeit nicht übertreffen lassen.

Ganz anders wird es dem Verwalter ergehen, der beim Ausbleiben des Herrn seine Macht missbraucht und anfängt, die Diener seines Herrn zu drangsalieren und das anvertraute Gut seiner persönlichen Genusssucht zu opfern. Er wird bei der unerwartet plötzlichen Wiederkehr des Herrn entzwei gehauen und sein Los mit den Ungläubigen teilen. Das drastisch geschilderte Gericht ist eine ernste Warnung an alle, die ihr geistliches Leitungsamt zum eigenen Vorteil missbrauchen und so nicht mehr an den wiederkehrenden Herrn erinnern.

Die letzten beiden Verse (47 und 48) unterstreichen noch einmal die besondere Verantwortung der Gemeindeleiter für den Dienst an den Menschen, die ihnen von Gott anvertraut sind.

Die Zeit der Entscheidung und ihre Konsequenzen: Lk 12,49–59

**[49] Feuer auf die Erde zu werfen bin ich gekommen, und wie wünschte ich, dass
es schon entflammt wäre! [50] Mit einer Taufe aber muss ich getauft werden, und
wie bin ich in Bedrängnis, bis sie vollbracht ist! [51] Meint ihr, dass ich gekommen
bin, Frieden zu bringen auf der Erde? Nein, ich sage euch, vielmehr Entzweiung.
[52] Denn es werden von nun an fünf in einem Haus entzweit sein, drei gegen zwei
und zwei gegen drei. [53] Sie werden entzweit sein: Vater gegen Sohn und Sohn
gegen Vater, Mutter gegen Tochter und Tochter gegen Mutter, Schwiegermutter
gegen ihre Schwiegertochter und Schwiegertochter gegen die Schwiegermutter.**

**[54] Er sprach aber auch zu der Volksmenge: wenn ihr eine Wolke aufsteigen
seht vom Untergang (der Sonne) her, sofort sagt ihr: es kommt Regen, und es
geschieht so. [55] Und wenn der Südwind bläst, sagt ihr: es wird Hitze kommen,
und es geschieht. [56] Heuchler, das Aussehen der Erde und des Himmels wisst ihr
zu beurteilen, diese Zeit aber – warum wisst ihr sie nicht zu beurteilen? [57] Warum aber entscheidet ihr nicht von euch aus, was (jetzt) das Rechte (ist)? [58] Denn
während du mit deinem Prozessgegner zum Richter gehst, (noch) auf dem Wege
gib dir Mühe, von ihm loszukommen, damit er dich nicht vor den Richter schleppe
und der Richter dich dem Gerichtsdiener übergebe und der Gerichtsdiener dich ins
Gefängnis werfe. [59] Ich sage dir: du wirst von dort nicht herauskommen, bis du
auch die letzte Münze bezahlt hast.**

Zusammenhang: Lukas setzt die mit 12,1 begonnene Redekomposition fort. War im vorausgegangenen Abschnitt (Lk 12,35–48) der Blick primär auf die unerwartet plötzliche Rückkehr des Herrn gerichtet, so lenkt Jesus die Aufmerksamkeit jetzt wieder auf die gegenwärtige Situation.

1. Lk 12,49–53: Jesus wendet sich zunächst weiter an seine Jünger und konfrontiert sie mit seinem Lebensauftrag, mit seiner Sehnsucht und inneren Unruhe, aber auch mit dem, was ihm Angst macht und ihn bedrückt. „Feuer auf die Erde zu werfen, bin ich gekommen und wie wünschte ich, dass es schon entflammt wäre." Was ist mit dem Feuer gemeint, das er zu einem Flächenbrand entfachen will, den man nicht mehr löschen kann? Es geht ihm darum, dass alle Teile der Erde vom Evangelium wie von einem lodernden Feuer erfasst und durchglüht werden. Das kann aber nur geschehen, wenn der Heilige Geist als Gabe des Auferstandenen sich in alle Welt ausbreitet. Dieses Ziel steht noch aus. Deshalb verlangt ihn so sehr danach, seine Sendung in Jerusalem zu vollenden, damit sie von dort in die ganze Welt hinausgeht.

Mit dem Bild des Feuers verbindet sich auch die Vorstellung von einem schmerzhaften Läuterungsvorgang, so als würde Jesus sein Todesschicksal voraussehen und die Konsequenzen, die sein Weg für alle hat, die ihm nachfolgen. Von daher ist auch die innere Not verständlich, die ihn umtreibt, bis diese „Taufe" an ihm vollzogen ist. Er wünscht sich nichts sehnlicher als dass er da schon „durch" ist.

Im Blick auf das, was ihm und seinen Jüngern bevorsteht, räumt Jesus mit einem Missverständnis auf, das viele mit seinem Kommen verbinden. Da er mit seiner Verkündigung jeden Einzelnen zur persönlichen Entscheidung aufruft, scheiden sich an ihm die Geister. Der Widerstand, den er selbst bei der religiös-politischen Elite, bei seinem Volk und in der eigenen Familie erfahren hat, machen das nur allzu deutlich. Inbezug auf seine Person gibt es keine Neutralität. Am schmerzlichsten wird die gegenseitige Entzweiung innerhalb der Familie erfahren. Mit dieser endzeitlichen Vorstellung vom Zerbrechen natürlicher Bindungen beendet Jesus seine Jüngerunterweisung. Es sieht so aus, als wollte er zum Abschluss noch einmal mit allem Nachdruck darauf hinweisen, dass Christsein zu einer leidvollen Entwurzelung und Ungeborgenheit unter Menschen führen kann (vgl. Mich 7,5 f.), auch unter denen, die einem von den natürlichen Bindungen her am nächsten sind.

Der Text lädt dazu ein, mit der eigenen Bestimmung unseres Lebens und mit der Sehnsucht unseres Herzens in Kontakt zu kommen, um sie von dem, was Jesus bewegt, inspirieren und läutern zu lassen.

2. Lk 12,54–59: Jesus spricht wieder zur Volksmenge. Er ruft sie auf, die Zeichen der Zeit, die ihnen in seinem Wirken begegnen, zu erkennen und Folgerungen daraus zu ziehen. Niemand kommt um eine Entscheidung herum. Wer sich diesem Prozess des Erkennens mit allen Konsequenzen entzieht, ist in den Augen Jesu ein Heuchler. Für sie gibt es nur noch *eine* letzte Chance zur Umkehr. Die folgende Beispielerzählung ist als eindringlicher Appell an alle in Israel zu verstehen, die Frist zu nutzen, ehe sie unwiederbringlich abgelaufen ist: Jemand hat sich einem anderen verschuldet und sich damit seine Gegnerschaft eingehandelt. Es steht also schlecht um ihn. Ein günstiger Ausgang des Prozesses ist nicht zu erwarten. Wenn das Verfahren erst einmal in Gang gekommen ist, kann er sich dem drohenden Geschick nicht mehr entziehen. Seine Schuldhaft wird so lange dauern, bis er den letzten Pfennig bezahlt hat. Es gibt nur *eine* Möglichkeit, sich der Zwangsläufigkeit dieses Verfahrens zu entziehen und die Strafe abzuwenden: solange die beiden noch unterwegs zum Gericht sind, muss der Schuldner *alles* versuchen, um mit seinem Prozessgegner zu einer gütlichen Einigung zu kommen und den Fall aus der Welt zu schaffen. M. a. W.: Erkenne in den Worten und Taten Jesu die Gegenwart der Gottesherrschaft und bring deine Sache mit ihm in Ordnung, solange es noch Zeit ist!

Der Ruf zur Umkehr: Lk 13,1–9

1 Es kamen aber einige in diesem Augenblick und berichteten ihm von den Galiläern, deren Blut Pilatus mit dem ihrer Opfer vermischt hatte. 2 Und er antwortete und sagte ihnen: meint ihr, dass diese Galiläer größere Sünder waren als alle anderen Galiläer, weil sie das erlitten haben? 3 Nein, sage ich euch, aber wenn ihr nicht umkehrt, werdet ihr alle ebenso umkommen. 4 Oder jene achtzehn, auf die der Turm am Siloah fiel und sie tötete, meint ihr, dass sie schuldiger gewesen sind als alle anderen Menschen, die in Jerusalem wohnen? 5 Nein, sage ich euch, aber wenn ihr nicht umkehrt, werdet ihr alle ebenso umkommen.

6 Er sagte aber dieses Gleichnis: es hatte einer einen Feigenbaum in seinem Weinberg gepflanzt, und er kam und suchte Frucht an ihm und fand sie nicht. 7 Er sprach aber zum Weingärtner: siehe: drei Jahre, seitdem ich komme und Frucht suche an diesem Feigenbaum und sie nicht finde. Hau ihn um! Wozu saugt er noch den Boden aus? 8 Der aber antwortete und sagt ihm: Herr, lass ihn noch dieses Jahr, bis ich um ihn herum grabe und Dünger daran werfe. 9 Vielleicht bringt er in Zukunft Frucht. Wenn aber nicht, dann hau ihn um.

Zusammenhang: Jesus setzt die Mahnungen zur Umkehr fort. Seine Adressaten sind nach wie vor die Volksscharen. Sie repräsentieren ganz Israel.

1. Lk 13,1–5: Während Jesus zum Volk spricht, kommen Leute mit der Nachricht zu ihm, dass der römische Statthalter Pilatus im Tempel von Jerusalem Pilger aus Galiläa bei der Opferhandlung niedermachen ließ. Dabei habe sich ihr Blut mit dem der Opfertiere vermischt. Nach jüdischer Auffassung hätte nichts Schlimmeres passieren können. Jesus reagiert auf die bestürzende Nachricht mit der Bemerkung, dass diese Pilger keine besonders schwere Schuld auf sich geladen haben. Er lehnt die weit verbreitete Auffassung einer Verknüpfung von Schuld und Strafe rundweg ab und fügt mit Nachdruck hinzu: Alle sind schuldig und sollen dieses „Zeichen“ als Aufforderung verstehen, sich zu bekehren. Sonst drohe ihnen ein ähnliches Schicksal. Auch das Unglück mit den achtzehn Toten beim Teich Schiloach ist ein Hinweis, dass den Bewohnern Jerusalems eine letzte Frist zur Umkehr gegeben ist. Möglicherweise spielt Lukas hier auf den Untergang der Stadt an.

2. Lk 13, 6–9: Das Gleichnis vom unfruchtbaren Feigenbaum im Weinberg veranschaulicht seinen Zuhörer noch einmal die Dringlichkeit, „Früchte der Umkehr" zu bringen (Lk 3,8 f.). Ein Gleichnis bewegt die Herzen von Menschen vielleicht eher als harsche Gerichtsworte, die emotional blockieren oder spontane Abwehr auslösen können. Jesus zieht gleichsam alle Register, um den Leuten die Verantwortung einzuschärfen, die sie jetzt und zu diesem Zeitpunkt für ihr eigenes Schicksal haben. Im Alten Testament wird der Feigenbaum verschiedentlich als Symbol für Israel verstanden (Hos 9.10; Mich 7,1; Jer 8,13). Wenn der Winzer im Gleichnis für eine weitere Jahresfrist des Baumes plädiert, dann heißt das: Jesus gibt Israel mit seinem Wirken eine letzte Gelegenheit zur Umkehr. Noch einmal investiert er sein Vertrauen und seine ganze Überzeugungskraft. Der Ausgang seines leidenschaftlichen Bemühens bleibt offen. Es liegt nun an dem Baum, ob der Schlag ausgeführt wird.

Dieser letzte Aufruf Jesu, Früchte der Umkehr hervorzubringen, erinnert stark an die Umkehrpredigt Johannes des Täufers (Lk 3,7–9). Vielleicht will Lukas damit an den „Stärkeren" erinnern (Lk 3,15–17), der vor allem jene Christen erreichen will, die den Gefährdungen ihrer Kultur- und Weltverflochtenheit erlegen sind und das Gespür für die bis ins Innerste gehende Unordnung ihres Lebens verloren haben. So ist es am Ende tröstlich, dass der Winzer sich noch einmal mit ganzem Einsatz um den Feigenbaum müht.

Die Heilung der gekrümmten Frau am Sabbat: Lk 13,10–17

**[10] Er lehrte aber in einer der Synagogen am Sabbat. [11] Und siehe: eine Frau, die
hatte einen Geist der Schwachheit (schon) achtzehn Jahre, und sie war zusam-
mengekrümmt und konnte sich nicht ganz aufrichten. [12] Als Jesus sie aber sah,
rief er sie zu sich heran und sagte ihr: Frau, sei erlöst von deiner Schwachheit! [13]
Und er legte ihr die Hände auf; und sofort wurde sie aufgerichtet und pries Gott.
[14] Es antwortete aber der Synagogenvorsteher ungehalten darüber, dass Jesus am
Sabbat geheilt hatte, und er sagte zu der Volksmenge: sechs Tage sind da, an denen gearbeitet werden soll. An diesen also kommt und lasst euch heilen und nicht
am Tag des Sabbat! [15] Es antwortete ihm aber der Herr und sagte: Heuchler! Löst
nicht jeder von euch am Sabbat sein Rind oder seinen Esel von der Krippe und
führt ihn weg und tränkt ihn? [16] Diese aber, die eine Tochter Abrahams ist, die der
Satan gebunden hatte – siehe: achtzehn Jahre lang, sollte sie nicht gelöst werden
von dieser Fessel am Tag des Sabbat? [17] Und als er das sagte, schämten sich alle
seine Widersacher, und das ganze Volk freute sich über all die herrlichen Taten,
die von ihm geschahen.**

Zusammenhang: Auf dem Weg nach Jerusalem lehrt Jesus irgendwo am Sabbat in einer Synagoge. Er ist weiter bemüht um den unfruchtbaren Feigenbaum (13,8).

1. Lk 13,10–13: Jesus erblickt unter den Leuten in der Synagoge eine verunstaltete Frau. Sie kann ihren entstellten Körper nicht verbergen. Das Leid und Elend dieser Frau ist wie ein stummer Schrei. Immer wieder lesen wir in den Evangelien, dass Jesus bis ins Tiefste berührt und erschüttert wird, wenn er Menschen begegnet, die durch Krankheit, Schuld oder harte Schicksalsschläge ihre ursprüngliche Ganzheit eingebüßt, ihre „Fähigkeit zum Unmöglichen" verloren haben. Nirgendwo nimmt er leidenschaftlicher und entschiedener Stellung als dort, wo Menschen durch Leben mindernde oder gar zerstörerische Konventionen zu „Verlorenen" gemacht werden. Jesus spürt den stummen Schrei der Frau. Ein „Geist der Schwachheit" hat sie so zusammen gekrümmt, dass sie sich aus eigener Kraft nicht mehr aufrichten kann. Seit achtzehn Jahren ist sie von dieser „Schwachheit" befallen – ein aussichtsloser Fall.

Was mag es für diese Frau bedeuten, mit der Gewissheit zu leben, nie mehr aufrecht stehen und gehen zu können? Was geht in einem Menschen vor, dessen Gesichtskreis sich immer weiter einschränkt? Vielleicht ist der „Geist der Schwachheit" sogar Folge erlittener Demütigung. Jedenfalls gehört diese unbekannte Frau zu den Menschen, die man lieber übersieht und die mit einem gewissen Unbehagen gerade noch geduldet werden. Es fällt auf, dass die Frau mit keinem Wort auf ihre Not aufmerksam macht. Vielleicht hat man sie nach und nach mundtot gemacht und ihr beigebracht, was sich nicht ge*hört*. Man kann durch gezielte Bemerkungen das Selbstvertrauen eines Menschen erschüttern und ihm die Fähigkeit nehmen, seinen eigenen Bedürfnissen und Einsichten zu trauen.

Jesus ruft die Frau zu sich. Sie löst sich aus dem Kreis der Zuhörer und bewegt sich auf Jesus zu, so dass sich die Aufmerksamkeit aller auf ihren verunstalteten Leib richten kann. Es ist, als werde das Verbogene und Entstellte in ihrer Mitte sichtbar. Dann spricht Jesus ihr das erlösende Wort zu: „Frau, sei erlöst von deiner Schwachheit!" und legt ihr seine Hände auf. Seine heilenden und lösenden Kräfte strömen auf sie über, so dass sie sich sofort ganz aufrichten kann (wörtlich: und sofort wurde sie aufgerichtet. Das Passiv verweist auf *Gott* als den eigentlich Handelnden). Von der „Schwachheit" befreit wie von einer lebenslangen Fessel preist sie *Gott*, der in Jesus „sein Volk besucht und ihm Erlösung geschaffen hat" (vgl. Lk 1,68). Der Lobpreis der Geheilten durchzieht das Lukas-Evangelium wie ein immer wiederkehrender Refrain.

2. Lk 13,14–17: In scharfem Kontrast zum Lobpreis der geheilten Frau steht die Empörung des Synagogenvorstehers. Er ist darüber aufgebracht (*agannaktéo*), dass dieser ortsfremde Rabbi in seiner Synagoge das Sabbatgebot bricht. Er traut sich aber nicht, seinen Ärger direkt auf Jesus loszulassen. Er greift das Volk an und unterstellt den Leuten, dass sie gekommen seien, um sich *am Sabbat* heilen zum lassen. In Wirklichkeit meint er Jesus.

Jesus stellt sich dem Konflikt und entlarvt die zwiespältige Haltung seines Kontrahenten. Jesus hatte die gekrümmte Frau in den Mittelpunkt der Aufmerksamkeit aller gestellt, um ihre Würde als „Tochter Abrahams" deutlich zu machen. Wenn es schon in Israel übliche Praxis ist, auch am Sabbat das Vieh von der Krippe loszubinden (*lúo*) und zur Tränke zu führen, um wie viel mehr entspricht es der Sabbatordnung, dass diese Frau, die schon achtzehn Jahre lang die Fesseln ihrer Krankheit getragen hat, endlich davon befreit wird (*lúo*). Jesus macht die Frau hier zu einer Repräsentantin Israels und bringt ihre Heilung in Verbindung mit der Verheißung an Abraham (Lk 1,54f.73f.).

Die Sabbatruhe ist ja ursprünglich ein Gebot, um das Leben des Menschen und seine Würde zu schützen. Sie will die Israeliten zeitlebens daran erinnern, dass sie einmal Sklaven waren, Menschen, die von einem Übermaß an aufgezwungener Arbeit niedergehalten wurden. Am Sabbat sollten sie von der täglichen Mühsal befreit aufatmen und sich an die Freiheit erinnern, die Gott ihnen geschenkt hat. Wenn also am Sabbat die Vollendung der Schöpfung und die Befreiung aus dem „Sklavenhaus Ägypten" gefeiert wird, warum soll nicht gerade an diesem Tag Gottes Heilwirken offenbar werden? Warum soll diese gekrümmte Frau sich nicht wieder aufrichten und ihr Haupt zum Lobe *Gottes* erheben können? Wenn es um die „Armen" geht (Lk 4,18f.), ist jeder Tag ihres Leids ein Tag zu viel. Dann zeigt Jesus auch keine Scheu, seine Gegner und Kritiker in aller Öffentlichkeit ad absurdum zu führen.

Die Wirkung seines Wortes ist Beschämung und Freude. An seinem Wort scheiden sich die Geister: *Alle* seine Widersacher sind beschämt, das *ganze* Volk aber freut sich über all die wunderbaren Dinge, die er getan hat.

Die Gleichnisse vom Senfkorn und vom Sauerteig: Lk 13,18–21

[18] Er sagte nun: wem ist die Gottesherrschaft gleich, und womit soll ich sie vergleichen? [19] Sie ist gleich einem Senfkorn, das ein Mensch nahm und warf es in seinen Garten, und es wuchs und wurde zu einem Baum, und die Vögel des Himmels wohnten in seinen Zweigen. [20] Und wieder sagte er: womit soll ich die Gottesherrschaft vergleichen? [21] Sie ist gleich einem Sauerteig, den eine Frau nahm und mengte ihn unter drei Maß Mehl, bis es ganz durchsäuert war.

Zusammenhang: Die beiden Gleichnisse stehen am Ende des ersten großen Abschnitts von Jesu Wirken auf seinem Weg nach Jerusalem (Lk 9,51–13,21). Sie verdeutlichen, dass es ihm vor allem darum geht, die verborgene und unaufhaltsam wirkende Gegenwart der Gottesherrschaft den Menschen nahe zu bringen – wie bei der vorausgehenden Heilung der gekrümmten Frau und seiner Lehre an einem Sabbat.

1. Lk 13,18f.: Jesus ist noch in der Synagoge, in der er gerade eine Frau geheilt hat, die seit achtzehn Jahren von einem „Geist der Schwachheit" befallen war. Der Raum ist noch erfüllt vom Lobpreis der Geheilten und der Wirkung seines Wortes, das Beschämung und Freude auslöste. Es sieht so aus, als antwortete Jesus mit dem Gleichnis vom Senfkorn auf die Zweifel, ob die Gottesherrschaft angesichts des wachsenden Widerstandes überhaupt eine Chance hat, sich in dieser Welt durchzusetzen. Ist es nicht realistischer, davon auszugehen, dass sie ein ähnlich aussichtsloser Fall ist wie die seit achtzehn Jahren zusammengekrümmte Frau? Das Senfkorn galt als das sprichwörtlich kleinste Ding der Welt. Aus diesem kaum wahrnehmbaren Samenkorn kann aber im Laufe des Jahres eine große Staude werden, sodass die Vögel des Himmels darin nisten können. Ebenso gewiss – will Jesus sagen – wie aus dem Winzling die große Staude wächst, wird Gott aus verborgenen und unscheinbaren Anfängen über die ganze Welt hin das große Gottesvolk hervorgehen lassen. Die Entfaltung, das Wachsen der Gottesherrschaft ist weder durch Widerstände noch durch Misserfolge aufzuhalten. Das Gleichnis ist zugleich Ausdruck von Jesu eigenem Vertrauen in die unaufhaltsam große Zukunft der Anfänge, die er mit seinem Leben und Wirken gesetzt hat. Die Gottesherrschaft wächst im Verborgenen, im Kleinen und Unscheinbaren. Sie ist eine unaufdringlich fortschreitende Evolution, die im Stillen vor sich geht. „Was wächst, macht keinen Lärm" (G. Lohfink).

2. Lk 13,20f.: Auch das Gleichnis vom Sauerteig zeugt von der großen Hoffnung Jesu, mit der er seine Zuhörer anstecken will. Wie ein wenig Sauerteig eine große Menge Mehl, etwa fünfzig Kilogramm, unaufhaltsam durchsäuert, so wird die Gottesherrschaft alle Regionen und Lebensbereiche erfassen und durchdringen – bis ans Ende der Erde (Apg 1,8).

In jedem von uns ist so ein winziges Senfkorn, ein kleines Stück Sauerteig verborgen, das wir unter der Erde oder dem Mehlteig unseres Lebens oft nicht wahrnehmen und dessen innere Kraft und Entfaltungsmöglichkeiten wir kaum ahnen. Die beiden Gleichnisse sind auch eine Einladung, unser Vertrauen und unsere Hoffnung in dieses unaufhaltsame Wachsen und Reifen der Gottesherrschaft neu beleben zu lassen – bis sie selbst zur Größe einer Staude geworden ist und die Würze eines durchsäuerten Teiges erreicht hat, so dass wir anderen Lebensraum und Nahrung geben können, wenigstens für einige Zeit. Wir werden das auch für uns selbst immer wieder brauchen: Menschen, bei denen wir uns in Gott beheimaten können – für einige Zeit.

Von der Tür zur Gottesherrschaft und Jesu Klage über Jerusalem: Lk 13,22–35

[22] Und er zog durch Städte und Dörfer und lehrte und nahm den Weg nach Jerusalem. [23] Es sagte aber einer zu ihm: Herr, ob es (nur) wenige sind, die gerettet werden? Er aber sagte zu ihnen: [24] kämpft darum, hineinzukommen durch die enge Tür, denn viele, sage ich euch, werden hineinzukommen suchen und es nicht schaffen. [25] Wenn aber der Hausherr aufgestanden ist und die Tür verschlossen hat, und ihr anfangt, draußen zu stehen und an die Tür zu klopfen und zu sagen: Herr, öffne uns, dann wird er antworten und euch sagen: ich kenne euch nicht, woher ihr seid. [26] Dann werdet ihr anfangen zu sagen: wir haben gegessen vor dir und getrunken, und auf unseren Straßen hast du gelehrt. [27] Und er wird euch sagen: ich weiß nicht, woher ihr seid; geht weg von mir all ihr Übeltäter! [28] Da wird Heulen und Zähneknirschen sein, wenn ihr sehen werdet Abraham, Isaak und Jakob und alle die Propheten im Reich Gottes, euch aber ausgestoßen draußen. [29] Und sie werden kommen von Ost und West und von Nord und Süd und sie werden sich zu Tische legen im Reich Gottes. [30] Und siehe, es sind letzte, die erste sein werden, und es sind erste, die letzte sein werden.

[31] Zu dieser Stunde kamen einige Pharisäer und sagten ihm: geh weg und wandere fort von hier, denn Herodes will dich töten. [32] Und er sagte zu ihnen: geht und sagt diesem Fuchs: siehe: ich treibe Dämonen aus und vollbringe Heilungen heute und morgen und am dritten Tag werde ich vollendet. [33] Aber ich muss heute und morgen und am kommenden (Tag) wandern, denn es geht nicht an, dass ein Prophet umkommt außerhalb von Jerusalem.

[34] Jerusalem, Jerusalem, du tötest die Propheten und steinigst, die zu dir gesandt sind! Wie oft habe ich sammeln wollen deine Kinder, wie eine Henne ihre Brut unter die Flügel, und ihr habt nicht gewollt! [35] Siehe: euer Haus wird euch (selbst) überlassen. Ich sage euch aber: ihr werdet mich nicht mehr sehen, bis kommen wird (der Zeitpunkt), wann ihr sprecht: gesegnet (sei) der kommt im Namen des Herrn!

Zusammenhang: Mit dem ersten Vers nimmt Lukas das Wandermotiv von Lk 9,51 und 10,38 wieder auf und bringt Jerusalem als Ziel des Weges Jesu erneut in Erinnerung. Je mehr er sich dieser Stadt nähert, desto deutlicher wird die Entschiedenheit, mit der er sein Lebensziel verfolgt.

1. Lk 13, 22–30: Irgendwo unterwegs „von Stadt zu Stadt und von Dorf zu Dorf" wird Jesus von jemand gefragt, ob nur wenige Menschen gerettet werden. Den Unbekannten bewegt wohl weniger die Zahl, als die Sorge, einmal selbst zum Kreis der Geretteten zu gehören. Jesus nimmt dem Fragesteller nichts von seiner Beunruhigung. Vielmehr fordert er seine Zuhörer auf, mit Ausdauer darum zu kämpfen (*agorízo*), durch die enge Tür ins Gottesreich zu gelangen. Das Bild legt die Vorstellung nahe, dass es vor der engen Tür zu einem großen Gerangel kommt, bei dem sich jeweils nur einer durchsetzen und hineinzwängen kann. Viele werden das nicht schaffen. Denn um den Einlass wird nur einer mit aller Kraft kämpfen, dem es um etwas wirklich Wichtiges geht. Jesus will also die Menschen um sich herum wieder zu einem entschiedenen Handeln im Hier und Jetzt ermutigen.

Mit der Gleichniserzählung führt Jesus den Leuten noch einmal vor Augen, dass man den Kairos seines Lebens endgültig verpassen kann: Wenn der Herr des Hauses aufgestanden ist und die Tür geschlossen hat, ist der Zugang ein für allemal verwehrt. Wer nicht weiß, woraus er lebt, und wer sich nicht dafür entscheiden kann, was ihm wirklich wichtig ist, dem fallen Jahr für Jahr die Türen eine nach der anderen zu. Es ist manchmal erschütternd zu sehen, wie Menschen sich um ihren Lebenssinn betrügen, wenn sie sich zu lange alle Möglichkeiten offen halten, um keine Chance zu verpassen. Wer dann am Ende dem Risiko des Lebens ausgewichen ist und feststellen muss, dass es definitiv zu spät ist, resigniert oder reagiert mit ohnmächtiger Wut über sein nicht gelebtes Leben. Wutgeheul und hasserfülltes Zähneknirschen sind Ausdruck von Verzweiflung und Auflehnung. Alle Beteuerungen der Ausgeschlossenen, dass sie Jesus doch aus nächster Nähe kennen, nützen nichts. Sie haben sich nicht vom Sauerteig seiner Gegenwart erfassen und durchdringen lassen.

Die Kritik an den Privilegien Israels ist bei Lukas wohl auch an die Adresse der christlichen Gemeinde(n) gerichtet. Sie gilt für alle, die sich ihres Heiles sicher sind, ohne sich wirklich für den Weg mit Jesus entschieden zu haben. Es reicht nicht, das Evangelium zu *kennen*, ohne Folgerungen daraus zu ziehen.

Während die Ausgeschlossenen vor der Tür zum Festsaal sich selbst überlassen sind, kommen von den vier Himmelsrichtungen Menschen aus allen Völkern, die zum Festmahl geladen sind. Im Hintergrund steht das Bild von der endzeitlichen Völkerwallfahrt zum Gottesberg, auf dem allen ein Festmahl gegeben wird, die ihre Hoffnung auf Gott gesetzt haben. Er beseitigt den Tod für immer und nimmt ihre Trauer und Schande hinweg (Jes 25,6–9). Unter denen, die von überall her zum endzeitlichen Festmahl kommen, wird es manche geben, die als Erste betrachtet und behandelt werden, obwohl sie mit großem Abstand als Letzte eintreffen und umgekehrt. Dieser Vorzug hat seine Ursache nicht in einer Laune des Hausherrn, sondern in ihrem unermüdlichen Kampf, ihre Hoffnung ungeteilt auf Gott gesetzt zu haben. Ihr Jubel und ihre

Freude (vgl. Jes 25,9) bilden den Kontrast zum „Heulen und Zähneknirschen" der Ersten, die ihre Chance verpasst haben. Das ist eine ungeheure Provokation für alle, die sich als Söhne Abrahams, Isaaks und Jakobs betrachten.

2. Lk 13,31–33: „Zu dieser Stunde" kommen einige Pharisäer zu Jesus und warnen ihn vor den Nachstellungen des Herodes Antipas. Sie fordern ihn auf, das Gebiet des Tetrarchen zu verlassen und sich in Sicherheit zu bringen. Jesu Antwort macht unzweideutig klar, dass er sich weder durch die Sorge um seine Person noch durch die Drohungen des Landesherrn von seiner Sendung abbringen lässt. Er wird weiter („heute und morgen") Menschen heilen und von dämonischen Kräften befreien, bis seinem Wirken ein Ende gesetzt wird und sein Leben ans Ziel kommt. Gott ist es, der sein Leben zur Vollendung bringt. Nicht Herodes wird ihn töten, sondern Jerusalem. Dort wird sich sein Prophetenschicksal erfüllen „am dritten Tag".

3. Lk 13,34f.: Dann richtet Jesus seinen Blick auf Jerusalem. In der doppelten Anrede kommt sein tiefer Schmerz über die Verstockung der Stadt zum Ausdruck. Alle Bemühungen Gottes, seine Bewohner zu sammeln und ihnen Zuflucht und Geborgenheit zu geben, sind letztlich gescheitert. Sie haben sich bis zuletzt verweigert. Auf die Klage über ihre Zurückweisung folgt nun die Ankündigung des Gerichts über die Stadt und den Tempel. Gott wird aus ihrer Mitte weggehen und sie ihrem Schicksal überlassen. Es liegt nahe, dass Lukas hier die Ereignisse des Jahres 70 im Auge hat.

Jerusalem wird den Menschensohn erst wiedersehen, wenn er zur Parusie kommt. Dann werden sie ihn mit dem Segensruf begrüßen, mit dem man die Pilger auf dem Tempelberg empfing und ihn als Richter anerkennen, „der kommt im Namen des Herrn" (vgl. Ps 118,26). So wird die Gerichtsdrohung am Ende in den Schimmer einer letzten Hoffnung getaucht. Vielleicht will Lukas damit andeuten, dass die Bewohner der Stadt trotz andauernder Verhärtung noch eine Gelegenheit zur Umkehr bekommen.

Heilung eines Wassersüchtigen beim Sabbatmahl und das Gleichnis vom Festmahl: Lk 14,1–24

1 Und es geschah, als er in das Haus eines der führenden Pharisäer am Sabbat
kam, um am Mahl teilzunehmen, da waren sie darauf aus, ihn zu belauern. 2 Und
siehe: ein wassersüchtiger Mensch vor ihm. 3 Und Jesus antwortete und sagte
zu den Schriftgelehrten und Pharisäern: ist es erlaubt, am Sabbat zu heilen oder
nicht? 4 Sie aber schwiegen. Und er fasste ihn an, heilte ihn und entließ ihn. 5 Und
zu ihnen sagte er: wer von euch, dessen Sohn oder Ochsen in den Brunnen fällt,

zieht ihn nicht sofort heraus am Tag des Sabbat? 6 Und sie vermochten nicht, darauf zu antworten.

7 Er sagte aber zu den Geladenen ein Gleichnis, da er wahrnahm, wie sie sich die ersten Plätze auswählten und sagte zu ihnen: 8 wenn du von jemandem zum Festmahl geladen wirst, lass dich nicht auf den ersten Platz nieder, damit nicht jemand, der angesehener ist als du, von ihm geladen sei, 9 und wenn er kommt, derjenige, der dich und ihn geladen hat, zu dir sage: mach diesem Platz! Und dann wirst du anfangen, mit Beschämung den letzten Platz einzunehmen. 10 Sondern, wenn du geladen wirst, so geh hin und lass dich auf den letzten Platz nieder, damit, wenn der, der dich geladen hat, kommt, zu dir sage: Freund, rücke höher hinauf! Dann wird dir Ehre erwiesen werden vor allen, die mit dir zu Tisch liegen. 11 Denn jeder, der sich selbst erhöht, wird erniedrigt und wer sich selbst erniedrigt, wird erhöht werden.

12 Er sagte aber auch zu dem, der ihn geladen hatte: wenn du ein Frühmahl oder Gastmahl gibst, dann ruf weder deine Freunde noch deine Brüder noch deine Verwandten noch wohlhabende Nachbarn, damit nicht auch sie dich einladen und dir (so) wieder vergolten werde. 13 Sondern, wenn du ein Gastmahl gibst, ruf Arme, Krüppel, Lahme, Blinde. 14 Und du wirst selig sein, denn sie haben nicht die Möglichkeit, dir zu vergelten. Es wird dir aber wieder vergolten werden bei der Auferstehung der Gerechten.

15 Als aber einer, der mit ihm zu Tisch lag, das hörte, sagte er zu ihm: selig, wer am Mahl im Reich Gottes teilnimmt. 16 Er aber sagte ihm: ein Mann veranstaltete ein großes Gastmahl und lud viele ein, 17 und er sandte seinen Knecht aus zur Stunde des Mahles, um den Geladenen zu sagen: kommt, denn es ist schon bereit. 18 Und mit einem Mal fingen alle an, sich zu entschuldigen. Der erste sagte zu ihm: einen Acker habe ich gekauft und ich muss unbedingt hinausgehen, ihn zu sehen. Ich bitte dich, halte mich für entschuldigt. 19 Und ein anderer sagte: fünf Joch Ochsen habe ich gekauft, und ich bin auf dem Weg, sie zu prüfen. Ich bitte dich, halte mich für entschuldigt. 20 Und ein anderer sagte: eine Frau habe ich geheiratet, und deshalb kann ich nicht kommen. 21 Und der Knecht kam und meldete das seinem Herrn. Da wurde der Hausherr zornig und sagte seinem Knecht: geh schnell hinaus auf die Straßen und Gassen der Stadt und bring die Armen und Krüppel und Blinden und Lahmen hier herein. 22 Und es sagte der Knecht: Herr, es ist geschehen, was du aufgetragen hast, und noch ist Platz da. 23 Und es sagte der Herr zu dem Knecht: geh hinaus an die Wege und Zäune und nötige hereinzukommen, damit voll werde mein Haus. 24 Ich sage euch aber: niemand von jenen Männern, die geladen waren, wird von meinem Mahle kosten.

Zusammenhang: Auf seinem Weg nach Jerusalem wird Jesus von einem führenden Pharisäer zum feierlichen Sabbatmahl ins Haus geladen. Von den Synoptikern berichtet nur Lukas, dass Jesus auch bei den Pharisäern zum Mahl einkehrt (vgl. auch Lk 7,36 und 11,37). Ihr Verhältnis zu Jesus ist nicht von Anfang an feindlich.

Inhaltlich ergänzen Jesu Worte die vorausgehenden Warnungen, bes. Lk 13,26–29.

1. Lk 14,1–6: Jesus gehört zu den geladenen Gästen eines führenden Pharisäers bei einem festlichen Sabbatmahl. Die anwesenden Schriftgelehrten und Pharisäer scheinen ihm gegenüber kritisch eingestellt zu sein. Er gehört nicht zu ihnen, und sie beobachten ihn genau. Plötzlich betritt ein Kranker die Szene mit der stummen Bitte um Heilung. Für die anwesenden Schriftgelehrten pharisäischer Observanz scheint es klar zu sein, wie man *am Sabbat* mit einer solchen Situation umgeht.

Wenn sich unser Leben über längere Zeit nach bestimmten äußeren Regeln und Richtlinien, nach bestimmten äußeren Strukturen und Abläufen gestaltet, kann es passieren, dass wir nach und nach unfähig werden, aus der eigenen Wesensmitte heraus Situationen wahrzunehmen und entsprechend zu handeln. Lukas schildert immer wieder, dass Menschen, die mentalitätsmäßig eine feste Form angenommen haben, den Kontakt zu ihrer eigenen Wesensmitte verlieren können.

Jesus ergreift die Situation und fragt die anderen Gäste: „Ist es erlaubt, am Sabbat zu heilen oder (darf man es) nicht?" Er kennt ihre Schwierigkeit mit dem Gesetz und möchte ihnen helfen, Gottes Gebot richtig zu verstehen. Seine Frage ist wie eine *erste Einladung* zum Gespräch mit ihnen. Sie aber schweigen.

Für Jesus ist der Kranke wie ein Sohn, der in den Brunnen gefallen ist. Er heilt den Wassersüchtigen und setzt damit vor aller Augen ein eschatologisches Zeichen. Aber auch diese *Einladung* bleibt ohne Reaktion.

Schließlich fragt Jesus seine Tischgenossen, wer von ihnen nicht auch am Sabbat seinen Sohn oder seinen Ochsen sofort retten würde, wenn er in einen Brunnen fällt. Da sie ihm auch diesmal die Antwort schuldig bleiben, wird offenkundig, dass sie Eigenes und Fremdes mit zweierlei Maß messen. Dadurch verkennen sie die in Jesu Frage ausgesprochene *Einladung*, den Nächsten ohne Unterschied „sofort" zu retten. Jesus handelt aus seiner Wesensmitte und erfüllt so die Tora.

In der Heilung des Wassersüchtigen beim Sabbatmahl leuchtet das für die Endzeit verheißene Heil plötzlich auf. Es wird Gegenwart und nicht zu übersehende Einladung an alle – auch an kritisch und feindlich Gesonnene.

2. Lk 14,7–14: Als Jesus nun sieht, wie die geladenen Gäste, einer nach dem anderen, im Speisesaal auf die Ehrenplätze zugehen und sich dort niederlassen, versucht er, mit einer nicht sehr schmeichelhaft klingenden Konfrontation ihre ursprüngliche Sensibilität wieder zu wecken. Manchmal geht es halt nicht anders. Denn in einer ständisch gegliederten Gesellschaft wie dieser bieten festliche Gastmähler die Gelegenheit, die bestehende Rangordnung nach Alter und öffentlichem Ansehen zu behaupten. In einem Dorf oder in einer Stadt wusste normalerweise jeder, wo sein Platz ist. Jesus schließt seine Rede an die Gäste des prominenten Pharisäers mit einem Satz von allgemeiner Gültigkeit, den er wortwörtlich Lk 18,14 wiederholt: „Denn jeder, der sich selbst erhöht, wird erniedrigt werden, und wer sich selbst erniedrigt, wird erhöht werden."

Mit dem Gastgeber, der ihn eingeladen hat, geht Jesus nicht weniger glimpflich um als mit seinen Gästen und legt ihm nahe, den exklusiven Kreis der Tischgesellschaft und den Kreislauf gegenseitigen Einladens auf dieser gesellschaftlichen Ebene zu beenden. Dabei sind die Armen und die Krüppel, Lahmen und Blinden, die nicht einmal Zugang zum Tempel haben, keine billigen Ersatzgäste. Sie symbolisieren vielmehr die Offenheit und Empfänglichkeit für die Gemeinschaft, die Gott in Jesus allen Menschen anbietet. Selig preist er den Gastgeber, wenn er diesen Armen sein Herz öffnet. Dann wird Gott ihm bei der „Auferstehung der Gerechten" vergelten, was diese Ausgeschlossenen ihm nicht geben können. Vielleicht ist die Einladung der „Armen" auch als Beispiel für eine gesellschaftliche „Selbsterniedrigung" zu verstehen, die am Ende mit „Erhöhung" belohnt wird.

3. Lk 14,15–23: Die Ereignisse und Reden Jesu bei diesem Festmahl enden mit einem Gleichnis. Es wird ausgelöst durch den Ausruf eines der Gäste: „Selig, wer teilnimmt am Mahl im Reich Gottes." Er glaubt, dieser Zeitpunkt sei in noch unbestimmter Zukunft. Auch scheint er sich seiner Teilnahme sicher zu sein. Jesus greift das Bild auf, beschreibt aber nicht das Festmahl, sondern das Verhalten der Eingeladenen. Damit deutet er die eingangs geschilderte Situation (14,1–6) und legt sie in ihrem endzeitlichen Charakter und Anspruch offen.

Der *Gastgeber* der Parabel folgt einer in vornehmen Kreisen Jerusalems üblichen Sitte: Er schickt eigens seinen Knecht vor Beginn des Mahles zu den bereits Geladenen, um ihnen zu sagen: „Kommt, es steht alles bereit!" Damit bekommt die Einladung eschatologische (endzeitliche) Dringlichkeit: Ein Aufschieben ist nicht mehr möglich. Die Mahlvorbereitungen sind abgeschlossen.

Die Geladenen aber fangen nun alle, einer nach dem anderen, an, sich zu entschuldigen: Es geht jetzt nicht! Zwei wollen größere Einkäufe zu Ende bringen, bevor es jäh dunkel wird. Der Gastgeber soll warten. Sie kommen vielleicht später. Einer will seine neu angetraute Frau nicht allein lassen. Zu Gastmählern werden nur Männer geladen. Es sind also alles plausible Gründe, nur: Die Geladenen wussten bereits seit längerem von der Einladung und hätten sich rechtzeitig auf den Beginn des Festmahles einstellen können. Vor die Alternative gestellt, zu wählen zwischen dem Mahl und ihren privaten Belangen und Bedürfnissen entscheiden sie sich für Besitz und Familie.

Der *Hausherr* ist erbost darüber, dass *alle* Geladenen ihn sitzen lassen. Er gibt Weisung, schnell von den Plätzen und Gassen der Stadt die Armen und

Bettler herbei zu holen, darunter auch, die aus der Gemeinde des Gottesvolkes ausgeschlossen sind: Krüppel, Blinde und Lahme. Und da noch Platz ist, lässt er auch vor der Stadt nach Gästen Ausschau halten. Einladen heißt im Orient „nötigen“, weil auch die Ausgestoßenen und Ärmsten sich aus Höflichkeit gegen jede Bewirtung so lange wehren, bis sie mit sanfter Gewalt ins Haus komplimentiert werden.

Wenn dann jemand von den *Erstgeladenen* nach Sonnenuntergang sich doch noch herbequemt, findet er seinen (sicheren!) Platz besetzt und das Haus voll. Er bleibt ausgeschlossen. Keiner von ihnen, sagt der Hausherr, wird von meinem Mahle kosten.

4. Lk 14,24: Dieser Vers ist der Schlüssel zum Verständnis der Parabel: Die Erstgeladenen sind sich ihres Heiles sicher – wie die Gäste beim Sabbatmahl im Haus des führenden Pharisäers. Deshalb – so meinen sie – können sie aus plausiblen Gründen den Gastgeber (Jesus) mit seiner persönlichen Einladung für jeden Einzelnen warten oder sitzen lassen. Doch sie werden nicht in den Genuss des Mahles kommen.

Die Meinung eines der Gäste, die Teilnahme am endzeitlichen Mahl sei ihm sicher, ist also falsch. Die von Jesus ausgesprochene Einladung darf durch nichts und niemand relativiert werden. Ihre Annahme oder Verweigerung entscheidet über Heil oder Unheil des Menschen. Mit dem Hinweis, dass das Haus voll werden soll, wird das Gleichnis noch zu einer (überzeitlichen) Aufforderung, sich rechtzeitig auf den Beginn des Mahles einzustellen. Wie die Armen und Bettler, wie die vom religiösen und gesellschaftlichen Leben Ausgestoßenen sollen sie die Einladung annehmen – hier und jetzt. Sonst ist die Tür verschlossen, sind die Plätze vergeben, und die ausgeschlagene Einladung wird zum Ausschluss.

Das Gleichnis von den Geladenen kann uns näher rücken, wenn wir es noch einmal unter der Rücksicht betrachten: Welche „Knechte“ Gott in unser Haus schickt und wie wir auf diese Einladung reagieren. Mit welchen Entschuldigungen antworte ich z. B. auf die immer wiederkehrenden Wesensimpulse? Vielleicht mit unaufschiebbaren Sachzwängen oder aus Verantwortung oder Abhängigkeit bestimmten Menschen gegenüber? Es ist möglich, dass wir um die Wahrheit unseres Lebens wissen und dennoch unserer Einsicht nicht folgen. Wer der Einladung zum Leben, wer den Wesensimpulsen aus der Tiefe seines Selbst, nicht folgt, wird sich nach und nach von der Fülle des Lebens ausschließen, die Gott für jeden von uns bereithält. Das zukünftige Mahl findet jetzt statt – in der Parteinahme für die Armen, Krüppel, Lahmen und Blinden, für die, die offen sind für die Gemeinschaft mit Gott, aber immer wieder übersehen werden, weil sie keine Rolle spielen (dürfen).

Nachfolgebedingungen (3): Lk 14,25–35

**25 Es zogen aber mit ihm große Volksscharen, und er wandte sich um und sagte zu
ihnen: 26 wenn jemand zu mir kommt und nicht hintansetzt seinen Vater und die
Mutter und die Frau und die Kinder und die Brüder und die Schwestern, dazu sein
eigenes Leben, kann er nicht mein Jünger sein. 27 Wer nicht sein Kreuz trägt und
mir nachfolgt, kann nicht mein Jünger sein.**

**28 Denn wer von euch, der einen Turm bauen will, setzt sich nicht zuerst hin
und berechnet die Kosten, ob er (die Mittel) hat zur Vollendung, 29 damit nicht
etwa, wenn er das Fundament gelegt hat und es dann nicht vollenden kann, alle,
die es sehen, anfangen, ihn zu verspotten 30 und sagen: dieser Mensch fing an zu
bauen und konnte nicht vollenden. 31 Oder welcher König, der auszieht, um gegen
einen anderen König Krieg zu führen, setzt sich nicht zuerst hin und berät, ob er
imstande ist, mit zehntausend dem zu begegnen, der mit zwanzigtausend gegen
ihn anrückt? 32 Wenn aber nicht, schickt er, solange der noch weit weg ist, eine
Gesandtschaft und fragt nach den Möglichkeiten für einen Frieden. 33 So kann nun
keiner von euch, der nicht all seinem Besitz entsagt, mein Jünger sein.**

**34 Gut ist nun das Salz. Wenn aber das Salz schal wird, womit soll gewürzt
werden? 35 Weder für das Land, noch für den Mist taugt es! Man wirft es weg. Wer
Ohren hat zu hören, der höre!**

Zusammenhang: Diese Redekomposition ist an die vielen Menschen gerichtet, die sich Jesus „auf seinem Weg nach Jerusalem" (Lk 13,22) angeschlossen haben. Anders als die Gesetzeslehrer und Pharisäer (Lk 14,3.15–24) haben sie die Einladung Gottes angenommen und sind mit Jesus auf dem Weg zum „Festmahl".

1. Lk 14,25–27: Der Einleitungsvers bringt das Bild des wandernden Jesus wieder in Erinnerung. Menschen in großer Zahl sind zu ihm gekommen und ziehen mit ihm. Lukas sieht hier schon das Heilsangebot von Israel an die Heiden übergehen, damit das Haus voll werde (Lk 14,23).

Es mag verwundern oder gar erschrecken, dass diese Nachfolgebedingungen mit gleicher Radikalität wie in Lk 9,57–62 nicht an bestimmte, ganz persönlich gerufene Jünger gestellt werden, sondern an die vielen, die sich ihm angeschlossen haben. Die Anforderungen der Nachfolge gelten für *jeden* Christen. Wer sie nicht erfüllt, kann nicht *Jünger Jesu* sein. Zweimal wiederholt er diesen hart klingenden Refrain (14,16.27.33).

„Wer nicht hintansetzt (*misein)* seinen Vater und die Mutter und die Frau und die Kinder und die Brüder und die Schwestern, dazu sein Leben, kann nicht mein Jünger sein." Das Wort *misein* bedeutet in einer Entscheidungssituation das Gegenteil von „vorziehen". Wer also zu Jesus kommt, steht in einer Entscheidungssituation zwischen ihm und seiner Familie. Jesus verlangt von ihm eine ähnliche Freiheit allen menschlichen Bindungen gegenüber, wie er sie praktiziert hat. Er hatte sich aus der Abhängigkeit seiner Familie, seines Dorfes und aus dem herkömmlichen religiösen Konventionen gelöst (vgl. Lk 8,19–21).

Lukas verschärft seine Aussage noch gegenüber Matthäus, indem er der dort genannten Reihe „Vater, Mutter, Sohn oder Tochter“ (Mt 10,37) hinzufügt: Frau, Brüder und Schwester. Lukas will damit nicht zum Verlassen der Ehe auffordern, sondern deutlich machen, dass in der Nachfolge die Gemeinschaft mit Jesus *alle* menschlichen Bindungen und Beziehungen relativiert, ja sogar das eigene Leben. Dieser letzte Gedanke wird noch durch das Wort vom Kreuztragen radikalisiert. Die Gemeinschaft mit Jesus verlangt also auch, sein Leben um seinetwillen zu verlieren (vgl. Lk 9,24). Wer dieser Freiheit von sich aus eine Grenze setzt und nicht bis in die Passion hinein hinter ihm hergehen will, kann nicht Christ sein.

2. Lk 14,28–33: Das Doppelgleichnis vom Turmbau und Kriegführen will deshalb vor Leichtfertigkeit warnen und vor Enttäuschungen bewahren. Wer Jünger Jesu werden will, muss sich zuerst (*proton*), d. h. vor Eintritt in die Jüngerschaft, prüfen, ob er die in V. 26f. genannten Konsequenzen auf sich nehmen will. Sonst wird er scheitern. Dabei ist das Wagnis des Glaubens nicht auf ein kalkulierbares Risiko zu bringen. Es steht vielmehr im Horizont der Verheißung: „Wer sein Leben verliert um meinetwillen, der wird es retten“ (Lk 9,24).

Beim Gleichnis vom Turmbau fällt auf, dass nicht der materielle Schaden, sondern der Spott im Vordergrund steht. Der soziale Prestigeverlust scheint demnach gravierender zu sein als die finanzielle Einbuße. Vor einem kriegerischen Konflikt mit einem Gegner, der mit großer Übermacht anrückt, ist es ratsam, mit ihm die Friedensbedingungen auszuloten und ggf. auf seine uneingeschränkte Souveränität zu verzichten, als sich in das Abenteuer einer kriegerischen Auseinandersetzung zu stürzen.

Der Vergleich mit dem sozialen Prestigeverlust und den Folgen einer verlorenen Schlacht soll denen eine Warnung sein, die nicht fähig und bereit sind, auf ihren ganzen Besitz zu verzichten. Diese Radikalität wird vielleicht verständlich und nachvollziehbar im Blick auf das Ziel der Nachfolge Jesu: „zu suchen und zu retten, was verloren ist“ (vgl. Lk 15; 19,10), „allen zu leuchten, die in Finsternis sitzen und im Schatten des Todes“ (Lk 1,79). Die kompromisslose Zuwendung zu den „Armen“ (Lk 4,18f.) wird nur gelingen, wenn man in der Lage ist, sich all seinem Besitz gegenüber indifferent (gleich*mütig*) zu verhalten. Mit der Aufforderung zu dieser Art von Besitzlosigkeit stellt Lukas das Ideal der ersten Jesusjünger und der Urgemeinde neu vor Augen (vgl. Apg 2,44 f.).

3. Lk 14,34f.: Ebenso eindringlich wie das Doppelgleichnis warnt das Bildwort vom Salz vor dem Scheitern der Jüngerschaft. Salz soll erhalten und vor

Fäulnis schützen. Verliert es seine Würze, gefährdet es alles, was es vor dem Verfaulen bewahren sollte. Schales Salz ist völlig wertlos. Das Bild bringt zum Bewusstsein, wie unentbehrlich Christen für ihre Umwelt sind. Werden sie aber unglaubwürdig, sind sie zu rein gar nichts nütze.

Bei wem wird diese Rede nicht Unverständnis wecken und Abwehr auslösen? Oder wen werden diese Nachfolgebedingungen nicht zu einer Radikalität verführen, die ihn überfordert und zum Scheitern verurteilt? Die Entscheidung zur Nachfolge kann nur jemand treffen, ohne Schaden zu nehmen, wenn seinem Wagnis eine innere Entwicklung voraus gegangen ist. Niemand kann diese Entwicklung rein intentional herbeiführen. Sie beginnt dann, wenn ein Mensch in seinem innersten Kern von Gott angesprochen und getroffen wird. Es ist eine Erfahrung, die einem *wider*fährt und in der eine neue Dimension des Daseins „aufgeht". Nachfolge im „strengen Sinn" wäre also gründlich missverstanden, wollte man sie aus der Spirale von radikalen äußeren Forderungen und persönlichen aszetischen Bemühungen herleiten. Die Unbedingtheit und Radikalität der Nachfolge erschließt sich uns vielmehr, wenn wir den Lebensimpulsen in unserem Innern in klarer Einsicht und treuer Beharrlichkeit nachkommen. Wer seiner innersten Bestimmung folgt, erfährt etwas von der Einheit und Fülle seines Lebens, trotz aller Abgründigkeit, Unvollkommenheit und menschlicher Begrenzung. Nur aus der Dynamik einer inneren Entwicklung wird verständlich, warum Menschen sogar ihre engsten Angehörigen verlassen, um das Verlorene im Menschen zu suchen und es heimzuholen in die Freude gemeinsamen Feierns.

Das Gleichnis vom verlorenen Schaf: Lk 15,1–7

**1 Es kamen aber alle Zöllner und Sünder in seine Nähe, ihn zu hören. 2 Und es
murrten durcheinander die Pharisäer und die Schriftgelehrten und sagten: dieser
nimmt Sünder auf und isst mit ihnen. 3 Er aber sagte zu ihnen dieses Gleichnis
und sprach: 4 Wer von euch, der hundert Schafe hat und eines davon verliert, lässt
nicht die neunundneunzig in der Einöde zurück und geht dem verlorenen nach, bis
er es findet. 5 Und wenn er es findet, legt er es auf seine Schulter und freut sich[6]
und kommt in sein Haus und ruft die Freunde und die Nachbarn zusammen und
sagt ihnen: freut euch mit mir, denn ich habe mein Schaf gefunden, das verlorene.
7 Ich sage euch, dass so (mehr) Freude sein wird im Himmel über einen Sünder,
der umkehrt, als über neunundneunzig Gerechte, die Umkehr nicht nötig haben.**

Zusammenhang: Im Anschluss an die Nachfolgebedingungen (Lk 14,25–35) zeigt Lukas, mit welchen Widerständen von Seiten der „Frommen" einer rechnen muss, wenn er sich von Gottes mitfühlendem Erbarmen um sein Volk (Lk 1,78) berühren und mitnehmen lassen will. Die zwei Doppelgleichnisse von der Freude über das Wiederfinden des Verlorenen (Lk 15,1–10.11–32) sind wie ein leidenschaftlicher Appell an die Adresse der gefährdeten „Frommen", die Menschen mit den Augen *Gottes* zu sehen. Das Gleichnis vom klugen Verwalter (Lk 16,1–8) unterstreicht auf provozierende Weise dann noch einmal die Dringlichkeit einer neuen Einstellung und Verhaltensweise.

1. Lk 15,1–2: „Alle Zöllner und Sünder" kommen zu Jesus, um ihn zu hören. Sie fühlen sich von ihm angezogen und gehören zu denen, die für seine Botschaft besonders aufgeschlossen sind. Vielleicht begegnet ihnen in Jesus zum ersten Mal jemand, der sich wirklich für das interessiert, was sie bewegt. Sie fühlen sich von ihm angenommen, als Menschen in ihrer Würde beachtet und geachtet.

Auf der anderen Seite gibt es welche, die ausgrenzen, die den „Zöllnern und Sündern" unmissverständlich zeigen, dass sie nicht dazu gehören, dass man sie abgeschrieben hat. Sie „murren durcheinander" über jeden, der es wagt, diese Grenzen aufzuheben. Das Wort „durcheinander murren" (*diagoggúzo*) bedeutet nicht nur vehement geäußerte Empörung, sondern auch der aus Unglauben geäußerte Unwille. Die Pharisäer und Schriftgelehrten reagieren hier wie ihre Väter in der Wüste, deren Murren sie vom Betreten des Gelobten Landes ausschloss.

2. Lk 15,3–7: Jesus spürt die Empörung der religiösen Autoritäten des Volkes. Sie richtet sich direkt auf ihn, weil er Menschen akzeptiert und mit ihnen Tischgemeinschaft hat, mit denen sich nach pharisäischem Verständnis jeder Kontakt verbietet. Jesus will seine Gegner gewinnen und auch ihnen den Zugang zum Raum des göttlichen Erbarmens öffnen. Er will nicht nur, dass sie ihn verstehen, sondern dass sie ihr Herz öffnen für die, die wie „in Finsternis und Todesschatten sitzen" und ihnen ein erfülltes Leben in den Augen Gottes ermöglichen (vgl. Lk 1,79). Es verlangt ihn danach, dass sie sich vom „aufgehenden Licht aus der Höhe" treffen lassen und zur „Erkenntnis der Rettung" finden, die „in der Vergebung ihrer Sünden" liegt (vgl. Lk 1,77f.). Wie der Hirt im Gleichnis versucht Jesus mit Ausdauer und Beharrlichkeit, das zu suchen und zu finden, was sie aus ihrem Herzen verloren haben. Dass der Hirt das wiedergefundene Schaf auf seine Schultern legt und zurück zur Herde bringt, zeigt seine Zuwendung und Fürsorge, macht deutlich, wie kostbar ihm jeder einzelne Mensch ist.

Die beiden Doppelgleichnisse vom Verlorenen sind noch einmal Ausdruck seines unermüdlichen Bemühens, sich von ihm finden zu lassen. Die Angesprochenen tun sich schwer, mit einem Gott zu rechnen, der *jetzt* alles riskiert, um dem Gefährdeten und Verlorenen nachzugehen. Die Freude und Hoffnung des Wiederfindens gibt ihm die Kraft, sich selbst in „unmögliche Situationen" zu bringen; denn er begreift das Gefährdete und Verlorene als persönlichen Verlust. Darum geht es letztlich in diesem und den folgenden Gleichnissen: das Verlorene als persönlichen Verlust zu spüren.

Das Gleichnis von der verlorenen Drachme: Lk 15,8–10

8 Oder welche Frau, die zehn Drachmen hat, zündet nicht, wenn sie eine Drachme verliert, eine Leuchte an und kehrt das Haus und sucht sorgfältig, bis sie sie findet? 9 Und wenn sie gefunden hat, ruft sie die Freundinnen und Nachbarinnen und sagt: freut euch mit mir, denn ich habe die Drachme gefunden, die ich verloren hatte. 10 So, sage ich euch, geschieht Freude vor den Engeln Gottes über einen Sünder, der umkehrt.

Zusammenhang: Das Kapitel 15 ist aus zwei Doppelgleichnissen zum Thema „Freude über das Wiederfinden des Verlorenen" komponiert. Die beiden Einleitungsworte (Lk 15,1f.) beschreiben die spannungsgeladene Atmosphäre, die Jesu Nähe zu den Zöllnern und Sündern bei seinen Gegnern ausgelöst hat. Mit den Gleichnissen antwortet er auf die Vorwürfe der Pharisäer und Schriftgelehrten.

Jesus, umgeben von „schlechter Gesellschaft", spricht zu den empörten Gegnern in Gleichnissen. Die Gleichnisrede ist wie eine Einladung, die dem Einzelnen Raum lässt, sich in ihren Bildern zu bewegen und sich von ihrer Aussagekraft bewegen zu lassen. Sie vertraut auf die heilenden und inspirierenden Kräfte im Menschen und respektiert seine freie Entscheidung. In einer feindseligen und gewalttätigen Atmosphäre ist diese gewaltfreie Rede vielleicht die einzige Möglichkeit, Vorurteile abzubauen und verschlossene Türen zu öffnen. Jesus will seine Gegner gewinnen.

1. Ohne weitere Einleitung erzählt unser Gleichnis von der Alltagserfahrung einer Frau aus ärmlichen Verhältnisses eine kleine Geschichte – so klein, dass man sie fast übersieht, und doch steckt in ihr das ganze Evangelium. „Und welche Frau, die zehn Drachmen *hat* ".

Das Evangelium beginnt mit dem „*Eu*", d. h. mit dem Guten, mit dem Heilen und Ganzen, mit der Fülle, mit dem (inneren) Reichtum. Die zehn Drachmen stehen für ein rundes Ganzes. Sie sind ein Bild für die Ganzheit des Menschen, so wie er von Gott gedacht ist. Die *verlorene* Drachme lenkt den Blick auf den Teil unseres Wesens, der uns verloren gegangen ist und den wir wieder finden müssen, wenn wir ganz sein wollen. Aber nur wenn ich weiß, wer ich bin und was ich *habe*, nur wenn ich um meinen Reichtum weiß und ihn schätze, kann ich auch spüren und sagen, was mir fehlt, was ich verloren habe. Das hat etwas mit Identität zu tun! Was macht mein Leben reich? Wie kostbar und wertvoll bin ich mir selbst?

Ein erster Schritt, dem Verlorenen auf die Spur zu kommen, kann sein, dass ich dem Empfinden nachspüre, das das Verlorene bei mir hinterlassen hat. Es ist gar nicht so leicht, sich mit dem Verlorenen zu befassen, das Verlorene als Verlust zu begreifen und zu spüren. Erst wenn ich Verlorenes als wirklichen Verlust wahrnehme, wächst die Entschiedenheit, es von neuem ausfindig zu machen.

Wie die Frau in unserem Gleichnis, wie die Schriftgelehrten und Pharisäer, die sich über Jesu Verhalten empören, sind auch wir Menschen, die eine Drachme verloren haben, vielleicht noch mehr ...

Ein zweiter Schritt: Die Frau zündet ein Licht an in ihrer fensterlosen Behausung. Um wieder zu entdecken, was mir verloren gegangen ist, muss ich in meinem Bewusstsein Licht machen und wie die Frau meine Drachme im eigenen Haus suchen. Alles in mir muss sorgfältig (*epimelos*) angeschaut werden. Die Frau tut es mit einem Eifer, als ahne sie schon die gemeinschaftsstiftende Freude des Wiederfindens.

2. Das Gleichnis zielt vor allem noch auf eine weitere Deutung: Wie in der Parabel vom verlorenen Schaf Gott mir im Bild des Hirten entgegen kommt, so hier im Bild der Frau. Gott als Frau!

Es sieht so aus, als sei in dieser Geschichte das Gottesbild selbst wie eine verloren gegangene Kostbarkeit, die es immer noch wieder zu entdecken gilt. Aber kann ich mich dann mit der Drachme identifizieren? M. a. W.: Kann ich mich als so kostbar betrachten, dass jemand sich die Mühe macht, ganz sorgfältig nach mir zu suchen?

Als Drachme, als flache Münze, liege ich am Boden, bin im Dunklen verloren und darauf angewiesen, gefunden zu werden. Im Dunklen kann ich nicht einmal aufleuchten. Wie viel von mir liegt noch im Dunklen, ist noch wie verloren, darauf wartend, in den Schein des Lichts zu geraten, um aufzuleuchten und aufgehoben zu werden?

In mir kann die Gewissheit aufleuchten, von Gott so lange gesucht zu werden, bis er mich ganz gefunden hat, bis ich mich ganz gefunden habe und das Bild verwirkliche, das Er sich von mir gemacht hat - ein Bild, das von selbst leuchtet im Widerschein des Bildes, auf das hin ich geschaffen bin. Wie das Bild des Kaisers in die Münze geprägt wurde, so hat Gott sein Bild dem Menschen eingeprägt. Wir sind und bleiben sein Eigentum. Darin besteht unsere Würde und unsere Hoffnung. Umkehr bedeutet hier die Bereitschaft, sich von Gott wirklich finden zu lassen und in jedem Menschen das unauslöschliche Abbild Gottes zu entdecken und ins Licht zu heben.

Das Gleichnis vom barmherzigen Vater und seinen beiden Söhnen: Lk 15,11–32

11 Er sagte aber: ein Mann hatte zwei Söhne. 12 Und es sagte der Jüngere von ihnen zu seinem Vater: Vater, gib mir den mir zustehenden Teil des Vermögens. Er aber teilte ihnen das Vermögen. 13 Und nach wenigen Tagen trug der jüngere Sohn alles zusammen und zog in ein fernes Land, und dort verschleuderte er sein Vermögen in einem liederlichen Leben. 14 Als er aber alles durchgebracht hatte, kam eine schwere Hungersnot über jenes Land, und er fing an, Mangel zu leiden. 15 Und er ging hin und hängte sich an einen der Bürger jenes Landes, und der schickte ihn auf seine Felder, Schweine zu hüten. 16 Und er begehrte, seinen Bauch zu füllen mit den Schoten, die die Schweine fraßen, und niemand gab sie ihm. 17 Da ging er in sich und sagte: wie viele Tagelöhner meines Vaters haben Überfluss an Brot, ich aber gehe vor Hunger hier zugrunde. 18 Ich werde mich aufmachen, zu meinem Vater gehen und ihm sagen: Vater, ich habe gesündigt gegen den Himmel und vor dir. 19 Nicht mehr bin ich wert, dein Sohn genannt zu werden. Halte mich wie einen deiner Tagelöhner. 20 Und machte sich auf und ging zu seinem Vater. Als er noch weit entfernt war, sah ihn sein Vater und erbarmte sich, und er lief und fiel ihm um den Hals und küsste ihn. 21 Es sagte aber der Sohn zu ihm: Vater, ich habe gesündigt gegen den Himmel und vor dir, nicht mehr bin ich wert, dein Sohn genannt zu werden. 22 Es sagte aber der Vater zu seinen Knechten: schnell, bringt das erste Kleid heraus und zieht es ihm an, und gebt einen Ring an seine Hand und Sandalen für die Füße 23 und bringt das Mastkalb herbei, schlachtet es und dann wollen wir essen und fröhlich sein, 24 denn dieser mein Sohn war tot und ist wieder aufgelebt, verloren war er und ist wiedergefunden worden. Und sie begannen, ein Freudenfest zu feiern.

25 Es war aber sein älterer Sohn auf dem Feld. Und als er kam und sich dem Hause näherte, hörte er Musik und Reigentanz 26 und rief einen der Knechte herbei und erkundigte sich, was das bedeute. 27 Der aber sagte zu ihm: dein Bruder ist gekommen und dein Vater hat das Mastkalb geschlachtet, weil er ihn gesund wieder hat. 28 Da wurde er zornig und wollte nicht hineingehen. Sein Vater aber kam heraus und bat ihn. 29 Er aber antwortete und sagte seinem Vater: siehe, so viele Jahre diene ich dir, und niemals habe ich dein Gebot übertreten, und mir hast du niemals ein Böcklein gegeben, dass ich mit meinen Freunden fröhlich sei. 30 Als aber dieser (da), dein Sohn, der dein Vermögen mit Dirnen durchgebracht hat, kam, hast du ihm das Mastkalb geschlachtet. 31 Er aber sagte ihm: Kind, du bist immer bei mir, und alles, was mein ist, ist dein. 32 (Jetzt) aber muss man fröhlich sein und sich freuen, denn dieser dein Bruder war tot und ist wieder aufgelebt, verloren war er und ist wiedergefunden worden.

Zusammenhang: Das zweite Doppelgleichnis zum Thema „Freude über das Wiederfinden des Verlorenen“ steht in der Mitte des sog. Reiseberichts und ist „Evangelium im Evangelium“. Erinnert sei an die beiden Einleitungsverse (Lk 15,1f.). Sie veranschaulichen die aggressive Haltung, die Jesu Umgang mit Zöllnern und Sündern bei seinen Gegnern provoziert hat.

1. Lk 15,11–24: In dieser feindseligen Atmosphäre lädt Jesus alle, die sich über ihn empören, ein, der inneren Bewegung seiner Gleichnisrede zu folgen und ihr Gottesbild zu überdenken:

Da ist von einem Mann die Rede, der zwei Söhne hat und von dem jüngeren aufgefordert wird, ihm seinen Anteil am Vermögen auszuhändigen. Es fällt auf, dass weder diese Bitte noch die Absicht des Sohnes, seine Familie zu verlassen, als ungehörig dargestellt werden. Auch darf man nicht übersehen, dass der Vater sein Vermögen an *beide* Söhne (*autois)* aufteilt und sie so „freisetzt".

Der jüngere Sohn zieht bald darauf mit allem, was er hat, in ein fernes Land. Dort lebt er über seine Verhältnisse und verliert mit seinem Vermögen auch seine Unabhängigkeit. Der große Traum von der Freiheit endet damit, dass er sich zur bloßen animalischen Existenz herabwürdigen lässt, ja es geht ihm sogar noch schlechter als den Schweinen, die er hüten muss. Jetzt kann er sich nichts mehr herausnehmen. In der Fremde hat er alles verloren, was er hat und was er ist: seine Heimat, seinen Besitz, seine Beziehungen, seine Freiheit, seine religiöse Verwurzelung, seine menschliche Würde, seine Identität. An diesem Tiefpunkt seines Lebens (tiefer geht's nicht!) kommt er schließlich zu sich und aus der Erinnerung steigen Bilder von dem Überfluss auf, den selbst die freien Lohnarbeiter (*místhioi*) seines Vaters noch haben. Dieser Kontrast bringt ihn wieder hoch. Er will aufstehen und zu seinem Vater zurückkehren im Bewusstsein, was er alles verloren hat, seit er „fremd" gegangen ist. Er sieht sich als Sünder vor Gott und seinem Vater und ist entschlossen, die Konsequenzen seines Handelns auf sich zu nehmen. Zwar ist er immer noch der Sohn seines Vaters, aber seine Sohnesrechte hat er verwirkt. So steht er auf und geht zu seinem Vater – als Sünder.

Der Vater zeigt, wie sehr er sich mit seinem Sohn noch verbunden fühlt. Schon von weitem sieht er ihn auf sich zukommen und wird bis ins Innerste von seinem Anblick schmerzlich getroffen (*splangchnízomai*). Er gibt seiner inneren Bewegung nach und läuft ihm entgegen, schließt ihn in seine Arme und küsst ihn. Er umarmt die tiefste Verlorenheit seines Sohnes, alles, womit er sich von ihm entfremdet hat. In dieser Geste erfährt der Sohn Vergebung, noch bevor er sein Sündenbekenntnis aussprechen kann. Doch damit nicht genug. Der Vater setzt ihn wieder in seine vollen Sohnesrechte ein: Er gibt den Knechten Anweisung, schnell das beste *Gewand* herbei zu holen, ihm *Ring* und *Schuhe* zu bringen und ein Fest vorzubereiten. „Wir wollen essen und fröhlich sein. Denn dieser mein Sohn war tot und ist wieder aufgelebt. Verloren war er und ist wieder gefunden worden" (Lk 15,24). So kann der Heimgekehrte das väterliche Anwesen, das er als Sohn verlassen hat, auch als Sohn wieder betreten.

2. Lk 15,25–32: Der ältere Sohn ist *draußen* auf dem Feld und hat von all dem nichts mitbekommen. Er scheint zu seinem Vater(haus) ein distanziertes Verhältnis zu haben. Als er auf dem Heimweg von dort Musik und Tanz hört, wird er misstrauisch. Als er dann noch erfährt, warum drinnen ein Fest gefeiert wird, und dazu das einzige Mastkalb geschlachtet wurde, wird er zornig und will sich empört abwenden wie die eingangs erwähnten Pharisäer und Schriftgelehrten (V. 2). Da kommt der Vater heraus, ihm entgegen und bittet ihn, mitzufeiern. Doch der Sohn verweigert sich. Das Fest aus Freude über die unverhoffte Heimkehr seines Bruders hat ihn tief verletzt. Vorwurfsvoll zählt er dem Vater seine eigenen Verdienste auf: So viele Jahre hat er ihm wie ein Sklave gedient (*douleúo*), nie ein Gebot übertreten, eine Weisung nicht befolgt, nie etwas für sich und seine Freunde beansprucht.

Er hat nie als Sohn gelebt und nie aus eigener Initiative ein Fest gegeben, obwohl der Vater doch auch ihm seinen Anteil am Vermögen gegeben hat. Der ältere Sohn wollte sich die Liebe seines Vaters verdienen. Das hat ihn unfrei gemacht und innerlich vom Vater, von der Freude am Leben, ja von sich selbst entfremdet. So blieb er heimatlos und beziehungslos in seiner eigenen Familie: „Dieser *dein* Sohn ...", nicht: „mein Bruder ...". Für den Vater bleibt der ältere Sohn aber „mein Kind", und er erinnert ihn, was dieser ganz und gar übersieht: Er hatte immer sein Zuhause, und alles gehörte ihm wie dem Vater. Er ist also durch das, was der Vater jetzt getan hat, in keiner Weise benachteiligt. Der Vater erinnert ihn m. a. W. an seine Identität als Sohn und an seine Sohnesrechte, die er nie verloren hat. Erst wenn er den ganzen Reichtum seiner Sohneswürde entdeckt und die Freude darüber ihn durchdringt, kann er die Freude seines Vaters verstehen und an ihr teilhaben: „Dieser dein Bruder war tot und ist wieder aufgelebt, verloren war er und ist wieder gefunden worden" (V. 32). Das gilt jetzt auch für ihn. Er muss lernen, dem Heimgekehrten wieder Bruder zu sein.

So werden in diesem Doppelgleichnis zwei Weisen geschildert, wie Menschen ihre Identität verlieren und wie sie diese wieder zurück gewinnen können.

Das Gleichnis vom klugen Verwalter: Lk 16,1–8

**[1] Er sagte aber zu den Jüngern: es war ein reicher Mann, der hatte einen Verwal-
ter, und dieser wurde bei ihm verklagt, dass er sein Vermögen verschleudere. [2]
Und er rief ihn und sagte ihm: was höre ich da über dich? Leg Rechenschaft ab von
deiner Verwaltung; denn du kannst nicht länger Verwalter sein. [3] Es sagte aber
bei sich selbst der Verwalter: was soll ich tun, da mein Herr mir die Verwaltung
entzieht? Graben kann ich nicht, zu betteln schäme ich mich. [4] Ich weiß, was ich**

tun werde, damit sie mich aufnehmen in ihre Häuser, wenn ich aus meiner Verwaltung entlassen werde. [5] Und er rief zu sich jeden Schuldner seines Herrn und sagte zum ersten: wieviel schuldest du meinem Herrn? [6] Der aber sagte: hundert Bath Öl. Er aber sagte ihm: nimm deinen Schuldschein, setz dich hin und schreibe schnell: fünfzig. [7] Darauf sagte er zu einem anderen: du aber, wieviel schuldest du? Der aber sprach: hundert Kor Weizen. Er sagte ihm: nimm deinen Schuldschein und schreibe: achtzig. [8] Und es lobte der Herr den ungerechten Verwalter, weil er klug gehandelt hatte. Denn die Söhne dieser Welt sind unter ihresgleichen klüger als die Söhne des Lichtes. [9] Und ich sage euch: macht euch Freunde mit dem ungerechten Mammon, damit, wenn er ausgeht, sie euch aufnehmen in die ewigen Wohnungen.

Zusammenhang: Die Parabel folgt den beiden Doppelgleichnissen mit dem Thema „*Freude* über das Wiederfinden des Verlorenen" (Lk 15,1–32). Sie schließen mit der Einladung an die Pharisäer und Schriftgelehrten, in die *Freude* einzustimmen, dass Zöllner und Sünder in der Begegnung mit Jesus wie zu neuem Leben erweckt werden (Lk 15,32).

Das Gleichnis vom klugen Verwalter ist ein Gegenstück zum Gleichnis vom reichen (dummen: *á-phron*) Landbesitzer (Lk 12,13–21). Der Verwalter zieht aus seiner Situation die richtigen Konsequenzen, um „in ihre Häuser" (V. 4b), sprich: „in die ewigen Wohnungen" (V. 9c), aufgenommen zu werden. Er tut alles, um „bei Gott reich zu sein" (vgl. Lk 12,21).

1. Lk 16,1–7: Jesus wendet sich mit einem neuen Thema wieder direkt an die Jünger. Ein Gleichnis soll sie aufrütteln, damit sie alles dransetzen, in der ihnen (noch) verbleibenden Zeit, sich „eine *neue* Existenz" zu sichern:

Ein „Verwalter" wird von seinem Herrn plötzlich zur Rechenschaft gezogen. Man hat ihn beschuldigt, ruinös zu wirtschaften. Von vorn herein steht fest, dass er seine Stellung verliert. Die Entlassung trifft vermutlich keinen Unschuldigen. Er überdenkt die Folgen und bringt in der ihm noch verbleibenden Frist alle seine Möglichkeiten ins Spiel, um sich seine Zukunft zu sichern. Er geht mit allem Scharfsinn ans Werk, umsichtig und mit zielbewusster Tatkraft. Er spielt mit hohem Einsatz und hält doch das Risiko möglichst gering. Er macht die Schuldner seines Herrn einen nach dem andern zu Komplizen seiner Skrupellosigkeit und so zu seinen Schuldnern. Zu allen Schuldnern gewinnt der gekündigte Verwalter ein neues Verhältnis. Die beiden im Gleichnis genannten Schuldner sind nur Beispiele, wie er mit allen verfährt. Kurz: Der Verwalter erkennt, was die Stunde geschlagen hat. Er weiß, wie wenig Zeit ihm noch bleibt. Er nützt seine Chance und gewinnt eine *neue* Existenz.

Handelt in Eurer Situation ebenso klug und entschlossen wie der Verwalter, solange ihr dazu noch Gelegenheit habt. Sonst verliert ihr alles ...

Wenn man genauer hinschaut, sieht man, dass der Verwalter *als erstes* sich selbst fragt: Was muss *ich* tun? Er weiß, dass niemand ihm diese Frage beantworten kann. Er selbst wird mit seiner Wirklichkeit konfrontiert. Er muss Verantwortung für sich selbst übernehmen. Er kann sich nicht davor drücken, persönliche Risiken einzugehen und für die Folgen aufzukommen. Der Verwalter zeigt einen ausgeprägten Realitätssinn. Er schätzt die Situation, in die er geraten ist, richtig ein. Er weiß, wie verhasst die Schuldverschreibungen sind. So haben zu Beginn des Jüdischen Krieges die Aufständischen das Archiv von Jerusalem angezündet, um die Schuldverschreibungen zu vernichten. Sie wollten das Eintreiben der Schulden unmöglich machen und die Menge der Schuldner auf ihre Seite ziehen. Auf dem sozialen Hintergrund könnte die Aufforderung zur Fälschung der Schuldscheine hier als eine Tat ausgleichender Gerechtigkeit verstanden werden und dem Verwalter Sympathien bei den Schuldnern seines Herrn einbringen.

Der um seine Stellung Gebrachte kennt *auch* seine physischen Grenzen und weiß, dass er für schwere körperliche Arbeit nicht taugt. „Steineklopfen" kommt für ihn nicht mehr in Frage. *Nicht zuletzt* kennt er die Grenze seiner psychischen Belastbarkeit: „zu betteln schäme ich mich." Andererseits wird er sich seiner Stärken neu bewusst, und es formt sich in ihm die Kraft zu entschiedenem Handeln. Er wird fähig, eine Grenze zu überschreiten, hinter die er nicht mehr zurück kann: „Ich weiß, was ich tun werde ..." Solange die Bilanz seiner Geschäftsführung noch nicht fertig gestellt ist, hat er noch Zugang zu den Geschäftsunterlagen. Erst jetzt, als er von den Folgen seiner bisherigen Lebens- und Amtsführung in die Enge getrieben wird, findet er zu neuen Werten und Verhaltensweisen.

Handelt in Eurer Situation ebenso klug und entschlossen wie der Verwalter, solange ihr dazu noch Gelegenheit habt. Sonst verliert ihr alles ...

Oft sind es die Wendepunkte unseres Lebens, wo es nicht mehr wie bisher weitergeht, wo wir unversehens in einen existenziellen Engpass geraten, aus dem wir nur heraus kommen, wenn wir ihn mit allen Risiken selbst durchschreiten. Manch einer hat über lange Zeit hin seine physischen und psychischen Grenzen missachtet und seinen spirituellen Haushalt überzogen. Oft ging die Aufmerksamkeit für die Notwendigkeiten und Grenzen verloren, die mit einer Lebensphase gegeben sind. Es ist von vitaler Bedeutung, in Fühlung zu bleiben mit dem eigenen Lebensstrom, mit der Sinn-Orientierung, die der Tiefe meines Wesens eingestiftet ist – oft verschüttet unter einer Geröllschicht guter Absichten und alter Verletzungen, nicht selten begraben unter dem ausgedörrten Boden eines hektischen Lebensstils. Wer nicht sensibel bleibt für die anstehenden Wechsel des Lebens, wer den sog. Sachzwängen mehr gehorcht als den Wesensimpulsen aus der Tiefe seines Selbst, den treibt das Leben in die Enge, und das kann sehr schmerzhaft sein.

Handelt in Eurer Situation ebenso klug und entschlossen wie der Verwalter, solange ihr dazu noch Gelegenheit habt, sonst verliert ihr alles ...

2. Lk 16,8f.: Zum Abschluss wird klargestellt, dass das Gleichnis nicht als Aufforderung zum Betrug verstanden werden darf, sondern dass man „aus Geld und Gut einen wirklich nachhaltigen und krisenfesten Nutzen ziehen kann: indem man es anderen zugute kommen lässt“ und dadurch Freunde gewinnt (M. Wolter). Die Klugheit und Entschiedenheit des Verwalters ist also nur eine „Tugend“ innerhalb der gängigen Spielregeln dieser Welt.

Ungerechter Mammon meint nicht nur ungerecht oder unredlich erworbenes Geld, sondern Besitz und Vermögen insgesamt, weil an ihm gewöhnlich Unrecht haftet und er häufig Verwendung findet, die wiederum neues Unrecht schafft. Für den Besitzer verliert er dann seinen Wert, wenn es mit ihm zu Ende geht: in der Todesstunde. Deshalb ist es ein Gebot eschatologischer Klugheit, sein Vermögen mit Bedürftigen zu teilen.

Vom rechten Umgang mit dem Reichtum und Jesu Antwort auf den Spott der Pharisäer: Lk 16,10–18

**10 Wer im Geringsten treu ist, ist auch im Großen treu, und wer im Geringsten
unredlich ist, ist auch im Großen unredlich. 11 Wenn ihr also mit dem ungerechten Mammon nicht getreu umgeht, wer wird euch das wahre (Gut) anvertrauen?
12 Und wenn ihr mit dem fremden (Gut) nicht getreu umgeht, wer wird euch das
Eure geben? 13 Kein Haussklave kann zwei Herren dienen, entweder wird er den
einen hassen und den anderen lieben, oder er wird sich an den einen halten und
den anderen verachten. Ihr könnt nicht Gott dienen und dem Mammon.**

**14 Es hörten das alles aber die Pharisäer, die geldgierig sind, und sie verhöhnten
ihn. 15 Und er sagte ihnen: ihr seid die, die sich selbst für gerecht erklären vor
den Menschen, Gott aber kennt eure Herzen. Denn was unter den Menschen hoch
(geschätzt) ist, ist ein Greuel vor Gott. 16 Das Gesetz und die Propheten reichen bis
Johannes. Von da an wird das Evangelium von der Gottesherrschaft verkündet,
und jeder drängt sich mit Gewalt hinein. 17 Leichter ist es aber, dass Himmel und
Erde vergehen, als dass vom Gesetz ein Häkchen fällt. 18 Jeder, der seine Frau
entlässt und eine andere heiratet, bricht die Ehe, und wer eine von einem Mann
Entlassene heiratet, bricht die Ehe.**

Zusammenhang: Der erste Teil (V. 10–13) liest sich wie ein Kommentar zum Gleichnis vom klugen Verwalter. Auf die spöttische Reaktion der Pharisäer wendet sich Jesus mit scharfen Worten gegen ihre Lebenspraxis und ihre Auslegung der Tora.

1. Lk 16,10–13: Jesus spricht noch zu seinen Jüngern. Auch die Pharisäer sind anwesend. Zunächst gibt Jesus weitere Orientierungen für einen sinnvollen Umgang mit den Gütern dieser Welt. Wer im Umgang mit dem ungerechten Mammon zuverlässig (*pistós*) ist, dem gibt Gott das wahre (eschatologische) Gut, eine neue Existenz (vgl. Lk 19,17f.).

Das anschließende Jesuswort (V. 13) will zur Entscheidung herausfordern. Es warnt vor der Illusion, gleichzeitig Gott und dem Mammon dienen zu können. Im Hebräischen und Aramäischen bedeutet „lieben" im Gegensatz zu „hassen" so viel wie „vorziehen", „sich entscheiden für" oder „aus einer klaren Priorität heraus handeln". Wer keine Distanz zu der Faszination und den Sachzwängen des Mammon aufbringt, wird von ihm beherrscht. Wer der Gottesherrschaft oberste Priorität einräumt, dient allein Gott mit seiner ganzen Kraft, mit all seiner Phantasie und Leidenschaft, mit seiner ganzen Existenz. Wer neben Gott auch dem Mammon dient, ist innerlich geteilt. Ihm fehlt jene innere Kraft und Ausstrahlung, die Zeichen der Gottesherrschaft ist. So steht am Ende die Frage: Für wen gehst du?

2. Lk 16,14–18: Die Pharisäer sind offenbar von den Worten Jesu sehr getroffen und reagieren mit Spott, um sich zu entlasten. Sie haben Angst, ihr Gesicht zu verlieren. Doch Jesus legt den doppelten Boden ihres Herzens schonungslos offen. Er nennt ihre Sorge um Ansehen bei den Leuten und ihre Begehrlichkeit „ein Greuel in den Augen Gottes". Das griechische Wort *bdélygma* kann auch *Götzendienst* bedeuten.

Im Folgenden bezeichnet Jesus den Täufer Johannes als heilsgeschichtliche Schwelle zur Gottesherrschaft. Jetzt sei die Zeit der Erwartung vorbei. Die Heilsgeschichte ist in ihre letzte Phase eingetreten und jeder ist eingeladen, seine ganze Kraft dafür einzusetzen, ins Reich Gottes zu kommen. Der Gegensatz zu den Lebensanstrengungen der Pharisäer (V. 15) wird so noch einmal deutlich.

Nachdem die alte Ordnung mit Gesetz und Propheten abgelaufen ist, macht die betont hervorgehobene Gültigkeit der ganzen Tora stutzig. Nicht *ein* Häkchen, d. h. nicht das kleinste Schriftzeichen soll seine Bedeutung verlieren. Es kann sein, dass der Kontrast zu V. 16 die Spannung zwischen Tradition und Neuinterpretation wiederspiegelt. Nach Lukas ist mit der Verkündigung der Gottesherrschaft die Geltung der Tora nicht außer Kraft gesetzt worden. Er verlangt Respekt vor dem Text, ohne ihn – wie die Pharisäer – im traditionell buchstäblichen Sinne zu verstehen. Die Verkündigung der Gottesherrschaft durch Jesus bringt den im Text enthaltenen Willen Gottes erst zu seiner vollen Geltung. Als Beispiel für das neue Gesetzesverständnis und als Kritik an der pharisäischen Auslegung der Tora führt Lukas das Verbot der Ehescheidung an. Jesus will an die ursprüngliche Ordnung Gottes erinnern, in der es kein Herrschaftsrecht des Mannes über die Frau gibt. Nur wenn Menschen die Macht der Liebe, die allein von Gott ist, in ihr Herz einlassen, sind sie im Stande, sich selbst und einen anderen Menschen mit ihrer ganzen Existenz zu bejahen. Auf diese Weise eröffnet Jesus eine Perspektive, wie Menschen von der Herzenshärte, von der Gottferne ihrer rechtlichen Praxis zu einer Haltung des Vertrauens zurückfinden. Er fordert seine Zuhörer auf, sich zur Ordnung des Schöpfers (Gen 1,27) zu bekehren: nicht was der Mann will, hat Geltung, sondern was Gott will; und Gott will die Einheit der Liebe zwischen Mann und Frau. Diese Einheit darf niemand willkürlich zerstören.

Das Gleichnis vom reichen Prasser und vom armen Lazarus: Lk 16,19–31

**19 Es war aber ein reicher Mann und er kleidete sich in Purpur und feines Leinen
und feierte jeden Tag in herrlicher Weise. 20 Ein Armer aber mit Namen Lazarus
lag vor seiner Tür mit Geschwüren bedeckt 21 und er begehrte, sich zu sättigen
von dem, was von dem Tisch des Reichen fiel. Aber auch die Hunde kamen und
beleckten seine Geschwüre. 22 Es geschah aber, dass der Arme starb und von den
Engeln in den Schoß Abrahams getragen wurde. Es starb aber auch der Reiche
und er wurde begraben. 23 Und in der Unterwelt erhob er seine Augen und mitten
in den Qualen sieht er Abraham von weitem und Lazarus in seinem Schoß. 24
Und er rief und sagte: Vater Abraham, erbarme dich meiner und schicke Lazarus,
dass er die Spitze seines Fingers in Wasser tauche und meine Zunge kühle, denn
ich leide Schmerzen in dieser Flamme. 25 Es sprach aber Abraham: Kind denke
daran, dass du dein Gutes in deinem Leben bekommen hast, Lazarus aber ebenso
das Schlimme. Jetzt aber wird er hier getröstet, du aber leidest. 26 Und in alledem
besteht zwischen uns und euch eine große Kluft, damit die, die von hier zu euch
hinüberwollen, es nicht können, und auch nicht von dort zu uns herüberkommen.
27 Er sagte aber: ich bitte dich nun, Vater, dass du ihn in das Haus meines Vater
schickst. 28 Ich habe nämlich fünf Brüder, dass er sie warne, damit nicht auch sie
an diesen Ort der Qual kommen. 29 Es sagte aber Abraham: sie haben Mose und die
Propheten. Auf die sollen sie hören. 30 Er aber sagte: nein, Vater Abraham, aber
wenn einer von den Toten zu ihnen käme, dann werden sie umkehren. 31 Er aber
sagte ihm: wenn sie auf Mose und die Propheten nicht hören, dann werden sie,
wenn einer von den Toten aufersteht, sich auch nicht überzeugen lassen.**

Zusammenhang: Mit der Beispielerzählung veranschaulicht Lukas die Seligpreisungen der Armen und die Wehrufe über die Reichen (Lk 6,20–26). In der Auseinandersetzung mit den gesetzeseifrigen Pharisäern bildet das Gleichnis den Höhepunkt der Kritik Jesu am Verhalten seiner Gegner, die sehr am Geld hängen (Lk 16,14).

1. Lk 16,19–21: Jesus steht Menschen gegenüber, die sich in festen Überzeugungen und Denkweisen eingerichtet haben und meinen, dass bei ihnen alles „in Ordnung“ sei. Doch er lässt nichts unversucht, ihr Selbstbild zu erschüttern, damit sie auf Mose und die Propheten hören (Lk 16,31) und ihre Lebenseinstellung ändern. Er möchte auch sie gewinnen. Auch diese Menschen gehen ihm zu Herzen. Dabei geht er nicht argumentativ vor. Das würde nichts nützen und sie nicht zur Einsicht bringen. Vielmehr versucht er mit einer Erzählung und eindrucksstarken Bildern einen Zugang zu ihren Herzen zu finden.

Zwei kontrastreiche Bilder stehen am Anfang der Beispielerzählung: mit wenigen Strichen skizziert Lukas den Lebensstil eines Reichen. Seine Kleider sind aus feinsten und kostbarsten Stoffen von erlesenem Geschmack. Tagtäglich genießt er üppige Gastmähler und erotische Vergnügen (*euphraínomai*) – ein Bild, das verborgene Sehnsüchte und Empörung wecken kann.

Ausführlicher gestaltet der Evangelist das Gegenbild eines Armen, der vor dem Toreingang zum Haus des Reichen liegt mit Geschwüren bedeckt. Sein Name „Lazarus“ (Gott hilft) kann ein Hinweis auf seine innere Einstellung sein, auf das Vertrauen, dass Gott ihm zu Hilfe kommt. Seinen Hunger kann er nicht mit den Fladenstücken stillen, die vom Tisch des Reichen abfallen, weil Hunde umherstreunen und ihm die Geschwüre lecken. Aus der Bahn geworfen und von Krankheit entstellt, hungrig und wehrlos ist Lazarus seiner Umwelt ausgesetzt und seinem Schicksal überlassen – ein Bild des Jammers. Die gegensätzlichen Bilder zeigen, wie dicht beide Wirklichkeiten nebeneinander existieren, ohne sich zu berühren, aufwändiger Luxus und himmelschreiendes Elend – eine bedrückende Realität bis auf den heutigen Tag.

2. Lk 16,22–31: Dann sterben beide. Der Arme bekommt den Ehrenplatz an der Seite Abrahams, dem Urbild des Gerechten. „Gerecht sein“ bedeutet: sich total auf Jahwe verlassen und sich festmachen in ihm. In diesem wehrlosen Glauben ist ein Mensch „recht“ vor Gott (vgl. Gen 15,6). Der Reiche wird begraben und findet sich wieder an einem Ort der Qual. Wie vorher das Schicksal des Lazarus vor dem Tor des Reichen ausführlicher geschildert wurde, so jetzt das Los des Reichen in der Unterwelt. Von Feuerqualen gepeinigt entdeckt er die Umkehrung beider Schicksale und bittet „Vater Abraham“ um Linderung seiner Schmerzen. Doch er muss erkennen, dass seine Situation unumkehrbar ist. Der Dialog zwischen dem Reichen und dem „Vater des Glaubens“ will seine Hörer zu einem Lebensstil auffordern, der den Luxus der Reichen ebenso bekämpft wie das Elend der Armen.

Der Reiche gibt noch nicht auf. Er will wenigstens seinen Clan oder seine Familie vor den Folgen ihres Lebenswandels bewahren. Doch Abraham lehnt sein Ansinnen mit knappen Worten ab: „Sie haben Mose und die Propheten, auf die sollen sie hören!" M. a. W., sie brauchen keine Botschaft aus dem Jenseits, um Gottes Wort zu glauben. Wer das Wagnis des Glaubens scheut, wird sich auch nicht von jemand überzeugen lassen, der von den Toten aufersteht.

In dem Gleichnis spiegelt sich auch die Erfahrung des Evangeliums wider, dass Besitz und Reichtum eine Faszination ausüben und eine Dynamik auslösen, die Menschen so sehr in Beschlag nehmen können, dass sie alles andere aus dem Auge verlieren, auch den Lazarus vor der eigenen Tür. Andererseits sind vor allem die Menschen, die ihre Armut in der Hoffnung auf die Gottesherrschaft bewusst annehmen, offen für sein Wort.

Regeln für das Zusammenleben der Jünger Jesu: Lk 17,1–10

1 Er sagte aber zu seinen Jüngern: unmöglich ist es, dass Ärgernisse nicht kom-
men, aber wehe (dem), durch den sie kommen! 2 Es wäre besser für ihn, wenn ein
Mühlstein um seinen Hals gelegt und er ins Meer geworfen wird, als dass er zu
Fall bringt einen von diesen Kleinen. 3a Nehmt euch in acht.

3b Wenn dein Bruder sich verfehlt, weise ihn zurecht, und wenn er (dann) um-
kehrt, vergib ihm! 4 Und wenn er siebenmal am Tage gegen dich sich verfehlt und
siebenmal zu dir zurückkehrt, und sagt: ich kehre um, vergib ihm!

5 Und es sagten die Apostel zum Herrn: gib uns Glauben hinzu! 6 Es sagte aber
der Herr: wenn ihr Glauben habt wie ein Senfkorn, könntet ihr zu diesem Maul-
beerfeigenbaum sagen: entwurzele dich und pflanze dich ins Meer! Und er würde
euch gehorchen.

7 Wer von euch, der einen Knecht hat, der pflügt oder das Vieh weidet, wird zu
ihm, wenn er vom Feld heimkommt, sagen: schnell, komm her, lass dich nieder! 8
Vielmehr, wird er ihm nicht sagen: bereite zu, was ich essen werde, und gürte dich
und bediene mich, bis ich gegessen und getrunken habe, und danach kannst du
essen und trinken? 9 Dankt er etwa dem Knecht, weil er getan hat, was ihm aufge-
tragen war? 10 So auch ihr, wenn ihr alles getan habt, was euch aufgetragen war,
sagt: unnütze Knechte sind wir, was wir zu tun schuldig waren, haben wir getan.

Zusammenhang: Nach der Auseinandersetzung mit seinen Gegnern wendet sich Jesus wieder an die Jünger. Die vier Themen beziehen sich auf zentrale Aspekte des gemeinsamen Lebens in der Jüngerschaft.

1. Lk 17,1f.: Jesus spricht seine Jünger auf ihre persönliche Verantwortung an, die sie für die Glaubwürdigkeit und Tragfähigkeit ihrer Gemeinschaft haben. Dabei wird besonders seine Sorge um die „Kleinen", die im Glauben noch wenig gefestigten Mitglieder spürbar.

Mit großer Eindringlichkeit („Nehmt euch in Acht!") warnt Jesus davor, auch nur einem einzigen von diesen „Kleinen" Anstoß zum Glaubensabfall zu geben. Ein gewaltsamer Tod durch Ertränken im Meer wäre immer noch besser als wenn einer durch sein Verhalten jemand zu Fall bringt. Mit dem für Juden schockierenden Bild will Jesus seine Jünger auf die Menschen aufmerksam machen, die in den Augen Gottes besondere Beachtung verdienen und auf ihre Fürsorge angewiesen sind.

2. Lk 17,3f.: Wie man es verstehen muss, die Schwachen in der Gemeinde vor Glaubensabfall zu schützen, so soll man auch Verständnis dafür aufbringen, dass den schuldig Gewordenen die Möglichkeit des Neuanfanges gegeben wird. Voraussetzung dafür ist die Zurechtweisung oder das ernsthafte Zureden (*epitiman)* mit der Absicht, dass der Betroffene zur Einsicht kommt und in seinem Herzen umkehrt. Immer wenn ein schuldig Gewordener sich zur Rede stellen lässt und umkehrt, muss ihm vergeben werden. Die Bereitschaft zur Vergebung soll auch bei wiederholten Rückfällen keine Grenze kennen. Wer selbst Gottes barmherziges Handeln an sich erfahren hat, soll anderen nicht diese geschwisterliche Hilfe verweigern (vgl. Lk 7,41–47; Lk 11,4).

3. Lk 17,5f.: Die Bitte der Apostel, Jesus möge ihren Glauben vermehren, kann durch seine Warnung vor dem Ärgnernisgeben und seine Aufforderung zu unbegrenzter Vergebungsbereitschaft veranlasst sein. Ohne einen starken Glauben fühlen sie sich nicht im Stande, seine Weisungen zu befolgen. Jesus antwortet in bildhafter Sprache: Senfkorn und Maulbeerfeigenbaum sind ein starker Kontrast. Das Senfkorn gilt als das buchstäblich kleinste Ding. Der Maulbeerfeigenbaum ist dagegen ein großer Baum mit starken Wurzeln und mächtiger Krone, unverrückbar im Boden verankert. Jesus will sie mit diesem Bildwort davon überzeugen, dass es beim Glauben nicht auf ein mehr oder weniger ankommt – wer könnte das schon messen –, sondern darauf, dass ihr Glaube echt und lebendig ist. Ein solcher Glaube kann Unmögliches möglich machen, kann etwas bewegen, das ihre Vorstellungskraft übersteigt. Warum? Weil ein lebendiger Glaube, ein vitales Sich-fest-machen in Gott sie dem göttlichen Kraftfeld öffnet. Dann kann gleichsam göttliche Energie ihren Senfkornglauben befähigen, etwas zu verpflanzen, dass so fest und unverrückbar im Boden verwurzelt ist wie ein Maulbeerfeigenbaum

4. Lk 17,7–10: Das abschließende Gleichnis erzählt vom alltäglichen Leben eines Bauern und seines Sklaven, dessen Tag noch nicht mit der Feldarbeit zu Ende geht. Wenn er müde nach Hause kommt, muss er erst noch das Essen für seinen Herrn richten und ihm servieren. Der Sklave tut das ganz selbstverständlich. Es ist seine Pflicht, und er erwartet von seinem Herrn keine Dankbarkeit. Niemand würde bei den sozialen Gegebenheiten damals am Verhalten des Bauern Anstoß nehmen. Dann wendet Lukas das Gleichnis auf die

Situation seiner Gemeinde(n) an: Die „Knechte“ oder „Diener“ sind die Verantwortlichen. Von ihnen verlangt der Herr, dass sie ihre Aufgabe mit ganzem Einsatz und Treue erfüllen, ohne dafür besondere Anerkennung oder Zeichen des Dankes zu erwarten. Die Glaubwürdigkeit ihres Dienstes und ihre innere Zufriedenheit hängt wesentlich von der Lauterkeit ihrer Gesinnung ab. Das frohe Wissen, *seinen* heiligen Willen getan zu haben, muss ihnen genügen. Eine solche Einstellung macht erst innerlich frei und glücklich.

Die äußerst knappe und provozierende Sprache der Jesuslogien lässt aufhorchen. Sie haben inhaltlich nichts von ihrer Aktualität für das gemeinsame Leben in der Jüngerschaft eingebüßt.

Die Heilung der zehn Aussätzigen: Lk 17,11–19

11 Und es geschah, als er nach Jerusalem wanderte, zog er mitten durch Samaria
und Galiläa. 12 Und als er in ein Dorf kam, kamen ihm zehn aussätzige Männer
entgegen, die von weitem stehen blieben, 13 und sie erhoben ihre Stimme und
sagten: Jesus, Meister, erbarme dich unser. 14 Und da er sie sah, sagte er zu ihnen:
geht und zeigt euch den Priestern. Und es geschah, als sie hingingen, wurden sie
rein.

15 Einer aber von ihnen, als er sah, dass er geheilt war, kehrte um und mit
lauter Stimme pries er Gott, 16 und fiel auf sein Angesicht zu seinen Füßen und
dankte ihm. Und das war ein Samariter. 17 Es antwortete aber Jesus und sagte:
sind nicht die zehn rein geworden? Die neun aber – wo (sind sie)? 18 Haben sie
sich nicht bereit gefunden, umzukehren und Gott die Ehre zu geben, außer diesem
Fremdling? 19 Und er sagte zu ihm: steh auf und geh, dein Glaube hat dich gerettet.

Zusammenhang: „Und es geschah auf dem Weg nach *Jerusalem.*“ Mit diesen Worten erinnert Lukas wieder (Lk 9,51; 13,22) an das Ziel, dem Jesus sich nähert: *Jerusalem*, der heilsgeschichtliche Ort seiner „Hinaufnahme“ (*análempsis*). Alles, was die Jünger auf diesem Weg mit ihm erfahren, steht im Horizont seiner „Vollendung“ (Lk 18,31) und gewinnt so den Charakter eines „letzten Vermächtnisses“. Seine Unterweisungen und Machttaten wollen ihren Glauben stärken (vgl. Lk 17,6).

1. Lk 17,11–14: Am Rande eines Dorfes im Grenzgebiet von Samaria und Galiläa kommen Jesus zehn Aussätzige entgegen. Sie bleiben – wie es gesetzlicher Vorschrift entspricht – *von ferne* stehen. Aussätzige galten nach damaligem Verständnis als von Gott gezeichnete Sünder. Ihr Ausschluss aus der sozialen und kultischen Gemeinschaft des Gottesvolkes ist Lev 13,45f. angeordnet. In späterer Zeit waren außer Jerusalem nur die von alters her mit Mauern umgebenen Städte für Aussätzige gesperrt. In allen übrigen Ortschaften des Landes durften sie sich aufhalten. Nur „gesondert" (Lev 13,46), d. h. für sich allein mussten sie wohnen. Sie sollten ihre Kleider einreißen, ihr Haupthaar ungepflegt lassen und andere Menschen durch lautes Warnrufen von sich fern halten. Anstatt des gebotenen „Unrein! Unrein!" rufen die Ausgestoßenen hier von weitem: „Jesus, Meister, erbarme dich unser!" Sie bitten um *Leben,* – um Leben mit den Menschen, um Leben mit Gott.

Was mag es für eine Gruppe von Menschen erlebnismäßig bedeuten, als Aussätzige in ständiger Distanz zum Leben der anderen dahinzuvegetieren? Was macht es mit ihnen, wenn andere aus Angst vor Ansteckung und kultischer Unreinheit einen großen Bogen um sie machen oder auch aggressiv reagieren. Von Rabbi Resch Lakisch wird berichtet, dass er einen Aussätzigen mit Steinen bewarf und ihm zurief: „Geh an deinen Ort und beflecke nicht die Menschen." Wer aussätzig außerhalb des sozialen Lebens zu den „lebendig Toten" gehört, spürt, dass er kaum noch geduldet ist, dass er eigentlich kein Lebensrecht mehr hat und der Barmherzigkeit anderer ausgeliefert ist.

Man kann sich in ihre Situation vielleicht am ehesten versetzen, wenn man aus eigener Erfahrung nicht nur das Gefühl kennt, vom sozialen und religiösen Leben ausgeschlossen zu sein, sondern auch das Erleben von Ausschluss und Verbannung mit den entsprechenden Gefühlen von Verloren-Haben und Verloren-Sein, von Trauer über den erlittenen Verlust, von Misstrauen den Lebenden gegenüber. Wer auf ein solches Existenzminimum reduziert ist, hat nicht mehr viel zu verlieren. Die einzige Möglichkeit, zu überleben, ist der Schrei aus der Ferne, aus dem Schatten des Lebens: „Jesus, Meister, erbarme dich unser!"

Als Jesus das Elend dieser Ausgestoßenen und von Krankheit entstellten Gestalten sieht, schickt er sie zu den Priestern. Diese haben nach Lev 14,34 die wieder erlangte Heilung vom Aussatz zu bestätigen. Jesus fordert sie damit auf, seinem Wort Glauben zu schenken und aus ihrem Schattendasein herauszutreten. *Indem* sie sich seinem Wort anvertrauen und sich auf den Weg machen zu den Priestern, werden sie alle rein (*katarizo*).

2. Lk 17,15–19: Erst jetzt wird deutlich, dass es in dieser Heilungsgeschichte um mehr geht als um körperliche Gesundung und um Wiederaufnahme in das soziale und kultische Leben: Als einer von ihnen seine Heilung (*iáomai*) entdeckt, ist er davon überzeugt, dass Gott an ihm gehandelt hat. Er erfährt seine Heilung als Heil (*sodzó*), als Einladung zum vollen, personalen Glauben. Er folgt diesem Impuls und kehrt allein zu Jesus zurück. Er preist Gott mit lauter Stimme. Dann wirft er sich Jesus zu Füßen und dankt ihm. Im Verhalten dieses unbekannten Fremden (*allogenés*) liegt die Pointe der Erzählung: Alle zehn Aussätzigen machen dieselbe Erfahrung, aber nur einer entdeckt in dem, was mit ihm geschehen ist, dass Gott an ihm gehandelt hat. Als Einziger erkennt er, wo der rechte Ort der Verherrlichung Gottes ist und kehrt zurück. Gott hat sein Heilswirken ein für alle Mal an Jesus gebunden (vgl. Apg 4,12).

So findet der Glaube über das Schreien um Erbarmen, über das Hören und Befolgen seines Wortes in Lobpreis, Dank und Anbetung zu seiner vollen Gestalt. Betont wird gesagt: „Und dieser (Mann) war ein Samariter“. Jesus zeigt sich verwundert darüber, dass ausgerechnet ein Nichtjude ihn und sein Wirken besser verstanden hat als die Juden in seiner Gruppe.

Mit dem knappen Befehl „Steh auf und geh!“ entlässt ihn Jesus in die Weite seines gelebten Glaubens. Die Zeit des langsamen Verendens ist vorbei. Was ihn heil machte, war sein Glaube, sein Vertrauen, dass Gott in Jesus an ihm gehandelt hat. Diese Erfahrung wird ihm als Verheißung neu aufgegeben: Dem Leben zu trauen, das Gott ihm geschenkt hat – auf dem Weg Jesu nach Jerusalem.

Von der Gegenwart der Gottesherrschaft und dem Kommen des Menschensohnes: Lk 17,20–37

**20 Gefragt aber von den Pharisäern, wann die Gottesherrschaft komme, antwortete
er ihnen und sagte: nicht kommt die Herrschaft Gottes auf beobachtbare Weise 21
und nicht wird man sagen: siehe: hier oder dort; denn siehe: die Gottesherrschaft
ist unter euch.**

**22 Er sagte aber zu den Jüngern: kommen werden Tage, an denen ihr begehren
werdet, einen der Tage des Menschensohnes zu sehen, und ihr werdet (ihn) nicht
sehen. 23 Und sie werden euch sagen: siehe: dort, siehe: hier. Aber geht nicht
hin und jagt (dem) nicht nach. 24 Denn wie der Blitz aufleuchtet von einem Ende
des Himmels bis zum anderen, so wird der Menschensohn sein an seinem Tag. 25
Zuerst aber muss er viel leiden und verworfen werden von dieser Generation. 26
Und wie es geschah in den Tagen des Noah, so wird es auch sein in den Tagen
des Menschensohnes. 27 Sie aßen, tranken, heirateten, wurden geheiratet, bis zu
dem Tag, als Noah in die Arche ging, und es kam die Sintflut und vernichtete
alle. 28 Ebenso wie es geschah in den Tagen des Lot: sie aßen, tranken, kauften,
verkauften, pflanzten und bauten. 29 An dem Tag aber, als Lot von Sodom auszog,
regnete es Feuer und Schwefel vom Himmel und vernichtete alle. 30 Ebenso wird
es sein an dem Tag, an dem der Menschensohn offenbar wird. 31 An jenem Tag,
wer auf dem Dach sein wird und dessen Sachen im Haus, der steige nicht herab,
um sie wegzutragen, und ebenso wer auf dem Feld (sein wird), wende sich nicht
zurück. 32 Denkt an die Frau des Lot! 33 Wenn einer danach trachtet, sein Leben
zu erhalten, wird er es verlieren, und wer es aber verliert, wird es erhalten. 34 Ich
sage euch: in dieser Nacht werden zwei auf einem Lager sein, der eine wird mitgenommen, der andere aber zurückgelassen. 35 Zwei werden an derselben Mühle
mahlen, die eine wird mitgenommen, die andere aber zurückgelassen. (36) 37 Und
sie antworteten ihm und sagten: wo, Herr? Er aber sagte zu ihnen: wo das Aas, da
sammeln sich auch die Geier.**

V. 36 „Zwei werden auf dem Felde sein, der eine wird mitgenommen, der andere aber zurück gelassen“ ist ein sekundärer Nachtrag aus Mt 24,40, der nur in wenigen Handschriften überliefert ist.

Zusammenhang: Die „kleine Apokalypse“ ist aus zwei thematisch eng zusammen gehörenden Stücken komponiert (Lk 17,20f. und 17,22–37). Vermutlich gehört auch das Gleichnis vom gottlosen Richter und der Witwe noch zu der Parusierede (vgl. Lk 18,8b).

Nachdem ein vom Aussatz geheilter Mann aus Samaria zum vollen Glauben gefunden hat, wird Jesus unvermittelt mit einer für die Glaubenspraxis wesentlichen Frage konfrontiert.

1. Lk 17,20f.: Eine Gruppe von Pharisäern möchte von Jesus den genauen Zeitpunkt der Endereignisse wissen: Wann kommt die Gottesherrschaft? Hinter der Frage der Pharisäer steht wahrscheinlich die Vorstellung, dass man das Kommen der Gottesherrschaft an bestimmten Vorzeichen erkennen könne. Jesus aber verneint jede Möglichkeit, das zeitliche Herannahen im Voraus berechnen zu können. Das Kommen des Gottesherrschaft bleibt absolut unberechenbar, man kann es nicht an einen bestimmten Vorzeichen festmachen. *Denn* sie ist bereits da, wo immer ein Mensch auf das Wort Jesu vertraut und sich seinem Wirken öffnet (vgl. Lk 11,20; 17,11–19). Sie steht euch bereits zur Verfügung (*entos hymon)*, sagt Jesus den Pharisäern. M. a. W.: Es liegt an ihnen, sich von der Gegenwart des Gottesherrschaft im Wirken Jesu erfassen zu lassen wie der von seinem Aussatz geheilte Samaritaner (Lk 17,11–19). Welche Sprengkraft liegt in dieser Aufforderung! Was würde sich in meinem Leben ändern, wenn ich dem Wort Jesu vertrauen könnte: Die Gottesherrschaft steht dir schon zur Verfügung?

2. Lk 17,22–25: Jesus wendet sich nun an die Jünger mit der Ankündigung, dass sie die mit der Parusie beginnende Heilszeit nicht mehr erleben werden. Vielmehr wird eine schwere Zeit der Prüfung über sie kommen. In solchen Zeiten ist die Gefahr groß, auf Täuschungen hereinzufallen und die große Bedrängnis als Vorzeichen der unmittelbar bevorstehenden Parusie zu deuten. Der Menschensohn wird aber „an *seinem* Tag“ kommen wie ein Naturereignis, das überall wahrgenommen wird. Das Bild des Blitzes, der plötzlich am Himmel aufleuchtet, betont das Überraschungsmoment, das mit seinem Erscheinen gegeben ist.

Doch vorher *muss* (*dei*) er vieles erleiden (vgl. Lk 9,22.44; 18,31–33; 24,26). Mit diesem Hinweis begegnet Jesus falschen Naherwartungen im Kreis der Jünger und macht sie darauf aufmerksam, dass sein Leidensgeschick im geheimnisvollen Willen Gottes verborgen und auch für sie bedeutsam ist. Es sieht so aus, als bestehe ein innerer Zusammenhang zwischen dem Leiden des Menschensohnes und den Prüfungen, die sie (noch) zu bestehen haben.

3. Lk 17,26–33: Neben der Gefahr, sich täuschen und irreführen zu lassen, warnt Jesus mit den Geschichten um Noah (Gen 6–9) und Lot (Gen 19,1–29) davor, in den Dingen des alltäglichen, familiären und beruflichen Lebens aufzugehen, ohne daran zu denken, dass all dies einmal ein Ende hat, vielleicht sogar ein plötzliches. Die Menschen um Noah und Lot haben überhaupt nicht mit der Katastrophe gerechnet. Feuer und Schwefel sind wie die Wasserflut Bilder totaler Vernichtung. „Ebenso wird es sein an dem Tag, an dem der Menschensohn offenbar wird", d. h. auf die Hörer (und Leser) bezogen: Menschen, die ihr Leben nicht vom Ende her sehen und gestalten, werden von den Ereignissen völlig überrascht. Noah und Lot aber, die auf die Katastrophe vorbereitet waren, wurden gerettet.

Wenn der Menschensohn kommt, gibt es kein Entrinnen. Entscheidend ist allein, wie ich ihm „an seinem Tag" begegne. Wer wie Lots Frau zurück schaut, dem wird das, woran er hängt, zum Verhängnis. Wer die Rettung durch den Menschensohn nicht will, der will auch nicht das Leben.

4. Lk 17,34–37: Die zwei Beispiele aus dem Alltag von Mann und Frau betonen noch einmal die Plötzlichkeit des Gerichts. Es trennt unerbittlich zwischen denen, die ihrem Unheilsgeschick überlassen und denen, die von Gott „angenommen" werden. Auf die erschreckte Frage der Jünger, wo das geschehen wird, antwortet Jesus mit einem Bildwort. Die Parusie ereignet sich überall und mit einer Gewissheit, wie das Aas die Geier anzieht. Es ist nicht von Belang, nach dem Ort und den näheren Umständen zu fragen, wenn der Menschensohn offenbar wird. Entscheidend ist allein die wache Präsenz, mit der ein Mensch den wiederkommenden Herrn erwartet.

Das Gleichnis vom gottlosen Richter und der Witwe: Lk 18,1–8

[1] Er sagte aber ein Gleichnis zu ihnen mit der Absicht, dass sie allezeit beten und
darin nicht nachlassen sollten. Er sagte: [2] es war ein Richter in einer Stadt, der
Gott nicht fürchtete und keinen Menschen respektierte. [3] Es war aber eine Witwe
in jener Stadt, und sie kam zu ihm und sagte: schaffe mir Recht gegen meinen
Widersacher. [4] Und er wollte eine Zeitlang nicht. Danach aber sagte er bei sich
selbst: wenn ich auch Gott nicht fürchte und keinen Menschen respektiere, [5] werde
ich dieser Witwe Recht verschaffen, weil sie mir Mühe macht, damit sie mir nicht
am Ende gelaufen kommt und mir ins Gesicht schlägt. [6] Es sagte aber der Herr:
hört, was der ungerechte Richter sagt. [7] Und Gott sollte nicht seinen Auserwählten
Recht verschaffen, die zu ihm rufen Tag und Nacht? Und wird er zögern ihnen

gegenüber? [8] Ich sage euch: er wird ihnen unverzüglich Recht verschaffen. Aber wird der Menschensohn, wenn er kommt, Glauben finden auf der Erde?

Zusammenhang: Das Gleichnis ergänzt die vorausgehende Parusierede vor allem im Blick auf Zeiten anhaltender Bedrängnis. Mit dem anschließenden Gleichnis vom Pharisäer und Zöllner (Lk 18,9–14) bilden diese beiden Abschnitte die zweite große Gebetsunterweisung (vgl. Lk 11,1–13).

1. Lk 18,1: Jesus spricht in eine Jüngersituation, die von Ermüdung und Entmutigung gekennzeichnet ist. „Seine Auserwählten“ sind auf ein Wort des Trostes von ihm angewiesen. Mit dem Gleichnis will Jesus seine Jünger davon überzeugen, dass sie allzeit beten und darin nicht nachlassen sollen. Es gehört zur Größe unseres Menschseins, dass wir Gott ansprechen, vor ihm unser Leben zur Sprache bringen können – mit all unseren Hoffnungen, Sorgen und Wünschen. Im Gebet laden wir Gott ein, auf unser Leben einzuwirken, damit sein Wille geschehe, damit wir über uns selbst hinauswachsen. Es kommt darauf an, dass unsere Lebenseinstellung, dass unser Herz in Einklang kommt mit dem, was vor Gott wichtig ist. Im unablässigen Gebet, in der Ausrichtung unseres ganzen Seins auf Gott, finden wir zu der endzeitlichen Grundhaltung, die der Menschensohn bei seinem Kommen „sucht“.

2. Lk 18,2–8: Im Gleichnis wird eine Witwe geschildert, die nicht müde wird, einen skrupellosen Richter um Rechtsbeistand gegen ihren Widersacher zu bitten. Doch der Richter will mit diesem Fall nichts zu tun haben. Er weigert sich, auf das Hilfeersuchen der Frau einzugehen – eine Zeit lang. Dann werden wir wie beim Gleichnis vom „klugen“ Verwalter (Lk 16,1–8) in ein Selbstgespräch des Richters einbezogen, das uns erklärt, warum er trotz seiner Gottlosigkeit und Menschenverachtung nach langem Zögern der Witwe doch noch zu ihrem Recht verhilft. Wenn also schon ein solcher „Typ“ schließlich nachgibt, nur weil die Frau nicht aufhört, ihn mit ihrer Not zu bedrängen, um wieviel mehr wird Gott denen zu Hilfe kommen, die unablässig zu ihm schreien. Er wird sie ganz bestimmt nicht im Stich lassen. Bei Gott gibt es keine Aussichtslosigkeit. Auf diese Gewissheit können die Jünger vertrauen und nicht müde werden, allezeit zu beten.

Der Glaube, den der Menschensohn bei der Parusie „finden“ will (V.8), zeigt sich im unablässigen Beten der Jünger, in der wachen Ausrichtung auf die Vollendung der Gottesherrschaft. Wie können wir sonst unsere christliche Identität und Integrität bewahren in einem gesellschaftlichen Umfeld, das von ganz anderen Zielen und Werten geprägt ist. Wenn unsere äußeren Lebensformen nicht unsere Ausrichtung auf die Gegenwart der Gottesherrschaft und das Kommen des Menschensohnes widerspiegeln, wird unser Gebet müde und kraftlos. Um diese Ausrichtung nicht zu verlieren, brauchen wir so etwas wie eine Ordnung, die unserem Alltag eine geistliche Gestalt gibt, die unser ganzes Leben umfasst und durchdringt, die unseren Charakter, unsere Fähigkeiten, unsere Interessen und Aktivitäten formt.

Das Gleichnis vom Pharisäer und Zöllner: Lk 18,9–14

**[9] Er sagte aber auch zu einigen, die von sich selbst überzeugt waren, gerecht zu
sein und die übrigen verachten, dieses Gleichnis: [10] zwei Menschen gingen hinauf
in den Tempel, um zu beten, der eine ein Pharisäer und der andere ein Zöllner.
[11] Der Pharisäer stellte sich hin und betete bei sich so: Gott, ich danke dir, dass
ich nicht bin wie die übrigen Menschen, die Räuber, Betrüger, Ehebrecher, oder
auch wie dieser Zöllner.[12] Ich faste zweimal in der Woche, ich gebe den Zehnten
von allem, was ich erwirtschafte. [13] Der Zöllner aber stand von weitem und wollte
nicht einmal die Augen erheben zum Himmel, sondern schlug an seine Brust und
sagte: o Gott, sei mir Sünder gnädig. [14] Ich sage euch, dieser ging gerechtfertigt
hinab in sein Haus im Vergleich zu jenem. Denn jeder, der sich selbst erhöht, wird
erniedrigt werden, wer sich aber selbst erniedrigt, wird erhöht werden.**

Zusammenhang: Mit dem vorausgehenden Gleichnis vom gottlosen Richter und der Witwe ist diese Beispielgeschichte durch das Stichwort „Gebet“ verknüpft. In den folgenden Abschnitten bis zum Ende des sog. „Reiseberichts“ (Lk 19,27) werden den Jüngern unterschiedliche Lebens*einstellungen* und Glaubens*haltungen* vor Augen geführt. Darum geht es vor allem auch in diesem Text.

1. Lk 18,9–12: Jesus wendet sich mit dem Gleichnis an Menschen, die sich in ihrem religiösen Selbstwertgefühl überschätzen, andere aber abwerten und verachten. „Zwei Männer gehen zum Tempel hinauf, um zu *beten*, der eine ein Pharisäer und der andere ein Zöllner.“

Der *Pharisäer* stellt sich vor seinem Gott auf (*stateís*) im Bewusstsein, dass er sich vor ihm sehen lassen kann. Seine äußere Haltung gibt seine innere Einstellung wieder: Er ist schon etwas Besonderes. Er gefällt sich selbst und seinem Gott oder was er dafür hält. Er tut etwas, das er für Gebet hält: Er spricht zu sich selbst (*pròs eautòn*) und er bleibt bei sich – in wohlgefälliger Betrachtung seiner selbst. Sein Monolog erwartet keine Antwort. Sein Verlangen nach Selbstdarstellung kommt auch in seinen Worten zum Ausdruck: „Ich bin nicht so wie die übrigen Menschen.“ Wer so etwas von sich sagt, lebt in dem Bewusstsein, ganz auf Seiten Gottes zu stehen. Es sieht so aus, als könne er diesen Anspruch nur dadurch aufrechterhalten, dass er sich von allen anderen Menschen distanziert und sie allesamt entwertet: „Räuber, Betrüger, Ehebrecher“ (V. 11), alles Menschen, die das Gesetz (die Tora) nicht so erfüllen wie die Pharisäer und die er darum als Sünder betrachtet Er braucht die Minderwertigkeit der anderen, um sich selbst aufzuwerten. Einem solchen Geltungsdrang liegt ein tief sitzendes Gefühl eigener Minderwertigkeit zugrunde. Seine pauschale Verachtung für alle übrigen Menschen sichert das eigene schwache Ich. Alles, was er im Laufe seines Lebens nicht zugelassen, was er verworfen und verdrängt hat, wurde auf andere abgeschoben. So hat sich die Fiktion der eigenen Überlegenheit aufgebaut.

Die Unfähigkeit des Pharisäers, seine eigene Minderwertigkeit wahrzunehmen, hat noch weitere Folgen: Seine über das von der Tora Geforderte hinaus gehenden kultischen Leistungen (V. 12) offenbaren, dass er unter einem enormen inneren Druck steht, ja nie hinter der Erfüllung des „Gesetzes“ zurück zu bleiben. Das würde ein Gefühl von Schuld und Wertlosigkeit in ihm hervorrufen und sein Selbstbild erschüttern. So ist sein selbstgefälliger Dialog auch Ausdruck eines ständigen inneren Abwehrkampfes: gegen seine Mitmenschen, gegen sich selbst und auch gegen Gott. Weil er sich weigert, die mit seinem Menschsein gegebene „Bereitschaft zum Minderwertigen und Bösen“ und ihre Folgen anzuerkennen, darum muss er diesen dunklen Persönlichkeitsanteil von seinem Bewusstsein abspalten.

Der tiefste Grund für die Gespaltenheit liegt in seinem gestörten Verhältnis zu Gott. Der Pharisäer kann im Letzten nicht anerkennen, dass Gott *allein* göttlich ist, und darin besteht seine Sünde. Er ahnt nicht die befreiende Wirkung göttlichen Erbarmens, das auch das Böse und Unerlöste im Menschen, die Abgründe seines Herzens heilend umfasst.

2. Lk 18,13f.: Der Weg, sich von der Gespaltenheit heilen zu lassen und ganz zu werden, ist für den Pharisäer im Verhalten des *Zöllners* zu sehen. An seiner Gestalt wird bildhaft dargestellt, was eine gespaltene Persönlichkeit wie der Pharisäer braucht, um aus seinem heillosen Zustand herauszukommen. Der Zöllner weiß um das Dunkle und Unerlöste in seinem Leben. Er sieht das Böse, das er anderen angetan hat, die Schwere seiner sozialen Verfehlungen. Er spürt den doppelten Boden seines Herzens. Er steht abseits, „weit weg“. Die äußere Distanz ist Ausdruck der inneren Entfernung, die er zu Gott empfindet. Er weiß, dass er sich vor Gott nicht sehen lassen kann und scheut sich, zu ihm aufzublicken. Doch er findet den Mut, sich selbst zu begegnen und sich dem Erbarmen Gottes zu überlassen. In ihm lebt das ungebrochene Vertrauen, dass Gott *allein* sein Leben aus aller Gebrochenheit und Schuld erretten kann. Das Schlagen an die Brust ist Ausdruck seiner Reue und Trauer und seines Schmerzes.

Vielleicht kann die Betrachtung dieser Beispielerzählung noch weiter führen, wenn ich die beiden Gestalten als personifizierte Anteile meiner eigenen Persönlichkeit verstehe. Im Spiegel oder Testbild des Pharisäers und des Zöllners kann ich mich zu einer tieferen Selbsterkenntnis führen lassen. Dabei kann es eine Hilfe sein, den inneren Haltungen der Gleichnisfiguren nachzuspüren und wahrzunehmen, mit welcher ich eher übereinstimme und mit welcher nicht. Entscheidend ist, dass ich den unendlichen Wert entdecke, den ich in Gottes Augen habe, und dass *sein* Ansehen mich „gerechtfertigt" nach Hause gehen lässt, wie das Gleichnis sagt. Das Wort „gerechtfertigt" bedeutet hier so viel wie Wohlgefallen finden bei Gott.

Jesus schließt das Gleichnis mit einem Sprichwort ab, das an die Umkehrung der Verhältnisse erinnert, wie sie Maria im Magnifikat besungen hat (Lk 1,52f.). *Am Ende* wird die Erhöhung oder Erniedrigung für viele überraschend sein und anders ausfallen, als das eigene Selbstwertgefühl es zulassen könnte.

Nachfolge als Orientierung am Kind: Lk 18,15–17

[15] Sie brachten aber auch kleine Kinder zu ihm, damit er sie berühre. Als aber die Jünger das sahen, fuhren sie sie an. [16] Jesus aber rief sie herbei und sagte: lasst die Kinder zu mir kommen und hindert sie nicht, denn ihnen gehört die Gottesherrschaft. [17] Amen, ich sage euch: wer nicht die Gottesherrschaft aufnimmt wie ein Kind, der wird in nicht hineingelangen.

Zusammenhang: Diese kurze Erzählung ergänzt die Aussage vom Gleichnis mit dem Pharisäer und Zöllner und ist im Kontext der Jüngerunterweisungen zur Nachfolge zu lesen, die mit der Heilung eines Blinden bei Jericho (Lk 18,35–43) ihren vorläufigen Abschluss und Höhepunkt hat.

1. Lk 18,15: Säuglinge und Kleinkinder (*tà bréphe*) werden zu Jesus gebracht, damit er sie berühre (*háptomai*) und die Kleinen Anteil bekommen an der Heil bringenden Kraft, die von ihm ausgeht (vgl. Lk 6,19). Kinder gehörten damals nach verbreiteter Ansicht zu den Letzten, mit denen man sich abgibt. Sie werden zwar als Gabe Gottes geschätzt, aber hauptsächlich unter dem Gesichtspunkt der Nachkommenschaft. Eine eigene Bedeutung haben sie noch nicht. Erst wenn ein Jugendlicher zum „Sohn des Gesetzes" geworden und zur Beobachtung der Tora verpflichtet ist, gilt er etwas.

Als nun Leute ganz kleine Kinder zu Jesus bringen wollen, werden sie von den Jüngern schroff zurückgewiesen (*epitimáo)*. Die Jünger teilen offenbar die landläufige Geringachätzung der Kleinen. Sie wollen verhindern, dass ihr Meister sich auch noch mit so etwas befassen soll.

2. Lk 18,16f.: Jesus bemerkt das und fordert dazu auf, die Kleinen ungehindert zu ihm kommen zu lassen. Was verwundert, ist seine Begründung: Diese

Kleinen stehen für Menschen, denen die Gottesherrschaft gehört, d.h. „denen Gott die Ausübung seiner königlichen Herrschaft übertragen wird" (M. Wolter). Sie haben eine symbolische Bedeutung. Doch was ist das für eine Qualität von Kindsein, an der man erkennen kann, dass ein Erwachsener gleichsam Teil der Gottesherrschaft ist? Was an diesem *Kleinsein* befähigt dazu? Nach Lukas sind es ja nicht Kinder (*paidía*), sondern Säuglinge und Kleinkinder.

Diese ganz Kleinen sind Symbol für die Grundhaltung eines uneingeschränkten Vertrauens, jenes tragenden Gefühls, jederzeit beachtet und willkommen zu sein. Im Blick auf diese Kinder, die sie eben noch weggescheucht haben, versichert Jesus den Jüngern mit einer Autorität, wie sie nur Gott beanspruchen kann: Diese Grundhaltung ist Voraussetzung für das Heil. Ein solches Kind ist „Prototyp des anfangenden Menschen, die Gestalt der vertrauenden und bruchlosen Offenheit für das Angebot des größeren Lebens" (H. Spämann). Die Gottesherrschaft wie ein Kind aufnehmen, bedeutet im psychologischen Sinn, erwachsen zu werden. Nur wer sich diesem Ursprung wieder nähert, hat Teil an der Gottesherrschaft.

Reichtum und Nachfolge: Lk 18,18–30

[18] Und es fragte ihn ein führender Mann und sagte: guter Lehrer, was muss ich
tun, um das ewige Leben zu erben? [19] Es sagte ihm aber Jesus: was nennst du
mich gut? Niemand ist gut, außer einem, Gott. [20] Die Gebote kennst du: du sollst
nicht ehebrechen, du sollst nicht töten, du sollst nicht stehlen, du sollst nicht falsches
Zeugnis geben, ehre deinen Vater und deine Mutter. [21] Der aber sagte: das alles habe
ich gehalten von Jugend an. [22] Als Jesus das hörte, sagte er ihm: noch eines fehlt
dir. Alles, was du hast, verkaufe und verteile es an die Armen, und du wirst einen Schatz haben im Himmel, und dann komm und folge mir! [23] Als er das hörte,
wurde er ganz traurig, denn er war sehr reich.

[24] Als Jesus ihn sah, sagte er: wie schwer kommen die, die Güter haben, in die
Gottesherrschaft hinein! [25] Denn leichter ist es für ein Kamel, durch ein Nadelöhr zu kommen, als für einen Reichen, in die Gottesherrschaft zu kommen. [26] Es
sagten aber, die es hörten: und wer kann gerettet werden? [27] Er aber sagte: was
unmöglich ist bei den Menschen, ist möglich bei Gott.

[28] Es sagte aber Petrus: siehe: wir haben unser Eigentum verlassen und sind
dir nachgefolgt. [29] Er aber sagte ihnen: Amen, ich sage euch: es gibt niemand,
der Haus oder Frau oder Brüder oder Eltern oder Kinder verlassen hat wegen der
Gottesherrschaft, [30] der nicht Vielfaches erhält (schon) in dieser Zeit und in der
kommenden Zeit ewiges Leben.

Zusammenhang: Dieser Abschnitt folgt einer Erzählung, die in der Sicht des Evangelisten wahre Frömmigkeit symbolhaft darstellt: Wer Gott mit einem uneingeschränkten Vertrauen begegnet, im Bewusstsein, jederzeit bei ihm willkommen zu sein, auch wenn er nichts vorzuweisen hat, wird Jesu Ruf in die Nachfolge aufnehmen und in die Gottesherrschaft kommen (vgl. Lk 18,17; 13,23 f.). Die gesamte folgende Szene wird durch die Klammer „ewiges Leben“ zusammengehalten. Nach ihm fragt der führende Mann (*archon*) zu Beginn und mit ihm endet Jesu Antwort.

1. Lk 18,18–23: Auf dem Weg nach Jerusalem in die Passion (Lk 18,31 f.) wird Jesus von einem führenden Repräsentanten der sozialen Oberschicht angesprochen. Die Zwölf und andere Leute sind in diese Begegnung miteinbezogen. „Guter Lehrer, was muss ich *tun*, um das ewige Leben zu *erben*? Der Mann fragt nach *seinem* Weg zum ewigen Leben. Er stellt die Frage auf dem Hintergrund seiner religiösen Mentalität. Er will alles tun, um das ewige Leben zu „erben“, d.h. einen rechtmäßigen Anspruch darauf zu haben.

Jesus reagiert zunächst distanziert auf die Anrede des Vorstehers. Gott allein gebühre das Prädikat „gut“. Darüber hinaus könne er sich die Antwort doch selbst geben. Den Weg zum Leben zeigt die Tora, die sich in den einzelnen Geboten ausdrückt. Jesus nennt hier die Gebote der zweiten Tafel (Ex 20,12–16; Dtn 15,16–20), allerdings in anderer Reihenfolge. Das sind elementare Weisungen für das soziale Verhalten im Gottesvolk. So haben es die Propheten gesehen, so hätte jeder Schriftgelehrte geantwortet und mehr sagt Jesus zunächst auch nicht.

Doch der Fragesteller gibt sich damit nicht zufrieden, wenn er sagt: „Das alles habe ich gehalten von Jugend an.“ In dieser Feststellung äußern sich Zweifel an seiner traditionell verstandenen Heilsgewissheit. Irgendwie muss dieser Mann gespürt haben, dass sein Leben sich nicht erfüllt, wenn er so weiter macht wie bisher, mag das auch noch so fromm und rechtgläubig gewesen sein. Die Frage, was aus seinem Leben werden soll, hat ihn – vielleicht zum ersten Mal – tief beunruhigt: Was muss ich tun, um das ewige Leben zu erben?

Wie mit einem Schlag entzieht Jesu Antwort dem Suchenden das Fundament seines religiösen Strebens: „*Alles*, was du hast, verkaufe und verteile es an die Armen, und du wirst einen Schatz *haben* im Himmel. Dann komm und folge mir nach!“

Sein gesamter Besitz und alles, was er bis jetzt *geleistet* hat (Lk 18,21), verliert plötzlich seinen Kurswert. Die einzigartige Härte dieser Konfrontation wird verständlich, wenn man erkennt, dass hier zwei grundverschiedene Lebenseinstellungen aufeinander stoßen. Lukas sieht in dem Repräsentanten der sozialen Oberschicht einen aufs Leisten und Haben orientierten Menschen, der selbst seine Beziehung zu Gott noch in den Griff bekommen will, „um das ewige Leben *als Erbe* zu erlangen.“ Wenn ich in meinen Beziehungen aufs Leisten und Besitzen ausgerichtet bin, breitet sich Raureif über alles, was um mich herum und mit mir leben möchte.

Jesus will den Suchenden für seine Nachfolge gewinnen, aber er sieht, wie tief die Mentalität des Habens schon in ihn eingedrungen ist. Und darum auch die Radikalität seiner Forderung: An der Wurzel muss dieser Mensch befreit werden. Loslassen soll er alles, was ihn daran hindert, zu der unverwechselbaren Gestalt unterwegs zu bleiben, auf die hin er von Gott angelegt ist. Aber es können sich im Leben eines Menschen Verhärtungen gebildet haben, die es ihm faktisch unmöglich machen, von sich aus einen solchen Wandel noch zu vollziehen. „Als er das hörte, wurde er ganz traurig (*perilypós*), denn er war sehr reich."

2. Lk 18,24–27: Als Jesus ihn (so traurig) sah, sagte er: „Wie schwer gehen die Begüterten in das Reich Gottes ein! Denn leichter ist es für ein Kamel (das größte Tier Palästinas) durch ein Nadelöhr (die kleinste Öffnung) zu kommen, als für einen Reichen in das Reich Gottes." Dieses orientalische Bildwort unterstreicht noch einmal, wie unmöglich ein Leben in der Mentalität des Habens und Leistens gelingen und glücklich werden kann. Der Reiche kann nicht in das Reich Gottes kommen, da dies den Armen gehört (Lk 6,20). Dieses Jesuslogion darf durch keine Interpretation abgeschwächt werden. Und die Zuhörer haben es richtig verstanden, wenn sie fragen: „Wer kann dann noch gerettet werden?" Wer kann schon von sich sagen, er sei frei von dem Verlangen, zu *haben* und sein Selbstwertgefühl durch eigene Leistung zu behaupten und zu steigern? Letztlich ist es nur Gott, der uns Menschen von diesem zerstörerischen Drang befreien kann.

Eines fehlt dir noch ... Was?

Vielleicht ist es wie bei diesem „Frommen", der mit *seiner* religiösen Lebens-Einstellung an eine Grenze stößt: Sein Verlangen, in der Beziehung zu Gott eine sichere Rendite zu erwirtschaften, bringt ihn schon jetzt um den Gewinn. Jesus unterbricht diese Art von „Handelsbeziehung" und will ihn in eine persönliche Beziehung aufnehmen: „Komm und folge *mir* nach!"

3. Lk 18,28–30: Der letzte Abschnitt geht besonders auf die Situation der Zwölf ein. Sie haben genau das getan, was Jesus von dem reichen jüdischen Vorsteher verlangte. In der Feststellung des Petrus können Zweifel laut zu werden, ob der Weg Jesu, auf den sie sich eingelassen, sich durchsetzen wird (in einer Welt des Habens). Zweifel und Ungewissheit wird jeden überkommen, der Jesu Weg gehen will. Darum versichert Jesus den Jüngern (hervorgehoben durch das „Amen, ich sage euch"), dass Gott sich an Großmut nicht übertreffen lässt. „Schon in dieser Zeit" wird er ein Vielfaches von dem erhalten, was er wegen der neuen Gemeinschaft, die mit der Nachfolge entsteht, verlassen hat. Es gehört zu den beglückendsten Erfahrungen in der Nachfolge, Menschen zu finden, die mit der gleichen Sehnsucht, mit der gleichen Einstellung zum Leben, mit der gleichen Herzensgewissheit unterwegs sind. Diese Gefährtenschaft, diese Erfahrung einer inneren Zugehörigkeit lässt etwas von der Fülle des Lebens ahnen, die Gott uns zugesprochen hat. Für dieses Lebensmodell will Jesus seine Jünger begeistern. Eines fehlt dir noch ... Was?

Erneute Ankündigung von Passion, Tod und Auferstehung: Lk 18,31–34

31 Er nahm aber die Zwölf beiseite und sagte zu ihnen: siehe: wir gehen hinauf
nach Jerusalem, und es wird alles vollendet werden, was geschrieben ist durch die
Propheten über den Menschensohn. 32 Denn er wird ausgeliefert werden den Hei-
den und wird verspottet und misshandelt und angespieen werden, 33 und nachdem
sie ihn gegeißelt haben, werden sie ihn töten, und am dritten Tage wird er aufer-
stehen. 34 Und sie verstanden nichts von alledem, und dieses Wort war verborgen
vor ihnen, und sie begriffen nicht das Gesagte.

Zusammenhang: Unmittelbar voraus gegangen war die Zusicherung Jesu, dass Gott sich an Großmut nicht übertreffen lässt, wenn einer sich aus der Lebensform des Habens löst. Wie weit das Loslassen für Jesus selbst geht, bringt die erneute Ankündigung von Passion, Tod und Auferstehung den Zwölf wieder in Erinnerung (vgl. Lk 9,22.44).

1. Lk 18,31–33: Jesus nähert sich dem Ziel seines Weges. Seine Vollendung in Jerusalem rückt in greifbare Nähe (V. 31). Er ist „zuhause“ geblieben in dem, was seines Vaters ist. Er hat die Unbedingtheit seines Lebens einem Milieu ausgesetzt, das nur Bedingtes zulässt. Darum gab es nirgendwo einen Platz für ihn. Jesus hat keinen Ort, wohin er sein Haupt legen kann. Seine Heimatlosigkeit geht so weit, dass er nicht einmal einen „inneren Raum“ hat, in den er sich zurück ziehen kann vor der Bosheit derer, die ihn den Heiden ausliefern, die ihn verspotten, misshandeln und anspucken, die ihn geißeln und töten werden (Lk 18,32 f.). Selbst im Sterben wird sein Haupt keinen Ort finden, wohin er es legen kann. Und doch wird sein unbehaustes Leben nicht einfach enden, sondern sich *„vollenden“* (*telesthésetai*). Während seinem Leben durch die Hände von Menschen ein Ende gemacht wird, legt er sein Leben in die Hände des Vaters. Am dritten Tag wird er auferstehen.

Jesus nimmt also die Zwölf in seine Nähe und deutet ihnen zum ersten Mal sein Schicksal in Jerusalem als Erfüllung der Schrift und ihrer prophetischen Verheißungen. An dieses Wort erinnert sie später der Auferstandene (Lk 24,44). Lukas legt großen Wert auf die Feststellung, dass sich im Tod Jesu der Heilsplan Gottes mit den Menschen erfüllt. Ihm kommt es sehr darauf an, den Weg Jesu auch in seiner letzten Phase als von Gott gefügt und gewollt darzustellen.

2. Lk 18,34: Doch die Zwölf verstanden das alles nicht. Der Sinn der Worte war ihnen verschlossen. Sie begriffen nicht, was er sagte (V. 34). In einer dreifach wiederholten Aussage spricht Lukas vom Unverständnis der Zwölf. Er will damit noch einmal unterstreichen (vgl. Lk 9,45), dass auch ihnen erst nach Ostern der Sinn für das Verständnis der Schrift aufgeht (Lk 24,45). Erst im Umgang mit dem Auferstandenen kommen sie dazu, Jesu Weg „unter den Bedingungen dieser Welt" zu verstehen. Erst dann fing ihr Herz an zu brennen (Lk 24,31). Die Erkenntnis, dass dieses Leiden und Sterben „notwendig" ist, wird nur von Ostern her möglich.

Aber jetzt sind sie noch nicht in der Lage, Jesu Armut und Ohnmacht „bis zuletzt" mit zu vollziehen. Noch sind sie unfähig, wie Jesus „bis zuletzt" das Verlorene zu suchen und zu retten (Lk 23,28–31.43). Vielleicht müssen mir in ähnlich schmerzhafter Weise die Augen geöffnet werden wie den Zwölf, damit ich die Nachfolge dessen verstehe, „der im Elend und in der Sehnsucht der Menschen stirbt und aufersteht".

Die Vergegenwärtigung des Weges Jesu auf das Kreuz hin zeigt: Heil und Erlösung sind nicht das Ergebnis innerweltlicher Ereignisse und Entwicklungen, sondern sie verdanken sich einem qualitativ neuen Anfang: Jesus Christus, der sich selbst für alle entäußert (Phil 2,6–11) und der uns ein Beispiel gegeben hat, damit wir ihm nachfolgen (1Petr 2,21).

So kann Paulus im Philipperbrief sagen: „Was mir damals Gewinn war, das habe ich um Christi Willen als Verlust erkannt. Ja, ich sehe sogar alles als Verlust an, weil die Erkenntnis Jesu Christi, meines Herrn, alles übertrifft. Seinetwegen habe ich das alles aufgegeben und halte es für Unrat, um Christus zu gewinnen und in ihm zu sein ... Christus will ich erkennen und die Macht seiner Auferstehung und die Gemeinschaft mit seinen Leiden. Sein Tod soll mich prägen. So hoffe ich, auch zur Auferstehung von den Toten zu gelangen" (3,7–10).

Aber das alles bleibt den Zwölf noch verborgen. Noch sind sie wie mit Blindheit geschlagen. Nicht von ungefähr schließt sich an die Voraussage von Passion, Tod und Auferstehung die Heilung eines Blinden vor den Toren Jerichos. In diesem Blinden sieht Lukas das Vorbild des Jüngers schlechthin, der leidenschaftlich darum bittet, sich von Jesus die Augen öffnen zu lassen. Er will mit ihm „hinauf nach Jerusalem" gehen.

Nach einigen Exegeten endet mit Lk 18,31–34 der sog. „Reisebericht". Sie sehen in dem „nach Jerusalem gehen" (Lk 9,51) und dem „hinaufsteigen nach Jerusalem" den Rahmen für diesen Abschnitt der lukanischen Jesusgeschichte.

Die Heilung eines Blinden bei Jericho: Lk 18,35–43

**35 Es geschah aber, als er sich Jericho näherte, da saß ein Blinder neben dem Wege
und bettelte. 36 Als er aber eine Volksmenge vorüberziehen hörte, fragte er, was
das wohl sei. 37 Sie teilten ihm aber mit, dass Jesus von Nazareth vorbeiziehe. 38
Und er rief laut und sagte: Jesus, Sohn Davids, erbarme dich meiner. 39 Und die,
die vorangingen, fuhren ihn an, er solle schweigen. Er aber schrie noch viel mehr:
Sohn Davids, erbarme dich meiner. 40 Jesus aber blieb stehen und befahl, dass er zu
ihm gebracht werde. Als er nahe herangekommen war, fragte er ihn: 41 was willst
du, dass ich dir tue? Er aber sagte: Herr, dass ich aufblicke. 42 Und Jesus sagte ihm:
blick auf! Dein Glaube hat dich gerettet. Und sofort konnte er aufblicken, und er
folgte ihm Gott preisend. 43 Und das ganze Volk, das es sah, gab Gott die Ehre.**

Mit Lk 18,31–34 enden die Erzählungen auf dem Weg nach Jerusalem „irgendwo unterwegs“. Keine der vielen Episoden war mit einem bestimmten Ort verbunden. Von jetzt an beginnt eine schrittweise Annnäherung an die Stadt: „in der Nähe von Jericho“ (Lk 18,35), „Jericho“ (Lk 19,1), „kurz vor Jerusalem“ (Lk 19,11), „in der Nähe von Bethphage und Bethanien am Ölberg“ (Lk 19,29), „kurz vor dem Abstieg vom Ölberg“ (Lk 19,37), bis dann Jerusalem in den Blick kommt (Lk 19,41) und Jesus in den Tempel hineingeht (Lk 19,45), das eigentliche Ziel seiner Reise. Unter dieser Rücksicht rechnen die meisten Kommentatoren den Abschnitt Lk 18,38–19,45 noch zum Reisebericht.

Zusammenhang: Jesus nähert sich dem Ende seines Weges hinauf nach Jerusalem, wo sich alles erfüllen wird, was bei den Propheten über den Menschensohn geschrieben steht. Doch sein Exodus (Lk 9,31) bleibt den Jüngern ein Geheimnis. In einer dreifach wiederholenden Aussage betont Lukas das Unverständnis der Zwölf: Sie aber verstanden das alles nicht, das Wort war vor ihnen verborgen, und sie begriffen nicht, was er sagte (Lk 19,34).

Die letzten Perikopen des „Reiseberichts“ weisen programmatisch auf die Heilsbedeutung seiner „Hinaufnahme“ in Jerusalem hin. Jesus zieht als *Davids*sohn in Jerusalem ein (Lk 18,35–43) und als Menschensohn, der gekommen ist, das Verlorene zu suchen und zu retten (Lk 19,1–10). Aber Gottes Herrschaft tritt noch nicht mit seinem Einzug, sondern erst bei seiner Rückkehr voll in Erscheinung (Lk 19,11–27).

1. Lk 18–35–40: Neben (*para)* dem Weg in der Nähe Jerichos sitzt ein Blinder und bettelt. Nach rabbinischem Verständnis gehört er zu den lebendig Toten: „Vier werden einem Toten gleich geachtet: Der Arme, der Aussätzige, *der Blinde* und der Kinderlose.“ Man zählt ihn zu denen, die von der Hoffnung auf die Gottesherrschaft ausgeschlossen sind. Umgeben von einer Menschenmenge zieht Jesus vorüber.

Was mag in einem Menschen vorgehen, den das Schicksal in den Schatten einer so tiefen *Aussichtslosigkeit* gebannt hat? Welche Gefühle von Auflehnung und Unterwerfung, von Empörung und Abhängigkeit gegenüber den Rollenvorschriften seiner Umgebung mögen ihn bewegen? Welches Maß an Selbstentwertung mag die tägliche Erfahrung ihm zugefügt haben, dass er nicht mehr zählt, dass er nur ein Rest an den Rand gedrängten und niedergedrückten Lebens ist? Und doch scheint in dem Blinden die prophetische Hoffnung nicht erloschen zu sein, dass der Tag kommen wird, an dem die Augen der Blinden aus Dunkelheit und Finsternis heraus sehen und die Elenden sich aufs Neue über den Herrn freuen und die Ärmsten unter den Menschen über den Heiligen Israels jubeln (Jes 29,18 f.).

Als Jesus mit vielen Menschen vorüberzieht, und der Blinde erfährt, dass es Jesus von Nazareth ist, der da vorbeikommt, bricht auf einmal eine solche Macht des Vertrauens in ihm durch, dass er laut um Hilfe ruft: „Jesus, Sohn Davids, erbarme dich meiner!" Da fahren ihn die Leute an und wollen ihn zum Schweigen bringen. Wer nicht zählt, hat kein Recht, sich selbst zu Wort zu melden. So lange Zeit hat der Blinde sich geduckt und seinen Mund gehalten. Jetzt aber, da *der* Mensch sein Leben passiert, den viele für den Messias halten, will er sich nicht mehr fremd bestimmen lassen. Er gibt nicht nach und schreit sogar (*krázo*): „Sohn Davids, erbarme dich meiner!"

In der Sicht des Evangelisten ist der Blinde der Einzige, der um seine Blindheit weiß und deshalb so leidenschaftlich durch allen Widerstand hindurch nach Glaubenseinsicht verlangt, um Jesu Weg in die Passion mitgehen zu können. Lukas geht es hier um mehr als physische Heilung. Der Glaube des Blinden, seine Bitte um Einsicht in die Notwendigkeit der Passion mit Jesus stehen im Vordergrund. Vom Glauben des Blinden bewegt, bleibt Jesus stehen und lässt ihn zu sich rufen.

2. Lk 18,41–43: In der Begegnung zwischen Jesus und dem Blinden liegt der Höhepunkt der Erzählung. Jesus kommt es darauf an, dass der Blinde, der so lange im Bannkreis fremder Vorschrift und Duldung gelebt hat, von sich aus sagt, was er möchte. Er selbst muss sein Anliegen formulieren – unabhängig davon, was die anderen für gut halten. Darum die überflüssig anmutende Frage: „Was willst du, dass ich dir tue?" Der Blinde ist von der Person Jesu so tief berührt, dass er zu seiner eigenen Wirklichkeit stehen kann: „Herr, dass ich wieder aufblicke". Diese Einheit des Vertrauens zu sich selbst und zu Gott lässt ihn von Neuem *auf*blicken. Der Blinde wird auf Jesu Wort hin in einem umfassenden Sinn sehend. Ihm wurden die Augen dafür geöffnet, dass der Weg Jesu in die Passion der Weg ist, an dem sich Jüngerschaft, an dem sich Christsein entscheidet. „Und er folgte ihm Gott preisend", d. h. er wird Jünger auf der unwegsamen Straße hinauf nach Jerusalem in die Passion.

Seine Nachfolge ist durchstimmt von dankbarem Jubel über das, was sich in Jerusalem „alles erfüllen und vollenden wird".

Es fällt auf, dass Jesus bei dieser Heilung scheinbar gar nichts tut. Er fungiert nur als Mittler in dem Prozess, der den Blinden zu sich selbst zurückfinden lässt. Deshalb kann er zu ihm auch sagen: „*Dein* Glaube hat dich gerettet." Wer sich so weit zurücknehmen kann wie Jesus, um dem anderen zu ermöglichen, seine eigene Wahrheit zu entdecken und zu sich selbst zu stehen, der schafft beim anderen die Voraussetzung für Nachfolge, und nur jemand, der zu sich selbst stehen kann, taugt für die Nachfolge.

Die Erzählung macht deutlich, an welche Voraussetzungen Jüngerschaft gebunden ist. Andererseits zeigt sie, dass der Weg in die Passion uns allein nicht möglich ist. Wir können bestenfalls – wie der Blinde vor den Toren Jerichos – am Rand des Weges Jesu durch allen Widerstand hindurch mit der ganzen Sehnsucht und Leidenschaft unseres Herzens um Glaubenseinsicht bitten. Aber der Weg selbst ist Gnade: *Jesus* lässt den Blinden zu sich rufen. *Er* öffnet ihm die Augen für die Größe und Weite seiner Berufung. *Er* nimmt ihn auf in seine Nachfolge, und alle Leute, die das gesehen hatten, lobten Gott (V. 43c).

Bevor nun in Jerusalem die letzte Auseinandersetzung Jesu mit seinen Gegnern beginnt und in scharfem Kontrast zur „Blindheit" der Zwölf, zeigt Lukas hier in dem Blinden exemplarisch, was Christsein bedeutet. In dieser Gestalt fasst er anschaulich zusammen, was *Jesusnachfolge* ist. Vielleicht aber bleibt es mir nicht erspart, dass mir die Augen in ähnlich schmerzhafter Weise geöffnet werden wie den Zwölf, als der Herr sie mit hineinzog in seine Passion, und sie sich in der Nacht, in der Stunde der „Finsternis" (Lk 22,53) verloren.

Jesus und Zachäus: Lk 19,1–10

**1 Und er ging hinein nach Jericho und zog hindurch. 2 Und siehe: ein Mann (war
da) mit Namen genannt Zachäus, und er war ein Oberzöllner, und er war reich. 3
Und er suchte Jesus zu sehen, wer er ist, und er konnte es nicht wegen der Menge,
denn er war klein von Gestalt. 4 Und er lief voraus und stieg auf einen Maulbeerfeigenbaum, um ihn zu sehen, denn an jener Stelle musste er vorbeikommen. 5
Und als er an die Stelle kam, blickte Jesus hoch und sagte zu ihm: Zachäus, steig
schnell herunter, denn heute muss ich in deinem Haus bleiben. 6 Und schnell stieg
er herunter und nahm ihn freudig auf. 7 Und alle, die es sahen, murrten und sagten: Bei einem Sünder ist er eingekehrt, um Rast zu machen! 8 Zachäus aber stellte
sich hin und sagte zum Herrn: siehe: die Hälfte meines Vermögens, Herr, gebe
ich den Armen, und wenn ich jemand etwas erpresst habe, gebe ich es vierfach
zurück. 9 Es sagte aber zu ihm Jesus: heute ist diesem Haus Heil widerfahren, weil**

auch er ein Sohn Abrahams ist. [10] Denn der Menschensohn kam, zu suchen und zu retten das Verlorene.

Zusammenhang: Die Heilung des Blinden vor den Toren Jerichos war von allen Leuten, die zugesehen hatten, als Tat Gottes durch Jesus verstanden worden (Lk 18,43). Ganz anders ist die Reaktion, als Jesus in der Stadt „bei einem Sünder einkehrt“ (Lk 19,7). Die Begegnung zwischen Jesus und Zachäus am Ende des Weges nach Jerusalem ist wie eine Zusammenfassung der lukanischen Soteriologie (V. 10): In eindrucksvollen Szenen zeichnet der Evangelist Gottes Heilssorge um den Menschen.

1. Lk 19,1–4: Jesus geht nach Jericho hinein. Die Stadt ist eine blühende Oase und wegen ihrer Nähe zu den Jordanübergängen eine wichtige Zollstation für die römische Provinz Judäa. Auf seinem Weg durch Jericho wird Jesus von einer Menschenmenge umdrängt.

Da ist ein Mann mit Namen Zachäus. Er hat die Aufsicht über den Zoll in der Region. Die Art, wie er zu Geld kommt, macht ihn bei allen verhasst – Juden wie Heiden. Jeder weiß, dass Zolleinnehmer mit Willkür und Erpressung ihr Geld machen. Auch Zachäus ist dabei reich geworden, aber nicht glücklich. Der Drang zu haben und jemand zu sein, hat ihn unerfüllt gelassen. Warum hat sich dieser Mann in den Dienst der Besatzungsmacht gestellt und seine Landsleute übervorteilt? Warum hat er unter den Zöllnern Karriere gemacht, so dass er „sehr reich“ geworden ist? Was treibt ihn, sich auf Kosten anderer „nach oben“ zu arbeiten?

Lukas erwähnt noch, dass Zachäus gern sehen wollte, wer Jesus ist, aber nicht dazu kommt, weil die Volksmenge ihm den Blick verstellt, denn er ist „klein von Gestalt“.

Es sieht so aus, als habe die Geringschätzung und soziale Ächtung seiner Person ihn immer mehr zu Ausbeutung und immer tiefer in die Schuld getrieben. Doch in diesem Menschen lebt noch etwas anderes, das keine Ruhe gibt. Und darum sucht er Jesus. Er will ihn sehen und möchte ihn kennen lernen. Da Zachäus nicht an ihn herankommt, läuft er voraus und klettert auf einen Maulbeerfeigenbaum, der weit ausladende Äste und dichtes Laub hat. Von dort kann er unbemerkt Jesus vorüber ziehen sehen. Dort kann er aber auch mit seiner Hoffnung „sitzen bleiben“.

2. Lk 19,5f.: Jesus sieht Zachäus. Er sieht die Armut des Reichen. Er spürt seine Sehnsucht. Ihm bleibt nicht verborgen, wenn ein Mensch ihn sucht. Aus der Menschenmenge in den Straßen Jerichos findet er diesen Einen heraus. Jesus schaut zu dem kleinen Mann hinauf wie ein Bittsteller: „Zachäus, steig schnell herunter! Denn *heute* muss ich in deinem Haus bleiben.“ Jesu

Wort durchdringt all seine Heillosigkeit. Es geht tiefer als ein Mensch sich in Schuld verstricken kann. Zachäus hört kein Wort der Kritik, bekommt keine Bedingungen gestellt. Er spürt, dass Jesus an ihn glaubt und ihn in einer Tiefe anspricht, in der ihn noch niemand erreicht hat. Er spürt, wie ihm in diesem Augenblick Selbstachtung, Würde und Ansehen zuwachsen. Mit einem Mal reißt ihn Jesu Bitte aus den Fesseln seiner Vergangenheit: „Heute *muss* ich in deinem Haus bleiben." Zachäus erkennt seine Stunde: „Und schnell stieg er herunter und nahm ihn (Jesus) freudig bei sich auf". Von diesem Augenblick an kann Zachäus sein Leben ändern.

Die Empörung über Jesu Verhalten ist groß. *Alle* sind darüber aufgebracht, dass er bei einem Gottlosen einkehrt, den man nach pharisäischer Lehre nicht einmal aufsuchen darf, um ihn in der Tora zu unterweisen. Ihr Vorwurf ist wie eine öffentliche Anklage. Nach rabbinischer Lehre infiziert die Sünde des reichen Zollpächters seine ganze Familie und alle, die in seinem Haus zu Gast sind.

3. Lk 19,8–10: Zachäus antwortet nicht der Menge. Er gibt sein Wort dem guten Hirten, der ihn „gefunden" hat (vgl. 15,3–7). Zachäus bekennt sich zu seiner Schuld (*sukophántein*) und löst sich aus der Lebensform des Habens. Was dem gesetzestreuen Vorsteher nicht möglich war (Lk 18,18–23), dazu ist dieser „Gesetzlose" fähig. Wer im Blick Jesu zu seiner Selbstachtung zurückfindet, wer um sich und seinen Wert vor Gott weiß, wird frei, sich von sich selbst zu distanzieren, und fähig, sich aus der unseligen Spirale falscher Selbstbestätigungen zu lösen.

Jesus nimmt die Umkehr des Sünders an und spricht von dem Heil, das ihm und seinem „Haus" zuteil wurde. Umkehr ist keine Privatsache. Wo immer ein Mensch sich in die Gemeinschaft mit Gott zurückbringen lässt, kommt ein Stück Welt in Ordnung. Wie Zachäus durch sein „gesetzloses" Tun seine Familie in Mitleidenschaft zog, so hat sie nun Teil an seiner „Rettung" (*sotería*) als Sohn Abrahams (vgl. Lk 13,16). Hier klingt wieder die Heilsinitiative Gottes an, wie sie am Anfang im *Magnifikat* (Lk 1,54f.) und im *Benediktus* (Lk 1,71–73) besungen wird.

Mit dem abschließenden Menschensohnwort geht Jesus noch einmal auf den Widerstand der Leute ein, die sich über sein Verhalten gegenüber Zöllnern und Sündern empören. Wie im Gleichnis der Vater zum älteren Sohn hinausgeht und ihn liebevoll um Verständnis bittet, dass sie die Rückkehr des Verlorenen mit einem Freudenfest feiern (Lk 15,28–32), so versucht Jesus seine Kritiker davon zu überzeugen, dass er bei Zachäus „bleiben *musste*". Es gibt für ihn keine Alternative. Jesus ist bis zuletzt darauf aus, auch die „zu suchen und zu retten", die aufgrund ihrer religiösen Tradition und Praxis nicht um ihre eigene Verlorenheit wissen. Er hört nicht auf, an den anderen zu glauben und an seine Fähigkeit zum Unmöglichen zu appellieren. Hier klingt die Zusage Jahwes, des Hirten Israels, an: „Das Verlorene will ich suchen und das Verirrte will ich zurück bringen“ (Ez 34,16).

Das Gleichnis vom Thronanwärter und vom anvertrauten Geld: Lk 19,11–28

[11] Als sie aber das hörten, erzählte er ein weiteres Gleichnis, denn er war nahe bei Jerusalem und sie meinten, dass sofort die Gottesherrschaft in Erscheinung treten werde. [12] Er sagte nun: ein Mann von vornehmer Herkunft zog in ein fernes Land, um die Königswürde zu erlangen und (dann) zurückzukehren. [13] Er rief aber seine zehn Knechte und gab ihnen zehn Minen und sagte zu ihnen: macht Geschäfte (damit), bis ich wiederkomme. [14] Seine Bürger aber hassten ihn, und sandten eine Gesandtschaft hinter ihm her und sagten: wir wollen nicht, dass dieser König über uns sei. [15] Und es geschah, als er zurückkehrte, nachdem er die Königswürde erlangt hatte, da sagte er, es sollten zu ihm die Knechte gerufen werden, denen er das Silbergeld gegeben hatte, damit er erkenne, wer was erwirtschaftet hätte. [16] Es kam aber der erste und sprach: Herr, deine Mine hat zehn Minen dazugewonnen. [17] Und er sagte ihm: recht so, du guter Knecht, weil du im Geringsten treu warst, sollst du Vollmacht haben über zehn Städte. [18] Und es kam der zweite und sagte: deine Mine, Herr, hat fünf Minen erbracht. [19] Er sagte aber auch zu diesem: auch du sollst über fünf Städte sein. [20] Und der andere kam und sagte: Herr, siehe: deine Mine, die ich in einem Schweißtuch aufbewahrt habe. [21] Denn ich fürchtete dich, weil du ein strenger Mann bist, du nimmst, was du nicht eingezahlt hast, und du erntest, was du nicht gesät hast. [22] Er sagte ihm: mit deinen eigenen Worten richte ich dich, böser Knecht. Du wusstest, dass ich ein strenger Mann bin, nehme, was ich nicht eingezahlt habe und ernte, was ich nicht gesät habe! [23] Und weshalb hast du mein Silbergeld nicht auf die Bank gegeben? Und bei meiner Rückkehr hätte ich es mit Zinsen eingefordert. [24] Und zu den Umstehenden sagte er: nehmt von ihm die Mine und gebt sie dem, der die zehn Minen hat. [25] Und sie sagten ihm: Herr, er hat (bereits) zehn Minen. [26] Ich sage euch: jedem, der hat, wird gegeben werden, von dem aber, der nicht hat, wird auch das, was er hat, genommen werden. [27] Doch diese meine Feinde, die nicht wollten, dass ich König über sie sei, bringt sie her und macht sie vor mir nieder. [28] Und als er das gesagt hatte, ging er weiter und zog hinauf nach Jerusalem.

Zusammenhang: Das Gleichnis beschließt die letzte der drei Episoden vor und um Jericho (18,35–19,28) mit dem thematischen Schwerpunkt „Jüngerschaft und Enderwartung“. Jesus ist noch in Jericho „kurz vor Jerusalem“. Dort wird sich alles vollenden (*telesthésetai*), was bei den Propheten über den Menschensohn geschrieben steht (Lk 18,31–33). Mit dem Gleichnis will er die falsche Erwartung korrigieren, dass die Gottesherrschaft unmittelbar bevorsteht.

1. Lk 19,11–14: Weil Jesus schon nahe bei Jerusalem ist, meinen die Menschen, die ihm zuhören, die Gottesherrschaft werde sofort in Erscheinung treten (V. 11). Er reagiert auf diese Erwartung mit einem Gleichnis:

Ein Mann von vornehmer Herkunft (*eugenés*) zieht in ein fernes Land, um sich von der Großmacht die Königsherrschaft übertragen zu lassen. Vor seiner Abreise ruft er zehn seiner Leute zusammen und übergibt ihnen einen Teil seines Vermögens treuhänderisch, jedem eine Mine (= zehn Drachmen). Während seiner Abwesenheit sollen sie damit für ihren Herrn Geschäfte machen (*pragmateúomai*). Lukas setzt also die *Nähe* zu Jerusalem und das *sofortige* Eintreten der Gottesherrschaft in Spannung zu der Reise in ein *fernes* Land und eine unbestimmte *längere Zeit* der Abwesenheit. Damit spielt er auf die Situation der jungen Kirche an, für die der zeitliche Abstand zu den Ereignissen des Lebens Jesu allmählich größer geworden ist und die Erwartung seiner Rückkehr allmählich aus dem Bewusstsein schwindet.

Im Bild vom Verteilen des Geldes liegt die Frohe Botschaft, dass *jeder* über genug „Kapital" verfügt, damit sein Leben in den Augen Gottes gelingt, vorausgesetzt, dass er es nicht für sich behält (vgl. Lk 9,24). *Jedem* hat Gott etwas von seinem Vermögen, von seinem Leben, von seinen Möglichkeiten gegeben, damit er es in Umlauf bringt. Im Verteilen des Geldes liegt zugleich die Aufforderung, unter den Bedingungen dieser aufs „Haben" ausgerichteten Welt „das Verlorene zu suchen und zu retten" (Lk 19,10).

Wenn Heil geschehen soll, dann muss es *in* der Welt geschehen, nicht darüber, nicht daneben, sondern mitten drin. Denn der Heil schaffende Gott offenbart sich nicht neben und nicht über der Welt, sondern in ihr und kann daher nur hier gefunden werden. Heil ist ganz wesentlich ein Vorgang, der „sich in der Öffentlichkeit vollzieht, auf dem Schauplatz der Geschichte und im Medium der Gemeinschaft, kurz, der sich entscheidend in der Welt des Sichtbaren vollzieht und ohne solche Erscheinung nicht gedacht werden kann" (G. Scholem).

Dem Thronprätendenten geht es nicht um die Vermehrung des Vermögens, sondern um die Erprobung seiner Knechte. Im Auftrag des Herrn Geschäfte zu machen, heißt also: in der Sorge um das Heil der Menschen keine Zeit zu verlieren, heißt: gegen den Lauf der Dinge denen Widerstand zu leisten, die den Menschen zum „Verlorenen" machen. Das wird mir aber nur möglich sein, wenn ich wie die Knechte im Gleichnis (noch) mit der plötzlichen Rückkehr des Herrn rechne. Ohne Naherwartung kann ich im Dienst des abwesenden Herrn kaum treu bleiben.

Die Episode hat Ereignisse aus dem Jahr 4 v. Chr. im Blick, als Archelaos, der Sohn Herodes des Großen, sich in Rom um die Königsherrschaft bewarb, die Bürger des Landes ihn aber ablehnten und seine Bewerbung zu hintertreiben versuchten.

2. Lk 19,15–19: Nach seiner Rückkehr als König will er sehen, was jeder mit dem anvertrauten Geld herausgewirtschaftet hat (*diapragmateúomai*). Die beiden zuerst Gerufenen haben mit ihrem Kapital beträchtliche Gewinne erzielt: „Herr, *deine* Mine hat sich verzehnfacht!“ – „Herr, *deine* Mine hat sich verfünffacht.“

Beide vermeiden es, von eigener Leistung zu sprechen. Es sieht so aus, als habe sich das von ihnen in Umlauf gebrachte Geld von selbst vermehrt. Wegen ihrer schöpferischen Treue bekommen die beiden Großes anvertraut. „Nur wenige Menschen ahnen, was Gott aus ihnen machen würde, wenn sie sich seiner Führung rückhaltlos anvertrauen, wenn sie sich selbst aus den Augen verlieren und sich Gott ganz überlassen, damit er ihr Leben in seinen Händen forme“ (Ignatius von Loyola).

3. Lk 19,20–28: Der negative Höhepunkt des Gleichnisses liegt in der Verhandlung mit dem dritten Knecht. Aus Angst, er könne alles verlieren, traute sich dieser nicht, das Geld seines Herrn einzusetzen und damit zu wirtschaften. In der langen Zeit des Wartens liegt sein Kapital tot. Sein Leben verbraucht sich ohne Sehnsucht nach der Rückkehr des Herrn, ohne Leidenschaft und Phantasie für seine „Sache“. Dieser Mensch lebt ohne Advent. Er hat seine Zukunft schon hinter sich. Ihm wird vorgeworfen, dass er sich dieses Geld überhaupt hat anvertrauen lassen. Das Verhalten aus Angst ist als Lebensverweigerung zu verstehen. Dieser Mann hat sich dem Auftrag seines Herrn versagt, ohne sich sein Versagen einzugestehen. Deshalb macht er seinen Herrn dafür verantwortlich, dass aus seinem Leben nichts geworden ist.

Der König entlarvt den Vorwurf seines Knechtes als faule Ausrede und nimmt ihm den Anschein, moralisch im Recht zu sein. Dazu muss er noch die Kränkung hinnehmen, dass ihm seine Mine abgenommen und dem „guten Knecht“ (V. 17) zusätzlich als Belohnung gegeben wird. Weil er Angst hatte, alles zu verlieren, wird ihm alles genommen und dem anvertraut, der sich am erfolgreichsten für die Sache des Herrn eingesetzt hat. Von einer weiteren Strafe für den untauglichen Knecht ist bei Lukas keine Rede.

Auf den Einwand aus seinem Gefolge, der andere habe doch schon zehn Minen, antwortet der König wie in Lk 8,18 mit der Aufforderung, sich seinem Wort nicht aus Angst zu verschließen, sondern das von Gott in sein Leben, in seine Geschichte investierte Kapital in Umlauf zu bringen.

Mit dem grausamen Abschlussbild des Gleichnisses will Jesus seine Zuhörer aufrütteln, dass es hier letztlich um Heil und Unheil geht. Niemand soll sich darüber hinwegtäuschen, mit welchen Folgen diejenigen zu rechnen haben, die Menschen zu *Verlorenen* machen. Dann ging Jesus seinen Jüngern voraus (*émprosthen*) und zog hinauf nach Jerusalem.

VIERTER HAUPTTEIL

Jesus am Ziel in Jerusalem: Passion, Tod und Auferstehung; Entrückung: Lk 19,19 bzw. 45–24,53

Der Einzug in Jerusalem: Lk 19,29–48

[29] Und es geschah, als er sich Bethphage und Bethanien näherte an dem Berg, der
Ölberg heißt, schickte er zwei der Jünger [30] und sagte: geht in das Dorf gegenüber, wenn ihr hineinkommt, werdet ihr ein Eselsfüllen angebunden finden, auf
dem noch nie ein Mensch gesessen hat und löst es und bringt es her. [31] Und wenn
jemand euch fragt: warum bindet ihr es los? Sagt so: Der Herr braucht es. [32] Die
Abgesandten aber gingen fort und fanden, wie er ihnen gesagt hatte. [33] Als sie
das Eselsfüllen losbanden, sagten seine Besitzer zu ihnen: warum bindet ihr das
Eselsfüllen los? [34] Sie aber sagten: der Herr braucht es. [35] Und sie führten es zu
Jesus und legten ihre Kleider auf das Füllen und ließen Jesus aufsitzen. [36] Als er
weiterzog, breiteten sie ihre Kleider auf dem Wege aus. [37] Als er aber schon nahe
an den Abstieg des Ölberges herankam, begann die ganze Menge der Jünger voll
Freude Gott zu loben mit lauter Stimme wegen all der Machttaten, die sie gesehen
hatten, [38] und riefen:

Gesegnet sei, der kommt,
der König, im Namen des Herrn,
im Himmel Friede
und Herrlichkeit in den Höhen!

[39] Und einige der Pharisäer vom Volke sagten zu ihm: Lehrer, verbiete es deinen Jüngern. [40] Und er antwortete und sagte: ich sage euch: wenn diese schweigen, werden die Steine schreien.

[41] Und als er näher kam und die Stadt sah, weinte er über sie [42] und sprach:
wenn doch du erkennen würdest an diesem deinem Tag, was zum Frieden (dient),
jetzt ist es verborgen vor deinen Augen. [43] Denn es werden Tage kommen über dich,
und es werden deine Feinde einen Wall um dich aufwerfen und werden dich ringsum einschließen und dich bedrängen von allen Seiten [44] und sie werden dich dem
Erdboden gleichmachen samt deinen Kindern in dir, und sie werden nicht Stein auf
Stein lassen in dir, weil du nicht erkannt hast die Zeit deiner Heimsuchung.

[45] Und er ging hinein in den Tempel und begann, die Verkäufer hinauszutrei-
ben, [46] und sagte ihnen: es steht geschrieben: und mein Haus soll ein Haus des Gebetes sein. Ihr aber habt es zu einer Räuberhöhle gemacht. [47] Und er lehrte täglich im
Tempel; die Hohenpriester aber und die Schriftgelehrten und die Ersten des Volkes
suchten ihn zu vernichten, [48] und sie fanden nicht, was sie hätten tun sollen. Denn
das ganze Volk hing an ihm und hörte ihn (gern).

Zusammenhang: Mit dem Gleichnis vom anvertrauten Geld hatte Jesus seine Zuhörer davor gewarnt, ohne persönlichen Einsatz die Vollendung der Gottesherrschaft zu erwarten. Sein Einzug in Jerusalem, seine Klage über die Stadt und die Vertreibung der Händler aus dem Tempel bilden den Auftakt zu seiner Lehrtätigkeit im Tempel (Lk 19,47–21,38), die Lukas als Höhepunkt des Wirkens Jesu darstellt.

1. Lk 19,28–35: Jesus nähert sich dem Ende seiner Reise vom Ölberg her. Sein eigentliches Ziel ist der Tempelbezirk (*ierón*), der sich in seiner Schönheit und Größe von der Anhöhe her den Blicken darbietet. Der Tempel war die Mitte Israels. Dort versammelte sich das Gottesvolk zu den großen Festen des Jahres. Beim Paschafest war ganz Israel vertreten.

Die Entscheidung Jesu, mit seinen Jüngern nach Jerusalem zu ziehen (Lk 9,51), entspricht dem, was er auf dem Berg der Verklärung erfahren hatte (Lk 9,31). Er will die Botschaft von der Befreiung (*áphesis:* Lk 4,18f.*)* auch im geistigen Zentrum seines Volkes verkünden; an jenem heilsgeschichtlichen Ort, der mit dem Schicksal Israels in besonderer Weise verbunden ist, soll die Gottesherrschaft sich manifestieren. Dort wird sich sein „Exodus" vollenden. Vielleicht will Lukas mit seiner Darstellung hier an die Erwartung anknüpfen, der Messias werde sich, von der Wüste kommend, auf dem Ölberg offenbaren (vgl. Sach 14,4).

Vom Ölberg aus schickt Jesus zwei seiner Jünger ins nahe gelegene Dorf mit einem geheimnisvollen Auftrag. Sie werden dort an einer bestimmten Stelle einen jungen Esel finden, auf dem noch niemand gesessen hat. Den sollen sie losbinden und zu ihm bringen. Wenn jemand sie nach dem Grund ihrer Tuns fragt, sollen sie einfach sagen: Der Herr (*kýrios)* braucht ihn. Alles ergibt sich dann so wie Jesus es vorausgesagt hat. Auftrag und Erfüllung stimmen genau überein. Dem Evangelisten scheint es wichtig zu sein, gleich zu Beginn seines Jerusalemer Aufenthaltes deutlich zu machen, wer in den kommenden Ereignissen und Auseinandersetzungen letztlich Regie führt. Gott selbst fügt alles nach seinem Willen.

Diese Begebenheit erschließt sich von ihrem alttestamentlichen Hintergrund her noch deutlicher: Nach Sach 9,9f. reitet der messianische Friedenskönig auf einem jungen Esel in Jerusalem ein. Er wird Streitwagen, Rosse und Kriegsbögen vernichten und den Völkern Frieden bringen. Es heißt von ihm ausdrücklich: Er ist demütig – das genaue Gegenbild eines Machthabers, der mit Gewalt auf andere herunterherrscht. Wenn Jesus zeichenhaft an diese alttestamentliche Verheißung anknüpft, dann widerspricht er demonstrativ allen Hoffnungen auf einen davidischen Messias, der mit Gewalt die römische Besatzungsmacht vertreiben wird. Der ganz andere Charakter seines Königtums wird noch dadurch unterstrichen, dass ausdrücklich betont wird, auf dem

Fohlen habe noch niemand gesessen. Damit erfüllt das Tier die Voraussetzung für seinen Gebrauch im religiösen und kultischen Bereich.

2. Lk 19,36–40: Als Jesus auf dem Fohlen Platz genommen hat und losreitet, breiten die Jünger ihre Kleider auf dem Weg aus wie vor einem König, der zu seinem Thron schreitet. Beim Anblick des Tempels beginnt die „ganze Menge (*pléthos*) der Jünger" mit lauter Stimme Gott zu loben und Jesus als Messiaskönig (*basileús*) zu begrüßen. Das Ziel vor Augen werden in ihnen auf einmal all die Machttaten lebendig, die sie auf dem langen Weg mit ihm „gesehen" haben. Die Jünger verstehen sie als Vorzeichen der Gottesherrschaft, die mit dem Einzug Jesu als messianischem Friedenskönig voll in Erscheinung treten wird. Am Anfang bei der Geburt Jesu (Lk 2,14) und in abgewandelter Form am Ende seines Weges (Lk 19,38) steht das Wort vom „Frieden" und von der „Herrlichkeit" (*dóxa*) Gottes, denen sich aber der Mensch verweigern kann (Lk 19,41f.)

Der laute Jubel der Jünger löst bei einigen Pharisäern Protest aus. Er solle seine Jünger zurechtweisen. Jesus aber gibt ihnen mit einem Bildwort (vgl. Hab 2,11) zu verstehen, dass nichts die Wahrheit dieses Jüngerbekenntnis aufheben könne. Würden die Jünger schweigen, würden die Steine der Stadt seine königliche Würde bezeugen.

3. Lk 19,41–44: Als beim Abstieg vom Ölberg Jerusalem näher in den Blick kommt, weint Jesus über das Schicksal der Stadt. Seine Klage steht im Gegensatz zum Jubel seiner Jünger und offenbart den ganzen Schmerz über die Ablehnung seiner „Heimsuchung" (vgl. 2 Kön 8,11). Wie Nazareth am Beginn seines öffentlichen Wirkens (Lk 4,16–30) hat auch Jerusalem sein „Heute Gottes" nicht erkannt. Was Zachäus mit der Aufnahme Jesu zuteil wurde (Lk 19,1–10), das verweigert ihm diese Stadt.

4. Lk 19,45–48: Jesus betritt den Tempelbezirk und beginnt mit einer Zeichenhandlung seine Lehrtätigkeit dort vorzubereiten. Weil die Gottesherrschaft schon anbricht, kann der Tempelbetrieb in seiner jetzigen Form nicht mehr so weitergehen. Im Tempelwort Jesu klingt die Tempelkritik der Propheten und ihre Vision vom endzeitlichen Tempel an. Seine Aktion richtet sich gegen alles, was der Heiligkeit des endzeitlichen Tempels abträglich ist. Er duldet keine Missstände im Haus seines Vaters (vgl. Lk 2,49). Dort saß er einst als Zwölfjähriger mitten unter den Lehrern, hörte ihnen zu und stellte Fragen. Alle, die ihn hörten, gerieten ins Staunen über seine Einsicht und seine Antworten. Jetzt ist die Reaktion der Verantwortlichen eine ganz andere. Sie wollen ihn vernichten. Sie können die Autorität, die er über den Tempel beansprucht, nicht hinnehmen. Doch das Volk fühlt sich von ihm angezogen und hört ihn gern. In dieser gespannten Atmosphäre lehrt Jesus Tag für Tag im Tempel. Seine Auslegung der Tora entspricht allein der wahren Tradition Israels. Er lässt nichts unversucht, die Menschen doch noch davon zu überzeugen, Gott an sich handeln zu lassen ... „an diesem Tag".

Die Frage nach der Vollmacht Jesu: Lk 20,1–8

**[1] Und es geschah an einem der Tage, als er das Volk im Tempel lehrte und die
Frohbotschaft verkündete, kamen die Hohenpriester und Schriftgelehrten mit den
Ältesten herbei [2] und sagten zu ihm: sage uns, in welcher Vollmacht du das tust,
oder wer ist es, der dir diese Vollmacht gegeben hat? [3] Er aber antwortete und
sagte zu ihnen: ich will euch auch ein Wort fragen und ihr sollt mir antworten: [4]
war die Taufe des Johannes vom Himmel oder von Menschen? [5] Sie aber überlegten miteinander bei sich und sagten: wenn wir sagen: vom Himmel, wird er sagen: weshalb habt ihr ihm nicht geglaubt? [6] Wenn wir aber sagen: von Menschen,
dann wird das ganze Volk uns steinigen, denn es ist überzeugt, dass Johannes ein
Prophet war. [7] Und sie antworteten, sie wüssten nicht woher (sie sei). [8] Und Jesus
sagte zu ihnen: dann sage ich euch auch nicht, in welcher Vollmacht ich das tue.**

Zusammenhang: Mit der Vollmachtsfrage beginnen die fünf Jerusalemer Streitgespräche, die schließlich damit enden, dass niemand mehr wagt, Jesus eine Frage zu stellen. Lukas hat der Abfolge der Szenen ein dramatisches Gefälle gegeben und die Situation seiner Leser und Hörer mit einbezogen.

1. Lk 20,1–4: Als Jesus an einem der Tage wieder das Volk im Tempel lehrt und das Evangelium von der Gottesherrschaft verkündet, tauchen plötzlich die Hohenpriester, Schriftgelehrten und Ältesten auf und konfrontieren ihn mit der Frage nach seiner Lehrvollmacht. Sie kommen vermutlich im Auftrag des Hohen Rates zu ihm. Es sind also Vertreter aller Fraktionen des Synedriums, die ihn nach der Legitimation seiner Lehrtätigkeit fragen. Lukas nennt hier das Gremium, das ihn zum Tod verurteilen wird (Lk 9,21; vgl. auch Lk 19,47). Mit ihrer Frage verfolgen sie die Strategie, Jesus dazu zu verleiten, sich selbst göttliche Vollmacht zuzuschreiben, um ihn dann wegen Gotteslästerung verurteilen zu können.

Jesus spürt ihren Unglauben und antwortet mit einer Gegenfrage, wie es bei rabbinischen Streitgesprächen üblich war. Die Konzentration auf einen Punkt, ob die Taufe des Johannes von Gott oder von Menschen sei, gibt der Auseinandersetzung eine neue Spitze. Wenn seine Gegner den Täufer als von Gott bevollmächtigten Propheten anerkennen, dann dürften sie auch den Ursprung seiner Vollmacht (*exousía*) nicht mehr in Zweifel ziehen. Johannes wusste sich als Vorläufer und Wegbereiter eines Stärkeren (Lk 3,16). Wenn sie ihm den Glauben verweigern, werden sie auch den ablehnen, der nach ihm gekommen ist. Jesu Gegenfrage will seine Gegner dazu bringen, sich selbst die Antwort auf ihre Frage zu geben und sich einzugestehen, das seine Vollmacht von Gott kommt.

2. Lk 20,5–8: Jesu Gegenfrage bringt die Vertreter des Hohen Rates in große Verlegenheit. Die Beratung, die sie untereinander führen, offenbart ihre Ratlosigkeit und macht zugleich deutlich, dass sie sich ihr Urteil nicht aufgrund persönlicher Überzeugung, sondern aus taktischen Gründen bilden. Aus Angst vor dem Volk und aus Sorge um ihre Machtstellung vermeiden sie die Frage nach der Wahrheit. Ihnen geht es nicht um Gott oder das Gottesvolk, sondern einzig und allein um ihre eigenen Interessen, wie das folgende Gleichnis von den Weinbergpächtern (Lk 20,9–19) ausführt. Doch alle taktischen Erwägungen führen nicht aus dem Dilemma, in das sie sich durch ihren Unglauben verstrickt haben. So müssen sie unfreiwillig eingestehen, Jesu Frage nicht beantworten zu können. Die höchste Autorität in Sachen des Glaubens verweigert den Glauben. Daraufhin weigert sich Jesus, ihre Frage nach seiner Vollmacht zu beantworten und demonstriert damit seine Vollmacht.

Die Gegner Jesu verhalten sich wie Opportunisten, die sich alle Möglichkeiten offen halten wollen. Sie sind unfähig geworden, sich jenen Glauben schenken zu lassen, der nicht mehr nach Beweisen fragt. Sie haben die Stunde der Wahrheit, die ihnen noch einmal in der Auseinandersetzung mit Jesus gegeben war, nicht erkannt. Ihre Unwissenheit ist Folge eines Mangels an Persönlichkeit und spirituellem Profil. Jesus spricht den Vertretern des Hohen Rates die Kompetenz ab „und verweist sie indirekt auf seine von Gott stammende Autorität" (J. Kremer).

Die Vollmacht, um die es in dieser Perikope geht, resultiert aus der Nähe Jesu zu Gott. Sie zeigt sich unmittelbar an der Wahrheit, die mit der Lauterkeit einer Persönlichkeit gleichsam im Raum steht. Diese Vollmacht ist nicht verfügbar. Man kann sie nicht „für sich" in Anspruch nehmen.

Das Gleichnis von den bösen Winzern: Lk 20,9–19

**9 Er fing aber an, dem Volke dieses Gleichnis zu sagen: ein Mensch pflanzte einen
Weinberg und er verpachtete ihn an Winzer, und ging außer Landes für lange Zeit.
10 Und zur (gegebenen) Zeit sandte er zu den Winzern einen Knecht, damit sie ihm
von dem Ertrag des Weinbergs gäben. Die Winzer aber schlugen ihn und schickten
ihn mit leeren Händen weg. 11 Und er fuhr fort und sandte einen anderen Knecht,
die aber schlugen auch den und beschimpften ihn und schickten ihn mit leeren
Händen weg. 12 Und er fuhr fort und sandte einen dritten. Sie aber verwundeten
auch diesen und warfen ihn hinaus. 13 Es sagte aber der Herr des Weinbergs: was**

soll ich tun? Ich werde meinen geliebten Sohn schicken. Vielleicht werden sie diesen achten. [14] Als die Winzer ihn aber sahen, überlegten sie untereinander und sagten: dieser ist der Erbe. Wir wollen ihn töten, damit das Erbe unser wird. [15] Und sie warfen ihn hinaus aus dem Weinberg und töteten ihn. Was nun wird ihnen der Herr des Weinbergs tun? [16] Er wird kommen und diese Winzer vernichten und den Weinberg anderen geben. Als sie das aber hörten, sagten sie: das darf nicht geschehen! [17] Er aber blickte sie an und sagte: was bedeutet denn nun dieses Schriftwort: der Stein, den die Bauleute verworfen haben, der ist zum Eckstein geworden? [18] Jeder, der auf jenen Stein fällt, wird zerschmettert werden. Auf wen er aber fällt, den wird er zermalmen. [19] Und die Schriftgelehrten und Hohenpriester versuchten Hand an ihn zu legen in derselben Stunde, und sie fürchteten das Volk. Denn sie hatten erkannt, dass er auf sie hin dieses Gleichnis gesagt hatte.

Zusammenhang: Im Anschluss an die Frage nach seiner Lehrvollmacht, erzählt Jesus dem Volk ein Gleichnis, bezieht es aber auf die Schriftgelehrten und die Hohenpriester (V. 19), die auch unter seinen Zuhörern sind. Ihnen spricht er – verhüllend und enthüllend zugleich – das Urteil.

1. Lk 20,9–12: Jesus geht wie gewohnt seiner Lehrtätigkeit im Tempel nach. Seine Gegner und Widersacher sind allgegenwärtig. Jesus erzählt zunächst, dass jemand einen Weinberg anlegt und ihn dann an eine Gruppe von Weinbauern verpachtet. Zur Zeit der ersten Ernte schickt er seinen Knecht zu den Winzern, um seinen Anteil am Ertrag abzuholen. Aber die Weinbauern tun so, als gehöre ihnen der Weinberg. Sie behandeln den Knecht wie einen Eindringling, verprügeln ihn und jagen ihn mit leeren Händen davon.

Darauf schickt der Herr des Weinbergs einen zweiten Knecht, den die Winzer genauso behandeln und dazu noch beschimpfen. Als der dritte Knecht auftaucht, richten sie ihn noch übler zu. Die wachsende Geduld und Langmut des Besitzers hat die Gewalttätigkeit der Pächter noch gesteigert.

Hier wird deutlich, dass mit den Knechten die Propheten gemeint sind, deren Schicksal gewaltsame Ablehnung war: „Von dem Tag an, als eure Väter aus Ägypten auszogen, bis auf den heutigen Tag sandte ich zu euch immer wieder alle meine Knechte, die Propheten. Aber man hörte nicht auf mich und neigte mir nicht das Ohr zu, vielmehr blieben sie hartnäckig und trieben es noch schlimmer als ihre Väter." (Jer 7,25; vgl. 25,4).

2. Lk 20,13–16a: Doch der Herr des Weinbergs hört mit seinem Bemühen nicht auf, die Winzer für sich zu gewinnen. Da ihm nur noch sein einziger „geliebter Sohn" bleibt, riskiert er in unbegreiflicher Weise das Letzte, um seine Widersacher doch noch umzustimmen. Als die Pächter den Sohn kommen sehen, verraten sie, weshalb sie sich schon vorher so feindselig gegenüber den Abgesandten verhalten haben. Sie wollen den Besitz des Weinbergs an sich reißen – nun endlich durch gemeinsamen Mord am Erben. Sie werfen den Sohn aus dem Weinberg und bringen ihn dann um. Lukas spielt hier auf die Kreuzigung Jesu außerhalb der Stadt an.

Damit deckt Jesus die Gesinnung seiner Gegner unter den Zuhörern auf. Sie erkennen in ihm den Erben der Verheißungen Israels, der das Erbe auch den Heiden geben will. Durch ihre gewalttätige Aggression offenbaren sie ihren mit Gott rivalisierenden Willen.

Was wird nun der Besitzer des Weinbergs mit ihnen tun? Mit der Bestrafung der Weinbauern wird der Schlussstrich unter ihre Geschichte gezogen. Die Geschichte des Weinbergs aber geht weiter mit „anderen". Aus seiner Verwerfung lässt der Herr des Weinbergs das neue Gottesvolk aus Juden und Heiden erstehen. Aber auch ihnen ist der Weinberg nicht als sicherer Besitz gegeben.

Es bleibt zu berücksichtigen, dass die Mächte, die Jesus aufdeckt, auf ihn zurückschlagen. Das Gericht über seine Widersacher trifft zunächst ihn selbst. Er wird lügnerisch verurteilt, gewaltsam hingerichtet, und alles geschieht unter dem Vorwand der Gotteslästerung.

3. Lk 20,16b–19: Auf die erschrockene Reaktion seiner Zuhörer antwortet Jesus mit einer Deutung des Psalmvers 118,22. Der Eckstein ist der jeweils an einer Ecke des Fundaments gelegte Stein als tragende Stütze des ganzen Bauwerks. Wer gegen diesen Stein etwas unternimmt, wird an ihm zerschellen. Wen aber Christus bei der Parusie wie ein herabfallender Stein trifft, den wird er zermalmen. Das Bildwort verdeutlicht, dass es für Jesu Gegner keine Möglichkeit gibt, ihrem Unheilsgeschick zu entgehen.

Seine Gegner unter den Zuhörern spüren deutlich, dass sie mit den Winzern des Gleichnisses gemeint sind und hätten Jesus am liebsten „noch in derselben Stunde" in ihre Gewalt gebracht. Aber ihre „Stunde" und die „Macht der Finsternis" (Lk 22,53) ist noch nicht gekommen.

Das Gleichnis wird uns vielleicht näher rücken, wenn wir es noch einmal unter der Rücksicht betrachten, welche Saiten in uns selbst durch die Gestalten des Gleichnisses in Schwingung geraten. Welche Boten hat Gott in unser Leben gesandt und wie sind wir mit ihnen umgegangen? Welchen Widerstand haben wir als Pächter unseres Lebens diesen Gottesboten entgegengesetzt – vielleicht unter dem Vorwand der Verantwortung? Welche dunklen Mächte, welche Strebungen nach Macht und Selbstbehauptung, welche Abgründe von Lüge und Gewalt haben sich dabei in uns aufgetan? Wann haben wir Gott als Konkurrenten „unseres" Lebens gesehen und bekämpft? Es ist offenbar möglich, dass Menschen um die Wahrheit ihres Lebens wissen und dennoch nicht ihrer Einsicht folgen oder sogar – wie die Pächter im Gleichnis – alles dransetzen, um die Boten der Wahrheit umzubringen.

In diesem letzten Kapitel vor der großen endzeitlichen Rede im Blick auf den Tempel, unmittelbar vor der Passion schicken die Hohenpriester, die Schriftgelehrten und die Ältesten noch einmal ihre „Fragensteller" und Fallensteller aus. Sie geben ungewollt Jesus die Gelegenheit, ein letztes Mal in aller Öffentlichkeit zu bekennen, für welchen Preis er für sein Volk in den Tod gehen wird.

Die Frage nach der kaiserlichen Steuer: Lk 20,20–26

**20 Und sie belauerten ihn und schickten Aufpasser, die sich den Anschein geben
sollten, gesetzestreu zu sein, um ihn bei einem Worte zu fassen, damit sie ihn der
Obrigkeit und der Gewalt des Statthalters ausliefern könnten. 21 Und sie fragten
ihn und sagten: Lehrer, wir wissen, dass du aufrichtig redest und lehrst und nicht
auf das Ansehen der Person Rücksicht nimmst, sondern der Wahrheit entsprechend den Weg Gottes lehrst. 22 Ist es uns erlaubt, dem Kaiser Steuern zu zahlen
oder nicht? 23 Er durchschaute aber ihre Hinterlist und sagte zu ihnen: 24 zeigt mir
einen Denar. Wessen Bild und Aufschrift trägt er? Sie aber sprachen: des Kaisers.
25 Er aber sagte zu ihnen: gebt also dem Kaiser, was des Kaisers ist, und Gott, was
Gottes ist. 26 Und sie vermochten ihn nicht zu fassen bei einem Wort vor dem Volke, und sie wunderten sich über seine Antwort und schwiegen.**

Zusammenhang: Am Ende der vorausgegangenen Szene hätten die Schriftgelehrten und die Hohenpriester Jesus am liebsten schon festgenommen, aber sie zögerten aus Angst vor dem Volk (Lk 19,48). Um sich selbst nicht noch mehr in der Öffentlichkeit zu blamieren, schicken sie Spitzel und „Fallensteller" aus, die Jesus bei einer verfänglichen Antwort ertappen und überführen sollen. Die Nervosität unter den führenden Gruppierungen des Volkes scheint zu wachsen. Die Frage nach der kaiserlichen Steuer ist ein weiterer Versuch, Jesus zu vernichten (Lk 19,47).

1. Lk 20,20–22: Zum äußeren Rahmen dieser Erzählung gehört, dass die Szene während der Passahzeit in Jerusalem stattfindet. Pilatus ist schon mit seinen römischen Legionären in die Stadt eingezogen, um möglichen Unruhen und Gewalttätigkeiten vorzubeugen. Die Stadt ist durch die vielen Festpilger überfüllt. Im Untergrund schwelen religiöse und politische Gegensätze, die in diesen Tagen besonders gefährlich werden können. Der demonstrative Einzug Jesu in Jerusalem, sein „handgreifliches" Auftreten im Tempel, haben die Situation in der Stadt noch weniger kalkulierbar gemacht. Allen Verantwortlichen ist klar, dass Jesus verschwinden muss. Zu viel an Freiheit, Eigenverantwortlichkeit und Risiko geht von diesem galiläischen Rabbi aus.

Die Gegner Jesu scheuen die offene Auseinandersetzung mit ihm und lauern ihm auf in der Hoffnung, dass er irgendwann eine unbedachte Äußerung macht. Deshalb schicken sie Spitzel zu Jesus, die das Gespräch mit einem Kompliment beginnen: „Lehrer, wir wissen, dass du aufrichtig redest und lehrst und nicht auf das Ansehen der Person Rücksicht nimmst, sondern der Wahrheit entsprechend den Weg Gottes lehrst." Sie bezeugen ihm also ihre Anerkennung, dass er ohne Ansehen der Person seine Meinung sagt und außer Gott keine andere Autorität gelten lässt. Das Lob soll Jesus unvorsichtig machen. Sie wollen ihn zu einer radikalen Äußerung provozieren, ohne dass er merkt, in welcher Gefahr er schwebt: „Ist es uns erlaubt, dem Kaiser Steuern zu zahlen oder nicht?" Auch die Einleitung der Frage „Ist es erlaubt ..." gehört zur Hinterhältigkeit ihres Vorgehens. So befragt man eine anerkannte und weisungsbefugte Autorität. Die Absicht dieser Leute geht also darauf hinaus, Jesus entweder beim Volk und bei der radikalen Partei der Zeloten in Misskredit zu bringen oder ihn der römischen Besatzungsmacht auszuliefern. Steuern an fremde Herrscher zu zahlen, wurde von den Zeloten strikt abgelehnt, weil man damit Götzendienst betreibe und das erste Gebot, Gott allein zu dienen, außer Kraft setze. Sagt Jesus also Ja, dann ist er für die religiös engagierten Gruppen des Volkes erledigt. Sagt Jesus Nein, dann gilt er bei den Römern als Aufrührer. Die Frage stellt ihn also vor ein unentrinnbares Dilemma.

2. Lk 20,23–26: Jesus durchschaut die fromme Heuchelei und die Hinterlist seiner Gegner. In souveräner Freiheit durchbricht er ihren ganzen Denkstil. Ohne sich auf einen schriftgelehrten Umgang mit der Tora einzulassen, fordert er die Fragesteller auf, ihm einen Denar zu *zeigen*, damit er ihn sehe. Der Denar trug auf der Vorderseite das Bild des Tiberius mit der Aufschrift: „Tiberius, Kaiser, der anbetungswürdige Sohn des anbetungswürdigen Gottes". Dieses Geldstück, Symbol kaiserlicher Macht und blasphemischer Anmaßung, – ausgerechnet diese Steuermünze tragen die Vertreter jüdischer Prominenz bei sich und zeigen damit, möglicherweise auch noch in Gegenwart des Volkes, dass sie es mit der strengen Gesetzesauslegung nicht so genau nehmen. Wie es scheint, ohne ihn zu berühren, bittet er seine Gegner, ihm Bild und Aufschrift der Münze zu erklären. Als sie nun bekennen, dass das Geld, das sie bei sich tragen, dem Kaiser gehört und so offenbar wird, dass sie möglicherweise mit seinem Geld sogar Handel treiben und Geschäfte machen, beendet Jesus den hintergründigen Dialog mit der Aufforderung: „Gebt also dem Kaiser (zurück), was dem Kaiser gehört". Wer des Kaisers Geld benutzt, wird ihm wohl Steuern zahlen müssen.

Dann aber fügt Jesus noch etwas hinzu, wonach ihn niemand gefragt hat und wofür er leidenschaftlich und mit dem Einsatz seiner ganzen Persönlichkeit sich immer wieder riskiert hat: Gebt Gott (zurück), was Gott gehört!

Mögen also die politischen und wirtschaftlichen Belange ihre Notwendigkeit haben und mag der Kaiser seinen Anspruch auf die Kopfsteuer geltend machen, einen göttlichen Anspruch auf den Menschen hat er nicht. Wie das Bild des Kaisers in das Silber der Münze geprägt wurde, so hat Gott sein Bild dem Menschen eingeprägt. Wir sind und bleiben sein Eigentum. Darin besteht unsere Würde, und unsere Hoffnung liegt darin, in jedem sterblichen Menschen das unauslöschliche Abbild Gottes zu entdecken. Das mag uns helfen, die Macht von Menschen über Menschen offenzulegen. Es kommt also vor allem darauf an, dass Gott gegeben werde, was ihm zusteht, d.h. ihn zu lieben aus ganzem Herzen, aus ganzer Seele und mit all unseren Kräften (Dtn 6,5). So hat Jesus die uneingeschränkte Herrschaft Gottes als oberste Priorität festgehalten und als Grundmotiv seines Handelns und seiner Lehre von der nahen Gottesherrschaft bekräftigt.

In dieser Szene kehrt Jesus mit hintergründigem Humor im Angesicht tödlicher Gefahr die ganze Dramatik der Begegnung um, indem er Gott ins Spiel bringt. Kein Wunder, dass seine Gegner völlig überrascht sind und wortlos zurückbleiben.

Die Frage nach der Auferstehung der Toten: Lk 20,27–40

**27 Es kamen aber einige der Sadduzäer herbei, die bestritten, dass es eine Aufer-
stehung gebe, und fragten ihn 28 und sagten: Lehrer, Mose hat uns (vor)geschrie-
ben, wenn jemandes Bruder, der eine Frau hat, stirbt und dieser ist kinderlos,
dass sein Bruder die Frau zu sich nehme und seinem Bruder Nachkommenschaft
erzeuge. 29 Es waren nun sieben Brüder, und der erste nahm eine Frau und starb
kinderlos. 30 Und der zweite 31 und der dritte nahm sie, ebenso aber auch die sieben,
sie hinterließen keine Kinder und starben. 32 Schließlich starb auch die Frau. 33 Die
Frau nun, wem von ihnen wird sie bei der Auferstehung als Frau gehören? Denn
die sieben hatten sie als Frau.**

**34 Und es sagte ihnen Jesus: die Kinder dieser Weltzeit heiraten und werden ge-
heiratet. 35 Die aber gewürdigt sind, jenen Äon zu erlangen und die Auferstehung
aus den Toten, heiraten nicht und lassen sich nicht heiraten. 36 Denn sie können ja
nicht sterben, denn sie sind den Engeln gleich und Kinder Gottes sind sie, weil sie
Kinder der Auferstehung sind. 37 Dass aber die Toten auferstehen, hat auch Mose
angedeutet beim Dornbusch, als er den Herrn, den Gott Abrahams, den Gott Isaaks
und den Gott Jakobs nennt. 38 Gott ist aber nicht ein Gott von Toten, sondern von
Lebenden. Denn ihm leben sie alle.**

**39 Es antworteten ihm einige von den Schriftgelehrten und sagten: Lehrer, du
hast gut gesprochen. 40 Denn sie wagten nicht mehr, ihn etwas zu fragen.**

Zusammenhang: Auf die Konfrontation mit den Spitzeln der Schriftgelehrten und Hohenpriester folgt die Auseinandersetzung mit den Sadduzäern über die Auferstehung der Toten. Diese Gruppe hat großen Einfluss im Synedrium. Die Hohenpriester und Ältesten gehören zu ihr, und zur Zeit der ersten Prokuratur (6–41) ist sie Regierungspartei. Ihre Anhänger kommen hauptsächlich aus den vornehmen Priestergeschlechtern und dem Laienadel. Als Angehörige der besitzenden Klasse sind sie daran interessiert, die bestehenden Verhältnisse im Lot zu halten. Als Realisten der Macht sind sie auch bereit, sich mit den Römern zu arrangieren, wenn nur die Autorität der jüdischen Aristokratie und die Disziplin des Volkes gewahrt bleiben. Religiös halten sie an einem strengen Schriftprinzip fest und nehmen als einzige Glaubens- und Rechtsnorm, was in der Tora, in den fünf Büchern Mose, geschrieben steht. Für sie gibt es kein Fortleben nach dem Tod. Lukas ist es wichtig zu zeigen, wie souverän Jesus selbst mit dieser einflussreichsten jüdischen Gruppe umgeht und den Glauben an die Auferstehung verteidigt.

Einige Sadduzäer treten an Jesus heran und versuchen mit einem konstruierten Fall den Auferstehungsglauben der Pharisäer ad absurdum zu führen und bei dieser Gelegenheit Jesus selbst lächerlich zu machen. Jesus entgegnet ihnen, dass es einen Unterschied gibt zwischen dem jetzigen und dem künftigen Leben. Wer dank der Auferstehung am Leben der künftigen Welt teilhat, unterliegt nicht mehr dem Gesetz des Todes. Die Auferstandenen haben als Söhne und Töchter Gottes Teil an seinem Leben und seiner Herrlichkeit. Die Unsterblichkeit ist Gottes endzeitliches Gnadengeschenk.

Um die Gegner auf ihrem eigenen Feld zu schlagen, wählt Jesus dann einen Text aus dem Pentateuch. In der Geschichte vom Dornbusch hatte Jahwe selbst sich als Gott Abrahams, Isaaks und Jakobs bezeichnet und sich damit als ein Gott der Lebenden geoffenbart (Ex 3,6.15f.) Wenn Gott mit einem Menschen eine persönliche Beziehung eingeht, kann diese durch nichts, auch nicht durch den Tod, aufgehoben werden. Jahwe ist kein Gott von Toten, sondern von Lebenden, „denn ihm leben sie alle".

Indem Jesus dieser Stelle aus dem Pentateuch für die Sadduzäer einen neuen Sinn gibt, macht er deutlich, was ihn selbst in diesen gefährlichen Auseinandersetzungen vor seiner Passion trägt: die Gewissheit, Gott als liebenden Vater zu haben, so wie er ihn bei der Taufe im Jordan vor Beginn seines öffentlichen Wirkens erfahren hat: „Du bist mein geliebter Sohn, an dir habe ich Gefallen!" (Lk 3,22).

Wenn es uns selbst möglich ist, dieser Gewissheit Raum zu geben, bedingungslos geliebt und unsterblich zu sein, welche Freiheit könnte sich für uns auftun! Welche Kräfte der Versöhnung könnten sich in uns entfalten, wenn wir uns daran erinnern, dass wir Gott zu Herzen gehen, das wir aus seiner

Barmherzigkeit leben und zu ihm heimkehren! Welche Ehrfurcht könnte in uns aufkeimen, wenn wir in den Menschen um uns schon den Anfang der Ewigkeit sehen.

Unser Leib ist nur eine Hülle, die wir eines Tages ablegen, wie der Schmetterling seinen Kokon. Wenn der Glaube an die Auferstehung uns zur Gewissheit wird, dass Gott unwiderruflich mit uns ist, kann sich unser Leben neu „ordnen".

Einige Schriftgelehrte stimmen der Argumentation Jesu zu und bekräftigen damit, dass seine Lehre mit der Tora übereinstimmt. Die Sadduzäer aber sind widerlegt und trauen sich nicht, ihm weitere Fragen zu stellen. Das ist das Ende der Jerusalemer Streitgespräche.

Die Frage Jesu nach der Davidsohnschaft des Messias: Lk 20,41–44

41 Er aber sagte zu ihnen: wieso sagt man, der Messias sei Davids Sohn? 42 Denn David selbst sagt im Buch der Psalmen: es sprach der Herr zu meinem Herrn, setze dich zu meiner Rechten, 43 bis ich deine Feinde zum Schemel deiner Füße stelle. 44 David also nennt ihn Herr, und wieso ist er sein Sohn?

Zusammenhang: Nach dem Gespräch mit den Sadduzäern über die Auferstehung der Toten trauen sich die Gegner Jesu nicht mehr, ihm eine Frage zu stellen. Ihre taktischen Überlegungen und Fangfragen konnten vor der Überzeugungskraft dieses galiläischen Rabbi nicht bestehen. Es wird schwer für sie gewesen sein, diesen Autoritätsverlust hinnehmen zu müssen. Wenn damit ihre öffentliche Auseinandersetzung mit Jesus ein ungewolltes Ende genommen hat, ihre Absicht, ihn zu vernichten, betreiben sie im Geheimen weiter.

Angesprochen sind jetzt vermutlich die unmittelbar vorher genannten Schriftgelehrten (Lk 20,39). Mit den beiden an sie gerichteten Fragen, wie es angehen kann, dass der Messias Davids Sohn sei, beschließt Lukas das *öffentliche* Wirken Jesu in Jerusalem.

Nach dem Verstummen seiner Gegner ergreift Jesus nun selbst die Initiative und stellt seinen Zuhörern nach Art rabbinischer Schriftauslegung seine Fragen. Er geht aus von der allgemein üblichen Auffassung, der Messias sei als Sohn Davids der König, der vom Sion her das Reich Davids neu und endgültig aufrichten und Israel von aller Fremdherrschaft befreien werde. Dieses Bild vom kommenden Messias war wesentlicher Bestandteil schriftgelehrter Theologie. Jesus zielt darauf ab, die verbreitete Vorstellung vom Messias als Sohn Davids im Sinne eines politischen Herrschers in Frage zu stellen. Er zitiert den Anfang von Psalm 110, der David zugeschrieben wurde, stellt also die Schrift der traditionellen Auffassung gegenüber. Der hier im „Buch der Psalmen" angesprochene „Herr" ist der Messias. Daraus folgert Jesus: Wenn David diesen erwarteten Messias „*kyrios*" (Herr) nennt, wie kann dieser dann von ihm als Sohn abstammen? Der einzige, der diese Widersprüchlichkeit auflösen kann, ist Jesus selbst, weil er sowohl „Sohn", d.h. Nachkomme, Davids ist als auch „der Herr" (kýrios) ist (vgl. Lk 1,26–38). Jesu Fragen bleiben ohne Antwort. Eine Andeutung findet sich erst in Lk 22,69. Nach Meinung des Evangelisten ist eine Antwort auf die Davidsohnfrage vor der Auferweckung Jesu gar nicht möglich (Apg 2,34–36). Von daher ist es auch verständlich, dass Lukas auf eine Reaktion seiner Zuhörer verzichtet.

Für die christliche Gemeinde war es wichtig, mit der Frage nach der Davidsohnschaft des Messias ihr eigenes Christusbekenntnis gegenüber jüdischen Vorstellungen zu formulieren. Abweichend von der Meinung der Schriftgelehrten kam es ihr darauf an, ein religiös tieferes Verständnis vom Wesen der Gottesherrschaft und der Person des Messias zu vermitteln. „Sohn Davids" und „Messias" können erst nachösterlich in einem ganz neuen Sinn verstanden werden. Wer Jesus Christus ist, wird man letztlich nur in der Nachfolge des verworfenen und gekreuzigten Herrn erfahren.

Die Warnung vor den Schriftgelehrten und das Lob der armen Witwe: Lk 20,45–21,4

45 Während aber das ganze Volk zuhörte, sagte er zu den Jüngern: 46 hütet euch vor den Schriftgelehrten, die gern umhergehen in (langen) Gewändern und Begrüßungen auf den Plätzen lieben und erste Plätze in den Synagogen und Ehrenplätze bei den Gastmählern; 47 die die Häuser der Witwen verschlingen und zum Schein lange Gebete verrichten. Diese werden ein um so härteres Urteil empfangen.

21 1 Als er aber aufblickte, sah er die Reichen, die ihre Opfergaben in den Opferkasten warfen. 2 Er sah aber (auch) eine arme Witwe, die dort zwei Lepta hineinwarf, 3 und sagte: wahrlich, ich sage euch, diese arme Witwe hat mehr als alle (anderen) hineingeworfen. 4 Denn diese alle haben von ihrem Überfluss hineingeworfen zu den Opfergaben, diese aber hat von ihrem Wenigen den ganzen Lebensunterhalt, den sie hatte, hineingeworfen.

Zusammenhang: Die beiden letzten Perikopen vor der großen Endzeitrede gehören eng zusammen und haben die Jünger als Adressaten.

1. Lk 20,45–47: Die Auseinandersetzung mit den religiösen und politischen Gruppen seines Volkes im Tempel von Jerusalem schließt mit der Warnung Jesu vor den Schriftgelehrten. Im Beisein des „ganzen Volkes" nennt er in aller Offenheit ihre Eitelkeit und Geltungssucht, ihre Habgier und Heuchelei beim Namen. Wann immer Jesus wesentliche Werte menschlichen Lebens bedroht sieht, scheut er nicht die notwendige Konfrontation. Solche Fehlhaltungen zerstören die religiöse Substanz der Menschen. Darum müssen sie aufgedeckt werden. Das ihnen angekündigte Gericht ist auch als Warnung an die Adresse der Jünger in der Urkirche zu verstehen.

Nach Lukas endet Jesu öffentliche Wirksamkeit mit dieser offenen Kritik.

2. Lk 21,1–4: Am Ende des Kapitels und in scharfem Kontrast zu den Fehlhaltungen der Schriftgelehrten steht die Szene mit der armen Witwe. Sie bildet den „stillen Höhepunkt" alles bisher Geschilderten. Eine Witwe gehörte in Israel zum rechtlosesten Teil der Bevölkerung und wurde deshalb zusammen mit den Waisen der besonderen Obhut des Volkes empfohlen. Schon Ex 22,21b mahnt: „Eine Witwe oder Waise sollt ihr nie bedrängen. Bedrückst du sie und schreien sie zu mir, so werde ich ihr Schreien erhören" (vgl. Jes 1,23; 10,2 und 9).

Jesus hält sich noch im Tempel auf – in der Nähe der Schatzkammer. Dabei sieht er, wie reiche Leute Geld in den Opferkasten werfen und eine armen Witwe zwei der kleinsten Kupfermünzen (*lépta*). Das ist alles, was sie hat, und doch ist es in den Augen Jesu mehr als alles, was die anderen geben. Die arme Frau hat damit „ihr ganzes Leben" in Gottes Hand gegeben. Sie allein hat verstanden, worum es im Hauptgebot geht: Gott aus ganzem Herzen und aus ganzer Seele und mit allem Denken und mit aller Kraft zu lieben (Dtn 6,5). Vielleicht kam sie zu einer solchen Haltung durch einen längeren Reifungsprozess, durch die Erfahrung von Armut, Not und Rechtlosigkeit. Diese Witwe hat nichts zu verlieren und vermag alles zu geben. In der Gestalt dieser Frau leuchtet der „heilige Rest" auf, in dem die kostbarste Tradition Israels weiterlebt und hinüberführt zur Gemeinde Jesu.

Lukas charakterisiert das Geschehen vor der Schatzkammer des Tempels als Jüngerbelehrung. Er gibt damit der Gemeinde das Grundmotiv allen religiösen Strebens: die Lauterkeit der Gesinnung vor Gott ist entscheidend. Es kann aber auch sein, dass Jesu Wort am Ende seines öffentlichen Wirkens als Frohbotschaft an die Armen (Lk 4,18c) zu verstehen ist.

Die große Rede Jesu über die Endzeit: Lk 21,5–38

**[5] Und als einige vom Tempel sprachen, dass er mit schönen Steinen und Weihege-
schenken geschmückt sei, sagte er: [6] was ihr da seht – es werden Tage kommen,
an denen nicht Stein auf Stein bleiben wird, der nicht heruntergebrochen würde.**

**[7] Sie fragten ihn aber und sagten: Lehrer, wann nun wird das geschehen? Und
was wird das Zeichen sein, wenn das geschehen wird? [8] Er aber sagte: seht zu,**

dass ihr nicht irregeführt werdet! Denn viele werden kommen unter meinem Namen und sagen: ich bin es, und: die Zeit ist gekommen. Lauft nicht hinter ihnen her! [9] Wenn ihr aber von Kriegen und Aufständen hört, ängstigt euch nicht. Denn das alles muss zuerst geschehen, aber das Ende ist nicht sofort da.

[10] Dann sagte er ihnen: Es wird sich erheben Volk gegen Volk und Reich gegen Reich, [11] große Erdbeben werden sein und an vielen Orten Seuchen und Hungersnöte, schreckliche Ereignisse und vom Himmel werden gewaltige Zeichen geschehen.

[12] Vor all dem werden sie Hand an euch legen und euch verfolgen, sie werden euch ausliefern an die Synagogen und in die Gefängnisse (werfen) und vor Könige und Statthalter führen um meines Namens willen. [13] Es wird euch zum Zeugnis ausgehen. [14] Nehmt euch nun in euren Herzen vor, euch nicht vorzubereiten auf die Verteidigung, [15] denn ich werde euch Mund und Weisheit geben, der all eure Widersacher nicht widerstehen oder widersprechen können. [16] Ihr werdet aber auch von Eltern und Brüdern und Verwandten und Freunden ausgeliefert werden, und sie werden (einige) von euch töten, [17] und ihr werdet gehasst sein von allen um meines Namens willen, [18] und kein Haar von eurem Haupte wird verlorengehen. [19] Durch eure Standhaftigkeit werdet ihr euer Leben gewinnen.

[20] Wenn ihr aber seht, wie Jerusalem von Heeren ringsum eingeschlossen wird, dann erkennt, dass seine Verwüstung nahe ist. [21] Dann sollen die, die in Judäa sind, in die Berge fliehen, und die in seiner Mitte (wohnen), sollen hinausgehen, und die auf dem Lande, sollen nicht in sie hineingehen, [22] denn dies sind die Tage der Vergeltung, an denen alles, was geschrieben steht, in Erfüllung geht. [23] Wehe den Schwangeren und den Stillenden in jenen Tagen. Denn es wird große Not sein auf Erden und Zorn gegen dieses Volk. [24] Und sie werden fallen durch die Schärfe des Schwertes und als gefangen weggeführt unter alle Völker, und Jerusalem wird von den Völkern zertreten werden, bis die Zeiten der (Heiden)Völker erfüllt sind.

[25] Und es werden Zeichen sein an Sonne und Mond und Sternen und auf der Erde Bangigkeit der Völker in Ratlosigkeit wegen des Tosens und Wogens des Meeres, [26] wobei die Menschen vergehen vor Furcht und (banger) Erwartung der Dinge, die über die ganze Erde kommen. Denn die Kräfte der Himmel werden ins Wanken kommen. [27] Und dann werden sie den Menschensohn kommen sehen auf einer Wolke mit großer Macht und Herrlichkeit. [28] Wenn aber dies zu geschehen anfängt, richtet euch auf und erhebt eure Häupter, denn es naht eure Erlösung.

[29] Und er sagte ihnen ein Gleichnis: sehet den Feigenbaum und alle Bäume, [30] wenn sie schon ausschlagen, dann seht und erkennt ihr von euch aus, dass der Sommer schon nahe ist. [31] So auch ihr, wenn ihr das geschehen seht, so erkennt, dass die Gottesherrschaft nahe ist. [32] Amen, ich sage euch: nicht wird vergehen dieses Geschlecht, bis alles geschieht. [33] Himmel und Erde werden vergehen, aber meine Worte werden nicht vergehen.

[34] Nehmt euch aber in acht, dass nicht beschwert werden eure Herzen durch Rausch oder Trunkenheit und Sorgen um den Lebensunterhalt und jener Tag unversehens über euch komme [35] wie ein Fallstrick. Denn er wird über alle kommen, die das Angesicht der ganzen Erde bewohnen. [36] Seid aber wach zu jeder Zeit und bittet, damit ihr imstand seid, all dem, was kommen wird, zu entfliehen und hinzutreten vor den Menschensohn.

[37] Er lehrte aber tagsüber im Tempel, nachts aber ging er hinaus und übernachtete an dem Berg, der Ölberg heißt. [38] Und das ganze Volk kam schon frühmorgens zu ihm in den Tempel, um ihn zu hören.

Zusammenhang: Nach der Jüngerbelehrung vor der Schatzkammer des Tempels folgt die letzte Rede Jesu im Tempel. Stand bei der „kleinen Apokalypse" (Lk 17,22–37) die Plötzlichkeit und Unberechenbarkeit der Parusie im Vordergrund, so nennt Jesus in der großen Endzeit-Rede die Ereignisse, die dem endzeitlichen Kommen des Menschensohnes vorausgehen müssen.

Der Rahmen von V. 8–9 und V. 34–36 verdeutlicht, dass mit dieser letzten öffentlichen Rede Jesu seine Jünger und damit die Adressaten des Lukas-Evangeliums in ihrer Identität als Glaubens- und Heilsgemeinschaft gestärkt werden sollen.

1. Lk 21,5–11: Jesus hält sich (noch) im Tempelbezirk auf, als unbekannte Leute aus dem Volk die „schönen Steine und Weihegeschenke" bewundern. Nach Flavius Josephus waren die großen sorgfältig behauenen Mauerquader von innen mit eisernen Klammern so fest ineinander gefügt, dass sie für alle Zeiten unauflöslich verbunden schienen. Zu den Weihegeschenken gehörte der große goldene Weinstock am Tor zum Heiligen.

Jesus nimmt die Bemerkungen über den großartigen Bau und Schmuck des Tempels zum Anlass, die völlige Zerstörung des Heiligtums vorauszusagen. Für die Adressaten des Lukas bezieht sich die Prophezeiung auf die schon zurück liegende Katastrophe des Jahres 70, d. h. wenn diese Voraussage Jesu sich bereits erfüllt hat, wird auch die noch ausstehende Erfüllung vom Ende der Zeit und der Wiederkunft des Herrn mit Sicherheit eintreffen.

Als die Leute ihn dann nach dem Zeitpunkt der Zerstörung und nach den Vorzeichen fragen, warnt Jesus seine Zuhörer vor Schwärmern, die in seinem Namen bereits jetzt das Ende ankündigen. Sie sollen sich weder irreführen noch von Kriegen und Aufständen erschrecken lassen. Auch die schrecklichen Ereignisse haben in Gottes Plan einen Platz. Sie „müssen" vor dem Weltende geschehen, bedeuten aber nicht, dass dies dann „sofort" da ist. Jesus kündigt noch weitere Katastrophen und außergewöhnliche Ereignisse an – bis zu kosmischen Erschütterungen. Diese Schrecken der Endzeit stehen noch aus, d. h. die Nähe des Endes ist noch nicht gekommen.

2. Lk 21,12–19: Bevor diese Vorzeichen eintreffen, wird es zur Gewalt gegenüber den Anhängern Jesu kommen. Die Verfolgung durch jüdische und heidnische Instanzen gibt ihnen die Chance zum Zeugnis für Christus. Um ihre Verteidigung brauchen die Jünger sich dann keine Sorge zu machen. Der Herr selbst wird ihnen in der entscheidenden Stunde das rechte Wort und die

Weisheit geben, die sie zum Zeugnis befähigt. Das allein hat die Kraft, ihre Gegner zu überwinden.

In den Verfolgungen wird die durch Geburt und Familienbande geschaffene Grundordnung zerbrechen. Die Jünger müssen mit Hass und tödlicher Feindschaft selbst von Seiten der eigenen Familienangehörigen und Freunde rechnen. Einige werden sogar den Tod erleiden. In dieser extremen Situation können sie des göttlichen Beistandes sicher sein. Entscheidend ist ihre Treue zu Christus. Mit ihr gewinnen sie das Leben. Im Durchstehen aller Anfeindungen und Gewalt wird die Christusbotschaft nicht aufzuhalten sein.

Das Moment der „Standhaftigkeit" (*hypomoné*) gewinnt heute erneut Aktualität, insofern Christsein als persönlich gelebter Glaube im Widerspruch steht zu den Gepflogenheiten einer nachchristlichen Gesellschaft. Es braucht Mut, Entschiedenheit und Ausdauer, diese Beziehung zu Christus zu leben – bis in die sozialen Konsequenzen hinein.

3. Lk 21,20–24: Im Folgenden kündigt Jesus das Gericht über Jerusalem an. Die Belagerung der Stadt wird das Vorzeichen der bevorstehenden Verwüstung sein. Jesu Aufforderung, die Stadt zu verlassen und zu meiden, bedeutet nicht nur, dass sie künftig keinen Schutz mehr bietet, sondern auch, dass Jerusalem seine Bedeutung als religiöser Mittelpunkt verliert. Unter Anspielung auf Hos 9,7 versteht Lukas den Untergang der Stadt als Strafgericht Gottes und als Erfüllung der Schrift. Die „Tage der Vergeltung" bringen eine schreckliche Zeit über die Bevölkerung und die ganze Umgebung Jerusalems. Sogar wehrlose Menschen wie schwangere und stillende Frauen werden von dem Unheil nicht verschont bleiben. Aber das Strafgericht bedeutet nicht das Ende der Geschichte. Vor dem Kommen des Menschensohnes müssen noch die Zeiten der Heiden sich erfüllen. Damit ist wohl die Herrschaft der Heiden über Jerusalem und Judäa gemeint. Der Text legt nahe, dass das Schicksal der Stadt im Plan Gottes eine Hoffnung für die Zukunft offen lässt.

4. **Lk 24,25–33**: Dann nennt Jesus die außergewöhnlichen Ereignisse, die dem Kommen des Menschensohnes unmittelbar vorausgehen. Zeichen am Himmel und weltweite Katastrophen auf der Erde werden die Menschen in Angst und Panik versetzen. Was dann geschieht, wird den ganzen Kosmos erschüttern. Die Schöpfungsordnung scheint sich in Chaos aufzulösen. Das Zusammenbrechen des Kosmos findet seinen Höhepunkt im Kommen des Menschensohnes. In der Sprache von Dan 7,13f. und alttestamentlichen Theophanieberichten (Ex 16,7) wird das Erscheinen des göttlichen Richters geschildert. Dieser endzeitliche Ausblick auf die Wiederkunft des Herrn soll den Jüngern dann anzeigen, dass ihre Erlösung naht. Die von Verfolgung und Drangsal Gebeugten können sich wieder aufrichten.

Das folgende *Gleichnis vom Feigenbaum* unterstreicht den zuversichtlichen Grundtenor: Wie aus dem Hervorsprossen der Blätter auf die Nähe des Sommers geschlossen werden kann, so aus der Beobachtung der außergewöhnlichen kosmischen Ereignisse auf die Nähe der Gottesherrschaft. Sie sind Vorzeichen für das Kommen des Menschensohnes, der alles Unrecht, allen Mangel und alles Böse aufheben wird.

Mit dem Amenwort unterstreicht Jesus die absolute Zuverlässigkeit seiner prophetischen Worte. Sie sind noch beständiger als Himmel und Erde. Vielleicht meint Lukas mit „diesem Geschlecht", dass jede Generation die Parusiegeneration sein kann und spricht damit eine Mahnung zur Wachsamkeit aus, die im Folgenden noch weiter ausgeführt wird.

5. **Lk 21,34–38**: Mit der abschließenden Mahnung fordert Jesus seine Jünger auf, in der Erwartung der Parusie nicht zu ermüden. „Rausch und Trunkenheit" und „die Sorgen um den alltäglichen Lebensunterhalt" können das Herz des Menschen „beschweren" (*baréo*), dass er abstumpft und seine Sensibilität für das plötzliche Kommen des Herrn verliert. Wer nicht auf eine Zukunft aus ist, die er sich selbst nicht geben kann, dem verflachen nach und nach alle geistigen Bezüge. Wer nicht mehr mit der unberechenbaren Rückkehr des Menschensohnes rechnet, wird unfähig für die Teilnahme am Geheimnis der Passion Jesu. Das Bild von dem Fallstrick macht deutlich: Wenn jemand sich vom Köder hat verlocken lassen und sich in ihn verbissen oder verkrallt hat, fehlt ihm im entscheidenden Moment die Fähigkeit, sich frei zu erheben. „Jener Tag" wird über alle Bewohner der Erde hereinbrechen. Deshalb sollen die Jünger zu jeder Zeit (*en pantì kairó*) wachen und beten, um den Katastrophen zu entkommen und vor dem Menschensohn zu bestehen. Dem Evangelisten geht es also um die Stetsbereitschaft im Blick auf die Parusie, die auf sich warten lässt. Das „Hinzutreten vor den Menschensohn" ist eine hoffnungsfrohe Perspektive, mit der Lukas die große Endzeitrede beendet.

Die beiden letzen Verse des Kapitels sind als Überleitung zur Passion zu verstehen. Sie erinnern noch einmal an die über einen längeren Zeitraum sich erstreckende Lehrtätigkeit Jesu im Tempel und das positive Echo, das er beim Volk dafür fand. Sein nächtliches Ausweichen zum Ölberg macht zugleich die ständige Bedrohung deutlich, der Jesus seit der Tempelreinigung (Lk 19,47) ausgesetzt war.

Passion, Tod und Auferstehung

Lukas hat die Passion und denTod Jesu von Anfang an in das Licht der Auferstehung gestellt (vgl. Lk 9,22; 18,32f). Jesus leidet unsd stirbt in der Gewissheit, dass dieser Weg in seine Herrlichkeit führt.

Die Planung des Anschlags gegen Jesus und die Vorbereitung des Paschamahls: Lk 22,1–13

1 Es nahte aber das Fest der ungesäuerten Brote, das Pascha heißt. 2 Und die Ho-
henpriester und die Schriftgelehrten suchten (nach einem Weg), wie sie ihn besei-
tigen könnten. Denn sie fürchteten das Volk.
3 Es fuhr aber Satan in Judas, genannt Iskariot, der aus der Zahl der Zwölf war.
4 Und er ging weg und besprach sich mit den Hohenpriestern und Tempelhaupt-
leuten, wie er ihn an sie ausliefere. 5 Und sie freuten sich und versprachen, ihm
Geld zu geben. 6 Und er stimmte zu und suchte eine günstige Gelegenheit, ihn an
sie auszuliefern abseits vom Volk.
7 Es kam aber der Tag der ungesäuerten Brote, an dem das Paschalamm ge-
schlachtet werden musste. 8 Und er sandte Petrus und Johannes fort mit den Wor-
ten: geht und bereitet für uns das Pascha, damit wir es essen (können). 9 Sie aber
sagten ihm: wo willst du, sollen wir es bereiten? 10 Er aber sagte ihnen: seht, wenn
ihr hineinkommt in die Stadt, wird euch ein Mann begegnen, der einen Wasser-
krug trägt, folgt ihm in das Haus, in das er hineingeht. 11 Und sagt dem Herrn des
Hauses: es sagt dir der Lehrer: wo ist der Raum, in dem ich das Pascha mit meinen
Jüngern essen kann? 12 Und jener wird euch ein großes Obergemach zeigen, das
mit Polstern ausgestattet ist. Dort sollt ihr es bereiten. 13 Sie aber gingen weg und
fanden (es), wie er ihnen gesagt hatte, und sie bereiteten das Pascha.

Zusammenhang: Auf die Zeit der Lehrtätigkeit Jesu im Tempel (Lk 19,47–21,38) folgen die Tage seiner Passion. Gleich zu Anfang werden die treibenden Kräfte gegen Jesus wieder genannt (vgl. Lk 19,47f.). Als das Fest unmittelbar bevorsteht, an dem man das Gedächtnis der Befreiung Israels aus Ägypten feiert, geht einer von den Zwölf zu den Feinden Jesu, um mit ihnen gemeinsame Sache zu machen: Judas.

1. Lk 22,1–6: „Es nahte aber das Fest der ungesäuerten Brote, das Pascha genannt wird ..." Die Leidensgeschichte beginnt mit einer heilsgeschichtlichen Perspektive, in der Jesu Tod als die Paschafeier des neuen Bundes verstanden wird. Das große Fest der Juden feiert man bis auf den heutigen Tag in der ersten Vollmondnacht nach der Frühjahrs-Tag-und-Nachtgleiche zur Erinnerung an die Befreiung Israels aus Ägypten und in der Hoffnung auf endgültige Erlösung (vgl. Ex 12,1–14). Das Jahwepascha ist ein Mahl

„im Vorübergehen“, das Signal zum gemeinsamen Aufbruch aus dem Sklavenhaus Ägypten.

Das Fest der ungesäuerten Brote, Mazzot, schließt sich unmittelbar an. Es erinnert an den *eiligen* Aufbruch der Israeliten, bei dem der Brotteig ungesäuert mitgenommen werden musste. Lukas betrachtet diese beiden ursprünglich verschiedenen Feste als *ein* Fest.

Es *war* ein Aufbruch aus entwürdigender Abhängigkeit in die Freiheit, ein Wagnis, bei dem man alles verlieren konnte. Der Exodus verlangte allen eine neue Lebensweise ab: Aus sesshaften Sklaven wurden wieder freie, ungesicherte Nomaden. Dieser eilige Aufbruch der Israeliten bei Nacht stützte sich allein auf die Zusage Jahwes, er werde für sein Volk da sein; er werde mit ihm ziehen und es durch alle Gefahren von Wasser und Wüste in das Land der Verheißung führen.

Den „Hohenpriestern und Schriftgelehrten“ bleibt nicht mehr viel Zeit, Jesus vor dem Fest aus dem Weg zu räumen. Möglichst unauffällig sollte es geschehen, denn sie fürchten sich vor dem Volk, das Jesus nach wie vor mit viel Sympathie begegnet. Immer wieder hatten sie ihm aufgelauert, um sich seiner zu bemächtigen. Vergebens! Die Freiheit, die dieser Rabbi aus Galiläa ausstrahlte, war durch nichts und niemand zu relativieren. Seine Wirkung auf „das ganze Volk“ (Lk 21,38) wurde für sie immer bedrohlicher.

Da taucht unvermutet einer aus dem Kreis der Zwölf auf, um ihnen Jesus in die Hände zu spielen. Lukas nennt kein Motiv für diesen ungeheuerlichen Vorgang, betont aber, dass hier die Macht der Finsternis (Lk 22,3.53) mit am Werk ist. Er erinnert an das Ende der Versuchungsgeschichte, wo der Diabolos sich von Jesus zurückzieht „bis zu gegebener Zeit“ (Lk 4,13). Die ist nun gekommen. Um kein Risiko bei der Verhaftung Jesu einzugehen, bespricht Judas sich auch mit den Offizieren der Tempelpolizei. Der günstige Moment für die Festnahme ist dann gegeben, wenn es dabei zu keinem Tumult kommen kann.

Ein so rätselhafter Verrat ist nicht ohne Vorgeschichte. Irgendwann war Judas „weggegangen“. Allmählich war die innere Distanz zum gemeinsamen Leben im engsten Jüngerkreis gewachsen, während äußerlich alles noch beim Alten blieb. Wer wie Judas an Jesus vorbei seinen eigenen Weg verfolgt und das offene Gespräch nicht sucht, wird schließlich auf Trennung drängen, vielleicht sogar zum Verräter werden. Und Judas hat dafür Geld genommen.

2. Lk 22,7–13: „Es kam der Tag der ungesäuerten Brote, an dem das Paschalamm geschlachtet werden *musste* (*edei*)“. Umgeben von tödlicher Feindschaft und bezahltem Verrat schickt Jesus Petrus und Johannes in die Stadt, um mit den Vorbereitungen zum Paschamahl zu beginnen. Seine Hinweise sind konkret, vermeiden aber, dass Judas vorzeitig den Ort ausfindig machen kann. Lukas lässt erkennen, dass Jesus alles voraussieht und vorausbestimmt – bis in die Zufälligkeiten des Alltags. Er hat die Ereignisse seines Leidens vor Augen. Sie kommen nicht über ihn, sondern er geht auf sie zu.

Die Jünger finden es so, wie Jesus es ihnen gesagt hat, und bereiten das Paschamahl. Dieser abschließende Satz unterstreicht die theologische Absicht des Evangelisten, dass alles, was bei diesem bedeutsamen Mahl geschieht, von Jesus ausgeht und von ihm bestimmt wird.

Das Abschiedsmahl Jesu mit den Aposteln: Lk 22,14–23

**14 Und als die Stunde kam, legte er sich zu Tisch und die Apostel mit ihm. 15 Und er
sagte zu ihnen: mit Sehnsucht habe ich verlangt, dieses Pascha mit euch zu essen,
bevor ich leide. 16 Denn ich sage euch: dass ich es nicht mehr essen werde, bis es
erfüllt wird in der Gottesherrschaft.**

**17 Und er nahm den Kelch, dankte und sprach: nehmt ihn und teilt ihn unter
euch. 18 Denn ich sage euch: nicht mehr werde ich von jetzt an trinken von der
Frucht des Weinstocks, bis die Gottesherrschaft kommt. 19 Und er nahm Brot,
dankte, brach es und gab es ihnen mit den Worten: das ist mein Leib, der für euch
hingegeben wird. Dies tut zu meinem Gedächtnis. 20 Und den Kelch ebenso nach
dem Mahl mit den Worten: dieser Kelch ist der neue Bund in meinem Blut, das für
euch vergossen wird. 21 Doch siehe: die Hand dessen, der mich verrät, ist mit mir
auf dem Tisch. 22 Denn der Menschensohn geht hin wie es ihm bestimmt ist, aber
wehe jenem Menschen, durch den er ausgeliefert wird. 23 Und sie begannen miteinander zu streiten, wer von ihnen es wohl sein werde, der willens ist, dies zu tun.**

Zusammenhang: Das letzte Abendmahl vor seinem Tod steht im Kontext der vielen Gastmähler, die Jesus mit Zöllnern und Sündern, mit Gesetzeslehrern und Pharisäern, einmal auch als Gastgeber einer großen Volksmenge gehalten hat. Wie ein roter Faden durchziehen die Mahlszenen das Evangelium vom Anfang seines öffentlichen Wirkens über das Abschiedsmahl bis hin zum Mahl mit den Emmausjüngern nach seiner Auferstehung. Lukas zufolge liebt es Jesus, den Menschen im Mahl zu begegnen. Diese Mahlgemeinschaften gehören zu den charakteristischen Zeichenhandlungen, in denen die zur Umkehr Bereiten Gottes Nähe in überwältigender Weise an sich erfahren.

Wie mit drei immer deutlicher hörbaren Gongschlägen kündigt Lukas das Abschiedsmahl als ein zentrales Geschehen an: „Es nahte das Fest ...“ (Lk 22,1); „Es kam der Tag ...“ (Lk 22,7); „Als die Stunde kam ...“ (Lk 22,14). Auf dieser „Stunde“ liegt das besondere Interesse des Evangelisten.

1. Lk 22,14–18: Als die Stunde kam, hält Jesus mit den Aposteln Mahl. Das ganze Geschehen dieses bedeutsamen Mahles geht von ihm aus und wird von ihm bestimmt. Statt von den Zwölf spricht Lukas von den „Aposteln“. Damit unterstreicht er ihre Rolle als Augenzeugen des Weges Jesu „angefangen von der Taufe durch Johannes..." Was sie auszeichnet, ist ihre Gemeinschaft „mit ihm". Ihr Mit-Jesus-Sein ist überschattet von der Gewissheit seines Todes. Die „Stunde" des Abschieds ist da. Das Mahl vergegenwärtigt den Auszug Israels aus Ägypten und wird in der Hoffnung auf das Kommen des Messias gefeiert.

„Mit Sehnsucht habe ich danach verlangt, dieses Pascha mit euch zu essen, bevor ich leide." In prophetischer Rede sagt Jesus seinen Tod voraus: „Nicht mehr" wird er „von jetzt an" mit ihnen Mahl halten (V 16a. 18a.) Zum letzten Mal gibt er den Segensbecher weiter, ohne selbst daraus zu trinken. Mit dieser eindrucksvollen Geste unterstreicht er das Ende seiner bisherigen Mahlgemeinschaft mit ihnen. Doch im selben Atemzug kündigt er an, dass er wieder Mahl halten wird, wenn die Gottesherrschaft zur Vollendung kommt. Dann wird Jesus fortsetzen, was er hier durch seinen Tod unterbrechen muss. So wird der Segensbecher zur letzten Segensgabe an die Seinen, zum Unterpfand ihrer Teilnahme am endzeitlichen Mahl. Sie sind geladen zur Gottesgemeinschaft, die am Ende der Zeiten Israel und allen Völkern zuteil werden soll. Das von Jesus herbeigesehnte und von seinem Tod überschattete Pascha ist durchstimmt von endzeitlichem Jubel.

2. Lk 22,19f.: Auf das Abschiedsmahl folgt unmittelbar die Stiftung des Herrenmahles (Lk 22,19 f.). Wie der Hausvater bei einem jüdischen Festmahl nimmt Jesus das Brot, spricht darüber den Segen, bricht es und reicht es den Jüngern zum Essen. Dabei geschieht das Neue: Jesus durchbricht den traditionellen Ablauf des Mahles und deutet das Brot als seinen für die Jünger hingegebenen Leib. Mit seiner ganzen Person (= *soma*) gibt er sich in den gewaltsamen Tod für sie und an ihrer Stelle. Das „für euch" erinnert an den alttestamentlichen Gottesknecht, der sein Leben zur Sühne hingab, der als Gerechter den Vielen Rettung brachte und ihre Schuld auf sich nahm. Er gab sein Leben in den Tod und wurde unter die Verbrecher gezählt. Er trug die Sünden der Vielen und trat für die Schuldigen ein. Im Licht von Jes 53,10–12 sieht Lukas Jesu Tod als stellvertretenden Sühnetod. In der Gabe des Brotes begegnen die Jünger dem Lebenden und Gekreuzigten und haben Anteil an der versöhnenden Kraft seines Todes, an dem neuen Leben, das den Unheilszusammenhang durchbricht und den Folgen der Sünde entgegenwirkt.

Das Deutewort über die Becherhandlung erinnert an die Verheißung des Neuen Bundes beim Propheten Jeremia: „Siehe, es werden Tage kommen – Wort Jahwes –, da schließe ich mit dem Haus Israel einen Neuen Bund ...Ich lege mein Gesetz in ihr Inneres und schreibe es ihnen ins Herz. Ich will ihr Gott sein und sie sollen mein Volk sein ... Sie alle werden mich erkennen, denn ich vergebe ihre Schuld und ihrer Sünden gedenke ich nicht mehr" (Jer 31,31–34). Im Neuen Bund erfüllt sich die von Gott immer wieder angebotene

Gemeinschaft endgültig. Im Abendmahlssaal wird die alttestamentliche Verheißung Gegenwart. Beim Trinken aus dem Becher empfangen die Jünger Anteil an der neuen Heilsordnung. Sie werden Glieder des Neuen Bundes durch Jesu stellvertretenden Tod. Sein Sterben eröffnet den Jüngern im eucharistischen Mahl die mit Gott ersehnte endzeitliche Gemeinschaft. Damit erinnert er sie noch einmal daran, dass das Leiden zum Kommen der Gottesherrschaft gehört. Lukas versteht also die urkirchliche Eucharistie als Erfüllung des jüdischen Pascha.

Der Auftrag Jesu: „Dies tut zu meinem Gedächtnis!" bezieht sich auf das ganze Mahlgeschehen. Nach alttestamentlichem Verständnis wird im kultischen Gedächtnis (hebr. *zkr*) ein geschichtliches Heilsereignis so in die Gegenwart hereingeholt, dass die Feiernden der ehemaligen Heilstat Gottes teilhaftig werden. Den „Aposteln" wird also aufgetragen, das eucharistische Mahl zu „wiederholen" und so gegenwärtig zu setzen, was Jesus ihnen in dieser Stunde geschenkt hat. Im Brot und Wein will er ihnen über Ostern hinaus begegnen und sie teilhaben lassen an der heilenden Kraft seines Wirkens. So bleibt im Feiern des eucharistischen Mahles die Erinnerung an jenes endzeitliche Mahl wach, in dem alles menschliche Sehnen und Hoffen seine Erfüllung findet.

Wenn wir als Gemeinde „wiederholen", was Jesus tat, dann bleiben wir unterwegs zu dem Fest, wo alles aufgehoben ist, was uns von Gott und untereinander trennt.

3. Lk 22,21–23: In scharfem Kontrast zur Gemeinschaft des Mahles steht die Ankündigung des Verrats: „Doch siehe: die Hand dessen, der mich verrät, ist mit mir auf dem Tisch." Die junge Kirche hat sich nicht gescheut, die Erinnerung an dieses ungeheuerliche Geschehen wachzuhalten. Sie wusste um die unheimliche Macht des Bösen, um das Geheimnis der Sünde in ihrer eigenen Mitte. Sie wusste aber auch, dass Gottes Treue zum Menschen größer ist als alle Untreue des Menschen.

Der Evangelist warnt die christlichen Mahlteilnehmer vor falscher Sicherheit. Nicht einmal Jesus konnte einen von den Zwölf, der noch beim letzten Mahl an seiner Seite war, für sich und seinen Weg gewinnen. Wer kann da sicher sein, dass ihn die Teilnahme am eucharistischen Mahl davor bewahrt, zum Verräter zu werden?

Herrschen und Dienen: Lk 22,24–30

24 Es entstand aber auch ein Streit unter ihnen, wer von ihnen als der Größte zu gelten habe. 25 Er aber sagte ihnen: die Könige der Völker herrschen über sie, und ihre Machthaber lassen sich Wohltäter nennen. 26 Ihr aber nicht so, sondern der Größte unter euch soll wie der Jüngste werden, und der Führende wie der Die-

nende. [27] Denn wer ist größer, der zu Tisch liegt oder der dient? Nicht etwa der zu Tisch liegt? Ich aber (bin) in eurer Mitte wie einer, der dient.

[28] Ihr aber seid es, die ausgeharrt haben mit mir in meinen Anfechtungen. [29] Und ich vermache euch, wie mir mein Vater vermacht hat, die Herrschaft, [30] damit ihr esst und trinkt an meinem Tisch in meiner Herrschaft und auf Thronen sitzt, zu richten die zwölf Stämme Israels.

Zusammenhang: Mit der Ankündigung des Verrats leitet Lukas die Abschiedsgespräche ein. Die Zwölf beginnen miteinander darüber zu streiten, wer von ihnen einer solchen Tat fähig sei. Der Streit um den Verräter schlägt dann um in einen Rangstreit, wer von ihnen wohl der Größte sei. Beide Streitfragen scheinen für die Gemeindesituation des Evangelisten aktuelle Bedeutung zu haben.

1. Lk 22,24–27: Bis in die Stunde des Abschiedsmahles reicht die traurige Rivalität der Zwölf, wer von ihnen wohl der Größte sei (vgl. Lk 9,46). Das Gerangel um Macht und Ansehen offenbart, wie anfällig Menschen selbst im engsten Jüngerkreis dafür bleiben. Und doch werden hier die Jünger von Jesus als „groß" angesprochen. Sie sind „groß", weil er sie in seine Nachfolge gerufen hat. Sie sind „groß", weil sie teilhaben an der Vollmacht Jesu, die Gottesherrschaft zu verkünden und zu heilen (Lk 9,2). Sie sind „groß", weil der Vater beschlossen hat, ihnen die Herrschaft zu geben (Lk 12,32). Ihre „Größe" können sie aber paradoxerweise nur wahren, wenn sie damit aufhören, sich ihre Autorität und Würde gegenseitig streitig zu machen; wenn sie damit aufhören, Macht und Einfluss wie politische Machthaber auszuüben. Nur wenn sie in der Gemeinde so „klein" werden wie Jesus in ihrer Mitte, wird Gott von den Menschen angenommen (vgl. Lk 9,46–48). Jesu Verhalten bei Tisch wird zum Vorbild für die „Größe" der Jünger: Ich aber bin unter euch wie einer, der dient (*diakonon*). Lukas bezieht das Wort vom Dienen auf das gesamte Wirken Jesu, der gekommen ist, das Verlorene zu suchen und zu retten (Lk 19,10).

In den wenigen Worten Jesu zum Rangstreit der Zwölf skizziert Lukas die Konturen einer Kirche, in der Menschen am Beispiel Jesu so frei werden, dass keiner mehr Macht über den anderen hat: keine Herren, keine Knechte!

Wenn aber in einer Gemeinschaft Machtstreben, Neid und Missgunst das Zusammenleben paralysieren, wenn keine Kräfte mehr frei sind, das Verlorene zu suchen und zu retten, wenn dazu noch die führenden Leute der Gemeinde sich in ihrem Verhalten nicht vom Stil politischer und gesellchaftlicher „Größen" unterscheiden, dann hat eine Gemeinschaft, sofern sie sich christlich nennt, ihre Existenzberechtigung verloren. Hier steht: *bei euch soll es anders sein*!

2. Lk 22,28–30: „Ihr seid es, die ausgeharrt haben mit mir in meinen Anfechtungen" (*peirasmoi*). Jesus blickt zurück auf sein Wirken und er erinnert seine Jünger daran, dass sie bei ihm geblieben sind und alles mit ihm geteilt haben, auch Anfeindungen und Erfolglosigkeit. Ist das ein Wort, das mich tröstet und befreit?

Seinen Schicksalsgefährten verheißt Jesus eine (vom atl. Bundesdenken her inspirierte) ungebrochene Gemeinschaft mit ihm, veranschaulicht im Bild der Mahlgemeinschaft in seinem Reich: an bevorzugtem Platz sollen sie seine Tischgenossen sein und mit ihm herrschen (richten). Mit den „zwölf Stämmen Israels" ist „das aus Juden und Heiden bestehende Gottesvolk gemeint, dessen Messiaskönig Jesus ist und das in ungebrochener Kontinuität zu den in den Vätern erwählten Zwölfstämmevolk steht" (M. Wolter).

Der Grundgedanke des Bildes ist von V. 28 zu verstehen: Der Weg der Jünger führt wie der Weg ihres Herrn durch „Anfechtungen" in das Leben, das vom Tod nicht mehr berührt wird. Das Festhalten am Beispiel Jesu im Machtmilieu des politischen und gesellschaftlichen Umfelds bleibt Voraussetzung dafür, dass ein Leben gelingt. Vielleicht werde ich manchmal alle Kraft zusammen nehmen müssen, um mich – entgegen aller Erfahrung – an dieser Verheißung festzuhalten.

Das Wort Jesu an Simon Petrus: Lk 22,31–34

31 Simon, Simon, siehe: der Satan hat sich euch ausbedungen, euch zu sieben wie
den Weizen. 32 Ich aber habe für dich gebeten, dass dein Glaube nicht aufhöre.
Und du, wenn du dann umgekehrt bist, stärke deine Brüder. 33 Er aber sagte ihm:
Herr, ich bin bereit, mit dir auch ins Gefängnis und in den Tod zu gehen. 34 Er
aber sagte: ich sage dir, Petrus, nicht wird heute krähen der Hahn, bis du dreimal
geleugnet hast, mich zu kennen.

Zusammenhang: Ohne erkennbare Überleitung folgt auf die Belehrung vom Herrschen und Dienen ein bedeutungsschweres Wort an Simon Petrus.

1. Lk 22,31f.: Unmittelbar vor dem Aufbruch zum Ölberg wendet sich Jesus an Petrus und spricht ihn zweimal mit seinem ursprünglichen Namen an: Simon, Simon! In der Doppelanrede (vgl. Lk 10,41; 13,34) klingt schon das dramatische Gewicht an, das Jesus mit seiner Ankündigung verbindet. Wie Weizen werden die Zwölf vom Satan gesiebt werden, das heißt: wie man den auf der Tenne gedroschenen Weizen im Sieb durchschüttelt, um ihn vor dem Mahlen von der noch verbliebenen Spreu zu trennen. Jesu Passion wird sie dermaßen erschüttern und durcheinander wirbeln, dass sie, auf sich gestellt, diese Anfechtung nicht überstehen würden. Ohne Stärkung im Glauben würden sie alle versagen. Aber Simon ist noch nicht Petrus (= Fels). Er hat noch nicht erlebt, dass er auf dem Weg ins eigene Versagen, dass er in der Nacht seiner tiefsten Erschütterung gehalten und getragen ist vom Gebet Jesu. Simon vertraut noch zu sehr auf seine eigenen Kräfte. Solange dieses Selbstbild nicht zerbrochen ist, kann er nicht mit den schwach Gewordenen fühlen und seine ebenfalls schuldig gewordenen Brüder im Glauben stärken. Solange diese Sinneswandlung noch aussteht, bleibt der Auftrag für seine Brüder (und Schwestern) Illusion.

2. Lk 22, 33f.: Es sieht so aus, als würde Simon die drohende Gefahr nicht unterschätzen, sich aber dennoch für stark genug halten, sie zu bestehen: „Herr, mit dir bin ich bereit, auch ins Gefängnis und in den Tod zu gehen". Von dieser Selbstüberschätzung muss er noch geheilt werden: „Nicht wird *heute* krähen der Hahn, bis du dreimal geleugnet hast, mich zu kennen." Simon und die anderen aus dem Kreis der Zwölf verkennen, dass die Stunde äußerster Bedrohung (*peirasmós)* unmittelbar bevorsteht.

Selbstüberschätzung, die als solche nicht erkannt ist und uns als Lebensideal schmeichelt, entfernt uns von unserer tieferen Wirklichkeit und vom Wirken des Geistes in uns. Sie macht uns blind für unseren wahren Zustand und dient dazu, Schwächen zu verbergen, Verletzungen zu vermeiden, die unser Unbewusstes für zu schmerzlich hält. Der innere Weg zum wahren Ich und zu einer geistlichen Berufung wird erst frei, wenn dieses Trugbild zerbricht. Normalerweise ist das Leben stark genug, ein solches Zerbrechen zu verkraften. Aber meist braucht es dafür einen Kairós. Denn dieses Geschehen geht mit einer tiefen Erschütterung einher. Dabei brauchen wir einerseits Zeit für die Trauerarbeit mit unserem verlorenen Trugbild, und andererseits müssen wir neu entdecken, was unser tiefstes Wesen und unsere eigentliche Bestimmung ist.

Ist das Trugbild erst einmal zu Bruch gegangen, können wir zum Kern unseres Wesens und unserer wahren Würde gelangen. Diese zeigt sich in der Tiefe des Herzens, wo Gott darauf wartet, uns in der Bodenlosigkeit der Krise aufzufangen. Die Erschütterung, die mit dem Zerspringen des Trugbildes verbunden ist, ermöglicht erst eine echte personale Beziehung zu Jesus. In der Erfahrung grenzenloser Barmherzigkeit und Treue können wir uns mit den Scherben unseres Trugbildes und den Trümmern unseres Vollkommenheitsideals versöhnen. Wenn der unheilvolle Einfluss des Trugbildes ausgeschaltet ist, wird der Weg frei für eine tiefe Sinneswandlung. Bei Simon steht sie an diesem Abend noch aus. Die Erinnerung an Jesu Fürbitte wird seinen Glauben an ihn und an sich bewahren.

Rückblick und Ausblick als Ermutigung für die kommende Bedrängnis: Lk 22,35–38

**35 Und er sagte ihnen: als ich euch aussandte ohne Geldbeutel, Vorratstasche und
Sandalen, habt ihr da an irgend etwas Mangel gehabt? Sie aber sagten: an nichts.
36 Er aber sagte ihnen: aber jetzt soll, wer einen Geldbeutel hat, ihn nehmen, ebenso auch eine Vorratstasche, und wer's nicht hat, verkaufe seinen Mantel und kaufe
ein Schwert. 37 Denn ich sage euch: dieses Schriftwort muss in Erfüllung gehen an
mir: und er wurde unter die Gesetzlosen gerechnet. Denn was von mir geschrieben
ist, geht in Erfüllung. 38 Die aber sagten: Herr, siehe: hier sind zwei Schwerter. Er
aber sagte ihnen: es ist genug.**

Zusammenhang: Im letzten Teil seiner Abschiedsrede bereitet Jesus seine Jünger auf die veränderte Situation allgemeiner Feindseligkeit vor. Sie beginnt mit seiner Verfolgung als eines Gesetzlosen (V. 37).

Jesus erinnert die Zwölf an die Zeit, da er sie in alle Städte und Ortschaften aussandte, wohin er selbst gehen wollte. Im Rückblick auf diese Zeit, da sie „ohne Geldbeutel, ohne Vorratstasche und ohne Sandalen" unterwegs waren, Kranke heilten und das Evangelium verkündeten, stellen sie fest, dass es ihnen an nichts gefehlt hat. Sie fühlten sich getragen von der Autorität und Vollmacht Jesu. Sogar die Dämonen gehorchten ihnen, wenn sie seinen Namen aussprachen (Lk 10,17).

Jetzt aber, so sagt ihnen Jesus, wird alles anders. Jetzt kommen die Tage, da ihnen der Bräutigam genommen wird (vgl. Lk 5,35). Jetzt können sie nicht mehr damit rechnen, dass die Menschen sie freundlich aufnehmen und mit dem Notwendigen versorgen. Jetzt brauchen sie Geldbeutel und Reisetasche. Lebensgefahr wird ihre ständige Begleiterin sein.

Jetzt brauchen sie eine andere Einstellung und ein anderes Verhalten, um sich unter den geänderten Verhältnissen behaupten zu können. Jetzt kommt die Stunde der Entscheidung. Wer kein Geld hat, soll sogar seinen Mantel verkaufen, um sich ein Schwert zu kaufen. Ein seltsames und rätselhaftes Wort im Munde Jesu! Einige Zeit später, als die Knechte des Hohen Rates Jesus verhaften wollen, verbietet er seinen Jüngern, das Schwert zu gebrauchen (Lk 22,51). Das Wort vom Schwert ist wohl als Bildwort zu verstehen, das die Jünger auffordert, sich für die kommende Verfolgungszeit zu „rüsten", die Gemeinde „wehrhaft" zu machen. Sie werden noch erfahren, was es bedeutet, um seines Namens willen von allen gehasst zu werden (Lk 21,17). Wenn Jesus zu den Verbrechern gezählt wird, dann ist die Feindschaft gegenüber seinen Jüngern die logische Folge. In dieser Zeit der Bedrängnis, wenn ihnen keine gastlichen Türen mehr offen stehen, wenn sie für sich selbst sorgen und sich schützen müssen, wenn ihnen Hass und Feindschaft entgegen schlagen, dann sollen sie sich an die Zeit mit Jesus erinnern, wo sie keinen Mangel gelitten haben.

Doch die Jünger haben den Sinn der dunklen Worte Jesu nicht erkannt. Ihre Gedanken sind beim Schwertwort hängen geblieben. Sie haben es als eine Aufforderung zum Widerstand mit der Waffe verstanden: „Herr, siehe: hier sind zwei Schwerter". Mit einem kurzen „Es ist genug" bricht Jesus ab, um mit ihnen zum Ölberg zu gehen. Damit beendet Jesus seinen letzten Versuch, den Jüngern begreiflich zu machen, was auf ihn und auf sie zukommt.

Wie im Leben der Gemeinde, die hier vor allem angesprochen ist, so gibt es auch im Leben des einzelnen Jüngers Zeiten, da fühlt er sich getragen von der Nähe des Herrn; da ist er persönlich davon berührt und empfindet Freude darüber, mit ihm in einem so faszinierenden Sinnzusammenhang zu stehen. Sein Wort und die Beziehung zu ihm beleben, inspirieren und geben Orientierung. Fragen der Lebensabsicherung stehen nicht im Vordergrund. Es gibt immer wieder Erfahrungen, dass ihm alles zum Guten ausgehen wird (vgl. Röm 8,28). Aber dann gibt es Zeiten, in denen Atmosphäre und Lebensgefühl sich verändern, wo Trostlosigkeit sich breit macht, wo man kämpfen muss, um sich durchzusetzen. Der Erfolg nimmt ab und die Einsamkeit zieht sich um den Jünger zusammen. Dann ist die Versuchung nicht weit, nach Absicherungen zu greifen und nach Kompensationen zu suchen, um sich doch noch behaupten zu können. Allmählich und fast unmerklich verlagert sich das Vertrauen auf diese Mittel und Wege – weg vom Herrn. Hoffentlich erinnere ich mich dann an die Zeit, wo ich keine Not gelitten habe. Vielleicht brauche ich die Erfahrung der Not, damit meine Beziehung zum Herrn aus der Rückschau neu Vertrauen fassen und zur Treue reifen kann.

Jesus am Ölberg: Lk 22,39–53

[39] Und hinaus ging er und wanderte nach der Gewohnheit zum Ölberg. Es folgten ihm aber auch seine Jünger. [40] Als er aber an dem Ort war, sagte er ihnen: betet, dass ihr nicht in Anfechtung geratet. [41] Und er entfernte sich von ihnen ungefähr einen Steinwurf weit und kniete nieder und betete [42] und sprach: Vater, wenn du willst, nimm diesen Kelch von mir weg, aber nicht mein Wille, sondern der deine geschehe. [43] Es erschien ihm aber ein Engel vom Himmel und stärkte ihn. [44] Und als er in Todesangst geriet, betete er inständiger. Und sein Schweiß wurde wie Blutstropfen, die auf die Erde fallen. [45] Und er stand auf von dem Gebet, ging zu den Jüngern und fand sie schlafend vor Traurigkeit. [46] Und er sagte zu ihnen: was schlaft ihr? Steht auf und betet, dass ihr nicht in Anfechtung geratet.

[47] Als er noch redete, siehe: eine Menge und der genannte Judas, einer der Zwölf, ging ihnen voraus, und er näherte sich Jesus, um ihn zu küssen. [48] Jesus aber sagte ihm: Judas, mit einem Kuss lieferst du den Menschensohn aus? [49] Als

die, die um ihn waren, sahen, was bevorstand, sagten sie: Herr, sollen wir dreinschlagen mit dem Schwert? [50] Und es schlug einer von ihnen auf den Knecht des Hohenpriesters und hieb ihm sein rechtes Ohr ab. [51] Es entgegnete aber Jesus und sagte: lasst das! Nicht weiter! Und er berührte das Ohr und heilte ihn. [52] Es sprach aber Jesus zu den Hohenpriestern, Tempelhauptleuten und Ältesten, die zu ihm herangekommen waren: wie gegen einen Räuber seid ihr ausgezogen mit Schwertern und Stangen. [53] Täglich war ich mit euch im Tempel, und ihr habt nicht die Hand gegen mich ausgestreckt. Aber dies ist eure Stunde und die Macht der Finsternis.

Zusammenhang: Die Abschiedsrede Jesu endet mit der Voraussage allgemeiner Feindschaft, auf die sich die Jünger einstellen sollen. Wenn man Jesus zu den Gesetzlosen zählt, dann wird sich die Feindschaft gegenüber seinen Jüngern fortsetzen, sobald es mit ihm zu Ende geht. Bei Lukas bildet das Geschehen am Ölberg den Übergang von der „Stunde" des Abendmahles zur „Stunde der Finsternis" (V. 53), der Passion Jesu im strengen Sinn. Die Gebetsszene auf dem „Berg" ist der Höhepunkt lukanischer Gebetsunterweisung. Es fällt auf, dass die Jünger hier nicht wie zu Beginn des Mahles (Lk 22,14) als Apostel bezeichnet werden.

1. Lk 22,39–44: Jesus verlässt die Stadt und geht wie gewohnt zum Ölberg (*óros)*. Dort hatte er während seines Aufenthaltes in Jerusalem die Nächte verbracht (Lk 21,37). Seine Jünger „folgen ihm nach". Er weiß, dass Judas ihn dort finden wird. Jesus weicht seiner Passion nicht aus. Er ist auf dem Weg in jene Stunde, die ihn bis an die Grenzen seiner Kräfte versuchen und erschüttern wird.

Am Ölberg angekommen, fordert *Jesus* seine Jünger zum Beten auf, damit sie in der Stunde äußerster Anfechtung und Bedrohung (*peirasmós)* nicht versagen. Die Zeit der Versuchung beginnt. Jesus entfernt sich von seinen Jüngern, um allein mit dem Vater seine Not herauszubeten. Es gibt Stunden, die allein im Gebet durchlitten werden müssen. Es gibt Stunden, in denen die eigene Ohnmacht durch keinen menschlichen Beistand aufgehoben werden kann. Es gibt Stunden, in denen die Angst vor dem Schmerz alle „Räume" unseres Herzens ausfüllt und alles in Frage stellt. Es gibt Stunden, die nur in völliger Unterwerfung unter den unbegreiflichen Willen Gottes *über*lebt werden.

Jesus kniet nieder und betet: „Vater, wenn du willst, nimm diesen Kelch (des Leidens) von mir! Aber nicht mein Wille, sondern der deine geschehe!" Jesus erfährt in dieser Ölbergnacht, dass es einen solchen Ausweg nicht geben wird. In der totalen Übereignung seines Willens erfährt er zugleich, dass der Vater ihn nicht allein lässt. Die Stärkung durch den Engel nimmt aber nicht die Angst vor dem Tod. Sie kann nur in beharrlichem Gebet durchgestanden werden: Als Jesus in die Anspannung und Angst letzter Erschütterung (*agonía*) gerät, betet er noch inständiger und sein Schweiß ist wie Blutstropfen, die zur Erde fallen. Nun wird an ihm die Taufe vollzogen, vor der er so lange in angstvoller Bedrängnis war (vgl. Lk 12,50). Wie Jesus beim Beten auf dem Berg der Verklärung göttliches Aussehen angenommen hat, so zeigt er hier auf dem Ölberg sehr menschliche Züge.

Jesus erhebt sich vom Gebet und kehrt zu seinen Jüngern zurück. Seine Todesangst ist überwunden, obwohl der Kelch des Leidens nicht an ihm vorübergeht. Die unser menschliches Begreifen übersteigende Erschütterung Jesu und die Intensität seines von Angst überschatteten Gebetes werden uns vor Augen geführt, damit wir sehen: Es gibt keine Nacht der Sinne, in der Gott nicht anwesend ist. Es gibt keine angstvolle Ausweglosigkeit, die nicht mit IHM durchschritten werden kann. Es gibt keinen Abgrund, der nicht vom Abgrund göttlichen Erbarmens umfangen ist.

2. Lk 22,45f.: Während Jesus im einsamen Gebetskampf um die Gleichförmigkeit mit dem Willen des Vaters ringt, sind *seine Jünger* vor Kummer (*lýpe*) eingeschlafen. Sie sind traurig, weil sie den Weg Jesu nicht verstehen, obwohl sie ihm „nachfolgen" (V. 39). In seiner Frage: „Was schlaft ihr?" liegt auch ein Vorwurf. Die Jünger sind immer noch „unverständig und herzensträge" (Lk 24,25). Jesus will nicht, dass sie von seiner Gefangennahme im Schlaf überrascht werden. Sie sollen wach sein, wenn die „Stunde der Finsternis" über sie hereinbricht. Darum fordert er sie hier noch einmal zum Beten auf, damit sie in der äußersten Anfechtung und Bedrohung ihren Glauben nicht verlieren und ihre Traurigkeit überwinden.

Mit der Gebetsszene am Ölberg will Lukas dazu ermutigen, wie Jesus *durch inständiges Beten* die Stunde schrecklicher Versuchung zu bestehen, die alles erschütternde Angst vor dem Tod auszuhalten, Kummer und Trübsal über das unbegreifliche Schicksal zu bewältigen.

3. Lk 22,47–53: Plötzlich taucht in der Dunkelheit eine größere Gruppe von Menschen auf mit Judas, „einem der Zwölf", an ihrer Spitze. Mit einem Kuss will er seinen Herrn verraten. Eine Geste besonderen Vertrauens wird zum Zeichen der Aufkündigung seiner Jüngerschaft. Jesus durchschaut seine Absicht und weist ihn zurück. Seine Frage macht das Ungeheuerliche dieses Vorgangs deutlich: „Judas, mit einem Kuss lieferst du den *Menschensohn* aus?" (vgl. Lk 9,44; 18,31–33). Es gehört zu den härtesten Demütigungen seiner Passion, dass einer aus dem engsten Kreis seiner Vertrauten ihn unter dem Zeichen tiefer Verbundenheit dem Tod ausliefern will. Jesus hat die Ohnmacht erfahren, den Bruch einer Freundschaft mit ihm nicht verhindern zu können. Der Kuss des Judas ist das Ende einer Beziehung, die aus Enttäuschung und Verhärtung nicht mehr herausfand.

Wer sich nicht von Jesus seine eigenen Vorstellungen von Nachfolge relativieren lässt, muss sich fragen, ob er sicher sein kann, dass seine Liebe zu Gott und den Menschen nicht zuletzt wieder ihn selber meint. Wer hat die Gewissheit, dass seine Enttäuschungen den Keim des Verrats nicht schon in sich tragen? – Im betenden Umgang mit den Geheimnissen der Passion Jesu kommen die Gedanken unseres Herzens ans Licht. Da ist es tröstlich zu sehen, wie Jesus selbst *die* nicht von seinem Heilsplan ausschließt, die ihn mit List und Gewalt aus dem Weg räumen. Bis in seine letzte Stunde hinein bleibt er sich und seinem Auftrag treu, „zu suchen und zu retten, was verloren ist" (Lk 19,10). Seine im umfassenden Sinn heilende Sendung setzt er auch in der „Stunde der Finsternis" noch fort (Lk 22,61; 23,28–31.43.47f.).

Als die Jünger die Situation erfassen, wollen sie mit Gewalt verhindern, dass Jesus festgenommen wird. Ohne seine Antwort abzuwarten, schlägt einer der Jünger mit dem Schwert zu und haut dem Knecht des Hohenpriesters das rechte Ohr ab. Die Jünger bleiben bis zuletzt „unverständig und herzensträge". Jesus gebietet ihrem Widerstand sofort Einhalt und heilt den Verletzten auf der Stelle. Dann wendet er sich an die eigentlichen Auftraggeber seiner Verhaftung und entlarvt die verlogene Art ihrer nächtlichen Aktion gegen ihn. Was sie tagtäglich bei seiner Lehrtätigkeit im Tempel nicht gewagt haben, das betreiben sie jetzt im Schutz der Nacht. Das ist ihre Stunde. Sie haben sich der Macht der Finsternis ausgeliefert.

Jesu Verleugnung und Verspottung: Lk 22,54–65

[54] Sie ergriffen ihn aber, führten ihn (weg) und brachten ihn hinein in das Haus des Hohenpriesters. Petrus aber folgte von weitem. [55] Als sie aber ein Feuer angezündet hatten in der Mitte des Hofes und sich zusammengesetzt hatten, setzte sich Petrus mitten unter sie. [56] Als ihn aber eine Magd beim Licht sitzen sah, blickte sie ihn genau an und sagte: auch dieser war mit ihm. [57] Er aber leugnete und sagte: ich kenne ihn nicht, Frau. [58] Und nach kurzer Zeit sah ihn ein anderer und sagte: auch du bist einer von ihnen. Petrus aber sagte: Mensch, ich bin es nicht. [59] Und als etwa eine Stunde vergangen war, behauptete ein anderer fest und sagte: wahrhaftig, auch dieser war mit ihm, denn er ist ein Galiläer. [60] Es sagte aber Petrus: Mensch, ich weiß nicht, was du sagst. Und sofort, während er noch redete, krähte ein Hahn. [61] Und es wandte sich der Herr um und schaute Petrus an und Petrus erinnerte sich an das Wort des Herrn, wie er zu ihm gesagt hatte: ehe ein Hahn kräht, wirst du mich dreimal verleugnen. [62] Und er ging hinaus und weinte bitter.

[63] Und die Männer, die ihn gefangen hielten, trieben ihr Spiel mit ihm und schlugen ihn [64] und verhüllten ihn von allen Seiten und fragten ihn und sagten: weissage, wer ist es, der dich geschlagen hat? [65] Und vieles andere lästerten sie und redeten gegen ihn.

Zusammenhang: Mit der Festnahme Jesu am Ölberg hat die „Stunde der Finsternis" begonnen. Nun werden die Jünger gesiebt wie Weizen, geschüttelt und durcheinander geworfen von der Macht des Bösen.

1. Lk 22,54: Jesus wird als Gefangener zum Haus des Hohenpriesters gebracht. Petrus folgt „von weitem" (*makróthen*). Er ist allein unterwegs ... Es ist Nacht ... Petrus ist auf einem Weg, den er selbst nicht mehr versteht. Seine Bereitschaft, „mit Jesus" auch ins Gefängnis und in den Tod zu gehen (V. 34), steht in schmerzlicher Spannung zu der Ohnmacht, nicht mehr „mit ihm" zu sein. Wie die anderen Jünger war er am Ölberg vor Traurigkeit eingeschlafen und hatte Jesus in seiner Todesangst (*agonía*) allein gelassen. Wie die anderen Jünger musste er mit ansehen, wie Jesus sich ohne Kampf festnehmen und abführen ließ. Petrus kann nur noch „von weitem" folgen. Der räumliche Abstand ist wie ein Bild für die innere Distanz, die sich zwischen ihm und seinem Herrn gelegt hat. Die Voraussage Jesu, dass Petrus die Gemeinschaft mit ihm sogar vor anderen bestreiten wird, beginnt sich allmählich zu erfüllen. So ohnmächtig, so ratlos wie in dieser Nacht hatte Petrus sich noch nicht erfahren seit dem Tag, da er alles verließ, um Jesus nachzufolgen. Und doch ist er auf dem Weg ins eigene Versagen, in der Nacht seiner tiefsten Erschütterung gehalten und getragen vom Gebet des Herrn (V. 32). Solange Simon es an sich selbst noch nicht erfahren hat, dass er nur aufgrund der Fürbitte Jesu seinen Glauben bewahrt, kann er nicht mit den Schwachen fühlen und seine ebenfalls schuldig gewordenen Brüder im Glauben stärken. Solange diese Bekehrung noch aussteht, bleibt seine Nachfolge eine gefährliche Täuschung.

2. Lk 22,55–60: Jesus soll im Haus des Hohenpriesters bis zum Morgen in Gewahrsam bleiben. Petrus traut sich bis „mitten" in den Hof des Hohenpriesters. Er mischt sich unter die Leute, die Jesus gefangen genommen haben und dort um ein Feuer herum sitzen. Die Nacht ist kalt. Petrus will herausbekommen, was mit seinem Herrn geschieht. Es gehört schon Mut dazu, sich einer solchen Gefahr auszusetzen. Seine Treue zu Jesus und seine Bereitschaft, mit ihm sein Schicksal zu teilen, sind noch lebendig. Aber seine „Nachfolge" (V. 54b) ist noch eine aus eigener Kraft. Er überschätzt seine Möglichkeiten und überspielt seine eigene Gefährdung. Petrus kann sich noch nicht eingestehen, dass er nicht einfach beschließen kann, mit Jesus „sogar ins Gefängnis und in den Tod zu gehen". Damit verkennt er die Abgründigkeit und die unheimliche Macht des Bösen in seinem eigenen Herzen. Seine heftige Reaktion auf die Ankündigung seines Versagens (V. 33) offenbart vielleicht schon die Angst, sich die eigene Unfähigkeit zum Guten einzugestehen. Jesu definitive Antwort (V. 34) wollte ihn dazu bringen, die Sensibilität und Wachsamkeit für seine Grenzen nicht gänzlich zu verlieren – vergebens! So ist es nur eine Frage der Zeit, wann die Nacht über Petrus endgültig hereinbricht.

Plötzlich und unvermutet wird er von einer Magd erkannt, und es beginnt das traurige und demütigende Schauspiel seiner Verleugnung: Erst bestreitet er, Jesus zu kennen, dann distanziert er sich nachdrücklich von Jesus und seinem Jüngerkreis. Etwa eine Stunde später, als er mit einer letzten hilflosen Ausflucht seine Identität leugnet, kräht ein Hahn und kündigt das Ende der Nacht an.

Wozu ist ein Mensch fähig, wenn ihn die Angst überfällt? „Nicht der Verrat des Petrus ist erschütternd. Erschütternd ist, was unter der Beteuerung unserer Treue tief verborgen in uns wohnen kann, unbewusst von uns selber und überraschend für die anderen. Erschütternd ist die tiefe innere Zwiespältigkeit und Widersprüchlichkeit, die in uns liegt, gerade wenn wir uns aus Angst dem Guten zuwenden“ (E. Drewermann).

3. Lk 22,61f.: Beim Hahnenschrei wendet sich Jesus um und blickt Petrus an. Im Blick des Herrn begegnet er auf einmal sich selbst. Jäh wird er sich der dunklen, so lange nicht zugelassenen Seite seines Charakters bewusst. Im Blick Jesu erkennt er das ganze Ausmaß seines Versagens, das selbst verschuldete Ende einer Beziehung, auf die er sein Leben gebaut hatte. Erst jetzt wird Petrus seiner tiefsten Beschämung und Ohnmacht inne. Im heilenden Blick Jesu beginnt aber auch die Umkehr. Das wortlose Ansehen Jesu genügt, um Petrus innerlich umzuwandeln. Er spürt keine Ablehnung und keine Verurteilung. Jesus hat ihm vergeben, noch ehe alles geschah. Diesen Blick Jesu, diese Begegnung wird er wohl nicht mehr vergessen. Petrus verlässt den Hof des Hohenpriesters und weint seine tiefe Erschütterung heraus. Nun hat er die Macht des Bösen und die überwältigende Macht der Vergebung an sich erfahren. Nun kann die Verheißung sich erfüllen, seine „gesiebten“ Brüder zu stärken und von Neuem teilzuhaben an der Vollmacht Jesu, die Vielen von ihrer Selbstentfremdung und Gottesferne zu befreien (vgl. Lk 4,18f.).

4. Lk 22,63–65: Derselbe Ort „im Hof des Hohenpriesters“ verbindet die Verleugnung Jesu mit seiner anschließenden Verspottung. Die Männer, die Jesus bewachen, karikieren mit ihrem brutalen „Blinde-Kuh-Spiel“ seinen Anspruch als Prophet. Ihr Hohn und Spott offenbaren ebenso wie die Verleugnung durch Petrus die Macht der Finsternis. Paradoxerweise bewahrheitet sich in dieser Nacht des Verrats die Behauptung des Petrus, Jesus nicht zu kennen. Erst als Jesus ihn in seiner tiefsten Verlorenheit anschaut, beginnt er zu erkennen. Selbsterkenntnis und Gotteserkenntnis bedingen einander.

Eine Verhöhnung Jesu durch römische Wachsoldaten erzählt Lukas nicht.

Jesus vor dem Hohen Rat, vor Pilatus und Herodes: Lk 22,66–23,12

[66] Und als es Tag wurde, versammelte sich der Rat der Ältesten des Volkes, Hohepriester und Schriftgelehrte, und sie führten ihn in ihre Versammlung [67] und sagten: wenn du der Messias bist, sag es uns. Er aber sagte ihnen: wenn ich es euch sage, werdet ihr nicht glauben; [68] wenn ich aber fragen werde, werdet ihr nicht antworten. [69] Von nun an aber wird der Menschensohn sitzen zur Rechten der Macht Gottes. [70] Es sagten aber alle: bist du nun der Sohn Gottes? Er aber sagte zu ihnen: ihr sagt es, ich bin es. [71] Sie aber sagten: was haben wir noch Zeugnis nötig! Denn wir haben es selbst gehört aus seinem Munde.

23[1] Und es stand auf die ganze Versammlung von ihnen, und sie führten ihn zu Pilatus. [2] Sie fingen aber an, ihn anzuklagen und sagten: wir haben gefunden, dass dieser unser Volk abwendig macht und es hindert, dem Kaiser Steuern zu zahlen und sagt, er sei der Messias-König. [3] Pilatus aber fragte ihn: und sagte: du bist der König der Juden? Er aber antwortete ihm und sagte: Du sagst es. [4] Pilatus aber sagte zu den Hohenpriestern und der Volksmenge: ich finde keine Schuld an diesem Menschen. [5] Sie aber erklärten noch hartnäckiger, dass er das Volk aufwiegele mit seiner Lehre in ganz Judäa, angefangen von Galiläa bis hierher.

[6] Als aber Pilatus das hörte, fragte er, ob der Mensch ein Galiläer sei, [7] und als er erfuhr, dass er aus dem Machtbereich des Herodes sei, schickte er ihn zu Herodes, der selbst auch in Jerusalem war in diesen Tagen.

[8] Als Herodes Jesus sah, freute er sich sehr. Denn er wollte ihn seit langer Zeit sehen, weil er von ihm gehört hatte, und er hoffte ein Zeichen zu sehen, das von ihm gewirkt wurde. [9] Er fragte ihn aber mit vielen Worten; er aber antwortete ihm nicht. [10] Es standen aber die Hohenprieser und die Schriftgelehrten da und klagten ihn heftig an. [11] Es verachtete ihn aber auch Herodes mit seinem Gefolge und verspottete ihn, er legte ihm ein weißes Gewand um und schickte ihn zurück zu Pilatus. [12] Es wurden aber Freunde Herodes und Pilatus an diesem Tage miteinander. Denn vorher waren sie in Feindschaft gegeneinander.

Zusammenhang: Nachdem die Wächter in der Nacht ihren Spott mit Jesus getrieben hatten, tritt am Morgen des Pascha-Festes der Hohe Rat zusammen, um in einem Vorverhör die Anklage beim Statthalter Roms vorzubereiten.

1. Lk 22,66–71: Jesus wird den maßgeblichen Repräsentanten des Volkes vorgeführt. Sie sind bestrebt, möglichst schnell eine Anklage zusammenzubringen, die bei Pilatus verfängt.

Ohne Umschweife fordern sie Jesus im Befehlston auf, seine Identität zu offenbaren. Wenn er der Messias ist, solle er es dem Hohen Rat kundtun. Jesus gibt ihnen zu verstehen, dass sie gar nicht in der Lage sind, seine Sendung zu begreifen. Ein Selbstzeugnis hätte nicht die geringste Aussicht, bei ihnen Glauben zu wecken. Dann deutet er den Versammelten mit Worten aus Dan 7,13 und Ps 110,1 an, dass sie mit ihrem Vorgehen seine Erhöhung heilsgeschichtlich „betreiben“: „Von nun an (d.h. in Zukunft) wird der Menschensohn zur Rechten der Macht Gottes sitzen." Jesus ist also der Messias, aber in einem erst von der Auferstehung her zu verstehenden Sinn und ganz anders als die in einem politischen Sinn gegen ihn erhobene Anklage es meint.

Aus seiner Antwort folgern die Mitglieder des Synedrions, dass Jesus für sich in Anspruch nimmt, der Sohn Gottes zu sein und Jesus bejaht diese Folgerung. Hier erinnert Lukas an den Anfang des Evangeliums: Er wird Sohn des Höchsten genannt werden und Gott, der Herr, wird ihm den Thron seines Vaters David geben und er wird über das Haus Jakob herrschen in Ewigkeit (Lk 1,32f.).

Nach Jesu Bekenntnis verzichtet der Hohe Rat auf eine Zeugenvernehmung. Für sie ist der Fall klar. Auf hintergründige Weise dokumentiert aber der Abschluss des Verhörs die Schuld der Volksvertreter. Sie haben das Bekenntnis Jesu zu seiner Gottessohnschaft selbst aus seinem eigenen Mund gehört und nicht geglaubt.

2. Lk 23,1–5: Daraufhin wird Jesus an Pilatus überstellt, der während des Pascha-Festes in Jerusalem residiert, um mögliche Unruhen im Keim zu ersticken. Die ganze Versammlung des Hohen Rates begibt sich zum römischen Statthalter und verklagt ihn wegen Volksverhetzung (wörtlich: Volksverdrehung). Sie behaupten, er (ver)hindere die Zahlung der kaiserlichen Steuer und beanspruche als Messias ein gegen Rom gerichtetes Königtum. Mit der bewusst politisch aufgebauten Anklage hoffen sie, ihren Willen durchzusetzen. Nach Lk 20,20–26 ist die Anklage wegen Steuerboykotts eine Verleumdung. Pilatus scheint allein die Königsfrage zu interessieren: „Du bist der König der Juden?" fragt er Jesus. Es sieht so aus, als wolle Jesus mit seiner zurückhaltenden Antwort es dem Statthalter überlassen, ob er den Königstitel für den angemessenen Ausdruck seiner wahren Identität betrachte. Pilatus versteht Jesu Antwort wohl als ein Zurückweisen politischer Königsherrschaft. Für die (junge) christliche Gemeinde dürfte es aber bedeutsam gewesen sein, „den im Königtum Christi enthaltenen Herrschaftsanspruch mit einem Wort Jesu begründet zu sehen" (J. Ernst).

Pilatus zeigt sich von den kapitalen Anschuldigungen des Hohen Rates nicht überzeugt und erklärt Jesus für unschuldig. Es kann sein, dass die wohlwollende Darstellung des amtlichen Vertreters der römischen Staatsmacht die Christen vom Vorwurf der Staatsfeindlichkeit befreien will. Es ist aber durchaus möglich, dass Pilatus von der Unschuld des Angeklagten überzeugt ist. Es fällt auf, dass hier ganz unvermittelt eine größere Menge (*óchloi*) der Jerusalemer Bevölkerung anwesend ist. Lukas bezeichnet sie auf einmal nicht als *laós*, als „Volk der Erwählung", das bislang mit Jesus sympathisierte. Von jetzt an werden sie auf Seiten der Hohenpriester und der anderen Gegner Jesu stehen.

Die Mitglieder des Synedriums finden sich mit dieser Wende des Prozesses nicht ab und beschwören noch eindringlicher die Gefahr, die von Jesus für das ganze Land ausgeht „angefangen von Galiläa bis hierher". Galiläa galt als Ursprungsland der zelotischen Widerstandsbewegung.

3. Lk 23,6–12: Als Pilatus erfährt, dass Jesus aus Galiläa stammt, überstellt er ihn an seinen Landesherrn Herodes Antipas, der sich zu dieser Zeit auch in Jerusalem aufhält. Die Szene mit Herodes ist von starken Kontrasten gezeichnet: Am Anfang die Freude des Tetrarchen, als er mit Jesus zusammentrifft (vgl. Lk 9,9), am Ende die Verachtung, mit der er ihn behandelt; die vielen neugierigen Fragen, die er Jesus stellt, ohne ein ernsthaftes Interesse an seinem Wirken zu haben, und die heftigen Vorwürfe der Hohenpriester und Schriftgelehrten – viele Worte und das Schweigen Jesu. Eine Begegnung von Mensch zu Mensch findet nicht statt. Dazu fehlen die Voraussetzungen. Von Lk 3,19 f. ist bekannt, dass Herodes ein Übeltäter ist. Wenn dieser also Jesus offen seine Verachtung zeigt, seinen Spott mit ihm treibt und den Gefangenen ohne Erklärung in den Palast des Prokurators zurückschickt, dann bestätigt er das Urteil des Pilatus: Jesus ist unschuldig. Die beiden richterlichen Instanzen stimmen überein. Seltsamer Weise ermöglicht die Unschuld Jesu den beiden Richtern, ihre jeweilige Macht anzuerkennen. Und das macht sie wohl zu politischen Freunden.

Jesu Geschick bewegt sich im Schnittpunkt rivalisierender Mächte. Falsche Anschuldigungen, Verachtung, Spott und Willkür werden bis jetzt noch in Schranken gehalten. Wie lange noch?

Das Urteil des Pilatus: Lk 23,13–25

13 Pilatus aber rief die Hohenpriester und die Führer und das Volk zusammen 14
und sagte zu ihnen: ihr habt diesen Menschen zu mir gebracht als einen, der das
Volk aufwiegelt, und siehe: ich habe ihn vor euch verhört und habe an diesem
Menschen keinerlei Schuld gefunden, deretwegen ihr gegen ihn klagt. 15 Aber auch
Herodes nicht; denn er hat ihn an uns überwiesen, und siehe: nichts Todeswür-
diges ist von ihm getan worden. 16 Ich werde ihn nun züchtigen und freilassen.

17 (Er musste ihnen aber zum Fest einen freilassen.) 18 Da schrien sie alle zusammen und sagten: weg mit diesem, lass uns aber den Barabbas frei! 19 Dieser
war wegen eines Aufruhrs, der in der Stadt geschehen war, und eines Mordes ins
Gefängnis geworfen worden. 20 Wieder aber redete Pilatus zu ihnen, da er Jesus
freilassen wollte. 21 Sie aber schrien und sagten: kreuzige, kreuzige ihn! 22 Er aber
sagte zum dritten Mal zu ihnen: was hat dieser denn Böses getan? Nichts Todes-
würdiges habe ich an ihm gefunden. Ich werde ihn züchtigen und freilassen. 23 Sie
aber bedrängten ihn mit großem Geschrei und forderten, ihn zu kreuzigen, und
ihr Geschrei gewann die Oberhand. 24 Und Pilatus entschied, dass ihrer Forderung

stattgegeben werde. [25] Er ließ aber den frei, der wegen Aufruhr und Mord ins Gefängnis geworfenen war, den sie gefordert hatten, Jesus aber übergab er ihrem Willen.

Zusammenhang: Nachdem der römische Statthalter und der galiläische Landesherr die Unschuld Jesu bezeugt haben, eröffnet Pilatus die Abschlussrunde, um Jesus freizulassen.

1. Lk 23,13–19: Pilatus ruft den gesamten Hohen Rat und das Volk zusammen. Diesmal sind *alle* (*ganz* Jerusalem) am Schicksal Jesu beteiligt. Lukas spricht hier nicht, wie in V. 4, von der Volksmenge (*óchloi*) spricht, sondern vom „Volk der Erwählung" (*laós)*, das zusammen mit den Hohenpriestern und den anderen führenden Leuten eine Entscheidung über das Schicksal Jesu herbei zwingen wird. Zunächst erklärt Pilatus, dass die gegen Jesus erhobenen Anklagen einer gerichtlichen Prüfung nicht standhalten. Sein Fazit: „Ich habe an diesem Menschen keinerlei Schuld gefunden". Er will ihn züchtigen lassen (*paideúein)* und dann freigeben. Vermutlich ist die Züchtigung als Verwarnung an den Angeklagten und als Zugeständnis an die Partei der Ankläger zu verstehen.

Jetzt nimmt der Prozess für Pilatus eine unerwartete Wende, deren Dramaturgie er sich nicht mehr entziehen kann. Alle schreien auf und rufen: „Weg mit diesem! (d. h. Tod ihm!) Lass uns aber den Barabas frei!" Der Umschwung in der Einstellung der Jerusalemer Bevölkerung zu Jesus kommt völlig überraschend, und es bleibt offen, warum sie plötzlich auf der Seite der Gegner Jesu steht. Barabas ist ein politisch motivierter Gewalttäter, der vermutlich zur theokratisch gesinnten Widerstandsgruppe der Zeloten gehört. Er sitzt wegen Aufruhr und Mord im Gefängnis. Der Gewaltlose soll dem Gewalttätigen weichen.

2. Lk 23,20–25: Pilatus ist von der Unschuld Jesu überzeugt und weiter bemüht, ihn freizulassen. Die Polarisierung nimmt zu. Mit dem zweimaligen „Kreuzige ihn!" fordern sie wie aus einem Mund nicht nur seinen Tod, sondern auch seine moralische Vernichtung (vgl. Dtn 21,23; Gal 3,13).

Lukas bemerkt, dass Pilatus daraufhin zum *dritten* Mal öffentlich erklärt, dass er bei Jesus nichts finden könne, was die Todesstrafe verdient. Er wiederholt seine Absicht, ihn lediglich auspeitschen und dann frei zu lassen. Doch der Prokurator gerät immer mehr unter Druck. Das Geschrei der Menge und ihre Forderung, Jesus ans Kreuz zu bringen, wird mit solcher Lautstärke und Unnachgiebigkeit geäußert, dass Pilatus einen Aufruhr befürchten muss. Die Macht der Finsternis hat das Gesetz des Handelns an sich gerissen. Das Geschrei gewinnt schließlich die Oberhand. Pilatus kapituliert und entscheidet gegen seine Überzeugung. Er lässt Barabas frei und liefert Jesus ihrem Willen aus – ein ungeheuerlicher Vorgang! Das Wort „ausliefern, übergeben" (*paradídomi)* ist zugleich ein theologisches Motiv, das die Verwirklichung des Göttlichen zum Ausdruck bringt. Ein Hinweis, dass Jesu Prophezeiung aus dem Vorverhör sich zu erfüllen beginnt (Lk 22,69).

Die Verantwortlichen verfügen über Jesus wie über einen Gegenstand. Seit seiner Verhaftung am Ölberg ist offenbar geworden, welche Abgründe und Ambivalenzen im Menschen sind. In Jesus scheint trotz allem, was Menschen ihm antun können, etwas Unzerstörbares, Würdevolles, von keiner irdischen Gewalt Erreichbares auf: das göttliche Bild vom Menschen. Im ohnmächtigen und von allen verlassenen „König der Juden" (Lk 23,3) leuchtet die Verheißung auf, um deretwillen es möglich und verantwortbar ist, sich dem Geheimnis der Passion zu öffnen.

Der Kreuzweg Jesu: Lk 23,26–32

[26] Und als sie ihn abführten, ergriffen sie einen gewissen Simon von Kyrene, der
vom Feld kam, und legten ihm das Kreuz auf, es hinter Jesus herzutragen. [27] Es
folgte ihm aber eine große Menge des Volkes und der Frauen, die sich (vor Trauer)
schlugen und ihn beklagten. [28] Es wandte sich aber Jesus zu ihnen und sagte: Tö-
cher Jerusalems, weint nicht über mich; sondern über euch selbst weint und über
eure Kinder. [29] Denn siehe: es kommen Tage, an denen wird man sagen: selig die
Unfruchtbaren und die Leiber, die nicht geboren haben, und die Brüste, die nicht
genährt haben. [30] Dann wird man anfangen, zu den Bergen zu sagen: fallet über
uns, und zu den Hügeln: bedecket uns. [31] Denn wenn man das am grünen Holz tut,
was wird (dann) mit dem dürren geschehen? [32] Es wurden aber auch zwei andere
Verbrecher hinausgeführt, um mit ihm hingerichtet zu werden.

Zusammenhang: Pilatus hatte drei Mal in aller Öffentlichkeit Jesus für unschuldig erklärt und seine Absicht wiederholt, den Mann aus Galiläa frei zu lassen. Doch die Hohenpriester mit den anderen führenden Leuten und dem Volk forderten vom römischen Gouverneur mit lautem Geschrei, dass Jesus gekreuzigt werde. Mit ihrem Geschrei setzten sie sich schließlich durch. Pilatus gab seinen Wiederstand auf und beugte sich ihrem Willen.

1. Lk 23,26: Jesus wird zur Kreuzigung abgeführt. Das Prophetenschicksal beginnt sich an ihm zu erfüllen: Er wurde zu den Gesetzlosen gerechnet (vgl. Lk 22,37).

„Als sie Jesus *hinausführten* ..." Das Wort „hinausführen" erinnert an Lev 14,24 und Num 15,35f.: Wie ein Gotteslästerer oder Sabbatschänder wird Jesus aus dem Bundesvolk ausgestoßen. Wie sie Jesus zum „Gesetzlosen" gemacht haben, so zwingen sie nun einen Mann, der gerade daher kommt, zu seinem Gefährten auf dem Kreuzweg. Sie laden ihm den Kreuzbalken auf, damit er ihn „hinter Jesus her" trage. Mit dieser Formulierung erinnert Lukas an die beiden *Nachfolge*-Worte Lk 9,23 und 14,27. Simon aus Kyrene wird bei ihm zum Vorbild des Christen, der Jesus nachfolgt im Tragen des Kreuzes.

Wen stimmt es nicht nachdenklich, dass Lukas in diesem Fremden, der mit der ganzen Sache Jesu nichts zu tun hat und gegen seinen Willen unter das Kreuz gezwungen wird, *den* Jünger Jesu sieht? Nachfolge geschieht oft ohne ein überwältigendes inneres Erlebnis, ohne einen begeisterten Entschluss. Meist kommt man recht „zufällig" des Weges, der zum Kreuz führt. Und manchmal braucht es lange, bis einer entdeckt, wessen Gefährte er war.

2. Lk 23, 27–31: Auf seinem Weg zur Hinrichtung geht eine große Menschenmenge mit. Lukas spricht hier von „nachfolgen" (*akolouthein*). Unter denen, die ihm folgen, sind auch Frauen, die ihm in aller Öffentlichkeit ihr Mitleid bekunden. Hier erfüllen sich die Worte Sacharjas (12,10 f.): „Sie betrauern ihn, wie man den einzigen Sohn betrauert und weinen bitter um ihn, wie man den Erstgeborenen beweint. Ein großes Klagen steigt an jenem Tag aus Jerusalem auf." Eine öffentliche Totenklage für Gesetzlose (Lk 22,37) war bei den Juden verboten. Vielleicht ist die Klage der Frauen aus dem Volk auch als Protest gegen die Hinrichtung Jesu zu verstehen.

Lukas zufolge hat Jesus seit dem Verhör vor Pilatus kein Wort mehr gesagt. Nun wendet er sich den Frauen zu und nennt ihnen den wahren Grund, der zur Totenklage berechtigt: Nicht sein Schicksal sollen sie beklagen und beweinen, sondern ihr eigenes. Denn das Unheil, das über sie und ihre Kinder kommt, wird ungleich schlimmer sein. Den kinderlosen Frauen wird es in jenen Tagen erspart bleiben, wie die Mütter das Los ihrer Kinder zu beweinen. Der Untergang Jerusalems wird so schrecklich sein, dass man sich den raschen Tod wünscht, um der Katastrophe zu entkommen. Lukas erinnert hier an die Worte von Hosea 10,8c. Jesus will nicht Mitleid, sondern *Umkehr*. Wenn Gottes Gericht zuerst ihn, den frischen Stamm (das grüne Holz) erfasst, was wird dann mit ihnen, dem dürren Holz, geschehen, wenn das Feuer des Gerichts in sie hineinstößt? Das Bild besagt: Wenn schon der Unschuldige ein so furchtbares Schicksal erleidet, um wie viel mehr wird es die Bewohner Jerusalems treffen, die Gottes Boten umbringen (Lk 13,34)?

Das Unheilswort über Jerusalem, das er jetzt beim Verlassen der Stadt den „Töchtern Jerusalems" entgegen hält, entspricht dem Unheil, das er Jerusalem vor seinem Einzug in die Stadt angedroht hat (Lk 19,41–44).

Selbst auf seinem Kreuzweg geht Jesus noch dem Verlorenen nach. Sein Wort ist ein letzter Ruf zur Umkehr. Wer die Umkehrung aller Maßstäbe (Lk 6,20–49) nicht an sich geschehen lässt, hat vor Gott keinen Bestand. Er gleicht dem Mann, der sein Haus ohne Fundament auf die Erde baute. Unter der Flutwelle (des Gerichts) stürzt es in sich zusammen und wird völlig zerstört (Lk 6,49).

Wie schon erwähnt, klingt in den beiden Begegnungsszenen dieses Abschnitts das *Nachfolgemotiv* an: Zunächst bei Simon von Kyrene noch ohne ein persönliches Bekenntnis zu Jesus. Bei den Frauen, die Jesus auf dem Kreuzweg „nachfolgen“, wird schon eine bewusstere Einstellung und Beziehung deutlich. Sie haben Mitleid mit Jesus und weinen um ihn. Nachfolge als ausdrückliche personale Entscheidung zu Jesus und seinem Geschick findet erst in der Umkehr des „reuigen Schächers“ zu seiner vollen Gestalt (Lk 23,42–44).

Kreuzigung, Tod und Grablegung Jesu: Lk 23,33–56

33 Und als sie an den Ort kamen, der Schädel genannt wird, kreuzigten sie ihn dort und die Verbrecher, den einen zur Rechten, den anderen zur Linken. 34 Jesus aber sagte: Vater, vergib ihnen, denn sie wissen nicht, was sie tun. Sie verteilten aber seine Kleider und warfen das Los.

35 Und es stand das Volk da und schaute zu. Es verspotteten ihn aber auch die führenden Leute und sagten: andere hat er gerettet, rette er sich selbst, wenn er der Messias Gottes, der Erwählte, ist. 36 Es verspotteten ihn aber auch die Soldaten, traten heran und reichten ihm Essig 37 und sagten: wenn du der König der Juden bist, rette dich selbst. 38 Es war aber auch eine Aufschrift über ihm: der König der Juden (ist) dieser. 39 Einer aber der gehängten Verbrecher lästerte ihn: bist du nicht der Messias? Rette dich selbst und uns. 40 Es antwortete aber der andere, fuhr ihn an und sagte: fürchtest du nicht Gott, da du unter dem gleichen Urteil stehst? 41 Und wir mit Recht, denn, was unseren Taten entspricht, empfangen wir. Dieser aber hat nichts Unrechtes getan. 42 Und er sagte: Jesus, gedenke meiner, wenn du in deine Herrschaft kommst. 43 Und er sagte ihm: Amen, ich sage dir, heute wirst du mit mir im Paradies sein.

44 Und es war schon ungefähr die sechste Stunde, und eine Finsternis kam über das ganze Land bis zur neunten Stunde, 45 wobei die Sonne sich verdunkelte. Es riss aber der Vorhang des Tempels mitten entzwei. 46 Und es rief mit lauter Stimme Jesus und sprach: Vater, in deine Hände lege ich meinen Geist. Als er das gesagt hatte, verschied er.

47 Als der Hauptmann sah, was geschehen war, pries er Gott und sagte: wahrhaftig, dieser Mensch war ein Gerechter. 48 Und all die Volksscharen, die zusammengekommen waren zu diesem Schauspiel, sahen, was geschehen war, schlugen sich an die Brust und kehrten um. 49 Es standen aber alle, die mit ihm bekannt waren, von ferne, auch die Frauen, die ihm gefolgt waren von Galiläa, und sahen das (alles).

50 Und siehe: ein Mann mit Namen Josef, ein Ratsherr, ein guter und gerechter Mann, – 51 dieser hatte nicht zugestimmt ihrem Beschluss und ihrem Handeln, – von Arimathäa, einer Stadt der Juden, der erwartete die Gottesherrschaft, 52 dieser

ging zu Pilatus und bat um den Leichnam Jesu, [53] und er nahm ihn herab, wickelte ihn in Leinwand und legte ihn in ein Felsengrab, wo noch niemand gelegen hatte. [54] Und es war Rüsttag und der Sabbat brach an. [55] Es folgten aber die Frauen, die mit ihm gekommen waren aus Galiläa, und schauten das Grab an und wie sein Leichnam hineingelegt wurde. [56] Dann aber kehrten sie zurück und bereiteten Spezereien und Salböle. Und am Sabbat ruhten sie nach dem Gebot.

Zusammenhang: An der Richtstätte angekommen, wird Jesus mit den beiden Verbrechern gekreuzigt (vgl. Jes 53,12; Lk 22,37). Lukas verzichtet auf eine Beschreibung des grausamem Hinrichtungsvorgangs.

Der Kreuzigungsbericht ist eine vierteilige Komposition, als deren Zentrum sich die Szene mit dem „reuigen Schächer" heraushebt. Alle vier Teile gipfeln in einem bedeutsamen Wort. Höhepunkt des ganzen Evangeliums ist das Sterbegebet Jesu sowie die Reaktion des Hauptmanns und aller Anwesenden.

1. Lk 23,33f.: Jesus hängt am Kreuz, rechts und links von ihm seine ungleichen Schicksalsgefährten. Bis zuletzt ist Jesus ein Zeichen, dem widersprochen wird. Bis in sein Sterben hinein werden die Gedanken vieler Menschen an ihm offenbar (vgl. Lk 2,34f.). – Das Volk steht dabei und *schaut zu* (V. 35a. 48). Hier wird es wieder im Gegensatz zu den führenden Männern (*archóntes*) dargestellt. Lukas sieht wohl hier in dem Volk, das zuschaut, die christliche Gemeinde vorgebildet. Wir sind eingeladen, das ganze Geschehen zu betrachten und uns wie das Volk zur Umkehr bewegen zu lassen (V. 48).

Jesus betet für seine Henker und alle, die an ihm schuldig geworden sind, um Vergebung: „Vater, vergib ihnen, denn sie wissen nicht, was sie tun." Seine Fürbitte eröffnet den Schuldiggewordenen eine neue Chance zur Umkehr. Durch seinen Tod erhalten sie die Möglichkeit, das ausgeschlagene Heil doch noch anzunehmen. Bis zur letzten Stunde bleibt Jesus seiner Sendung treu, auch seine Feinde zu retten (vgl. Lk 6,27 f.).

Im Verteilen der Kleider wird Jesu buchstäbliche Armut und „Verfügungslosigkeit" bis zur letzten Konsequenz sichtbar. Nach altem Henkersbrauch verlosen die Soldaten unter sich, was er noch am Leib hatte. So erfüllt sich die Schrift (Ps 22,19).

2. Lk 23,35–43: Ausgeliefert dem Willen der Menschen (Lk 23,25), ist Jesus nun dort „festgemacht", wo er „den Lauf der Dinge" nicht mehr stören kann. Aber selbst da lassen sie ihn nicht in Ruhe. Die Pragmatiker von Macht und institutionalisierter Religion geben sich nicht damit zufrieden, ihn physisch zu vernichten. Sie wollen ihm auch noch seine Identität nehmen. Alles, wofür Jesus gelebt und wofür er nun vor ihren Augen stirbt, machen sie lächerlich. Am Spott der Volksführer beteiligen sich auch die Soldaten. Sie fordern den

„Judenkönig" zur Selbstrettung auf und spielen damit auf die verhöhnende Kreuzesinschrift an.

Selbst einer der Mitgekreuzigten verspottet ihn: „Bist du denn nicht der Messias? Dann rette dich selbst und uns!" Einen am Kreuz verendenden Messias kann er sich ebenso wenig vorstellen wie die führenden Männer Jerusalems. Die in der Nazarethperikope (Lk 4,23) zum ersten Mal geäußerte Zeichenforderung bleibt bis zum Ende seines öffentlichen Wirkens *die* Antwort des Unglaubens.

Demgegenüber bekennt der andere Schicksalsgefährte nicht nur Jesu Schuldlosigkeit, sondern zugleich auch seine Messianität: „Jesus, gedenke meiner, wenn du in deine Herrschaft kommst", d. h. wenn du deine Herrschaft antrittst, die dir als dem leidenden Gerechten zukommt. Dieser Gesetzlose glaubt, dass Gott Jesus von den Toten auferwecken und in seine himmlische Herrschaft einsetzen wird. Damit ist er den Jüngern weit voraus, denen sich Jesu Geschick erst nach seiner Auferstehung erschließt.

Nach Lukas ist es ein Gesetzloser, der als erster zum österlichen Glauben findet. Jesus offenbart sich hier noch einmal als Retter, der dem Verlorenen nachgeht bis in die letzte Ausweglosigkeit hinein. Seine Antwort übertrifft alle Erwartung: „*Heute* noch ..." Sie ist zugleich Ausdruck der Freude über einen, der sich noch in seiner Todesstunde von ihm finden ließ und mit ihm heimkehrte (vgl. Lk 15,4–10). Vom Anfang seines öffentlichen Wirkens (Lk 4,21) bis zu seinem Ende gilt dieses „*Heute*".

Die Szene mit den beiden Verbrechern und Jesus verdeutlicht die lukanische Kreuzestheologie: Das Heil des Menschen geschieht im Eingeständnis seiner Schuld und in einem tiefen Sinneswandel. In der Haltung des „Armen" und „Gottesfürchtigen" bekennt sich der eine Schächer zu Jesus und erwartet allein von Gott sein Heil, während der andere seine Rettung in der Befreiung vom Kreuz sieht. Diese Szene mit den beiden Verbrechern zeichnet auch die Alternativen auf, die sich für den Menschen aus der Konfrontation mit dem Kreuz Jesu eröffnen: Der Schächer, der sein Geschick nicht annimmt, wird mit den Gegnern Jesu zum Spötter. Der andere lässt sich vom Beispiel Jesu zur Annahme seines Schicksals bewegen und findet durch ihn zum österlichen Glauben.

3. Lk 23,44–46: Der Tod Jesu wird von zwei Vorzeichen eingeleitet: „Ungefähr um die sechste Stunde", als die Sonne am höchsten steht und der Tag am hellsten ist, kommt eine dreistündige Finsternis über die ganze Erde. Der gesamte Kosmos wird vom Sterben dieses Gerechten erfasst. Die Macht der Finsternis, die im Kreuz Jesu ihren Höhepunkt erreicht, wird durch seinen Tod endgültig gebrochen. Jesus ist in den äußersten Abgrund von Sünde und Tod hinab gestiegen, um alle von diesem Fluch der Gottesferne zu befreien. Das

Zerreißen des Tempelvorhangs symbolisiert (möglicherweise) das Ende des Tempelkults, das Gericht über Jerusalem und ganz Israel. Durch seinen Tod erschließt Jesus uns „einen neuen und lebendigen Weg" zu Gott; er nimmt uns hinein in sein Verhältnis zum Vater (Hebr 10,10 f.).

Während vom Tempel her die Posaunen zum Abendgebet auffordern, ruft Jesus mit lauter Stimme: „Vater, in deine Hände lege ich meinen Geist" (Ps 31,6). Es ist das Abendgebet seines Lebens. Nun gibt er es zurück in die Hände des Vaters (vgl. Lk 2,49). Die Finsternis hat keine Macht mehr über ihn.

4. Lk 23,47–49: Sterbend gewinnt Jesus noch seinen Henker: Als der Hauptmann sah, was geschehen war, pries er Gott und sagte: Dieser Mensch war wirklich ein Gerechter. Im Lobpreis Gottes und im Bekenntnis dieses unbekannten Heiden bricht zum zweiten Mal österlicher Glaube durch. Am Anfang des Lebens Jesu (Lk 2,20) und an seinem Ende steht der Lobpreis Gottes.

Sterbend bewegt Jesus auch das Volk: „Und all die Volksscharen, die zusammen gekommen waren zu diesem *Schauspiel* (*theoría*), sahen, was geschehen war, schlugen sich an die Brust und kehrten um." Das Volk tritt aus seiner Zuschauerrolle heraus. Jesu Tod wird ihnen Anlass zur Umkehr. Das Schlagen an die Brust ist Ausdruck von Reue, Trauer und Schmerz.

Schließlich erwähnt Lukas alle Bekannten Jesu. Sie haben „von fern" alles mit angesehen. Sie hatten gehofft, dass er es sei, der Israel erlösen werde – zu den Bedingungen dieser Welt. Diese Hoffnung wurde vor ihren Augen durchkreuzt. Es braucht lange, bis das Kreuz Jesu sich als eine Verheißung erschließt, ewiges Leben zu gewinnen (vgl. Lk 18,18). Zuletzt nimmt Lukas mit den Frauen, die Jesus von Galiläa bis unter das Kreuz gefolgt sind, das *Nachfolgemotiv* wieder auf. So schließt sich am Ende des Kreuzwegs das zentrale Thema der Passion, das Lukas mit Simon von Kyrene eröffnete.

5. Lk 23,50–56: Am Ende wird die Aufmerksamkeit auf ein Mitglied des Hohen Rates gelenkt: „Siehe!" In der Nähe des Kreuzes steht Joseph aus der von jüdischer Alltagskultur geprägten Stadt Arimathäa, ein Mann, der im Tiefsten von der Ungesetzlichkeit des Prozesses gegen Jesus und seiner Hinrichtung überzeugt ist. Er hat nichts gegen das Vorgehen des Sanhedrin ausrichten können.

Joseph wird als „gut und gerecht" charakterisiert, als jemand, der auf die Vollendung der Gottesherrschaft hin lebt. Er muss wohl mit Jesus von Nazareth sympathisiert haben, ohne sich ihm jedoch anzuschließen. Es ist also niemand von den Zwölf, sondern ein „Fernstehender", der das tut, was jetzt notwendig ist.

Sich als jüdischer Ratsherr an den römischen Gouverneur zu wenden, um von ihm den Leichnam eines vom Hohen Rat wegen Gotteslästerung zum

Tode Verurteilten und offiziell als Gottlosen aus dem Bundesvolk Jahwes Ausgestoßenen zu erbitten –, dazu gehört schon Mut. Nach jüdischer Sitte hatte ein Hingerichteter ohnehin kein Recht auf ein Privatgrab. Nach römischem Brauch wurde die Leiche jedoch für gewöhnlich Verwandten oder Freunden überlassen. Lukas kommt es hier auf das Zeugnis an, das nach dem Gesetzlosen und dem heidnischen Centurio nun der fromme Jude für Jesus ablegt: Jesus starb als Gerechter.

Erst jetzt, da Jesus tot ist, wird ihm die Fürsorge der Menschen zuteil. Er bekommt ein würdiges Begräbnis. Wegen des bald beginnenden Sabbats ist Eile geboten. Wieder sind es nur die Frauen, die zuschauen, *wie* er bestattet wird. Sie wollen mit wohlriechenden Ölen und Salben die Beisetzung vollenden. Ganz in Übereinstimmung mit den jüdischen Sabbatvorschriften „dienen" sie auch noch dem toten Jesus. Wie sie die einzigen vertrauten Menschen sind, die in ihrer Treue zu Jesus durchhalten – anders als die Jünger, so sind sie auch die ersten, die zu Zeugen seiner Auferstehung bestellt werden.

So geht der Tag zur Neige; die Nacht bricht herein und legt ihre Dunkelheit über alles, was in den Herzen vieler Menschen durch diesen Jesus aufgelebt ist. Alle Hoffnungen, die noch den Keim von Tod und Verwesung in sich tragen, müssen gekreuzigt und begraben werden. Es gibt keinen anderen Weg zum Osterglauben. In dieser Nacht des Herzens werden wir zur Freiheit gerufen. Während in Jerusalem das Pascha gefeiert wird, bereitet sich ein neuer *Exodus* vor ... (vgl. Lk 9,31),

Das leere Grab: Lk 24,1–12

[1] Am ersten (Tag) der Woche, aber ganz früh am Morgen, kamen sie zum Grab und brachten, was sie bereitet hatten an Spezereien. [2] Sie fanden aber den Stein weggewälzt vom Grab. [3] Sie gingen hinein, fanden aber nicht den Leichnam des Herrn Jesus. [4] Und es geschah, als sie darüber ratlos waren, siehe: zwei Männer traten zu ihnen in strahlenden Gewändern. [5] Sie aber erschraken und beugten ihr Antlitz zur Erde und jene sprachen zu ihnen: was sucht ihr den Lebenden unter den Toten? [6] Er ist nicht hier, sondern er ist auferweckt. Erinnert euch, wie er zu euch gesagt hat, als er noch in Galiläa war, [7] als er sagte, der Menschensohn muss ausgeliefert werden in die Hände sündiger Menschen und gekreuzigt werden und am dritten Tag auferstehen. [8] Und sie erinnerten sich an seine Worte [9] und kehrten zurück vom Grab und verkündeten das alles den Elfen und all den übrigen. [10] Es waren aber Maria Magdalena und Johanna und Maria, die (Mutter) des Jakobus, und die übrigen Frauen, die bei ihnen waren, sie sagten das den Aposteln. [11] Und es erschienen ihnen diese Worte wie Geschwätz und sie glaubten ihnen nicht. [12] Petrus aber stand auf und lief zum Grab. Und als er sich hineinbeugte, sieht er die Leinenbinden allein, und er ging weg und verwunderte sich über das Geschehene.

Zusammenhang: Die drei lukanischen Ostergeschichten bilden eine erzählerische Einheit. Sie schildern im Rahmen *eines* Tages, wie es in und um Jerusalem zum Osterglauben kam. Sie handeln von Menschen, die von sich aus keinen Glauben mitbringen. Verstehen wird diese Erzählungen wohl nur jemand, der selbst einmal bis ans Ende *seiner* Hoffnungen gegangen ist.

1. Lk 24,1–8: In der Frühe des ersten Wochentages sind die Frauen (vgl. Lk 23,55) auf dem Weg zu einem Grab. Sie waren mit Jesus aus Galiläa gekommen und hatten mit angesehen, wie *alles* für sie zu Ende ging. Mit Salben und Ölen wollen sie dem Geruch von Verwesung noch beikommen und ihre Totenklage fortsetzen. Die Frauen suchen einen Toten und finden ein *offenes, leeres* Grab. Sie kehren zurück zum Ende ihrer Hoffnungen und hören dort: „Was sucht ihr den Lebenden bei den Toten?" – Wer den Weg Jesu bis zu Ende mitgeht, kommt – wie diese Frauen aus Galiläa – bis ans Ende *seiner* Hoffnungen. Er findet Jesus nicht dort, wo man ihn mitsamt den eigenen Hoffnungen zu Grabe getragen hat. Alle Hoffnungen, die den Keim von Tod und Verwesung in sich tragen, müssen gekreuzigt und begraben werden. Es gibt keinen anderen Weg zum Osterglauben. Deshalb ist diese Erzählung wohl nur zu verstehen von Menschen, die auf diesen Geschmack des Todes gekommen sind.

Solange ich Jesus unter den Toten suche, muss ich mir sagen lassen: „Er ist nicht hier. Er ist auferstanden (*egérthe)*". Erinnert euch an das, was Er euch gesagt hat: Der Menschensohn muss ausgeliefert werden in die Hände sündiger Menschen und gekreuzigt werden und am dritten Tag auferstehen. Erinnert euch: Wer *unter den Bedingungen dieser Welt* das Verlorene suchen und retten will, für den wird es hier keinen Platz, keinen Raum geben. Wer dem Verlorenen nachgeht *bis zuletzt*, wird den Spott und den Widerstand der „Gerechten" zu spüren bekommen. Erinnert euch:

Wer nicht aufhört, zu trauen – mitten unter Misstrauischen,
wer nicht aufhört zu teilen – mitten unter Habgierigen,
wer nicht aufhört zu verzeihen – mitten unter Gehässigen,
wer nicht aufhört zu danken – mitten unter Undankbaren,
wer nicht aufhört, heimatlos zu sein – mitten unter Sesshaften,
der sucht Jesus nicht mehr unter den Toten. Erinnert euch!

Ratlosigkeit und Erschrecken sind die ersten Reaktionen der Frauen. Dann erinnern sie sich an seine Worte. Im Angesicht des leeren Grabes erleben sie Jesu Worte nach, und sie fangen an, seinen *Weg* neu zu sehen. Sie beginnen zu verstehen, dass sie den Lebenden vergeblich unter den Toten gesucht haben.

2. Lk 24,9–12: Beim Erinnern kommt in ihnen etwas in Bewegung, ja sie selbst kommen in Bewegung: Sie kehren aus der Grabhöhle in die Stadt zurück und erzählen den Elf und den anderen Jüngern alles, was sie erlebt haben. Erst jetzt erfahren wir die Namen der drei Frauen aus der Gruppe, die mit Jesus von Galiläa nach Jerusalem gekommen waren. Doch die Apostel halten das alles für Geschwätz und glauben den Frauen nicht. Der Osterglaube beruht nicht auf den Erfahrungen anderer. Durch Unglauben hindurch werden die Apostel dazu geführt, im Gekreuzigten den Auferstandenen zu sehen (vgl. Lk 24,39). Ihr Osterglaube verdankt sich *eigenem* Sehen. Das Öffnen der Augen aber braucht Zeit. Petrus kommt als einziger in Bewegung. Er läuft zum Grab und entdeckt, dass dort etwas geschehen ist, was er nicht zu deuten vermag. Er sieht nur die Leinenbinden. Ohne Glauben zu fassen, kehrt er zurück, voll Staunen über das, was geschehen war. Petrus hat sich damit schon ein wenig vom Unglauben der anderen entfernt. Es ist ein langer Weg, bis die Erfahrung des Todes zur Verheißung von Auferstehung und Leben wird.

In dieser Ostererzählung wird niemand wegen seines Unglaubens verurteilt. Dem Wachsen des Osterglaubens wird Raum gegeben und Zeit gelassen:

- die Frauen auf dem Weg zu einem Toten, der lebt ...
- die Frauen unterwegs zu Lebenden, die wie tot sind ...
- Petrus eilig unterwegs zum Grab ...
- Petrus voll Verwunderung auf dem Weg zurück zu seinen Gefährten ...

Ratlosigkeit und Erschrecken, Abwehr und Unglaube, Neugier und Staunen sind die ersten Schritte auf dem Weg zum Glauben an den Auferstandenen. Der Prozess des Erinnerns, das Bedenken der Worte Jesu in Verbindung mit dem, was die Betroffenen erlebt haben, ist in Gang gekommen. Damit hat Lukas zu einem Punkt voller Spannung geführt.

Begegnung mit dem Auferstandenen: Lk 24,13–35

[13] Und siehe: zwei von ihnen gingen am selben Tag zu einem Dorf, das sechzig Sta-
dien von Jerusalem entfernt ist, mit Namen Emmaus, [14] und sie unterhielten sich
miteinander über all das, was sich da ereignet hatte. [15] Und es geschah, während
sie redeten und miteinander disputierten, näherte sich ihnen Jesus selbst und ging
mit ihnen. [16] Und ihre Augen waren gehalten, sodass sie ihn nicht erkannten. [17]
Er aber sagte zu ihnen: was sind das für Reden, die ihr miteinander führt auf dem
Weg? Und sie blieben traurig stehen. [18] Es antwortete aber der eine mit Namen
Kleopas und sagte zu ihm: bist du der einzige Fremde, der in Jerusalem wohnt und
nichts weiß von dem, was dort in diesen Tagen geschehen ist? [19] Und er sagte zu
ihnen: was denn? Sie sagten zu ihm: das mit Jesus von Nazareth, der sich als ein
Prophet erwies, mächtig in Tat und Wort vor Gott und dem ganzen Volke, [20] wie
ihn unsere Hohenpriester und führenden Leute ausgeliefert haben der Verurteilung
zum Tod und ihn gekreuzigt haben. [21] Wir aber hofften, dass er es sei, der Israel

erlösen werde. Aber nun ist ja über all dem der dritte Tag, seit dieses geschehen ist. [22] Aber auch einige Frauen aus unserem Kreis haben uns in Aufregung versetzt. Sie waren in der Frühe beim Grab [23] und fanden nicht seinen Leichnam und kamen (zurück) und sagten, sie hätten eine Erscheinung von Engeln gehabt, die gesagt hätten, er lebe. [24] Und es gingen einige von uns zum Grab, und sie fanden es so, wie die Frauen es gesagt hatten, ihn selbst aber sahen sie nicht. [25] Und er sagte zu ihnen: o ihr Unverständigen und Trägen im Herzen, um zu glauben an all das, was die Propheten gesagt haben! [26] Musste der Messias das nicht leiden und so in seine Herrlichkeit eingehen? [27] Und angefangen von Mose und all den Propheten legte er ihnen aus in allen Schriften, was über ihn gesagt war.

[28] Und sie kamen nahe zu dem Dorf, wo sie hingingen, und er selbst stellte sich, als wollte er weiterwandern. [29] Und sie drängten ihn und sagten: bleibe bei uns, denn es geht gegen Abend und der Tag hat sich schon geneigt. Und er ging hinein, um bei ihnen zu bleiben. [30] Und es geschah, als er sich mit ihnen zu Tische niedergelassen hatte, nahm er das Brot, dankte, brach es und reichte es ihnen. [31] Da gingen ihnen die Augen auf, und sie erkannten ihn. Und er selbst verschwand vor ihnen. [32] Und sie sagten zueinander: brannte nicht unser Herz in uns, als er zu uns sprach auf dem Weg, wie er uns die Schrift erschloss?

[33] Und aufstanden sie zur selben Stunde und kehrten nach Jerusalem zurück und fanden versammelt die Elf und die mit ihnen waren, [34] die sagten (ihnen): der Herr ist wirklich auferstanden und dem Simon erschienen. [35] Und sie erzählten, was sie auf dem Weg erlebt hatten und wie er von ihnen erkannt wurde am Brotbrechen.

Zusammenhang: Die kunstvoll aufgebaute Ostererzählung führt den inneren Prozess weiter und zeigt, wie die beiden Jünger sich vom Auferstandenen selbst zum Glauben an ihn führen lassen.

1. Lk 24,13–27: Zwei Jünger Jesu haben Jerusalem verlassen und sind auf dem Weg nach Hause zu ihrem Dorf namens Emmaus. Sie hatten sich Jesus angeschlossen und kehren nun zurück voller Trauer über alles, was sie mit ihm verloren haben.

In den beiden Wanderern begegnen uns Menschen, die Abschied nehmen von ihren Hoffnungen und sich trennen von Gefährten, mit denen sie ihre Hoffnungen geteilt haben. Sie lassen „Jerusalem“ hinter sich und bleiben doch mit ihrem Herzen bei all dem, was dort geschehen war. Sie kommen nicht los von dem, was sie mit Jesus aus Nazareth erlebt haben: Sie sprechen und diskutieren miteinander, denn sie können nicht fassen, dass ihre Zeit mit Jesus unwiederbringlich vorüber ist.

Wem – wie diesen beiden Jüngern – der Lebensgrund entzogen ist und wer dann mit hoffnungsleerem Herzen sich selbst überlassen bleibt, verliert den Blick für alles andere. Ihre Augen sind gehalten von der Traurigkeit, die ihre ganze Existenz durchdringt und in Frage stellt. Die Räume ihres Lebens, die bislang von Seinem Leben erfüllt waren, sind düster und leer geworden. Der Tod Jesu hat nach allem gegriffen, was ihnen Licht und Weite gab. Von ihrem Standpunkt aus können sie den Auferstandenen nicht erkennen. So begegnen sie einem Fremden, der mit ihnen geht (*synporeúein*). Seine Frage zielt bis auf den Grund ihres Schmerzes: „Was sind das für Reden, die ihr miteinander führt auf dem Weg?" Da blieben sie traurig stehen. Dieses „Stehen bleiben" ist wie ein Bild für ihre innere Ausweglosigkeit, aus der sie von sich aus nicht herausfinden.

Die beiden Jünger beschreiben Jesus als einen Propheten aus Nazareth, der durch die Kraft seiner Worte und die Macht seines Wirkens ihre Hoffnung auf die Befreiung Israels in eindrucksvoller Weise wieder belebt hat. Doch was bleibt von Jesus und seinem Wirken nach seinem gewaltsamen Ende, wenn man von ihm die politische Befreiung erwartet hat?

Der Fremde geht mit ihnen durch die Tiefe ihrer Trauer – schweigend und hörend. In dem Wort: „Wir aber hofften …" und dem Hinweis auf den „dritten Tag" sammelt sich ihre ganze Trostlosigkeit. Es gibt eine Hoffnung, die unfähig macht, mit dem Herzen zu verstehen. Es gibt ein Verständnis der Schrift, das kaum mehr ist als verborgener Unglaube: „O ihr Unverständigen und Trägen im Herzen, an all das zu glauben, was die Propheten gesagt haben? Musste der Messias das nicht leiden und so in seine Herrlichkeit eingehen?" Solange dieser Zusammenhang nicht verstanden ist, wird man vergebens auf die Erfüllung der messianischen Verheißungen Israels warten. Am Schicksal Jesu sind auch die Gedanken ihrer Herzen offenbar geworden (vgl. Lk 2,35).

Wer von Gottes Leidenschaft für die Menschen ergriffen ist, wer das Verlorene sucht, bis er es findet und bei ihm bleibt, um es zu retten; wer niemanden zum Gefangenen seiner Vergangenheit macht und Leben hemmende Privilegien aufhebt, erfährt die Ablehnung, die in Israel alle Propheten getroffen hat. „Und angefangen von Mose und all den Propheten legte er ihnen aus in *allen* Schriften, was über ihn gesagt ist." Der Auferstandene zeigt ihnen, dass der eigentliche Grund ihrer Enttäuschung und Trauer über das, was mit Jesus geschehen ist, darin liegt, dass sie den prophetischen Aussagen in den Schriften nicht geglaubt haben. Das, was geschehen ist, *musste* (*édei*) geschehen.

Die beiden Wanderer hören dem Fremden zu und werden in ihrem Herzen davon ergriffen. Seine Worte sind wie Licht und Wahrheit; sie trösten. Indem die Jünger sich *ihre* Sicht der Dinge nehmen lassen, öffnen sich ihnen die Schriften, und sie können der fremden Hoffnung Raum geben. Im Nachhinein müssen sie sich eingestehen: „Brannte nicht unser Herz in uns, als er zu uns sprach auf dem Weg, wie er uns die Schrift erschloss?"

3. Lk 24,28–35: Am Ende ihres Weges angekommen, lassen die beiden Jünger den Unbekannten nicht weiter gehen und bitten ihn, bei ihnen zu bleiben. Sie verlangen danach, mehr von ihm zu erfahren. Sie wollen die Gemeinschaft des Weges und des Gesprächs in der Gemeinschaft des Mahles fortsetzen. Sie sind nun vorbereitet, Jesus zu sehen als den Messias der Schrift und nicht als den Messias der eigenen Wünsche und Hoffnungen. Sie erleben, *wie* er mit ihnen beim Mahl Gemeinschaft hält. Bei diesem österlichen Dienst öffnet er ihnen die Augen ihres Herzens „und sie erkannten ihn. Und er selbst verschwand vor ihnen." Doch diesmal bleiben sie nicht traurig zurück: Noch in derselben Stunde brechen sie auf und kehren nach Jerusalem zurück. Das Erlebte drängt die beiden zurück in den Kreis der Gefährten, die sie für immer hinter sich gelassen glaubten. Dort angekommen hören sie von den Aposteln und den anderen Jüngern die Osterbotschaft: „Der Herr (*kyrios)* ist *wirklich* auferstanden und dem Simon erschienen." Da erzählen auch die beiden, wie sie vom Auferstandenen zum Glauben an ihn geführt wurden.

Die Emmausjünger sind eine Einladung, sich vom Auferstandenen selbst das Geheimnis seines Weges erschließen und das eigene Leben von seiner Hoffnung berühren zu lassen. Erst als sie sich ihre Sicht der Dinge nehmen ließen, schauten sie das lebendige Antlitz dessen, den sie von Gott verlassen glaubten. Wenn die „Welt der schönen Bilder" ihren Zauber verliert, kann erst Hoffnung beginnen.

Die Erscheinung des Auferstandenen in Jerusalem: Lk 24,36–53

**[36] Während sie aber noch darüber redeten, stand er selbst in ihrer Mitte und sagte
zu ihnen: Friede sei mit euch. [37] Verängstigt und erschrocken glaubten sie, einen
Geist zu sehen. [38] Und er sprach zu ihnen: was seid ihr verwirrt und warum steigen Zweifel in eurem Herzen auf? [39] Seht meine Hände und Füße, dass ich es selbst
bin. Betastet mich und seht, denn ein Geist hat nicht Fleisch und Knochen, wie ihr
sie an mir seht. [40] Und als er das gesagt hatte, zeigte er ihnen seine Hände und
Füße. [41] Als sie aber noch nicht glaubten vor Freude und sich wunderten, sagte er
zu ihnen: habt ihr etwas zu essen hier? [42] Sie aber reichten ihm ein Stück gebra-
tenen Fisch. [43] Und er nahm es und aß es vor ihren Augen.**

**[44] Er sagte aber zu ihnen: dies sind meine Worte, die ich zu euch gesagt habe,
als ich noch bei euch war: es muss erfüllt werden all das, was geschrieben ist im
Gesetz des Mose und in den Propheten und in den Psalmen über mich. [45] Dann öffnete er ihnen den Sinn, die Schriften zu verstehen. [46] Und er sagte ihnen: so steht
geschrieben, dass der Messias leidet und aufersteht von den Toten am dritten Tage
[47] und verkündigt wird in seinem Namen Umkehr zur Vergebung der Sünden für
alle Völker, angefangen von Jerusalem. [48] Ihr seid Zeugen dafür. [49] Und siehe: ich
sende die Verheißung meines Vaters auf euch herab. Ihr aber bleibt in der Stadt,
bis ihr anziehen werdet die Kraft aus der Höhe.**

**[50] Er führte sie aber hinaus bis nach Bethanien und er hob seine Hände und
segnete sie. [51] Und es geschah, als er sie segnete, schied er von ihnen und wurde**

emporgehoben in den Himmel. [52] Und sie beteten ihn an und kehrten nach Jerusalem zurück mit großer Freude [53] und waren die ganze Zeit über im Tempel und priesen Gott.

Zusammenhang: Der Ostertag schließt mit der Erscheinung des Auferstandenen vor allen Jüngern. Von ihm werden sie befähigt und beauftragt, das Evangelium „allen Völkern" zu verkünden.

1. Lk 24,36–43: Während die Emmausjünger und die mit den Elf versammelte Gemeinde einander ihren Osterglauben bezeugen, ist der Auferstandene plötzlich in ihrer Mitte. Sie erschrecken und zweifeln, dass *Er* es ist, der unter ihnen steht. Die Erfahrung seiner Nähe und die Erfahrung seiner Entzogenheit stehen wie im Widerspruch zueinander. Die Jünger können sich seiner nicht mehr in gewohnter Weise versichern. Das lässt große Angst und Zweifel in ihnen aufkommen.

Es ist auffallend, wie dicht in dieser lukanischen Ostergeschichte Glaube und Unglaube, Gewissheit und Zweifel nebeneinander stehen und miteinander ringen. Es mag verwundern, wie selbstverständlich die junge Kirche hier von dem Unglauben in ihrer Mitte spricht. Sie wusste darum, dass niemand von sich aus zum Osterglauben finden, dass auch niemand ihn wie einen einmal gefundenen Gegenstand behalten kann. Darum hören wir auch nirgendwo davon, dass sie die Zweifelnden und in ihrem Osterglauben wieder Verunsicherten aus ihrer Gemeinschaft ausschloss. Die junge Kirche hat dem Unglauben in ihrer Mitte Raum gegeben und Zeit gelassen, bis er vom Auferstandenen selbst überwunden wurde.

„Was seid ihr verwirrt und warum steigen Zweifel in eurem Herzen auf?" Sie sollen selbst „sehen" und „begreifen", dass *Jesus* es ist, der mitten unter ihnen steht. Lukas kommt es sehr darauf an, eine ganzheitlich-leibhafte Erfahrung des Auferstandenen zu vermitteln. Doch die Jünger bleiben noch ohne Glauben. Ihre Freude und ihr Staunen hindern sie daran, im Auferstandenen den Gekreuzigten zu erkennen. Sie können einfach nicht fassen, dass Gott sich in einzigartiger Weise mit denen verbunden hat, die von Menschen zu „Verlorenen" gemacht werden. So muss Jesus ihnen den Sinn für das Verständnis der Schriften öffnen: Sie waren unterwegs mit einem, der arm war unter Reichen, der hungrig war unter Satten, der traurig war unter Lachenden. Sie waren unterwegs mit einem, der die Spielregeln der „Gerechten" durchbrach und dessen Güte von Undankbaren und Bösen nicht erschöpft wurde. Sie waren unterwegs mit einem, den die Menschen hassten und aus ihrer Gemeinschaft ausschlossen, mit einem, den man beschimpft und in Verruf gebracht hat (vgl. Lk 6,20–36).

Nun steht mitten unter ihnen einer, von dem Armut, Hunger und Trauer genommen sind. Nun begegnen sie einem, an dem sie alle messianischen Verheißungen erfüllt sehen. Das Verzehren von einem Stück Fisch „vor ihren Augen" soll die überraschten und zweifelnden Jünger von seiner tatsächlichen Gegenwart und Auferstehung überzeugen und seine leibhafte Existenz glaubhaft machen.

2. Lk 24, 44–49: Die feierliche Einleitung seiner „Abschiedsrede" weist auf ihre Bedeutung als Zusammenfassung des Evangeliums aus der Sicht des Lukas hin. Jesu Schriftauslegung lässt die Jünger den vollen Sinn der Schriften verstehen. Am Schicksal Jesu leuchtet ihnen der Weg auf, der auch sie zu „Söhnen und Töchtern Gottes" macht (vgl. Lk 6,35). Wie bei den Frauen am leeren Grab (Lk 24,7) und den beiden Jüngern auf dem Weg nach Emmaus (Lk 24,26), stellt Lukas hier zum dritten Mal die Notwendigkeit der Passion in den Mittelpunkt der Osterbotschaft.

Indem Jesus sich den Jüngern zu erkennen gibt als der Gekreuzigte und Auferstandene, geschieht die Umkehr ihrer Herzen und die Vergebung ihrer Sünden. Nun sind sie Zeugen des Weges Jesu „angefangen von der Taufe durch Johannes" bis zum Tag „seiner Hinaufnahme" (Apg 1,21f.) Nun sind sie Zeugen der einzigartigen Verbundenheit Gottes mit dem „Verlorenen". An sich selbst haben sie erfahren, dass Jesus sie in seine Gemeinschaft mit dem Vater hinein genommen hat. An sich selbst haben sie erfahren, was sie weitergeben sollen an alle Menschen. Dazu werden sie vom Auferstandenen ausdrücklich autorisiert (Lk 24,46–48). Ihrem Weg von Jerusalem zu den Völkern aber geht die Sendung des Geistes voraus. Auf diese Gabe des Vaters müssen sie in Jerusalem warten. Denn aus eigener Kraft können sie den Reichen, Satten und Lachenden nicht widerstehen. Auf sich allein gestellt, passen sie sich den Spielregeln der „Gerechten" an. Ohne die „Kraft aus der Höhe" scheitert ihre Güte an Undankbaren und Bösen. Sie würden sonst wie das Salz, das zu nichts mehr taugt, weil es seine Würze verloren hat. Man wirft es weg.

3. Lk 24,50–52: Mit einer Abschiedsszene veranschaulicht Lukas, dass Jesu irdisches Wirken ein Ende gefunden hat und er nun in einzigartiger Weise bei Gott ist. Der Auferstandene führt seine Jünger aus Jerusalem hinaus in die Nähe von Bethanien, das auf dem Ölberg liegt. Am Abend vor seiner Passion war Jesus ihnen zum Ölberg vorausgegangen. Vermutlich will Lukas damit andeuten, dass Jesus, wie er seinen Jüngern in die Passion vorausging, jetzt den Weg in die Herrlichkeit beim Vater vorausgeht. Wenn Jesus wie der Hohepriester am Ende einer Liturgie seinen Jüngern den Segen Gottes spendet, dann will Lukas damit sagen: Die Jünger sind auch nach seinem Abschied nicht sich selbst überlassen. Gottes Segen begleitet ihr Leben und

Wirken. – „Sie beteten ihn an und kehrten nach Jerusalem zurück mit großer Freude".

Ihre gläubige Antwort auf die Selbstoffenbarung des Auferstandenen steht am Ende des Evangeliums! Es war ein langer Weg von der Angst zur Freude, vom Zweifel zum Staunen, vom Unglauben zur Anbetung. Es war ein langer Weg zum vollen Verständnis der Schriften – bis zum dankenden Preisen der Großtaten Gottes „in Jerusalem, in ganz Judäa und Samaria bis an die Grenzen der Erde" (Apg 1,8). An die Stelle Jesu treten nun die Jünger. Mit dem Ende der Jesusgeschichte beginnt die Geschichte der Zeugen.

Das Evangelium schließt mit den Worten „und sie waren die ganze Zeit über im Tempel und priesen Gott". Im alten Heiligtum entsteht eine neue Gebets- und Kultgemeinschaft. Sie wahrt die Kontinuität und stellt doch im Glauben an Jesus Christus etwas Neues dar.

Wie die erste Szene des Evangeliums „im Tempel" beginnt (Lk 1,8–22), so endet die letzte am selben Ort. Darüber hinaus erinnert der Lobpreis der Jünger (*eúlogein tòn theón*) im letzten Satz des Evangeliums an den Lobpreis des Zacharias (Lk 1,64) und des greisen Simeon (Lk 2,28) am Anfang des „Berichts".

Literatur

Kommentare

F. Bovon

Das Evangelium nach Lukas, Evang.-kath. Kommentar zum Neuen Testament (EKK III/1–3)
1. Teilband Lk 1,1–9,50, Zürich, Neukirchen-Vluyn 1989
2. Teilband Lk 9,51–14,35, Zürich und Düsseldorf, Neukirchen-Vluyn 1996
3. Teilband Lk 15,1–19,27, Düsseldorf und Zürich, Neukirchen-Vluyn 2001

R. Dillman, C. Mora Paz

Das Lukasevangelium, Ein Kommentar für die Praxis, Stuttgart [2]2004

W. Eckey

Das Lukas-Evangelium unter Berücksichtigung seiner Parallelen, Teilband I, 1,1–10,42, Neukirchen-Vlyn [2] 2006, Teilband II,11,1–24,53, 2004

J. Ernst

Das Evangelium nach Lukas (RNT 3), Regensburg 1977

W. Grundmann

Das Evangelium nach Lukas (Theol. Handkommentar zum NT 3), Berlin [10]1984

J. Kremer

Lukasevangelium (NEB 3), Würzburg [2]1992

P.-G. Müller

Lukasevangelium (SKK, Neues Testament 3), Stuttgart [5]1995

W. Radl

Das Evangelium nach Lukas, Kommentar, Erster Teil: 1,1–9,50, Freiburg 2003

G. Schneider

Das Evangelium nach Lukas, Reihe: Ökumen. Taschenbuch-Kommentar zum NT, GTB, Gütersloh [2]1984 Bd 1: Kap 1–10; Bd 2: Kap 11–24

H. Schürmann

Das Lukasevangelium I (Kap 1,1–9,50) HTK 3, Freiburg [4]1990 ders.

Das Lukasevangelium II, 1. Folge (Kap 9,51–11,54) HTK 3, Freiburg 1994

E. Schweizer

Das Evangelium nach Lukas (NTD 3), Göttingen [3]1993

M. Wolter

Das Lukasevangelium, HNT Bd 5, Tübingen 2008

Spezialliteratur

W. Bösen

Jesusmahl - Eucharistisches Mahl - Endzeitmahl, SBS 97, Stuttgart 1980

R. E. Brown

Der kommende Christus, Eine Auslegung der Evangelien im Advent, Würzburg 1997

ders.

Der Messias in der Krippe, Versuche über die drei biblischen Weihnachtsgeschichten, Würzburg 1997

ders.

Der gekreuzigte Messias, Versuche über die vier Leidensgeschichten, Würzburg 1998

ders.

Begegnung mit dem Auferstandenen, Ein Begleiter durch die Osterevangelien, Würzburg 1997

A. Büchele

Der Tod Jesu im Lukasevangelium. Eine redaktionsgeschichtliche Untersuchung zu Lk 23, Frankfurt 1978

U. Busse

Das Nazareth-Manifest Jesu, SBS 91, Stuttgart 1977

ders.

Die Wunder des Propheten Jesu (FzB 24) Stuttgart [2]1979

W. Dahlheim

Augustus, Aufrührer - Herrscher - Heiland, Eine Biographie, München 2013 ders.

Die Welt zur Zeit Jesu, München [2]2014

J. Ernst

Herr der Geschichte. Perspektiven der lukanischen Eschatologie, (SBS 88), Stuttgart 1978

G. Lohfink

Jesus von Nazareth – Was er wollte, wer er war, Freiburg [3]2012

R. Pesch (Hg.)

Zur Theologie der Kindheitsgeschichten. Der heutige Stand der Exegese. München, Zürich 1981

F. Porsch

Die Theologie des lukanischen Doppelwerkes: Evangelium und Apostelgeschichte, in: Kleine Theologie des Neuen Testaments, S. 61–68, Stuttgart 1995

M. Reiser

Der unbequeme Jesus, BThSt 122, Neukirchen-Vluyn, [3] 2013

R. Schnackenburg

Die Person Jesu Christi im Spiegel der vier Evangelien HTK Suppl. 4, Freiburg 1993, S. 152–244

Jens-W. Taeger

Der Mensch und sein Heil. Studien zum Bild des Menschen und zur Sicht der Bekehrung bei Lukas (Studien zum NT 14), Gütersloh 1982

A. Weiser

Die Theologie des Lukasevangeliums und der Apostelgeschichte, in: Theologie des Neuen Testaments II, Die Theologie der Evangelien, (Studienbücher Theologie 8), S. 117–152, Stuttgart 1993

Für die Praxis

A. Albrecht, O. Fuchs, M. Limbeck (Hg.)
Vom Wort zum Leben, Elemente zur Feier des Sonntags, Lesejahr C

E. Beck
Gottes Sohn kam in die Welt. Sachbuch zu den Weihnachtstexten, Stuttgart 1977

U. Busse u. a.
Jesus zwischen arm und reich, Lukasevangelium, Bibelauslegung für die Praxis 18, Stuttgart 1980

J. M. Nützel
Da gingen ihnen die Augen auf, Wege zum österlichen Glauben (Lk 24), Freiburg 1986

F. Porsch
Kirche auf dem Weg durch die Zeit. Zur Verkündigung im Lukas-Jahr, Bibel und Kirche 4/4, 1979

H.-J. Venetz
Der Evangelist des Alltags, Streifzüge durch das Lukasevangelium, Fribourg 2000